U0543205

国家哲学社会科学基金重大项目
"我国非物质文化遗产名录体系与资源图谱研究"成果

非物质文化遗产图谱编制理论与方法

蔡丰明 ◎ 主编

上海社会科学院出版社

本书撰稿人

总　论　　蔡丰明
第一章　　何　彬　雷伟平　宋军朋
第二章　　蔡丰明　李　柯
第三章　　蔡丰明
第四章　　蔡丰明
第五章　　游红霞
第六章　　李宏利
第七章　　蔡丰明　毕旭玲　李宏利　程　鹏
第八章　　蔡丰明　黄江平　李仁杰
第九章　　毕旭玲　雷伟平

目 录

总 论 ·· 1

第一章 中外图谱编制实践及其理论探索 ·· 18
  第一节 中国古代图谱编制实践及其理论探索 ······································ 21
  第二节 欧洲的民俗地图编制实践与理论 ·· 38
  第三节 日本的民俗地图编制实践与理论 ·· 51

第二章 非物质文化遗产图谱编制的本质内涵 ·· 68
  第一节 非物质文化遗产的图谱化表达 ··· 69
  第二节 非物质文化遗产图谱化表达的内容对象 ··································· 76
  第三节 非物质文化遗产图谱化表达的方法手段 ··································· 84

第三章 非物质文化遗产图谱的图像理论 ·· 100
  第一节 图与图像的概念、类型与功能 ··· 100
  第二节 图谱图像的功能特点与表现形式 ·· 120
  第三节 非遗图谱的图像表达及其现有样式 ··· 133
  第四节 建立中国非物质文化遗产图谱图像表达体系的基本构想 ············ 140
  第五节 非遗图谱图像体系的编制原则 ··· 152

第四章 非物质文化遗产图谱的谱系理论 ·· 155
  第一节 谱的概念与内涵 ··· 155
  第二节 我国传统图谱的谱系形态 ··· 162
  第三节 非物质文化遗产图谱谱系的内容对象与表现形式 ······················ 166
  第四节 非物质文化遗产图谱谱系的内在逻辑关系 ······························· 185

第五节　非物质文化遗产图谱谱系的层级结构 …………………… 194
　　第六节　非物质文化遗产图谱谱系的建立原则 …………………… 197

第五章　非物质文化遗产图谱的内容结构 ……………………………… 201
　　第一节　非遗资源的空间结构 ……………………………………… 202
　　第二节　非遗资源的时间结构 ……………………………………… 210
　　第三节　非遗资源的时空交互结构 ………………………………… 223
　　第四节　非遗资源的文化结构 ……………………………………… 234

第六章　非物质文化遗产图谱的类型研究 ……………………………… 242
　　第一节　非物质文化遗产资源的分类方法 ………………………… 242
　　第二节　建立非物质文化遗产图谱类型体系的基本构想 ………… 252
　　第三节　非物质文化遗产图谱类型体系案例分析 ………………… 263

第七章　非物质文化遗产图谱的功能价值 ……………………………… 276
　　第一节　非物质文化遗产图谱的功能 ……………………………… 276
　　第二节　非物质文化遗产图谱的价值 ……………………………… 282

第八章　非物质文化遗产图谱的编制体系与操作方法 ………………… 301
　　第一节　非物质文化遗产图谱的编制体系设计 …………………… 301
　　第二节　非物质文化遗产图谱的操作方法 ………………………… 309
　　第三节　非物质文化遗产图谱编制的技术运用方法 ……………… 326

第九章　信息技术与非物质文化遗产图谱 ……………………………… 336
　　第一节　非物质文化遗产图谱与知识图谱绘制技术 ……………… 336
　　第二节　非物质文化遗产图谱与地理信息系统（GIS） …………… 342
　　第三节　非物质文化遗产图谱的数字化 …………………………… 359
　　第四节　大数据时代对非物质文化遗产图谱信息化的机遇与挑战 …… 374

参考文献 …………………………………………………………………… 380

后记 ………………………………………………………………………… 385

总　　论

　　"非物质文化遗产"(简称"非遗")是一个在20世纪90年代末由联合国教科文组织提出的学术概念,其内涵是指人类所创造的各种具有深厚历史积淀与群体传承基础的,通过语言、行为、活动等一些"非物态"的形式所表现出来的文化表达形式及文化载体(空间)。1997年11月,联合国教科文组织第29次全体会议通过了《人类口头和非物质遗产代表作宣言》,正式提出了"人类口头和非物质遗产"这一概念,并将其界定为"Oral and Intangible Heritage of Humanity"。从这一概念中可以看出,非物质文化遗产最为鲜明的特点,就是"口头性"(Oral)与"无形性"(Intangible)。2003年10月,联合国教科文组织第32届大会又通过了一个对世界非物质文化遗产保护具有重要意义的《保护非物质文化遗产公约》(*Convention for the Safeguarding of the Intangible Cultural Heritage*),对非物质文化遗产这一概念作了进一步的界定:所谓非物质文化遗产,"指被各群体、团体、有时为个人视为其文化遗产的各种实践、表演、表现形式、知识和技能及其有关的工具、实物、工艺品和文化场所"。主要包括以下五个方面的内容:1.口头传说和表述,包括作为非物质文化遗产媒介的语言。2.表演艺术。3.社会风俗、礼仪、节庆。4.有关自然界和宇宙的知识和实践。5.传统的手工艺技能。[1]虽然"非物质文化遗产"是一个20世纪90年代以后新提出的学术概念,但是其内涵却有着深厚的历史文化基础,它实际上是在"民间传统文化""民族文化""民间创作"等这样的一些传统学术概念的基础上发展出来的。在中国,"民间文化"这一概念很早就在学界与社会上得到了广泛的运用,其内涵很大程度上与当今联合国教科文组织提出的"非物质文化遗产"相重合。

　　在我国,非物质文化遗产资源的蕴藏量极为丰富,自2010年时,我国已搜

---

[1]　参见2003年10月联合国教科文组织《保护非物质文化遗产公约》。

集珍贵的非遗实物和资料 29 万件,普查文字记录量达 20 亿字,拍摄图片 477 万张,汇编普查资料 14 万册,非物质文化遗产资源总量近 87 万项,其中进入国家、省、市、县四级非物质文化遗产名录体系的非遗资源项目达 7 万多项。[①] 这些资源散布在我国 960 多万平方千米的整个中华大地,江河湖海,高山平原,村落城镇,街衢巷陌,无处没有非遗资源的身影。面对浩如烟海、规模庞大、分布广阔的非物质文化遗产资源储藏,当前迫切需要进行的一项工作就是对于这些资源的整理、归纳与研究。积极开展对于我国非遗资源的整理、归纳与研究工作,不仅可以使大量的非遗资源得到更好的保护与保存,同时也可以使各具特色的地域文化资源更好地纳入中华民族的统一文化体系之中,成为国家实现多元文化管理的一个重要组成部分。其中有关非物质文化遗产图谱编制是整个非遗资源整理工作中的一个重要组成部分,也是一项主要以图为对象来进行整理、归纳与研究的基础性工作。

"图谱"一词本是一个中国化的概念,最初的意义是指一种由一系列的图所构成的谱系资料。传统的图谱,主要包括了"图(即图像与图形)"与"谱"(即按一定关系而组成的某种系列)两个方面。"图"是指用手绘线描的方式塑造形象的表现方式,其功能是摹形状物,具体形象地反映客观事物的特点,使读者一看便知,一看就懂,主要表现对象有人物、动物、植物、食物、药物、建筑、武术等;"谱"是指将某些事物按一定关系而组成某种系列的表现方式,其功能是按类而著,条理分明,使事物之间体现出一种清晰的内在逻辑关系。在图谱概念中,"谱"主要又特指将某些"图"按照一定关系而组成的一种系列体系,如"仕女图谱"便是按照一幅幅仕女形象而编制成的谱系图像,"饮茶图谱"便是按照一幅幅饮茶程序而编制成的谱系图像。严格来说,单独存在的"图"或"谱"都不是真正意义上的图谱,只有当"图"与"谱"二者结合的时候,才能真正体现完整的图谱概念。中国历史上许多重要的谱系表达方式,如家谱、族谱等,其实都不是真正意义上的"图谱"形式,因为它们大多只有文字而没有图像。总之,中国传统图谱的内涵主要就是由"图"与"谱"这两个部分构成的,"图"反映的是一种事物的形态,"谱"反映的是一种事物的关系,只有把"图"与"谱"结合在一起,才能真正体现"图谱"这一独特的文化表现形式的意义。

---

① 2010 年 11 月 24 日《新京报》:"文化部昨日发布数据称,我国共有非物质文化遗产资源近 87 万项,进入国家、省、市、县四级非物质文化遗产名录体系的非遗项目有 7 万项之多。未来,有关部门将组织专家为非遗发展建立科学的保护规划,并促进建立以展示、销售为主要内容的非遗设施。"

我国最早的目录学著作《七略》中,就存有一些图谱类的资料,它们主要被保留在任宏所校的"兵书略"和尹咸所校的"数术略"中,如《吴孙子兵法》中所附的"图九卷"、十八家"历谱"等。但是《七略》中的图谱不但数量很少,而且"图"和"谱"被分而置之,尚未合并成一处。真正将"图"与"谱"合为一体,并且直接提出"图谱"一名的文献资料,是南北朝时期的王俭《七志》。在此书中,作者第一次将"图"和"谱"合为一类,并以"图谱志"对其进行直接命名。王俭将"图谱志"的地位抬得很高,把它设为一级类目。①

王俭的《七志》虽然对图谱编撰的实践进行了大胆的尝试,但是在图谱编撰的理论方面却并没有涉及。真正能够在中国古代图谱编撰的实践与理论方面都有所建树的,是南宋的郑樵。在郑樵所著的《通志》一书中,专门列有《图谱略》一卷,其内容包括天文、地理、宫室、器用、车旗、衣裳、坛兆、都邑、城筑、田里、会计、法制、班爵、古今、名物、书等古今学术中非图谱无以掌握的十六个方面。《图谱略》中还分"记有"和"记无"两个部分,记载了大量当时存世和已经失传的图谱文献。其特点一是内容丰富,取材广泛;二是着眼于实用,取其"有裨实用"的方面;三是"图"占大多数,"谱"则很少,且二者概念时相混淆。更为值得注意的是,在《通志·图谱略》中,郑樵还提出了一系列有关图谱的理论思想。例如他在《通志·图谱略》中明确提出"图"具有与文字之"书"同等重要的地位:"河出《图》,天地有自然之象;洛出《书》,天地有自然之理。天地出此二物,以示圣人,使百代宪章必本于此,而不可偏废。"②他又提出"图"具有"至约""简易"的特点:"图,至约也;书,至博也。即图而求易,即书而求难。"③认为图谱的特点是简易明了,容易掌握,而书文的特点是广博深奥,必须深入探求。这些有关图谱的理论思想在当时来说具有很大的前沿性。

中国古代的图谱文献大多以写实性的图像作为基本内容,它们主要通过手绘线描的方式,对事物或者人物的形象进行描摹勾画,以此制成具有事物或人物特征的形象图绘系列,这是中国传统图谱最为基本的特征。根据不同的表现内容,中国古代的图谱又可以分为地理图谱、名物图谱、礼仪风俗图谱、医药图谱、工艺技术图谱、金石图谱,以及由各种不同内容的图谱类型所组成的综合图谱。其中较为著名的地理图谱有《禹贡地域图》《海内华夷图》《元和郡

---

① 胡海迪:《图谱类文献在南宋目录学中的定位及其影响》,《辽宁大学学报(哲学社会科学版)》2011年第3期。

②③ [南宋]郑樵:《通志·图谱略·索象》。

县图志》《禹贡山川地理图》《天下州县图》《广舆图》等；较为著名的名物图谱有《山海经》《茶经》《砚谱》《墨谱》《金石图谱》《竹谱》《兰谱》《菌谱》《桐谱》等；较为著名的医药图谱有《新修本草》《黄帝明堂灸经》《铜人针灸图经》《证类本草》《本草纲目》等；较为著名的礼仪风俗图谱有《三礼图集注》《礼书》《仪礼旁通图》《三礼图》等；较为著名的工艺技术图谱有《农书》《梓人遗制》《天工开物》《农政全书》《棉花图》《豳风广义》《蚕桑萃编》《熬波图》《滇南矿厂图略》《四川盐法志》《耕织图》《农书农器图谱》《营造法式》《元祐法式》等；较为著名的金石图谱有《考古图》《宣和博古图》《西清古鉴》《积古斋钟鼎彝器款识》《金石萃编》《古玉图考》等；较为著名的综合性图谱集有《三才图绘》、《四库全书》（子部）、《永乐大典》等。这些图谱的绘制，与古代统治者以及文人阶层的提倡有很大关系，正如《道园学古录》所云："昔时守令之门皆书耕织之事，岂独劝其人民哉！亦使为吏者出入观览而知其本郡县所治大门东西壁皆画耕织图，使民得而观之。"[①]

从以上所述的大量图谱资料中可以看出，中国古代的图谱内容极为丰富，门类十分广泛，而它们在表现形式上的主要特征，就是以手绘线描的方式对具体的事物与人物进行摩形状物，简括勾勒，表现了鲜明的写实性与具象性特点。

到了近现代时期，图谱的编制方式有了一定的发展，它不再像古代图谱那样仅仅局限于运用手绘线描的方式对事物或者人物的形象进行描摹勾画，而是运用了一些更为先进的技术表现方式来达到图谱编制的目的。照相技术的使用是现代图谱高效先进的科技特点的一个典型体现。在现代图谱编制中，传统的手绘制作方式已经逐渐被现代的照相摄制技术所替代，从而大大提高了其高效性与保真度。例如郑振铎先生在1947—1951年间编撰的《中国历史参考图谱》，以时代先后为序，从上古、殷商到明清共24辑，内容包括仰韶、小屯文化，安阳甲骨，商周铜器，西陲汉简，乐浪漆画，武梁刻石，北魏造像，正仓唐器，敦煌壁画，宋元书影名画，明代刊本瓷皿，清朝画像墨迹以及各时代有关生活文化、工艺美术、建筑设计、衣食住行之器物等。所有内容都以照片的形式予以表现，整部书中所收录的照片共达3 000多幅。由于照相技术的运用，使得现代图谱的编制与研究事业在内容与形式上都有了较大的发展。从内容

---

① ［元］虞集：《道园学古录》，《四部丛刊》初编本。

上看,现代图谱所涉及的范围已经大大超出了古代图谱,诸如政治、经济、军事、文化、社会、风俗、历史、地理、医学、动物学、植物学、工程技术、工艺美术等领域的相关题材,都能够通过图谱的形式得以清晰明了的表现;从形式上看,由于现代图谱的制作中较多地运用了一些具有现代科学技术与信息技术特点的科学表现手段,因而使现代图谱与古代图谱相比其编制手段更体现快速高效、保真度高等方面的特点。

20世纪90年代以后,图谱编制的方法与技术又进入了一个新的时代,那就是逐步实现了由写实性图谱向信息化图谱的跨越。信息技术的运用是体现20世纪90年代以后图谱编制技术形式上的一个重要特点,甚至从一定程度上来说,也可以称得上是现代图谱编制技术上的一次重大"革命"。通过信息技术的运用,大量的原始材料被转化与提炼成为一种负载量极大的资源信息,并通过图谱的形式得以集中的显示。在这种依靠信息技术而制成的图谱形式中,大量的原始材料已经不再是以一种简单、具体的实物形象的面貌出现,而是变成了一个个"信息点",以及由大量的"信息点"所构成的"信息群"。当代西方社会的知识图谱便是一种依靠现代信息技术而形成的图谱形式。知识图谱是显示知识发展进程与结构关系的一系列各种不同的图形,用可视化技术描述知识资源及其载体,挖掘、分析、构建、绘制和显示知识及它们之间的相互联系。具体来说,知识图谱就是把应用数学、图形学、信息可视化技术、信息科学等学科的理论与方法与计量学引文分析、共现分析等方法结合,用可视化的图谱形象地展示学科的核心结构、发展历史、前沿领域以及整体知识架构的多学科融合的一种研究方法。它把复杂的知识领域通过数据挖掘、信息处理、知识计量和图形绘制而显示出来,揭示知识领域的动态发展规律,为学科研究提供切实的、有价值的参考。知识图谱根据共引分析、共现分析等理论基础,构建成一种知识之间关系的网络图,它包含了以文献等信息为节点,以它们之间关系为边的链形、树形、网形等结构的图形……知识图谱这种扩展到深层次的知识发现和数据挖掘领域中的可视化方法,在信息管理界被称为知识领域的可视化。[①]

地理信息系统(GIS)技术在图谱编制事业上的运用,是20世纪90年代以

---

① 秦长江、侯汉清:《知识图谱——信息管理与知识管理的新领域》,《大学图书馆学报》2009年第1期。

后信息化图谱的又一重要体现。所谓 GIS 技术,简单而言就是一种将地图上的空间对象(包括点、线、面三种形式)与其相关的属性信息(包括文字、图片、多媒体信息等)联系起来的技术。它主要以地理学为基础,运用卫星遥感、全球定位系统以及空间思维的系统理论,结合空间数据库、数据模型等技术方法,探索研究对象的空间形态、格局、过程及其相互之间的关系。通过这种信息技术形式,不仅可以更好地揭示社会文化现象或过程背后的机理,使文化现象与地理环境相互作用关系得到更为清晰的展示,而且也可以明晰地表达地理空间上的信息在历史事件上的动态过程。①GIS 地理信息系统技术的制作与运用主要产生于 20 世纪 90 年代以后,在中国,运用这种技术来制作社会人文地图与图谱的做法正在逐渐得到推广,并且成为我国现代图谱研究领域中的一种具有广阔前景的学术研究方向。例如复旦大学研制的"中国历史地理信息系统(CHGIS)",南京师范大学研制的"家谱地理信息系统"等,都在有关地理信息图谱的研究方面作出了较为重要的探索。

通过以上的介绍可以看出,中国的图谱编制方式,有着一个逐渐推演、发展的过程。传统意义上的中国古代图谱,主要是一种以手绘线描的方式对具体的事物与人物进行摹形状物的表达形式,其最为鲜明的特点就是写实性,从这种意义上说,中国传统的图谱也就是一种按照一定的规则编排而成的"图画"。依托于现代先进科技手段而形成的中国现代图谱,则是一种在古代图谱的基础上发展、衍化出来,然而又对古代图谱有着许多突破与超越的新型图谱形式。与古代图谱相比,现代图谱的内涵与功能都已有了很大程度的拓展。概括而言,现代图谱已经成为一种具有直观性、集聚性特点的文化表达方式与科学研究方法,它可以通过各种先进的科学技术手段,如照相技术、信息技术、多媒体技术等的运用,达到对于事物内在本质的直接把握(与通过语言形式的转换不同),起到实在的指导社会实践的作用。现代图谱虽然仍然以"图"与"谱"作为图谱制作中最为基本的手段,但是其内涵却要比古代的图谱丰富、复杂得多,在现代图谱中,各种图像、图案、图表、图形等资源信息都被予以系统的编排,并辅以简洁文字,创造性地处理复杂信息,并使其达到简洁化、可视化、系统化的结果,显而易见,这与古代那种"看图说话"式的简单图谱编制方式已经有了根本性的不同。总之,现代图谱的制作与表达方式已经逐渐与具

---

① 赖彦斌、董晓萍:《数字故事民俗地图志》,学苑出版社,2012 年,第 32—33 页。

象的图像和图画相脱离,而信息、数据等抽象元素的成分则逐渐增加,从而使其逐渐发展成为一种展示与说明各种特定信息、数据及其背后意义的载体与手段。

如今,编制非物质文化遗产图谱已经成为非遗保护工作中的一项重要任务,这项任务的主要重点,就是将现今已经搜集到的大量非物质文化遗产资源进行图谱化处理,使其具有更为直观性与可视化的效果,具体方法主要包括对非物质文化遗产资源进行系统化、图形化、数字化,等等。非物质文化遗产图谱将运用图像、图形、地图等表现方式来对大量的非物质文化遗产资源进行数据的汇集与内容的阐释,以使各种不同形式的非遗资源呈现出鲜明的可视化特点。通过编制非遗图谱的方式,一方面可以使大量的非遗资源以一种非常直观与简括的形态展现在人们的面前,提高人们对于非遗事象整体性把握的效果;另一方面又可以把大量的非物质文化遗产资源列入一种"谱系化"的体系中去进行考量,清晰地反映出各种资源之间所存在的逻辑关系。正是由于这些特点,使得这项研究具有鲜明的创新性与学科前沿性特点。

在当今中国非物质文化遗产图谱的编制实践中,已经作出较多探索与尝试的是有关"非遗资源分布图"的编制工作。非遗资源分布图是非物质文化遗产图谱中一种以空间形态呈现的图谱形态,其主要特点,就是将各种非遗资源信息与其相关地区放到一个统一的空间概念中去进行考察,通过对资源信息的生成发源地区、流布传承地区、辐射影响地区等信息的分析与考察,使其形成一种地理上的对应关系。早在2007年,江苏省苏州市就编制创作了首张非遗资源分布图。该图分为正反两面,正面绘制的是苏州非物质文化遗产分布图,分别用图文并茂的形式简单介绍了国家级、江苏省级、苏州市级非物质文化遗产代表作,每一项非物质文化遗产的地理位置、代表形象以及所属区域都清楚标在地图上,并配有一个与此相关的专门图标。反面绘制的则是苏州的物质文化遗产分布图。继苏州以后,全国有相当一部分地区先后在对自身的非遗资源进行整理与研究的基础上编制出了一系列非遗资源分布图的成果,例如浙江省宁波市非遗分布图、浙江省桐乡市非遗分布图、湖南省益阳市非遗分布图、河北省武安市非遗分布图、河北省唐山市非遗分布图、陕西省乾县非遗分布图、湖南省湘西土家族非遗分布图,等等。2010年时,湖南省政府还以下达文件的方式,专门制定了编制该省非遗资源分布图的系统规划,计划共分《普查资源分布图》《特色资源分布图》《普查资源目录汇编》等几种类型,对全省的非遗资源进行了全面的整合。

总的看来，自2007年以后我国的一些由某一地区自行编制的非遗资源分布图主要具有以下几个特点：

第一，门类丰富齐全。在我国现已编定的一些地区性非遗资源分布图中，其门类大都体现了较为丰富齐全的特点。例如被列入湖南省益阳市非遗资源分布图中的项目，其门类细分为戏剧、曲艺、民间杂技、传统美术、传统技艺、生产商贸习俗、消费习俗、人生礼俗、岁时节令、民间信仰、民间知识、传统体育、游艺与竞技、传统医药、民间文学、传统音乐、传统舞蹈、民族语言及其他等各个类别，基本上涵盖了我国非遗资源分类体系中的所有门类。

第二，地域特色鲜明。在我国现已编定的一些地区性非遗资源分布图中，大都呈现了较为鲜明的地域性特色，纳入图中的项目与内容，多为当地民间特有的，与当地民众社会生活密切相关的文化遗产形式。例如在浙江省宁波市非遗分布图中，具有宁波走书、宁海平调、四明南词、奉化布龙、渔民谢洋节、姚剧甬剧、梁祝传说、徐福东渡传说等一大批颇具宁波本地特色的文化遗产形式，它们体现了浓郁的宁波地方文化艺术特色，也反映了独特的宁波地方民间生活风情。

第三，表现直观形象。非物质文化遗产图谱作为一种以非遗资源为表现对象的图谱形式，在形式上具有十分鲜明的直观形象性，这一点在我国现已编定的许多地区性非遗资源分布图中有着十分清楚的体现。例如在苏州与宁波编制的非遗资源分布图中，都运用了直观形象的图标将各种项目在地图上进行了醒目的标注，旁边再配以简单的文字说明，以使图谱起到很好的简单明了、直观形象的视觉效果。

如果说，以上这些主要由地方文化部门发起组织的非遗资源分布图的编制在技术上还大多停留在较为传统和经验性的层面，那么近年来主要由一些高校以及研究机构承担与组织的非遗资源分布图编制实践，则把这项工作引向了更为现代和学理性的层面，其中由北师大主持的"数字故事民俗地图"的编写与研究工作的开展，是非常具有代表性的一例。在这项研究工作中，作者把有关民间故事和民俗的研究成果与具有现代高科技特点的计算机数字化技术以及地理信息技术（如GPS定位技术、GIS分图层存储技术等）相结合，创制出了一套数字故事民俗地图的应用模式，致使现今我国留存的大量民间故事与民俗事象可以通过数字化技术的处理在电子地图上得到精确的呈现。通过这种表现方式,大量的民间故事与民俗事象信息可以转化成为数字化的信息,并在地图上得到多层、多元、多空间、多图形的表达。①这种具有现代数字技术意义的制图技术在民俗学以及非物质文化遗产保护领域中的实际运用,致使我国的民俗事象与非物质文化遗产的分布图研究进入了一个新的"革命性"时代,其意义与价值不可小觑。

除了非遗资源分布图编制以外,近年来我国也有另外一些学者从更加宏观的意义上对非物质文化遗产图谱的编制进行了探索,并且希望运用数字化与信息化技术的手段,来建立一套较为完整的非物质文化遗产图谱编制技术系统。如武汉大学信息资源研究中心在近年来开展的有关非物质文化遗产的可视化图谱研究工作,就是其中较为突出的一例。在这项研究工作中,研究者提出了具有数字化与信息化技术意义的"可视化非遗图谱"设计理念,并运用一些相关的非遗实例对这项研究进行了实证性的探讨。所谓"可视化图谱",简单而言就是使用可视化方法实现的、描述原始事物图形的一种方法。这种图形在不同程度上反映了事物的细节,并且遵照事物的内在关系加以组合。诸如人物关系图谱、动植物谱系图谱、历史图谱、地学图谱、思维图谱等都属于这一类型。"可视化图谱"主要是通过对数据进行加工、抽象化描述而得到的,较为注重对于图的分析方法的应用。研究者又把具有可视化特点的非遗图谱分为"非时序图谱"与"时序图谱"两种,前者不考虑时序的概念,主要从相对静态的层面对非遗进行描述;而后者则主要强调时序的概念,反映各种事物在不同时间阶段的演化。②

由此可见,中国的非物质文化遗产图谱的编制工作,在近年来已经迈出了很大的步伐,从一种由一个地区、一个部门发起组织的地方性非遗资源分布图编制,到具有较强学理性与技术性特点的数字民俗地图制作,再到提出有关非遗图谱制作体系的构想,标志着中国的非物质文化遗产图谱编制正在走向一条逐渐完善与成熟的道路。中国非遗图谱编制的发展轨迹,与中国整个图谱编制事业的发展轨迹是完全一致的,它体现了图谱制作逐渐由写实性的手绘线描方法向抽象性的信息集聚方法发展演化的特点,也反映了我国在文化遗产保护以及文化信息储存方面的不断探索与进步。

---

① 赖彦斌、董晓萍:《数字故事民俗地图志》,学苑出版社,2012年,第3页。
② 周耀林、程齐凯:《非物质文化遗产的可视化图谱表示》,《信息资源管理学报》2011年第3期。

值得指出的是,虽然我国在非物质文化遗产图谱编制实践方面已经取得了一定的成果,但是也存在着一些不足与问题。其中主要有以下几方面:

第一,范围相对狭小,缺乏全国层面的整体性成果与样本。目前,我国虽然已经具有了一批较为可观的非物质文化遗产图谱成果,但是其范围大多还局限在某一地区或者某一部门,覆盖的地域与范围相对狭小,社会影响力也相对有限。而从全国层面上对非遗资源进行整合与表现的图谱成果则颇为少见。

第二,规则不够统一,缺乏宏观层面的体系构架。现有非物质文化遗产图谱编制文本在材料选择、规则制订,以及体系构建等方面,大多是按照编制者自己的思路来设计与编创的,缺乏一个更为宏观层面的编制体系的统辖,因此往往是各自为政,自成一体,显得较为零碎而不成系统。

第三,信息不够多元,缺乏多视角的信息表达与展现。现有非物质文化遗产图谱编制文本在对于信息的搜集以及表现方面还显得较为单一与狭隘,与非遗资源本身的丰富性相比还有较大的距离。例如现有的许多非物质文化遗产图谱成果大多只重视了非遗资源的地域分布信息情况,却对非遗资源的历史源流、表现形式、生态环境、行为方式、代表作品、传承人及其相互关系等其他诸多方面信息因素缺乏关注,由此造成现有的非物质文化遗产图谱大多只是一种较为单一的非遗资源分布图,而缺少其他的一些非物质文化遗产图谱形式,如非遗资源传承图、非遗资源流变图、非遗资源类型图等。

第四,专门特色不浓,缺乏对非遗项目或资源自身个性的强调。现有非物质文化遗产图谱编制文本大多将许多门类的非遗项目与资源集中在一幅图中进行表现,而较为忽视对一些具有鲜明个性特色的项目与资源的专门性研究,以致造成截至今日,还很少看到一些能够具体反映某个非遗项目或非遗资源详细信息的专门性图谱文本形式(如皮影戏图谱、越剧图谱、田山歌图谱等)。

值得进一步指出的是,虽然我国在非物质文化遗产图谱编制的应用实践领域中已经取得了一定的成果,但是与其相应的非物质文化遗产图谱编制理论研究却仍然处于较为滞后的状态。从现有的非物质文化遗产图谱编制成果来看,绝大部分都显示了应用性、经验性较强,而理论性、学术性较弱的特点。具体而言,现有的非物质文化遗产图谱成果大多还停留在对于个别地区、个别部门的非遗项目的图谱形态制作,以及技术性手段运用的探索尝试阶段,而缺少对一些更加深层和抽象的非物质文化遗产图谱编制理论问题,如非物质文化遗产图谱编制的内涵范畴、分类标准、研究方法、表现手段、功能价值等方面的深入探讨,更缺少有关非物质文化遗产图谱编制理论体系构建方面的整体性思考。这一事实所造成的结果是,一方面致使我国在有关非物质文化遗产图谱的编制事业中难以超越个别与具体的实践局限,形成一种更为深刻、宏观,更具有整体性与普遍性意义的学术思想体系与非遗图谱学科,另一方面则致使现已出版的各种非物质文化遗产图谱成果大多自成一体,标准不一,难以形成一个较为完整与规范化的编制体系。

我们认为,非物质文化遗产图谱编制理论与方法研究应该是非物质文化遗产保护事业中一个重要组成部分,也是非物质文化遗产图谱学学科建设的一个重要基础,它具有着超越具体实践经验的规律性、普遍性、整体性意义,并可对非物质文化遗产图谱的编制实践起到归纳、提升与指导作用。非物质文化遗产图谱编制理论与方法体系是在对非物质文化遗产图谱编制的各种理论要素进行集聚、整合的基础上形成的一种整体性构架,它能够较为广阔地容纳与非物质文化遗产图谱编制相关的各种理论与实践要素,并对与非物质文化遗产图谱编制相关的各种理论问题作出解释与回答。充分重视非物质文化遗产图谱编制的理论与方法研究,不但可以使非物质文化遗产图谱编制工作超越个别与具体的经验局限,逐步上升到更加具有宏观性、整体性与普遍性意义的学科研究层面,形成独树一帜的非遗保护体系与非物质文化遗产图谱学科体系,同时也可以在很大程度上促进非物质文化遗产图谱的编制实践向着更为规范化的方向发展,使其达到更加科学与有效的程度。针对目前我国有关非物质文化遗产图谱编制的理论研究尚还处于十分薄弱的状态,进行一些有关非物质文化遗产图谱编制理论与方法体系建构方面的探索与尝试是十分必要,而且也是完全可能的,这是因为一方面我国目前在非遗保护工作实践方面推进速度甚快,为非物质文化遗产图谱编制理论与方法体系的建构奠定了重要的基础;另一方面国际上诸多有关非物质文化遗产图谱研究的相关成果的出现(尤其是如德国、日本的民俗地图,欧美的知识图谱等)以及现代数字信息技术的推广(如GPS、GIS技术等),也为我国非物质文化遗产图谱编制理论与方法体系的建构创造了一定的条件。

从较为宏观的研究范畴来看,当今时代的非物质文化遗产图谱编制理论与方法体系建构主要包含了三个方面的维度:一是本质论,其研究取向主要包括非物质文化遗产图谱编制的概念与内涵、范畴与形式、特点与分类、体系与结构等；二是方法论，其研究取向主要包括非物质文化遗产图谱编制的研究分析方法、归纳整理方法、分类综合方法、数据统计方法、可视化表现方法、数字化存储方法等；三是价值论，其研究取向主要包括非物质文化遗产图谱的保存价值、认知价值、研究价值、开发价值等。在当今我国非物质文化遗产图谱的编制实践逐渐推进的过程中，充分重视与强调这些方面的理论与方法研究是非常必要的，它可以促进非物质文化遗产图谱的编制实践向着更加自觉、规范、科学的方向发展。只有对非物质文化遗产图谱的概念、特点、形态等各种研究对象有了较为理性的认识，才能更好地把握非物质文化遗产图谱的本质，使非物质文化遗产图谱的编制更加符合非遗学科发展的规律，体现文化遗产保护的特点。只有有了对非物质文化遗产图谱编制的统一规范与标准，才能使非物质文化遗产图谱的编制工作更好地达到较高的效率，避免重复、遗漏与矛盾。同样，只有强调了非物质文化遗产图谱编制的科学价值与科学方法，才能使非物质文化遗产图谱编制的内容与形式更加符合客观实际的情况，更好地维护非遗研究工作的真实性与可靠性。总之，要想使非物质文化遗产图谱的编制工作向着更加完善的目标发展，就必须提高对于非物质文化遗产图谱编制的自觉意识、规范程度和科学水平，而要想提高对于非物质文化遗产图谱编制的自觉意识、规范程度和科学水平，就必须加强对于非物质文化遗产图谱编制的理论与方法研究，更好地认识与理解非物质文化遗产图谱的本质特征与发展规律。

近年来，我们通过对大量非物质文化遗产图谱编制的理论与实践研究，从较为宏观的本质论、方法论、价值论三个维度上，提出了一个较具整体性与系统性特点的非物质文化遗产图谱编制理论与方法体系构架，它们主要包括以下几个方面的内容：

1. 非物质文化遗产图谱编制的本质内涵

对于非物质文化遗产图谱编制本质内涵的探讨，应该是非物质文化遗产图谱编制理论与方法体系中最为核心的内容，它所关注的是非物质文化遗产图谱编制的性质与目的问题。我们认为，现代非物质文化遗产图谱编制的本质内涵，就是通过科学的手段，将非遗资源的各种对象要素（包括非遗资源的内容、形式、类型、传承、分布、关系等）以及与非遗资源有关的各种信息与数据进行图谱化处理，使非遗资源变成一种具有直观明了、信息集聚、各资源要素之间呈现一定关联性特点的可视化表现形式。简单地说，所谓非物质文化遗产图谱编制，也就是一种对非遗资源进行"图谱化"处理的过程，借以达到将非遗资源实现系统化、可视化展现的目的。

具体而言，非物质文化遗产图谱编制的本质内涵主要包括以下三个层次：

第一，非物质文化遗产图谱首先是一种图谱的形式，与我国其他的各种图谱样式，如人物图谱、风俗图谱、器物图谱、营造图谱一样，是一种由一系列的图所构成的谱系资料。图谱是人们观察事物、认识事物的一种独特方法，有着十分重要的实用价值与研究价值。值得指出的是，图谱的表现方式与人类用以传播与传承知识的其他一些表现方式，如语言方式、书写方式、音像方式等有着重要的差异。

第二，非物质文化遗产图谱是一种以非遗事象为主要表现对象的图谱形式，具有非遗资源的专门性与独特性。[①]与其他形式的图谱所不同的是，非物质文化遗产图谱重点关注中下层民众的生活行为与文化艺术行为方式，并具有一定的"无形性"特点。它所表现的主要对象，是以前很少被列入上层阶级及文人士大夫视野的中下层民众文化方式，如民间传说、民间故事、民间手工技艺、民间风俗节庆、民间信仰、民间医药等。这些内容大多以"无形的"，即口头与行为的方式得以流传，长期以来并未得到学术界的关心与重视，也很少在正史以及其他类型的文人著作中有所记录。然而，正是这样一些长期处于"边缘化"的文化事象，成为中国非物质文化遗产图谱中所要表现的最为重要的对象。中国非物质文化遗产图谱将通过各种图谱化的方法，尽力表现这些现已作为非遗资源材料存在的文化事象，包括其内容与形式、类型与分布、传承与传播、发展与演变等，并通过图谱化的手段，使这些原本散见在民间的珍贵历史材料与生活材料破土而出，并受到前所未有的关注与重视。

第三，在中国，非物质文化遗产图谱是一种具有中国特色的非遗图谱形式，具有中国非遗资源的本土性与民族性特征。在本书中，非物质文化遗产图

---

① "非遗事象"是指在广大民众社会生活中存在的，具有原生态特点的非物质文化遗产事物形态。自2005年以来，我国政府对民间存在的大量非遗事象进行深入普查，并在此基础上建立了"非遗资源"与"非遗代表性项目"两个名录体系。所谓"非遗资源"，是指那些经过普查后得到一定程度的挖掘，并被列入非遗保存名录的非遗事象，它们是我国目前进行非遗保护的主要"原材料"。所谓"非遗代表性项目"（又简称"非遗项目"），是指那些具有较高的历史性、文化性、科学性保护价值，已经被列入我国政府建立的非遗保护代表作名录体系，并在当今社会中进行一定的传承与推广的非遗资源，它们是我国目前进行非遗保护的重点对象。在本书中所谓的"非物质文化遗产图谱"，其内容主要包括了"非遗资源"与"非遗项目"这两个方面。

谱主要是针对中国而提出的，无论是图谱内容的选择，图谱类型的划分，还是图谱编制方法的制订，图谱传承谱系的描绘，都是在中国本土的基础上产生的，体现了浓重的中国本土色彩，从这种意义上我们也可以说，中国非物质文化遗产图谱编制理论与方法体系应该是一种具有鲜明的"中国特色"的非物质文化遗产图谱学体系。

2. 非物质文化遗产图谱编制的内容范畴

从内容范畴上看，非物质文化遗产图谱的内容应该是对非遗资源内容的整体性囊括，主要包括非遗资源的历史发展、地域分布、内容情节、主要类型、传承方式与传承关系、活跃程度和应用状态、社会影响，以及与这些基本内容相关的各种辅助信息，如生态环境、村落遗址、使用工具、保护机构等。由于本书所涉及的非物质文化遗产图谱主要是一种以具有中国特点的非遗资源为主要表现对象的图谱形式，因此在整个中国疆域内的各个地区的非遗资源形态，都应该被纳入本书所要讨论的内容范畴之中。

3. 非物质文化遗产图谱编制的表现形式

非物质文化遗产图谱作为一种以非遗资源为主要表现对象的图谱资料，在表现形式上也体现了一般图谱所具有的一些共同特点，它们主要是通过两种基本的表达方式得以实现的。一是图化方式。所谓非物质文化遗产图谱编制的"图化方式"，是指在非物质文化遗产图谱编制中一种运用图的形式（包括图像、图形、图示、图表等）来反映非遗资源形态、内容、特点等各种基本要素的表现形式及实施过程。图化方式是非物质文化遗产图谱实现"图谱化"目的的最为基本的手段，也是体现非物质文化遗产图谱编制本质的最为核心的内涵。二是谱化方式。所谓非物质文化遗产图谱编制的"谱化方式"（亦即"谱系化方式"），是指对非遗图形中所呈现的各种非遗资源要素和信息按照一定的逻辑关系和顺序进行排列，使其形成一种由一定的关系而构成的次序系列的表现方式。非物质文化遗产图谱编制的"谱化"过程同样也是非物质文化遗产图谱编制中最为重要的核心内涵之一，并与"图化"一起共同构成非物质文化遗产图谱编制实现"图谱化"目的的最为重要的基础。

4. 非物质文化遗产图谱编制的分类

非物质文化遗产是由数以千计分布广泛、类型各异的非物质文化遗产项目组合而成的系统集合，它们复杂多样、内容丰富，并始终处于发展变化的过程中。采取科学方法对非物质文化遗产资源进行合理的分类，是非物质文遗产图谱编制的前提，也是非物质文化遗产理论研究的基础。因此，非物质文化遗产资源分类对其图谱的编制具有重要的意义。在非物质文化遗产图谱的编制理论体系中，必须综合非物质文化遗产资源的各种文化信息及其特点，并结合非物质文化遗产类目间的逻辑性、横向关系和纵向关系等内容，按照图谱编制的内在要求，对大量存在的非遗资源进行深入细化的及不同层级的分类研究，以使非物质文化遗产图谱的编制更具有科学性与规范性。

5. 非物质文化遗产图谱编制的方法体系

非物质文化遗产图谱的编制不但需要一个较为完整的和较具科学意义的理论体系，而且也需要一套较具科学性与规范性特点的方法体系，只有依靠了一整套较为正确、科学，以及符合实际情况的方法，非物质文化遗产图谱的编制工作才能做得更加科学、规范与全面。具体而言，非物质文化遗产图谱的编制方法体系又可以分为研究方法体系与操作方法体系两个部分。前者主要是指编者在非物质文化遗产图谱编制时所使用的，观察问题、分析问题与解决问题的宏观性理念、视角与思路，主要包括可视化方法、系统化方法、数字化方法、地域性与跨地域方法等；后者主要是指编者在宏观思路的引领下，为了达到一定的具体研究目标而采取的一系列必要的操作手段与技术手段，主要包括资料搜集方法、资料分析方法、数据统计方法、信息处理方法、技术运用方法、工具使用方法等。

6. 非物质文化遗产图谱编制的功能价值

图谱是一种人类观察事物与认识事物的独特方法系统，这种方法系统在认识论上的重要特点，就是对于客观事物的直观性与整体性把握。通过"图"与"谱"的编制，可以把任何事物转变成为一种具有直观形象以及概括完整特点的形态，这是图谱这种文化表现形式区别于其他文化表现形式的最为重要的功能特点，也是文字这种主要以符号为特征的文化表现形式所不能替代的。在本体系中，我们将中国非遗图谱的功能主要归纳为造型性功能、说明性功能、整理性功能等。

非物质文化遗产图谱作为一种主要以非遗资源项目为表现对象的图谱形式，对于当代人类社会的发展进步以及文化保护事业的顺利开展具有极为重要的价值与意义，随着非遗保护理念的日益深入以及非遗图谱本身所具有的许多不可替代的功能与优势的逐渐呈现，这种独特的文化表现方式在当今社会的各个领域中正在越来越体现出自身的价值，并受到越来越多的人群的关注与重视。在当前我国文化与学术大发展、大繁荣的背景下,积极做好非物质文化遗产图谱的编制与研究工作,显得极为重要,它不但应该成为当今我国文化与学术事业发展、文化产业推进的一个重要组成部分,同时也应该成为展示与弘扬我国传统民族文化,加强文化认同,提高民族自信的一种重要载体与形式,其意义并不亚于古籍整理、考古发掘等其他重要的文化建设工程。

  以上我们从本质论、方法论、价值论三个维度上对非物质文化遗产图谱编制的理论与方法作了较为系统的介绍,它们是建构非物质文化遗产图谱编制理论与方法体系的重要基础,同时也反映了非物质文化遗产图谱编制中最为本质的核心内涵。在这套编制理论与方法体系的建构中,我们重点强调了三个方面的统一关系,其一是传统与现代的统一关系。非物质文化遗产图谱是一种运用"图谱"的形式对非物质文化遗产资源进行整理、归纳、研究的科学研究方法,它一方面立足于传统,另一方面又着重于现代,并从传统理念、方法与现代理念、方法相结合的基础上提出了对于中国非物质文化遗产图谱理论与方法体系建构的整体性思考。其二是中国与世界的统一关系。非物质文化遗产保护首先是一个世界性的概念。自20世纪末21世纪初联合国教科文组织提出"非物质文化遗产保护"这一文化理念以来,全世界已有一百多个国家加入了世界非遗保护的公约之中,这为中国非遗保护事业以及非物质文化遗产图谱编制工作的开展创造了很好的条件。但是另一方面,中国非物质文化遗产图谱编制理论与方法体系的建构又必须是在符合中国本土国情,体现中国本土特色的基础上完成的,在对于中国非物质文化遗产图谱编制理论与方法体系的建构中,我们必须特别强调中国自身的立场,并从其理论基础、研究对象,到研究方法、材料运用等方面充分体现鲜明的中国特色。其三是理论与实践的统一关系。中华人民共和国成立以来,我国政府与社会各界十分重视非遗保护工作,尤其是自 2005 年以后,我国政府发起了规模浩大的非遗保护工程,将全国的非遗保护工作推向了一个时代的高峰。这些有关非遗保护方面的大量实践,为非物质文化遗产图谱的编制创立了很好的基础。但是,要想建立一个较为完善、科学的中国非物质文化遗产图谱体系,仅仅依靠现有的工作实践是不够的,它还需要在对大量的现有实践经验进行总结与归纳的基础上,抽象出一套可以用以对非物质文化遗产图谱编制实践进行指导的系统、宏观的理论思想与研究方法体系,包括有关非物质文化遗产图谱编制的本质内涵、形态特征、分类标准、研究方法、功能价值等,只有建立了这样一套较为完整的,具有现代学科研究与方法论意义的非物质文化遗产图谱编制理论与方法体系,才能使非物质文化遗产图谱的编制工作真正上升到一种理性的高度,具有更强的学术性、系统性与规范性意义。

  由此可见,非物质文化遗产图谱编制理论与方法体系的建构是一项具有深远意义的工程,它的实现必须有赖于政府部门、学术理论界,以及社会相关群体的共同努力。在中华民族实现伟大复兴以及中国传统文化影响力不断增强的今天,我们完全有理由相信,只要坚持科学求真的态度以及持之以恒的精神,一部具有里程碑意义的,其地位不亚于《永乐大典》《四库全书》等文化经典的中国非物质文化遗产图谱经典之作一定会在不久的将来出现于中国的学术之林。

第一章　中外图谱编制实践及其理论探索

　　图谱的发生发展是人类共同的经历,古代图谱的并行发展是图谱历史在人类发展史上的共同特征。人类图画的产生基本上都源于旧石器时代,有当时的岩画遗留作为证据,"最初的绘画可以追溯到旧石器后期。北京周口店山顶洞以及法国和西班牙的深山古洞中,都遗留有旧石器时代的绘画"[①]。而且在岩画之后,进一步发展成表达人们复杂生活现状的绘画与描述生产工具、器物等的图画,同时也有源自现实生活的抽象几何图案,以及具有军事用途的地图等,这些都是人类在现实生活过程中,为满足各方面的需要而形成的图画的表达。人类对于"谱"的认识同样具有共性。谱的概念几乎都与家族的发展有关,贵族需要保持血统的纯正,从普通阶层而上至高等阶层的人们也需要通过编制家谱来描绘自己家族世系的贵族品性,这就使得全世界范围的人们都有对于谱的需求。尽管图谱在中外发展中有着一定的共性,但是由于文化背景的不同,在图谱的编制方法与理论方面还是存在着不同的个性。

　　在古代中国,不但有着大量的图谱编制实践,而且还形成了一些有关图谱编制的方法与理论,例如"制图六法"与"绘画六法"等,实际上就是对"图"的编制方法的提炼与总结。它们或是讲述了对于图的制作要求和规范,或是讲述了画的技巧与方法,对于推动中国图画的发展起到重要的作用。在谱的编制方法上,中国很早就产生了许多有关谱的类别,如家谱、族谱、植物谱、动物谱、兵器谱、画谱等,它们主要强调了各种事物内部之间的相互联系,从时间和空间上阐述了各自的体系与系统。现以家谱或族谱为例来说明谱的编制方法:"家谱继承了正史、方志记载叙述的方法,有史,有图,有表,有志,有传,形式多样,兼容并蓄,而其记载内容的宗族性,记载手法如遗像、宅基、祠堂、坟墓等采

[①] 卢良志:《中国地图学史》,测绘出版社,1984年,第1页。

用图文并茂等表述手段,则明显带有家谱自己的特色。"①在中国传统的各种家谱形式中,世系是其中最为重要的一个内容,"世系是中国家谱的主体……包括姓名字号、生卒年月、仕途简历、妻室子女、坟墓地址等内容,在家谱中占有很大的比重"②。除了图与谱之外,中国历史上与图谱相近的文体还有表、格、历、照等,它们均与图谱并行,并形成了各自独特的方法体系。

在我国传统的图谱编制方法与理论方面,最有成就的是关于对图谱进行分类的方法,这方面最有成就的是南宋时代的郑樵。郑樵在其所著的《通志·图谱略》中,将图与谱并置,并将表、格、历、纪、照等都收录于图谱之列。这一分类方法后来在元明清的发展中逐渐完善。在清朝《四库全书》中,将图谱分类收录,按照图谱的属性分列到经史子集中,这既是对图谱分类理论的延续,同时也是对图谱分类理论的发展。除此以外,我国传统的图谱编制理论还体现在图与文字的关系,以及图谱所具有的重要价值等方面。总之,中国古代图谱一般来说是图表类、谱系类等著作的总称,它反映了我国古代时期在有关图谱编制方面的既具有一定共性又具有一定个性的编制方法与理论体系。

相对中国而言,西方国家并没有专门的图谱学体系,尤其是在氏族谱系的方面,并没有形成像中国一样的发达、完整的谱籍系统。一直到了20世纪时期,随着西方科学技术的发展,尤其是信息技术的发展,西方国家才逐渐出现了大量的,主要以表现、分析与研究自然科学为主要内容对象的图谱形式。但是在西方的学术体系中,也有一些具有自己特点的图谱编制方式,其中一个重要方面就是民俗地图。从广义的范畴来说,民俗地图也是一种属于图谱的形式,因为它与一般意义上的图谱一样,也是通过将具有可视化特点的图像进行系统化处理的方式,使其成为一种具有一定内在关系的系统文献,只是民俗地图所表现的内容对象主要是具有很强民间文化色彩的民俗文化,以及它所采用的可视化表现形式,主要是以具有独特的空间表达特点的专门性文本样式——地图而已。

在对于欧洲的社会科学与人文科学研究具有引领性意义的德国,早在19世纪中叶就开始了有关民俗地图编制的实践。19世纪70年代,德国的文化区域研究者威廉·曼哈特开展了有关农业活动以及相关习俗、信仰的问卷调查,率先进行了有关民俗地图编制的尝试。威廉·曼哈特设计的问卷,得到了

---

①② 王鹤鸣:《中国家谱体例概说(一)》,《寻根》2009年第1期。

2000多处地方的反馈,并在1932年至1933年时被记录于地图上。从1937年至1939年,已有总计6期的《德国民俗地图》问世,总共刊载了120张有关德国的民俗地图。可惜的是,由于世界大战的爆发,德国的民俗地图编制与研究工作不得不停止下来,一直到了1962年以后,这项重要的编制工作才得以重新启动。此时期德国民俗地图的编制重点,是对第一次世界大战前德国农村工作的模式、使用的农具以及脱粒等相关民俗情况予以真实的调查与记录,并且在相关的地图中进行准确的标注。[①]继德国以后,欧洲其他一些国家也在20世纪中叶开始了自己国家的民俗地图编制工作。例如苏联于20世纪40年代末期,以民族研究所为主导开始制作各民族分布地图,法国、葡萄牙、西班牙、意大利、瑞士、挪威等国家也受德国制作民俗地图的影响,并仿照德国民俗地图的方式,着手本国的民俗地图编制工作。

在亚洲地区,较早开展有关民俗地图的编制实践,并且进行了较大规模的普查与推广的国家是日本。日本的民俗地图编制实践深受德国的影响,但是也并不完全照搬德国的经验,而是根据日本的国情特点总结出了一套自己的方法与理论,这对于本国民俗地图的编制具有相当的指导性意义。早在1927年,具有"日本民俗学之父"之称的柳田国男就在《人类学杂志》上发表了论民俗方言的著述——《蜗牛考》,在这一文章中,柳田国男根据自己的研究结果绘制了一幅方言分布图,展现了日本方言按照地理位置的远近而发生演变的状况,这幅图可以看作是日本民俗地图编制的滥觞。到了20世纪60年代,日本文化厅开始策划绘制全国性分类民俗地图的庞大计划。该计划分为调查阶段和整理资料与绘制图面两个阶段。经过40多年的努力,日本终于完成了规模浩大的10卷本的大型系列民俗地图集——《日本民俗地图》的出版工作,其内容涉及"年节""信仰与社会生活""贸易与运输""生育""婚姻""葬制与墓制""衣着生活""饮食生活""居住生活"等各个方面,其调查与标注数据,覆盖了整个日本国。除了《日本民俗地图》以外,日本还出版了另一套有关民俗地图的宏大成果——《都道府县日本民俗分布地图集成》,全套书共分为13卷,覆盖了日本本土的7大地区,每卷包括2或5个省级行政单位,堪称日本民俗地图的鸿篇巨制。

---

① [德]京特·威格曼:《〈德国民俗地图〉与地理研究法》,引自蔡丰明主编《中国非物质文化遗产图谱研究》,上海社会科学院出版社,2016年。

由此可见,在有关图谱这一独特的文献体裁的编制实践以及方法理论上,中国有着深厚的传统以及多方面的成果,这是其他国家所不可相比,也是不可替代的。中国这种由古至今的深厚的图谱编制传统,是中国独特的政治、社会、文化的产物,体现了鲜明的具有中国民族特色的学术研究取向。作为一种具有鲜明的可视化与系统性特点的图谱形式,对于中国文化内容及其精神价值的表现起到了十分重要的作用,并且也是现今我们建构非物质文化遗产图谱编制体系的重要基础。但是这样的理解并不否定外国各种有关图像、地图等相关文体的编纂成就以及方法理论对于我们的价值。实际上,西方各国以及日本等亚洲国家在各种有关自己国家的图像、地图等相关文体的编纂工作中,同样积累了丰富的经验,非常值得我们参考与学习。尤其是德国、日本等国家在对于民俗地图这种具有与非物质文化遗产图谱非常相近关系的文献体裁的编制与研究方面,更是十分值得我们目前正在从事非物质文化遗产图谱编制工作的人员学习参考。正所谓"他山之石,可以攻玉",只有广泛地吸收他人的经验,并使其转换为自己开展工作的有利资源,才能使自己的学术思想更为全面与系统,工作道路更加通畅与顺利。

第一节　中国古代图谱编制实践及其理论探索

一、中国图谱的起源与历史发展过程

1. 中国图谱的起源

中国图谱的最早起源,可以推源到周代时期《周易》中的八卦图像。在《周易》八卦图像中,虽然使用了简单的横线与中间断开的两条短线,但是这两条线通过不同规则的组合形成八卦和六十四卦等不同的图案,以此表示不同的内涵,而这些图像又由于内在的联系形成以变化为主体的体系或者系统。比如说乾、坤、震、艮、离、坎、兑、巽,以线条的不同组合分别代表天、地、雷、风、水、火、山、泽。"六十四卦卦形,以特殊的象征形象,分别喻示六十四种事物、现象的特定情态,反映了作者对自然界、人类社会的种种认识。如《泰》(䷊)卦,天在上、地在下,犹如上下心志交通,象征社会'通泰'兴盛。"[①] "六十四卦的

---

① 黄寿祺、张善文:《周易译注》,上海古籍出版社,2007年,第615页。

出现,形成了《周易》以阴阳爻象为核心,以八卦物象为基础的完整的符号象征体系。"①因此,我们认为八卦图像是有文献记载以来最早的图谱。

根据我国学者的研究,八卦产生的时间大约是在西周以前:"八卦的出现和六十四卦的创成,当在西周以前的颇为远古的年代;古人称其作者为伏羲、神农、夏禹之类的'圣人',自然是一种带有崇古、崇圣心理的传说,但此中所涉及的时代范围却是可以参考的。那么,既然远在西周以前就产生了以六十四卦符号为基础的筮书,与之相应的筮辞也很可能同时出现了(至少在口头上流传)。沿此进展,西周初年产生了一部新编的卦形、卦爻辞井然有序的《周易》,则是于理颇顺的。"②可见,《周易》是远古时期筮书的集大成之作,其中蕴含着深刻的哲学思想。《周易》产生于西周初年。可见,如果以现在的图谱的综合观念看,最早的图谱文献就是西周初年的《周易》。在《周易》中,已经包含着我国古人对图谱观念的一种初始认识与表达。

2. 中国图谱的发展

汉代时期,西汉时刘歆继承父亲刘向的《别录》,在此基础上编纂了《七略》一书,其中首次收录了相当多的有关图谱方面的文献,但是其概述在唐末已经遗失。所幸的是班固将《七略》继承并发扬,形成《汉书·艺文志》,通过《汉书》,可以发现《七略》对图谱的处理。在《汉书·艺文志》卷三十一中,将图、谱分置,在兵书中,共收录图"四十三卷",如"吴孙子兵法八十二篇,图九卷。齐孙子八十九篇,图四卷。楚兵法七篇,图四卷。王孙十六篇,图五卷。魏公子二十一篇,图十卷。黄帝十六篇,图三卷"等。根据古代科学技术,可以将其列入科技类;而在历谱中,则收录谱"六百六卷",如"日月宿历、帝王诸侯世谱二十卷、古来帝王年谱五卷"等。再如"至孝成世,刘向总六历,列是非,作五纪论。向子歆究其微眇,作三统历及谱以说春秋,推法密要,故述焉"③。值得注意的是,当时的刘歆与班固虽然都收录了有关图谱的文献,但却并没有将"图"与"谱"合在一起,同时也没有用"图谱"一词来命名。

我国在文献上正式出现"图谱"一词则是要到晋时,《晋书·郭璞传》中写道:"璞撰前后筮验六十余事,名为《洞林》,又抄京、费诸家要最,更撰《新林》十篇、《卜韵》一篇;注释《尔雅》,别为音义图谱。"但是这里图谱的意思还无法

---

① 黄寿祺、张善文:《周易译注》,上海古籍出版社,2007年,第615页。
② 同上,第13页。
③ [汉]班固:《汉书》卷二十一。

推知。

自从在《晋书》中首次出现"图谱"一词之后,有关图谱的编制实践得到了一定的发展。南朝齐时的王俭在《七志》中,首次将"图谱志"专门列为目录学中的一门,并介绍了图谱类书籍的大致内容。他在《七志》中说:"一曰经典志,纪六艺、小学、史记、杂传;二曰诸子志,纪今古诸子;三曰文翰志,纪诗赋;四曰军书志,纪兵书;五曰阴阳志,纪阴阳图纬;六曰术艺志,纪方技;七曰图谱志,纪地域及图书。其道、佛附见,合九条。然亦不述作者之意,但于书名之下,每立一传,而又作九篇条例,编乎首卷之中。"[1]在这里,王俭提到的图谱类的书主要是"纪地域及图书",也就是仅包括地理图谱和有图的书,而事实上还有很多图谱类没有包括进来。较为可惜的是,王俭在《七志》中所提到的这些图谱文献,后世都没有保存下来,使后人难以了解这些图谱文献的真实面貌。

宋代是我国图谱理论进入较为自觉的时代,有关图谱文献资料的编制也达到了一个新的高度,此时期的图谱被作为目录学、谱牒类等领域的重要对象受到了较多的关注。在南宋郑樵编纂的《通志·图谱略》中,记录了大量有关图谱类的书籍资料,其内容共包括了 16 种类型,即:天文、地理、宫室、器用、车旗、衣裳、坛兆、都邑、城筑、田里、会计、法制、班爵、古今、名物、书。可见,当图谱上升为目录学之后,其内涵更加广泛,几乎容纳了"图谱"的所有内涵。郑樵在《通志·图谱略·记有篇》中还总结了图谱在名称上的种类,包括图 187、谱 5、历 1、格 4、经 1、表 2、科 1、纪 1、录 1、钤 1,共计 10 种 204 个图谱。因此郑樵以及之后的学者在称图谱时多简称图,其实图的范围很广。在《图谱略·记无篇》中,郑樵又将 16 门扩大到 26 类,而且大多只列图,如易、诗、春秋、孝经、小学、刑法、天文、时令、算数、阴阳、道家、释氏、符瑞、食货、艺术、兵家、医药为图,少数列谱,如世系为谱,还有图与谱并存的,如在地理、论语、经学方面,另外除了图谱之外还有其他名称的,如会要中有图、图照,纪运中有图、历纪、年表、年历、谱,百官中有谱、图、表,礼中有图、谱、式,乐中有图、谱、格。由此可以看出,至宋代时期,我国的图谱无论在编制实践上还是在编制理念上都达到了一定的高度。

明代以后一直到清代,我国的图谱编制方法与体系主要还是继承了宋代时的传统,但其广度却又要超过宋代。例如在清代编纂的《四库全书》中,继承

---

[1] 《隋书》卷三十二。

并发展了郑樵关于图谱的分类思想,将图谱等分类分别融入到经史子集中。在经部收录的图谱有宋朝的《易数钩隐图》《三易备遗》《禹贡山川地理图》,元朝的《大易象数钩深图》,明朝的《书经大全》,清朝的《禹贡锥指》《御制律吕正义后编》;在史部收录的图谱有宋朝的《营造法式》,元朝的《敖波图》,明朝的《吴中水利全书》《筹海图编》《郑开阳杂著》《钱通》《河防一览》,清朝《钦定河源纪略》《御定月令辑要》《钦定黄舆西域图志》《皇清职贡图》《八旬万寿盛典》《皇朝礼器图式》《金石经眼录》等。子部收录的图谱有元朝的《竹谱》,明朝的《新法算历》《农政全书》《普济方》《墨法集要》《奇器图说》《说郛》,清朝的《天经或问》《钦定授时通考》《钦定西清古鉴》《钦定西清砚谱》《钦定钱录》等。在集部收录的图谱有楚辞类《钦定补绘萧云从离骚全图》等。由此可见,至清代时,我国的图谱类文献已经达到了一个十分丰富的程度。这里值得指出的是,以上所举的在我国各类文献中所搜集的图谱文献,只是我国历史上留存下来的很少的一部分。实际上除了这些已经被收录到目录学文献中的图谱类书籍以外,还有大量未被收录到目录学文献中的图谱类书籍资料,其数量要远远大于已收录的图谱类书籍数量。

综上所述,中国传统图谱的编制在时间上经历了周代到晋代的初创期,南齐到南宋的发展繁荣期,以及明清的再度发展期等几个重要阶段,体现了中国古代图谱编制实践的发展序列。在古代图谱的发展中,从图谱的各自发展,到图谱在实践上的结合,以及图谱在经史子集中的应用,走过了由个别应用上升为方法论的过程,从简单的图与谱,逐渐发展到复杂的包括丰富内容的图谱之学,内容日渐丰富,并呈现出日益多元化、多样性的趋势。

3. 中国近现代图谱及其转型趋势

近现代以来,随着西方思潮、科学技术的进入,中国传统的图谱之学开始发生很大的变化。

首先是二维平面技术的发展。一是从手绘开始走向照相,照相技术的使用是近现代图谱高效先进的科技特点的一个典型体现,从而大大提高了其高效性与保真度。如民国时期郑振铎的《中国历史参考图谱》就是对照相技术的应用。二是从照相到扫描技术的应用,进一步提升了图谱在学科中的地位。同时还有电脑图像的制作,将照相与扫描中的瑕疵通过电脑技术进行修改和订正,有助于图像的精致化,资料保留的准确与精准化。如尹国均编著的《西方建筑的7种图谱》,该书运用图谱的方法,"从古埃及以来的建筑几何形态开始,通过古希腊、古罗马建筑作为西方古典建筑的基础、原型和范本,概述了西方建筑的起源及发展演变过程和它们在历史发展中的几个拐点,简洁有趣地叙述了西方建筑"①。采取的体例基本是左图右书或者上图下书的方式展开。再如邵大箴编的《西方绘画史图录》,使用图的方式展示西方从史前社会一直到 20 世纪以来的绘画历史,文中说明的文字较少。到了当代时期,图谱类的文献资料更是被广泛地应用于各个领域,并出现了诸如《中国莲纹图谱》《中国凤纹图谱》《形意拳图谱》《中国旗帜图谱》《中国京剧服装图谱》《中国彩陶图谱》《李超国画名家笔法图谱》《百字图谱》《人体解剖彩色图谱》《百兽写真图谱》《黄河水沙时空图谱》《松柏图谱》《草虫图谱》《种子植物图谱》《中国野菜图谱》《金相图谱》等各种不同内容、不同学科的图谱类著作。

其次是三维立体技术的应用,将平面的图谱推向立体化,使得可视化的效果更加的直接。现代地理图谱 GIS 系统的开发,地学图谱的形成,促进地理学科的发展,如傅肃性的《遥感专题分析与地学图谱》《地学信息图谱探索研究》。现代技术拥有快速高效、保真度高等特点,弥补了传统图谱的平面化、保真度不高的缺点。而且随着信息技术的发展,图谱的内涵和功能进一步扩大,产生了知识信息图谱等现代图谱。信息、数据等抽象元素的成分逐渐增加,从而使其逐渐发展成为一种展示与说明各种特定信息、数据及其背后意义的载体与手段。在现阶段,科学精神与发达的信息网络技术引领图谱的发展,而且图谱越来越成为学科发展的重要基石,当下的图谱之学也为目前大数据的发展奠定了基础。图谱更成为一种研究方法进入各个学科,逐渐发展为信息图谱、知识图谱等。尤其是有关图谱软件的发展进一步促进了学科的可视化发展,如中国知网的引文网络分析就是图谱在大数据中应用的一种,通过关键词或者主题的索引,会得出相关的引文网络分析。

由此可见,图谱作为一种具有可视化特点的表现方法,在近现代有着与不同学科融合的发展趋势,在从二维的照相、扫描、电脑制图技术,到三维的立体化,再到信息技术的发展与大数据的运用等,代表了一种近现代图谱编制逐渐由手工操作到高科技技术运用的发展路径。正是在这种近现代时期出现的各种科学技术力量的推动下,图谱的编制与应用逐渐走向了一个具有越来越多的创新与超越特点的时代。

---

① 尹国均:《西方建筑的 7 种图谱》,西南师范大学出版社,2008 年,第 1 页。

二、中国古代有关图谱编纂的思想认识

在中国古代十分丰富的图谱编制实践中,蕴藏着一些深厚的有关图谱编纂的思想认识,这些编纂思想与认识,是主导、支配中国古代图谱编纂者进行图谱整理、编纂的基础,同时也充分地反映了中国古代图谱编纂者对于图谱这种文体形式的理解、认识与态度。具体而言,它们主要体现在有关图谱编纂的分类思想、图谱与文字编纂并重思想,以及图谱编纂的功能价值思想等方面。

1. 图谱编纂的分类思想

我国传统的图谱分类思想是建立在目录学基础上的,从我国传统时代整个有关图谱分类的思想认识体系来说,是一个由平行走向交集,再由交集走向细分的过程。东汉以前,虽然图与谱这两种文体都已经出现,但是几乎都是图、谱分置的。如刘歆在《七略》中收集的"图"和"谱",都被放在不同的"略"中,尚未合并成一门。可见当时人们对于图和谱的认识其实是分开的,还没有将图谱联系起来。

在南朝齐王俭的《七志》中,第一次将"图谱"作为一个专门的文献种类予以合称,开创了图谱进入目录学的先河。王俭的观点虽然遭到后世一些学者的诟病,但是这不影响《七志》将图谱作为目录学一门的历史价值和地位。而到了南朝梁时,阮孝绪著《七录》,在七录中又开始将图和谱分别收录到相应的分部,他认为"图画之篇,宜从所图为部,故随其名题,各附本录;谱既注记之类,宜与史体相参,故载于记传之末"①。阮孝绪这样分类自然有他的道理,但是对于"图谱学"的发展来说又回到了原点。这种情况直到南宋郑樵提出了图谱略才有了变化。

南宋的郑樵是我国图谱学上最有影响的代表性人物,他对图谱学的贡献,一是在《通志》这一大型类书中,专门设置了"图谱略"一门,使中国的图谱从此在文献学与目录学中确立了自己的地位。二是强调了"图谱"这种文体不同于文字("书")的独特价值,认为图谱的价值不能为文字("书")所取代。三是对图谱这种文体进行了细化的分类,郑樵在《通志》中列"图谱略"一门,其内容包括天文、地理、宫室、器用、车旗、衣裳、坛兆、都邑、城筑、田里、会计、法制、班爵、古今、名物、书等非图谱无以掌握的 16 个方面,尤其是在"记无"篇中,分"图谱"为 26 小类,如地理、论语、经学、易、诗、会要、纪运、春秋、孝经、小学、刑

---

① [南朝梁]阮孝绪:《七录·序》。

法、百官、天文、时令、算数、阴阳、道家、释氏、符瑞、食货、礼、乐、艺术、兵家、医药、世系。这是我国古代对于图谱分类理论的重大创新与发展，代表了郑樵所具有的在当时处于十分先进的图谱学编纂思想。

明清时期我国对于图谱分类的认识，基本上还是继承了郑樵的思想，例如清代所编纂的许多大型类书文献，如《续通志》《清朝通志》《四库全书》等，均在郑樵《通志》关于图谱分类理论的基础上实现了一定的继承和创新。如在清朝乾隆时期由嵇璜、刘墉等奉敕撰写，纪昀等校订的《续通志·图谱略》中，将图谱分为八大类，即经、史乘、天文、地理、政典、学术、艺事、物，下面又分三十三小类，经下分易、书、诗、礼、乐、春秋、四书、孝经、总结、小学，史乘分为编纂、论赞、世系，天文分为测算、岁时，地理分为总叙、都邑、山川、外域，政典分为仪制、食货、兵防、刑法，学术分统绪、性理、文辞，艺事分为五行、医药、杂技，物分器用、饮食、植物、动物。另如《清朝通志》在体例上也继承了《通志》，将图谱略一门分为七大类，包括经学、史乘、天文、地理、政典、艺事、物类，与《续通志》相比去掉了"学术"类。

2. 图谱与文字编纂并重思想

在先秦时期，我国古人对于图与书这两种文体是同样看重的。这一点从有关"河图洛书"的传说中就可以看出一些端倪。《周易》中云："河出图、洛出书，圣人则之。"①这说明当时的人们是把图与书看成是同时出现，并且也是同样重要的（"圣人则之"）。在《史记》这一历史文献中，也记载了有关当时的统治者十分重视图与书的事实："刘邦攻入咸阳，'何独先入，收秦丞相御史律令图书藏之。沛公为汉王，以何为丞相……汉王所以具知天下厄塞，户口多少，强弱之处，民所疾苦者，以何具得秦图书也'。此处所言'图书'指的是地图和文书档案"②。由此可证秦及以前都是图书并重的。但是后来随着书籍的增加，开始出现了重书而轻图的现象，正如郑樵所说："刘氏作七略，收书不收图，班固即其书为艺文志，自此以还，图谱日亡，书籍日冗。"③直到郑樵在前人的基础上提出图谱略，这种观念才得以改变，郑樵在《通志·图谱略》中深有感触地说："臣旧亦不之知，及见杨佺期洛京图，方省张华之由，见杜预公子谱，方觉平

---

① 《周易·系辞上》。
② 孙文杰：《中国图书发行史》，武汉大学出版社，2015年，第10页。
③ ［南宋］郑樵：《通志·总序》。

一之故,由是益知图谱之学,学术之大者。"①

在郑樵看来,河出图带来图谱之学,洛出书带来书籍之学,"图成经,书成纬,一经一纬错综而成文"。图与书经纬相成才能成就文化。同时又指出:"即图而求易,即书而求难,舍易从难成功者少。"②"见书不见图,闻其声不见其形;见图不见书,见其人不闻其语。"③而要想平天下,"天下之事不务行而务说,不用图谱可也,若欲成天下之事业,未有无图谱而可行于世者"④。

到了明朝,赵士祯在《神器谱》中就以图文结合的方式展示兵器图谱,包括火铳图、车图等;在清朝,章学诚也强调图书并重:"事既约略于图类,而于书犹存事目者,互见之义也。"⑤另如在无名氏所作的《钦定补绘萧云从离骚全图》一书中,认为图与书互相弥补各自的不足。另外在家谱的编纂体例上,家谱继承了正史、方志记载叙述的方法,有史,有图,有表,有志,有传,形式多样,兼容并蓄,而其记载内容的宗族性,记载手法如遗像、宅基、祠堂、坟墓等采用图文并茂等表述手段,则明显带有家谱的特色。⑥由此可见,中国家谱在呈现谱系时也应用了图谱的方法。中国家谱发展到明代已经成熟、完善、定型,已奠定了中国家谱的基本格局,清代以及民国时期的家谱,在内容体例上,只是明代的延续,并无多大发展与创新。⑦家谱不仅使用谱系的方法,阐述家族的关系,更是图谱方法在家谱编制过程中的应用。

3. 图谱编纂的功能价值思想

中国古代有关图谱编纂思想认识的另一个重要方面,就是较为注重图谱在摩形状物、社会认知、提高人们对于万事万物的理解等方面的功能价值。在郑樵的《通志·图谱略》中,重点指出了图谱的那种实用性和易懂性。他明确提出"有书无图,不可用也"的思想,强调图谱的实用性。如从天文地理类来看,"人生覆载之间,而不知天文地理,此学者之大患也。在天成象,在地成形,星辰之次,舍日月之往来。非图无以见天之象、山川之纪、夷夏之分,非图无以见地之形。天官有书,书不可以仰观,地理有志,志不可以俯察,故曰:天文地理无图有书不可用也"。这些较为抽象的事物,如果运用图谱的方式来进行可视化的展现,人们就很容易理解了。但是这一实用性在很大程度上被忽视了

---

① [南宋]郑樵:《通志·图谱略·原学》。
②③④ [南宋]郑樵:《通志·总序》。
⑤ [清]章学诚:《章学诚遗书》,文物出版社,1985年,第439—451页。
⑥⑦ 王鹤鸣:《中国家谱体例概说(一)》,《寻根》2009年第1期。

很长时间。如:"隋家藏书富于古今,然图谱无所系,自此以来荡然无纪,至今虞夏商周秦汉上代之书具在,而图无传焉,图既无传,书复日多,兹学者之难成也。""以图谱之学不传则实学尽化为虚文矣,其间有屹然特立风雨不移者,一代得一二人,实一代典章文物法度纪纲之盟主也,然物希则价难平,人希则人罕识,世无图谱,人亦不识图谱之学。张华,晋人也,问以汉之宫室千门万户,其应如响,时人服其博物,张华固博物矣,此非博物之效也。见汉宫室图焉。武平一,唐人也,问以鲁三桓、郑七穆,春秋族系,无有遗者,时人服其明《春秋》,平一固熟于《春秋》矣,此非明春秋之功也,见《春秋》世族谱焉。使华不见图,虽读尽汉人之书,亦莫知前代宫室之出处,使平一不见谱,虽诵《春秋》如建瓴水,亦莫知古人氏族之始终。"①由此可见,图谱作为一种具有很强实用性的文体,对于人们开展学术研究是十分重要的。

在郑樵《通志·图谱略》中,同时也明确地表现了认为图谱具有简明易懂性的观点。他说:"见书不见图,闻其声不见其形,见图不见书,见其人不闻其语。图,至约也,书,至博也。即图而求易,即书而求难。""约"作简要、直观之意,而"博"则有繁杂之意,也就是说书没有图那么简约和直观。当然,这是在与相对抽象的书作比较得出的结论。其实这就是在讲图的可视化特点,当复杂的体系或系统通过图谱来展示的时候便会一目了然。比如说祭祀仪式的传承过程中,当因为社会事件而出现断代时,如果有祭祀图谱就可以继续传承下去,如果没有此类的图谱,那么该仪式就真的成为历史。再比如说如果有地动仪详细的制造图谱,那么利用地动仪来预测地震应该不成问题。因此说,图谱具有可视化的特点而使复杂的知识或者抽象的理论变得简明而易懂。

三、中国古代图谱编制所反映的文化观念

在中国古代十分丰富的图谱编制的思想与实践中,同时也蕴藏着一些深厚的传统文化观念,如崇古观、正统观、等级观、秩序观、审美观、史鉴观、文献观,等等。它们深刻地反映了中国古代文人对于历史、文化、学术等方面的基本态度,以及他们那种具有封建正统特色的文化观念与价值取向。

首先,在图谱编制的思想与实践中,蕴藏着中国古代文人的崇古观与正统观。中国文化传统观念中历来就有较为浓厚的崇古色彩,具体表现为是古非今、厚古薄今、崇古虐今、贵远贱今等,这一特色在中国古代的图谱编制思想中

---

① [南宋]郑樵:《通志·图谱略·原学》。

也有明显的体现。例如郑樵在《通志》中强调:"何为三代之前学术,如彼三代之后,学术如此,汉微有遗风,魏晋以降,日以陵夷,非后人之用心不及前人之用心,实后人之学术不及前人之学术也。"他认为当时的学术已经不如三代及汉。这种崇古观在后世有一定的发展。"中国古人即便改良也要托古改制,从典籍中寻找根据。"①这种观念具体到图谱编制这一具体实践中,就是利用图这种可视性较强的文体形式来描述某事某物在古代的具体情况,追古溯今;利用谱这种系统性较强的文体来追溯族系源流。如宋金时期墓葬中的彩绘《二十四孝图》,其中运用24幅关于舜孝顺故事的图谱作品,来形象地展示古人各种孝顺的事迹,弘扬古人的孝道美德,这完全就是一种崇古讽今的崇古观的体现。另如清朝胡渭在《易图明辨》一书中追溯易图学说的源流,并尽可能搜集古代相关书目。"就全书整体而言,胡渭《易图明辨》所采取的撰述方式,广搜博取,举凡当时胡氏所能接触到的四部各类文献中关于图、书、象、数的学说理论,都尽量收揽"②,极力做到追述古代源流之能事。

  正统观是儒家思想的集中体现,具体表现为天下大一统的思想、孝悌观念等。这种观念在中国历代的图谱谱系中也有鲜明的表现。例如从《史记》的"本纪"等中可以发现,各个民族都统一在一个世系中,文字中没有大一统,却在字里行间可以发现其中包含的意思。而家谱中的这种对家族祖先的追思其实也是对封建正统观——"孝道"思想的一种具体体现。明刘绩撰的《三礼图》,在卷一讲得很清楚:"三代制度本于义,故推之而无不合。自汉以来失其传而率妄作,间有微言训诂者又误,遂使天下日用饮食衣服作止,皆不合天人,而流于异端矣。绩甚病之,既注易以究其原,又注礼以极其详,顾力于他经不暇,故作此图以总之,凡我同志留心焉,则可以一贯矣,勿泥旧说,见旧是者,今不复图。"刘绩认为三代制度已经被误传,需要有人出来正之,因此他才作《三礼图》,利用图文合一的方式进行详细的说明。这是天人合一的正统观的体现。

  其次,在图谱编制的思想与实践中,又蕴藏着中国古代文人的等级观和秩序观。综观中国古代各种形形式式的图谱形式,几乎都体现出儒家所提倡的君君臣臣、父父子子的思想,体现出难以逾越的等级观。尤其是在家谱、年谱

---

① 姚遂主编:《中国金融史》,高等教育出版社,2007年,第36页。
② 郑吉雄:《〈易图明辨〉与儒道之辨》,《周易研究》2000年第4期。

等图谱形式中,这种观念表现得尤为明显。比如中国传统的家谱几乎都有同样的规定,即家里的女儿不入家谱,这实际上就是封建等级观的体现。即使是在一些像药谱、茶谱、花谱等具有一定的自然科学特点的图谱资料中,这种封建主义的等级观依然渗透其中。例如李时珍在《本草纲目》中说:"上药一百二十种为君,主养命以应天,无毒,多服久服不伤人,欲轻身益气,不老延年者本上经;中药一百二十种为臣,主养性以应人,无毒有毒,斟酌其宜,欲遏病补虚赢者本中经;下药一百二十五种为佐使,主治病以应地,多毒,不可久服,欲除寒热邪气,破积聚愈疾者本下经。"①这段话中的上、中、下,天、地、人,君、臣、佐使等正是等级观的表现。

而秩序观强调天下一家。所谓"秩",《说文解字》解释为"积也",积累才能有次序成文理。所谓"序",《说文解字》解释为"东西墙也",东墙西墙为次序。秩序也就是有条理、有次序的意思。这一观念正是图谱的内在反映。如通过世系一门中的帝王世系,就可以看出天下一家的秩序观,炎黄子孙、龙的传人就是秩序观的反映。另外随着章学诚对图谱之学的强调,在清代的地方志书中,大都可见地形、水利等的更迭图。另外随着中医学的发展,图谱的秩序观在针灸图中有较多阐述,如《铜人腧穴针灸图经》中强调用针的次序。

再次,在图谱编制的思想与实践中,也蕴藏着中国古代文人的审美观与艺术观。从艺术美学的角度看,图谱具有朴实、具象的审美意识,而这也正是中国古人所十分崇尚与追求的。从图的表现特点上看,基本上都与几何图形中的三角形、正方形、矩形、圆形等有着直接的关系,而这些形状的不同组合会形成千变万化的图案,这不仅反映在陶器上、青铜器上,还反映在建筑物上,甚至服饰上,表现出图谱的传统美学观念。图谱以写实、具象为特征,体现出与国画不同的审美观念,以白描线绘的手法清楚地表现人物形象、工艺步骤、天文景象、家族渊源等内容,是我国传统朴素审美观的体现。在地图上所体现的美感则可以以西汉的军事地图《西汉初期长沙国深平防区地形图》为代表,这一地图一方面可反映出汉代地图的绘制技术已达到了相当熟练的程度。例如河流的粗细变化以及自然弯曲,都表示得十分逼真生动;河流交叉处没有出现通常易出现的倒流画法;道路的绘制几乎是一气呵成,看不出换笔的接头;全形符号的居民地图形也很好。另一方面也表明了当时测量技术的高度发展,为

---

① [明]李时珍:《本草纲目》,人民卫生出版社,1982年,第44页。

我们表明了汉代地图在符号的设计问题上注意了既形象又合理的原则。例如用闭合曲线表示山体,在曲线的突出部分加绘有月牙形符号,以表示山体的突出部分。①

另外在工程制图的技法应用上,从平面图走向立体图的过程中,应用近似作图法、借助规矩作图法,到后来的斜二轴测画法、等轴测画法等,使得图在实用的基础上更具艺术的美感。例如《芥子园画谱》是一本国画技法的集大成之作,该书从其美学思想,美学特征,美育影响三个层面展开,"从南北分宗、师承与开拓、胆识之变、因文传画四个维度对绘画史的流变进行了梳理,突出画史因文传画的特点,坚持从有法到无法的美学原则,从'抓古人痒处'与'抓自己痒处'的同一来说明复古与求变的同一"②,呈现出体系与系统之美。图用线条、形状、样式、表、格等来表达撰者的思想,呈现出朴实而又不失生动之美;谱是作者通过源流的追溯、学术的辨章、流变的梳理来抓住事物发展的脉络,呈现出学术系统性和体系化,表现逻辑之美。

第四,在图谱编制的思想与实践中,一定程度上也反映了中国古代文人的史鉴观与文献观。所谓史鉴观是讲"以铜为鉴,可正衣冠;以古为鉴,可知兴替;以人为鉴,可明得失"③,中国古代学者认为,通过图谱、地图的编制,可以通晓家世的更迭,知晓失败与成功的交替。如元朝李好文在其所撰《长安志图》序中指出:"有宋元丰三年龙图待制,吕公大防为之跋,且谓之长安故图。则此图前世固有之,其时距唐世未远,宜其可据而足征也。然其中或有后人附益者,往往不与志合,因与同志较其讹驳,更为补订厘为七图。"④这是对地图的订正和补正,是史鉴观在地理图谱中的反映。另外在图的发展过程中,也离不开技术的进步,宋朝图谱的繁荣发展与当时的雕版印刷技术是分不开的。我们可以通过图谱的发展看到印刷技术的演变。宋朝郑樵的《通志》提出图谱略,我们认为其中也有技术的因素。雕版印刷能够为更高质量的图谱提供技术支持。图谱通过图、谱、表、格、纪等透露出古人对历史的认识,发现史可以明鉴的观念。

文献观是对史鉴观的延伸。图、谱、表、格、纪等文体在古代被统称为图

---

① 卢良志:《中国地图学史》,测绘出版社,1984年,第45页。
② 曾仲权:《〈芥子园画谱〉的美学之维》,《贵阳学院学报》2012年第4期。
③ [北宋]欧阳修:《新唐书·魏徵传》。
④ [元]李好文:《长安志图》。

谱,内含通达宏博的文献观。这种文献观主要表现在三个方面:一是把图谱作为一种目录学的资料。图谱表现在目录学上就是按类收录,使各种图书更加条理化、明晰化。如王俭的"图谱志"收地图和有图的书;郑樵将图谱分为十六类,在"记无篇"中又将图谱分为二十六类,按类分别列出图、谱等相关内容,使得后人能够方便地查找书目,也可以知晓图谱的存亡。清朝的《四库全书》延续并发展了这一分类。二是把图谱作为一种档案性的资料。把图谱作为一种档案资料是体现古人文献观的第二个内容。档案是分类保存文件和材料,图谱在档案中占有重要地位。自有史记载以来,产生大量的图谱,这些图谱能够反映当时的生活状况、科学技术水平、建筑水平等各个方面。如《三礼图》《农政全书》等。再从王俭到郑樵对其的整理来看,图谱的分类整理有着档案学的意义,而且图谱资料具有很高的应用价值。三是把图谱作为一种完备性的资料。图谱的编制表现了人们追求完备性的文献观。这种完备性表现在家谱与地理图谱中,如《帝王世系图谱》,还有元朝的李好文的《长安志图》。李好文说:"以汉之三辅及今奉元所治,古今沿革废置不同,名胜古迹不止乎是泾渠之利,泽被千世,是皆不可遗者,悉附入之,总为图二十有二,名之曰长安志图。明所以图为志设也。呜呼,废兴无常,盛衰有数,天理人事之所关焉。城郭封域,代因代革,先王之疆理寓焉。沟洫之利,疏溉之饶,生民之衣食系焉,观是图也。"① 在诠释《长安志图》的这种整体观、全面观的过程中,进一步强调了图的重要性。

四、中国古代图谱的方法论模式及对于当代图谱编制的意义

中国古代图谱的编制是以解决实际问题为根本的,强调图谱的功用性,图谱内容包括图、谱、式、照、表、格、历等,其应用遍布大部分学科。在实际问题的解决过程中,形成了较为丰富的图谱编制方法。例如在一些描述中医针灸方法的经络图谱(如《明堂图》《医林改错》等)文献中,大多能从全局观出发,关注部分与整体的联系,将穴位的虚与脏腑的实相对应,将普遍性与个性化相结合。又如在一些描述各种地理格局与特点的地图(如康熙时期的《皇舆全览图》等)中,不仅绘制了全国的地图,更有地方省份的地图,是整体与局部相结合的结果。反映在技艺类图谱的编制中,这一类别的编制更多是为了技艺的传承与传播,故采用几何平面白描式的绘制方法以及立体透视的绘制手段,展

---

① [元]李好文:《长安志图·序》。

开图谱的绘制。还有谱牒的编制体例与方法等。上述这些方面都是在面对现实问题时所形成的。解决现实问题后会形成相应的概念和方法，进而产生更多的问题，在解决问题的过程中，形成一般理论，这些理论成为解决问题的指导，再对产生的问题进行指导，这样螺旋式上升就形成了方法论模式。因此，中国古代图谱编制的方法论模式为：在全局观系统化的视野下，以虚实呼应、动静结合的方式，在强调功用性的过程中，形成了以"实际问题—概念方法——一般原理—实际问题"[①]为核心的方法论体系。这一方法论以"从实践中来到实践中去"为核心思想，对于现代图谱的编制同样具有重要的指导意义。

中国古代图谱在编制过程中形成的方法论模式，对于我们当代图谱编制，尤其是非遗图谱的编制有着重要的意义。

首先从话语权角度看，古代图谱编制的方法代表了一种具有中国话语特点的图谱编制体系，凸显了中国图谱编制方法上的本土文化特色，这对于建构当代中国图谱体系，设置具有中国特色的制图标准以及内容范畴具有十分重要的意义。当前，我国在有关图谱编制的各种规范化标准，如测量标准、制图标准等均是按照国际要求的统一格式，其优点是确立了较为统一的国际性的标准，但其缺点是忽视了中国在图谱编制方面的自身特色，尤其是割断了与我国传统制图方式方法之间的联系。因此，很有必要通过对于传统制图模式的挖掘与研究，找出其中具有中国自身特色的制图方法与路径，并在此基础上逐渐形成融汇中西的，更加具有创新意味的我们自己的制图标准。比如宋朝的《营造法式》就是古代图谱绘制的卓著代表。所谓"法式"，即是指法度和标准，它的图样使用单线勾勒，界尺作线，在制图中使用比例尺，并大量使用了正视图、侧视图等样式，满足了工程的需要。它对于现代工程制图有着很高的贡献，"有助于我们回答科学技术发展的规律、艺术对科学技术的影响等重大问题。特别是以李诫为代表的中国古代图学家们所具有的文化素质，以及中国工程图学所表现的科学技术与艺术的完美结合，对今天乃至未来工程图学以及建筑学的发展作出了楷模"[②]。又如《考工记》，也是采用的样和式来表达："样式能以三维空间的表现力表现工程技术和产品设计，使人们能从各个不同角度看到设计制作的形体空间乃至其周围环境，因而样式能在一定程度上弥

[①] 周瀚光：《中国数学哲学思想探源》，上海社会科学院出版社，2017年，第391页。
[②] 刘克明：《〈营造法式〉中的图学成就及其贡献——纪念〈营造法式〉发表900周年》，《华中建筑》2004年第2期。

补工程图纸的局限性"①。"乃制度式样册子,上令士大夫习之,勾考工程,而下可令工匠解了。"②在传统图谱的编制中发现我们自己的优势,有形成我们自己标准的可能。

其次,从技术层面来看,中国古代图谱编制的方法提供了一种具有个性特点的图谱表现风格,体现了中国图谱编制方法上的灵活性、多样性与变通性,这对于当代中国图谱的编制更好地提高对于图谱内容对象的表达效果,加强图谱表现对象的形象感、真实感、可读感等方面也具有十分重要的意义。随着信息技术的发展,各种图谱编制软件的开发,当代图谱的编制在数据搜集、数据应用、数据挖掘、数据精准化等方面都有突破性发展,其优势在于呈现数据的内在关联性。但是对于一些具有较强的文学艺术性质的,需要展示个性化的图谱来说,如当代流行的连环画、绘本、漫画等,现代图谱编制软件就往往无法完成。而如果我们能够运用一些传统图谱的编制方法,就可以较为出色地实现这种个性化表现的目的。在艺术性上,那种个性化的节日图谱、故事图谱、人物图谱的绘制就需要借助传统的编制方法,如中秋节、春节的节日图谱,二十四孝图谱,红楼梦的金陵十二钗图谱等,以此展示画作的个性,呈现传统的审美观念。再如明朝王文衡绘制的《明朝传奇图像十种》,清人《钦定补绘萧云从离骚全图》,以及各种书法图谱等,这些具有个性化的图谱都是现代信息技术无法达到的。因此,传统图谱编制方法对于现代社会来说依然具有一定的意义,它们可以与现代图谱的编制方法互为补充,以此而使图谱的编制目的得到更好的完善与体现。

除此以外,从图谱的表现效果来看,传统图谱往往具有虚实结合、动静相合的特征,这一点在医学图谱中表现得比较多。比如说人体经络图谱的绘制,就是虚实结合动静相合的典范。这一特征对于现代图谱的编制来说仍有价值和意义,是对传统图谱的继承与发展。

综上所述,由传统图谱的编制实践形成的方法论模式对于现代图谱编制实践具有基础性的意义,二者在一定程度上会形成互补的态势,并在各自的优势领域继续发展。如今,当我们在开展与实施有关非物质文化遗产图谱的编制工作时,这一方法论模式仍然具有借鉴性意义。非物质文化遗产图谱作为一种主要以传统的非遗事象为内容对象的图谱形式,其编制方法上对于传统

---

①② 刘克明:《中国工程图学史》,华中科技大学出版社,2003年,第69页。

图谱编制方法的借鉴、参照、继承是必不可少的。例如我国传统图谱编制中一些有关图谱内容分类的方法、注重写实的表现方法、注重个性特点的表现方法等,对于当代非物质文化遗产图谱的编制都具有十分重要的参考意义。当然,当代非物质文化遗产图谱的编制也不能仅仅停留在完全仿照传统的基础上,必须在继承传统方法的同时有所突破,有所创新,尤其是将当代社会中高度发达的信息技术引入非物质文化遗产图谱的编制程序之中,才能使当代非物质文化遗产图谱的编制工作具有更强的科学性、系统性与规范性,真实、系统地反映我国非遗资源的总体面貌、基本特征以及发展规律。

五、中国古代风物地图与西方民俗地图编制方法的比较

在图谱学的领域中,简单地拿中国的案例与西方的案例来进行比较是很不科学的,因为,中国的图谱学体系与西方的图谱学体系有着很大的差异,其发展道路也十分不同。从严格意义上说,西方社会并没有产生像中国一样的图谱学体系,尤其是在家谱、族谱、历谱等各种图谱谱系方面,完全没有像中国那样完善与成熟。但是如果我们把图谱的范畴缩小到某些具体的领域,例如文化地图、民俗地图、风物地图的方面,那么其可比性则是完全存在的。因此,在本书的研究中,我们也是把这种对于中西方图谱的比较,缩小到文化地图、民俗地图、风物地图等这样一些较为具体的范畴中来进行考察。

从中国的情况来看,大约到了隋朝时期,开始出现了风物地图这种专题地图的形式。如隋人虞世基的《区宇图志》共一千二百卷,该志"图文并茂,图的类型多样……州郡沿革所属的说明与风俗物产的情况统囊一书"[1]。据《隋书·经籍志》中记载,为了撰《区宇图志》,特令天下各郡撰"风俗物产地图,上于尚书"。但是这些风物地图究竟是怎样的,却因文献缺失不得而知,只能说隋朝已经绘制了风俗物产图。唐朝对外域地形、军镇、风俗物产图的编绘和情况的介绍也比较重视。《唐六典》有云:"其外夷每有番客到京,委鸿胪讯其人本国山川风土,为图以奏焉。"

在我国风俗地图发展史上最具有划时代意义的风俗地图,是在南宋时期出现的,即由南宋杨甲编纂的《六经图》之一——《十五国风地理图》[2]。

---

[1] 卢良志:《中国地图学史》,测绘出版社,1984年,第55页。
[2] 对于该地图产生的时间,学界有不同的声音,汪前进认为是元朝时期的地图,陈正祥认为是南宋时期《六经图》之一。本书以南宋时期为准。

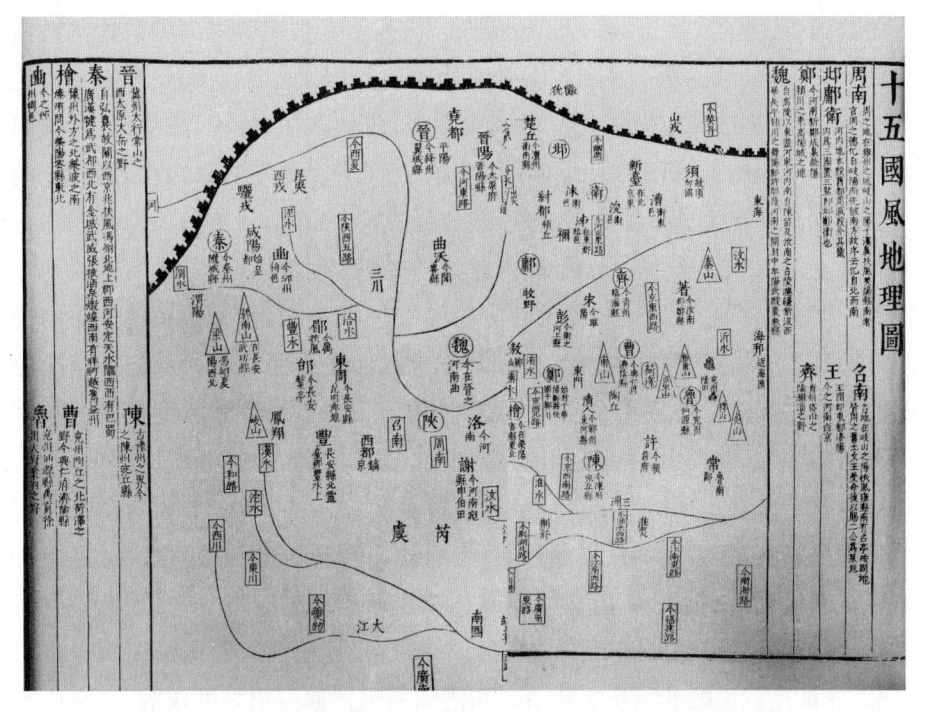

图 1-1　南宋杨甲编纂的《六经图》之———《十五国风地理图》

在图中标识出了十五国风如《周南》《召南》《邶风》《鄘风》《卫风》《王风》《郑风》《齐风》《魏风》《唐风》《秦风》《陈风》《桧风》《曹风》《豳风》等产地，是典型的民俗分布图。此图的出现，说明我国在南宋时期已经产生了具有较高标准的民俗地图，这是现在能看到的将民歌的分布标识在地图上的最早的民俗地图形式。但非常可惜的是，从宋代以至金、元、明、清，地图皆由兵部执掌，以致我们很少能看清这些民俗地图的真实面貌。①在此之后，这种体现民俗分布的地图就戛然而止了。在世界上，直到 20 世纪的德国民俗地图的出现，民俗地图作为专题地图之一种才再次登上人类地理的舞台。

以《十五国风地理图》为基础与西方民俗地图法作比较，我们发现中西方民俗地图的编制原理其实是一致的，都是在实际需要的基础上编制的，不过也存在一些不同之处，如时间、内容、地理范围以及相关理论方法的提升，等等。

从时间上看，中国的《十五国风地理图》编制于南宋时期，是最早的刊印地图，而欧洲民俗地图则要到 20 世纪才出现。欧洲民俗地图最早以德国为先。

---

① 陈正祥：《中国地图学史》，商务印书馆，1979 年，第 37 页。

19世纪中期德国就提出编制民俗地图的思想，但直到1937年以后《德国民俗地图》才开始陆续出版。从内容上看，我国的《十五国风地理图》只呈现了民歌的分布，而欧洲的民俗地图的范围则大得多，包括神话、传说、故事、寓言等内容。从地域范围上而言，《十五国风地理图》的主要范围是长江以南，而德国的民俗地图是在整个德国境内展开的，到之后的整个欧洲，日本的民俗地图法也是涉及全国。从理论方法上看，我国虽然早在南宋时期就有了《十五国风地理图》这样的民俗地图，但是却并没有出现对于有关民俗地图编制理论方法的提炼和总结，这种将国风的内容标识在地图上的做法进而呈现民歌分布状况的思想没有得到后世的重视，也没有在后世传承下来。而欧洲的民俗地图法就不同，在这一思想提出之初就具有了理论方法的倾向，最终形成民俗地图法。这一方法后来在日本得到了进一步的发展。

总之，在图谱编制的发展过程中，各个国家既具有共性也具有个性，既有联系也有区别。在当今我国非物质文化遗产图谱的编制过程中，只有一方面继承中国古代的编制传统，另一方面又不断吸收其他国家的图谱编制方法与思想，才能使我国的非物质文化遗产图谱编制工作取得更好的成效，乃至成为融汇中西的集大成之作。

第二节　欧洲的民俗地图编制实践与理论

用符号记述民俗事象的地图称作"民俗地图"，将各种文化表象或某类事象用选定的符号或微缩图像标记于地图的、单项式或多项式分布图式的文献数据表现方法称作民俗地图法。这种方法在欧洲最早形成于德国，并逐渐普及到奥地利、波兰、捷克、匈牙利、南斯拉夫和芬兰、瑞典、瑞士等许多国家。欧洲学界通过几十年的学术实践证实，民俗地图已不再是单一的地图，而且也是一种记述、分析、研究民俗的方法，它不仅可以帮助读者清晰地理解某些理论思想，形象地再现民俗事象，而且还可以辅助研究者整理、分析各种民俗资料，构建民俗理论。值得注意的是，地理学的意识和地图绘制法导入民俗学领域后，并没有像人文地理学的各个分支那样拓展或独立形成为民俗地理学之类的新学科领域，而是形成了系统的民俗地图绘制技术以及民俗地图研究法这种民俗资料整理方法和认识方法。欧洲民俗学界于19世纪将地理学的地图标志方法导入民俗学科，导入地理学方法扩展视野和表述手法，民俗资料处理方法的转型,活化了记述和再现民俗事象的手段,后来又进一步发展形成了一个新的诠释民俗现象、阐述民俗理论的方法,这是民俗学科在方法论方面的一大进展。

欧洲民俗学界重点关注的方面是民俗和民间故事研究与地图的关联性。运用地图标示分布与不同类型存在多寡的方法,在神话、传说、故事、寓言的比较研究方面获得了很大成功。于是,在民俗学科开始出现把民俗调查内容标志于地图的尝试,最终形成了一种民俗表述的新方式——民俗地图。

近年来,中国国内逐渐开始重视德国与欧洲其他国家有关民俗地图研究的成果,其中一部分成果已经被翻译成中文在有关的学术刊物上发表,以使我们能够通过这些窗口观察和了解欧洲民俗地图的发展脉络。我们经过对相关文献的阅读,从德国与欧洲其他国家民俗地图制作史里总结出两个重要的特征:一是大型工程式的民俗地图制作的调查和编绘,二是制作后及时的分析研究与建构相关理论。这里,我们将通过对有关德国与欧洲其他国家民俗地图编制情况的介绍,深入探索欧洲民俗地图的发展脉络,深化对欧洲民俗地图形成史的认识。

一、德国民俗地图的编制实践

据现有材料记载,欧洲民俗学界最初尝试将地理学方法引入民俗学科的是德国。19世纪中期,德国的W.曼哈尔特(W.Mannhardt)将有33项提问的农耕民俗问卷发往德国本土及匈牙利、奥地利等欧洲国家,并计划把问卷得到的数据整理后标示于地图,用图示的方法把握农耕民俗区域性分布及变迁。但最终问卷结果只是停留在研究的层面,并未绘制成农耕民俗分布图。但W.曼哈尔特这种思维和实践启示了欧洲民俗学界。随后,民俗学者们纷纷尝试参照自然地理学科的地图标示方法,为记述和研究民俗与民族文化提供了来自地理学视角的基础资料。

早在1907年,德国学者佩斯勒(W.Pessler)就提出了编纂"大德意志民俗地理学"的设想,但这一设想一直经过了20年以后才真正得到实现。1927年,德国正式开始启动了编绘《德国民俗地图》的计划,并于1928年由编绘德国民俗地图的专门机构在德国科学资助机构财政支持下着手民俗地图的编制。其计划绘图的涉及范围包括了当时的德国、奥地利、捷克、卢森堡、罗马尼亚北部等许多国家。为了较好地实现编制民俗地图的计划,当时德国的编撰机构下设37个支部,同时向荷兰、丹麦、比利时以及法国、波兰、瑞典等国发出呼吁,请各国同时开展民俗地图制作工程。①

20世纪20年代末,"德国学术振兴会"策划了"德意志民俗地图工程"。当时有几种方案,最终以 Adolf Spamer 氏(后任柏林大学教授)的提案为主定下最终方案。日本河野真教授在其《德国民俗学与纳粹主义》②一文中指出,在20世纪20年代的德国学术振兴会主持的几个大型项目里,《德国民俗地图》(Atlas der deutschen Volkskunde)是平行于其他考古学、地理学的主要课题,在当时的学术振兴会里占有重要位置。换言之,德国民俗地图工程是一个国家重视的,有行政资金支持的大规模工程型项目。③

在此期间,明斯特大学(University of Münster)神学部教授、研究教会史的 Georg Schreiber 在民俗地图制作工程里发挥了极其重要的作用,他曾积极提出各种倡议和方案以及理论构思。他所提的方案虽然没有被采纳,但后来他把自己的有关民俗地图企划和构想收录在他于1930年出版的专著 Nationale und internationale Volkskunde 之中。④在 Georg Schreiber 教授设想的民俗地图方案范例个案中,有几个案例最终实施成功,并被收录在《民俗学研究丛书》。如关于尊崇圣安娜与尊崇圣尼古拉习俗的地图,显得十分细致而富有特色,堪为德国民俗地图之范本。在《民俗学研究丛书》第1卷的序文里,Georg Schreiber 教授表明他的这些单项民俗地图的制作,是制作全德国民俗地图的一部分。

庞大的工程需要极大的数据资料支撑。为了编制德国民俗地图,德国学术界展开了诸多的调查,并制作了几次问项数目颇大的调查问卷。其中第一份和第二份发布于1931年,设问项100个(1—100)。第三份问卷发布于1932年,设问项50个(101—150)。第三份问卷的问项开始注重设置详细的提问,以考察习俗的整体和综合形态。第四份问卷于1933年发布,设问项50个(151—200)。第四份问卷被评价为"该调查在当时拥有最为丰富的资料",理由是该问卷"有14个问题涉及对于死亡的习俗和信仰。此外,还有关于民间信仰、传说、童话、面包糕点形状及与其相关的各种习俗的调查"。第五份问卷调查发布于1935年,设问项42个(201—242)。⑤

---

① [日]文化厅编:《日本民俗地图解说书》,国土地理协会刊行,1969年,第2页。
② [日]河野真:《德国民俗学与纳粹主义》,创土社,2005年,第236页。
③ 以上内容根据日本研究德国民俗的著名学者、爱知大学名誉教授河野真教授口述成文(何彬整理)。
④ [德]Georg Schreiber. Nationale und internationale Volkskunde. Dusseldorf. 1930. 参见[日]河野真《德国民俗学与纳粹主义》,创土社,2005年,第256页,注79。
⑤ [德]京特·威格曼:《〈德国民俗地图〉与地理研究法》,引自蔡丰明主编《中国非物质文化遗产图谱研究》,上海社会科学院出版社,2016年,第227—235页。

由于庞大的网络式组织的建立,为德国民俗地图制作工程创造了很好的条件。当时德国民俗地图制作的速度极快,人们链接式地工作,使得调查数据到地图出版只用了两三年的时间。从工作链接角度看,在柏林民俗地图中心办公室,不断传入的答案被收集并立刻分类,部分被加工成地图草图。这些地图的每一张图纸都被派送至区域办公室(各个州的收集站,例如,威斯特法伦州的明斯特)。在这些预备性研究的基础上,几年之内就可以开始印制第一部地图集。从数据变换为地图的数量看,在1937年至1939年三年期间,就出版了6期《德国民俗地图》,载有120幅民俗地图。这些地图无一例外地使人印象深刻,也令人对所提交的资料的丰富程度有所了解。

《德国民俗地图》最早的120张地图分作36个种类,每一种题目用数幅地图标识表现。这36类民俗地图的具体题目如下:

一周幸运和不幸的日子;每年的世俗庆典;作为粮食名称的"谷物";按照民间想象,月亮上有哪一种生命;摇篮的形状;谁照看婴儿;每年的篝火;骑马比赛;户外游戏;用复活彩蛋玩的游戏;谁携来复活节彩蛋;母亲节的存在;出生和起名日;降临花圈的出现;圣诞节的礼物携带人;圣诞树的名称;圣马丁节的习俗;发出声响的器具;十二夜;圣诞前夜和新年前夜的各种名称;圣诞前夜和新年前夜享用的菜肴;尼古拉斯和他的同伴;圣诞节节期的人物;主显节;婴儿的出生;丰收节日的名称;放置捆扎粮食的架子;捆束的名称;对于粮食丰收的论断;上学第一天的礼物;说再见的方式;仆人的变迁;鸣叫意味着死亡的鸟类;信仰疗法的名称;风车形状;舞蹈团的乐器。

可以看出,这批德国最早的民俗地图的题目涵盖面广泛,其中既有节庆方面的,又有饮食、信仰、人生方面的,还有农业习俗、物质民俗和民间医疗等方面的,充分体现了德国民俗学研究对象涉及面的宽泛。但是,第一次编绘的民俗地图也有着严重不足。因为这些地图在出版时都没有任何注释。因此,地图展现的只有调查这个层面,而缺失了在技术、时间及社会层面上对资料的综合判断。没有在图示的同时附上图示数据的背景材料和研究分析,是第一批德国民俗地图的缺憾,这使得最初的一批德国民俗地图只具有表述和标识的地图初级功能,而未能达到用作研究资料的目的。

当时德国的各级行政部门和议会以及宗教团体、教会、各种职业组织、教育机构、学会组织和博物馆等纷纷协助民俗地图的调查和编绘,并形成了举国参与的阵势。据日本爱知大学名誉教授河野真先生表述,当时德国全国主要大学都成为具体实施这项编绘计划的承办单位,德国的各个州都设置了制作基地,有些只是几个人的调查室。虽然规模不大,但是设置民俗地图调查专职人员,具有很重要的历史意义。

由于当时法西斯统治德国,所以早期民俗统计结果的对外正式发表时的署名,都是与法西斯势力有关的学者,而后因这一问题民俗统计中止刊行。第二次世界大战结束后,以波恩大学 Matthias Eender 为中心,重新开始统计民俗地图调查结果和编纂民俗地图。在其后的几十年里,德国陆续地编绘和出版了一系列的民俗地图。随后,奥地利民俗地图、瑞士民俗地图、瑞典民俗地图也相继问世。

战后,德国民俗地图编制工作继续开展,并且力求增加补充新的资料。为了获取战前农村劳作形式和劳作工具的数据,1962 年,当时的德意志联邦共和国开始了又一次大规模的问卷调查。此次问卷调查获得了 3 200 份回复和 1.1 万张照片。1967 年 2 月发出的关于打谷脱粒农业习俗的问卷,在京特·威格曼发稿时的 1967 年 12 月,就已经收到 1 650 份回复和 3 000 张照片。《德国民俗地图》创建之时,得到了不少学科的支撑,例如德语专家和历史学家协助完成了该地图集的构拟与成形,且这一关联从未中断过。在不同的课题中,也往往促成了历史学、语言学、地理人类学和民俗学研究的协同合作。多学科携手共进,组织建构疏密相间的联络网,以大工程的方式开展民俗地图绘制,这无疑是今日我们应该首先注目的非物质文化遗产图谱制作工程的一个有效模式。

二、德国民俗地图编制的研究成果与相关理论

值得注意的是,德国的民俗地图编制不但具有大量的调查材料,而且具有一定的理论建树,其中如威廉·派斯勒撰写的《民俗学中的地理学方法》[①]和京特·威格曼撰写的《〈德国民俗地图〉与地理研究法》[②]等文,都有一定的代表性,现在此二文已经被翻译成中文,并于 2016 年底问世。通过对于这些文章的解读,可以清楚地了解当时德国民俗地图的相关学者的具体工作状况和他们提出的理论认识。

威廉·派斯勒博士是德国汉诺威博物馆馆长,他撰写的《民俗学中的地理

---

① [德]威廉·派斯勒:《民俗学中的地理学方法》,引自蔡丰明主编《中国非物质文化遗产图谱研究》,上海社会科学院出版社,2016 年,第 202 页。

② [德]京特·威格曼:《〈德国民俗地图〉与地理研究法》,引自蔡丰明主编《中国非物质文化遗产图谱研究》,上海社会科学院出版社,2016 年,第 227 页。

学方法》,刊登在 1932 年《人类学》刊物上。他的论文分十章,在第一章"运用地理学方法带来的民俗学进步"里,他指出:"地理学方法的所有优越性都集中体现在地图的使用上,因为它有条理清晰,形象直观,便于记忆的特点。除此之外,地图还有一个优点,即相对于人的知识上的缺陷,地图能坚定不移地忠于事实。"威廉博士还指出,对于民俗学来说,地理学方法和地图的长处是不可替代的。地理学的地图运用到民俗研究方面具有重大学术意义。"欧洲民俗学研究越来越多地运用地理学方法,目的是保证在其空间分割后研究结果的丰富性。这种资料处理方式的主要优势在于把整体中的无数单个现象条理清晰地呈现出来,此外属于民俗学各个分开的特殊领域中的民俗事象可以相互比较,最后实现一种可能性,能够把民俗学的地区、边界以及另外的同样跟地区有关的自然和人文世界的分布事实连接起来并且发现一种因果关系。"①从中我们可以窥见,当时的德国学者是把民俗地图作为具有优势的"资料处理方式"的。同时作者也告诉我们民俗地图具有一定的研究功能:"我们的研究和地图应该不仅仅是大面积延伸的地图的直观观察,而且要引导我们认识其中的原因,这是通过其他方式无法做到的。"②

作者进一步指出,德语里的"地理学"一词含有"分布学"的意义,而这个"分布学"的含义十分适用于民俗学。"事实上长久以来'地理学'这个词在德国语言习惯中有'地面科学'和'分布学'的双重含义","在作为'分布学'的地理学中空间分布范围的确定处于绝对中心的地位,但是尽可能地解释分布与地表的因果关系的任务却是用外来词'地理学'来定义,而不是用德语词'分布学'"。"专为地理学创造的观察空间分布范围的研究方法正适合于'分布学'意义上的地理学,它通过对现象点面结合的精确定位试图掌握这一现象的适用范围,从中我们可以理解该现象出现的频率,它的初始状态、发展和消失,它的形式、分布区域与地表其他现象的联系,最后是它出现的原因……我们的目的不只是当前状态的评述和边界的确定,更是对它的'空间运动'和'趋势'的把握。"③威廉·派斯勒博士指出,民俗学需要的恰恰是地理学有关空间分布的部分,由此展开的研究方构成民俗学的基础性的深层的研究。"当我们将这些特征中的每一种追踪到更大的区域范围时,我们才能确定有问题的地面空间

---

① [德]威廉·派斯勒:《民俗学中的地理学方法》,引自蔡丰明主编《中国非物质文化遗产图谱研究》,上海社会科学院出版社,2016 年,第 202 页。
②③ 同上,第 206 页。

以及所有与它有关系的地区。由此可见,空间分布的研究在地理学中扮演了基础性角色。"他还进一步指出,地图具有显示某些或单类事物的空间分布的功能。同时地图不仅仅是表现分布,它还具有广域的空间显示功能。提示我们把事物放到更广阔的相关的平面空间里去审视。"这种资料处理方式的主要优势在于把整体中的无数单个现象条理清晰地呈现出来,此外属于民俗学各个分开的特殊领域中的民俗事象可以相互比较,最后实现一种可能性,能够把民俗学的地区、边界以及另外的同样跟地区有关的自然和人文世界的分布事实连接起来并且发现一种因果关系。"①

对每一项民俗地理学的描述和结论来说,一个必不可少的基础就是对单个事实的地区和空间的准确定位。对于这一问题,威廉·派斯勒博士提示给我们一个优秀的参考例地图集——《阿尔萨斯-洛林地图集》。"这本地图集给出了这方面的一个范例。"②在这个地图集中,地图的优势完全发挥了作用,因为编写者相信,"客观的制图工作将完全避免对事实的片面倾向,而这种倾向在文字描述中是可能发生的"③。换言之,对于民俗地图必须具有的精准性,作者毫不含糊地对民俗调查田野作业基本数据和地图表示的双向精准性都提出了严格的要求:基本民俗数据和地图标识技术以及选择符号的严密性,两方面都重要。民俗地理学中表述的可靠性必须在以下两个方面得到保证:第一,在田野中正确观察;第二,将观察结果在地图上准确无误地展示出来。这两项工作是直接相互依赖的,所以它们必须同样认真细致地完成。因为如果制图错误或不明确,那么可靠的田野观察也可能会得出一张完全错误或易被误解的图纸;还有一种情况是,即使是制图科学,但使用了错误或不清晰的田野报告,那么也有可能会产生错误的结论。他认为,除了地名的准确性外,在地图中用于表示某一地点的符号也十分重要。在此前提下,就可以利用地图作为图像文字的优势。

在标识民俗地图时,需要对调查数据、调查地点做描述,这是具体操作的技术要求,也是使所描绘的民俗地图具有明确的科学性的重要因素之一。为

---

① [德]威廉·派斯勒:《民俗学中的地理学方法》,引自蔡丰明主编《中国非物质文化遗产图谱研究》,上海社会科学院出版社,2016年,第202页。
②③ [德]《阿尔萨斯-洛林地图集》,由乔治·沃尔夫瑞姆和维尔纳·格雷整理发表(美因河畔的法兰克福,1931),引自蔡丰明主编《中国非物质文化遗产图谱研究》,上海社会科学院出版社,2016年,第222页,注33。

了避免对制作民俗地图时所需的调查网络的密度产生疑问,最好先对基础的调查网络进行说明。文克·弗雷德在出版《德意志帝国方言地图集》之前就先刊发了这项研究的 4 万多个调查点的一览表。在他绘制的《德国西北部低地德语词汇地图集》中,共有 19 幅地图,第一幅就是包括了 108 个调查点的针对低地德语名称的调查网络图,而且它以红颜色被印在了剩余的 18 幅地图上。如此一来,读者首先能对调查网络的密度有一个大致了解。① 从这里我们可以了解,当时的民俗学者与民俗地图研究者们不仅致力于理论的建树,而且在具体研究过程中也是一丝不苟的。调查地点的图示很重要,调查点分布的平均性等可以说明该图的调查点密度和调查资料覆盖面疏密程度,而在这一点上,日本民俗地图集则只是用配一本附属的调查数据文字说明来对应,缺乏地理学应擅长用图表表现的特点。

对于如何提高调查地点的密度,作者认为:只要有成百上千的当地人参与其中提供帮助,那么调查网络的密度就可以大大增加。在编绘《德国民俗地图集》的过程中,就有很多德语区的来自各行各业的志愿者愿意提供帮助。在下萨克森地区,他们找到了大约 1 800 名志愿者,他们在整个地区的分配同样可以通过地图表示。从中可以看出,德国民俗地图具有资料的广泛性,这些资料很多是来自各行各业的志愿者提供的。

威廉·派斯勒博士在他的另一篇论文《民俗地图基本概念》里,将其归纳总结的有关民俗地图的基本概念作了分类的阐述。此外,他还尤其表现出对民俗地图制作细节的关心,认为首先要有地图制图基本观念和懂得地图制作规范,制图学也是民俗学者应该涉及的学科和必须掌握的基本技能。他又进一步指出:"克莱门斯·莱布林(Clemens Lebling)为制图法制订了标准规范,民俗学者能从中获益良多。在民俗地理学范畴内使用这些优秀的指导方针的先决条件是,在每幅单独的地图中始终预先考虑地图所要描述的类型、它们之间的比例和相对应的制图学的考量。"② 在这里,作者提出了民俗地图的"存在性空缺"和"研究性空缺"概念,创出了民俗地图的分类名称和两种类别。"第一种存在性空缺指的是无人居住的区域内自然也不存在作为制图对象的民俗现象;研究性空缺则指有的区域虽有人居住,但因为缺乏时间和资金,所以无

---

① [德]威廉·派斯勒:《民俗学中的地理学方法》,引自蔡丰明主编《中国非物质文化遗产图谱研究》,上海社会科学院出版社,2016 年,第 209 页。

② 同上,第 223 页,注 47。

法在该地区进行研究,所以也就无法判定该区域是否存在某现象。"①这是民俗地图用于研究的基本类别和重要的概念。这个概念明示我们,民俗地图上的空白,并不单纯意味着要标识的事象等不存在,而是有两种可能性,一是真正的表示不存在,二是尚未被研究而呈现的空白。空白不等于没有,尚未研究也要忠实地标出,这是民俗地图成功和生命力持久的一个重要因素。

在有关德国民俗地图的研究方面,京特·威格曼的《"德国民俗地图"与地理研究法》一文也有很高的参考价值。在这篇文章中,作者详细勾画了德国民俗地图制作的缘起和扩展的脉络,成为为数不多的可以直接阅读参照的中文文献。京特首先提到威廉·曼哈尔特是开启大规模数据搜集工作的首位提倡者。威廉·曼哈尔特将有33项提问的农耕民俗问卷发往德国本土及匈牙利、奥地利等欧洲国家,计划把问卷得到的数据整理后标示于地图。通过京特·威格曼这篇论文我们可以进一步了解到,欧洲民俗地图大调查的初始者威廉·曼哈尔特要求选择密集度高并且尽可能分布均匀的地点搜集有关的数据。有关农业活动及相关习俗的调查问卷当时曾得到了包括德国和来自奥匈帝国境内2 000多处地方的呼应。但这些珍贵的数据在60年后的才被记录在地图上,耗时半个世纪以上。在1932至1933年间,民俗地图构想者的宏愿才终于付诸纸面。

正如京特所指出,最初人们对的威廉·曼哈尔特设想给欧洲民俗学带来的重要影响并未有充分的认识,也并未给予应有的关心和重视。到了19世纪下半叶,还很少有人认识到分析性地图的绘制不仅是一种及时有效的权宜性工具,更是一种探究学问的重要方法,尽管用于方位指示和图解的通用地图已经偶尔被应用在民俗出版物中。直到20世纪60年代,欧洲民俗地图研究者们才开始明确认识到民俗地图不仅有记述表达的功能,还有研究文化的重要功能。因此我们有理由认为,对民俗地图研究者来说,提出跨越国界展开广域地区的文化比较研究设想的威廉·曼哈尔特是一个值得纪念和尊敬的人物,在民俗学界和民俗地图史上应给予他以高度评价。

在受到智者威廉·曼哈尔特的启示之后,用地图广域记录民俗文化的趋势在欧洲逐渐兴旺。《德国方言地图》(*Deutscher Sprachatlas*)的汇编工作在

---

① [德]威廉·派斯勒:《民俗学中的地理学方法》,引自蔡丰明主编《中国非物质文化遗产图谱研究》,上海社会科学院出版社,2016年,第214页。

曼哈特的调查问卷(1876)刊行10年之后才开始,但地图的绘制紧随其后,5年后的1881年,第一部方言地图集就出版了。

由于《德国方言地图》在欧洲也是首次制作,无先行案例可参照,当时的有关人士开始认真思考和探讨制作民俗地图的方法。例如,关于数据的调查方法,仿照《德国方言地图》成功经验,主要采用了问卷调查方式。依靠各个调查地点的小学教师回答问卷,京特称其为"间接方式"。选派受过专业学术训练的人组成调查小组进入村庄,由这些专业人士展开调查,京特称其为"直接方式"。对选择间接方式的理由是德语学校分布密集,可确保建立高密度的调查网络。通过使用《德国民俗地图》项目中的间接方法,研究人员获得了一个格外密集的调查点网络。一般来说,在所有调查的乡镇中,25%的乡镇拥有小学,从这些乡镇可以获得完全的问卷调查。因此,在讲德语的中欧有1.5万至2万个调查点可进行考察。

在民俗地图的调查点设置问题方面,德国的做法具有很强的参考性意义。京特·威格曼指出:调查点的密度直接关系到空间图像的有效性程度。"在更多的地方进行调查问卷,才能更精准地确定布局,对更小的区域单位进行研究。只有通过高密度的调查点,才能识别各类边境地区的布局、某种占主导地位的现象的广度和本质、混合的种属及社会分层此外可认清不同地区的转变倾向。"[①]而这种"间接"和"直接"的方式哪种更益于获得地理学角度的数据,则是一边实践一边验证。他还引用赫伯特·施伦格尔在《德国民俗地图的方法基础和技术基础》一书提出的观点说明设置高密度调查网点、慎重选择调查课题和确立明晰的调查问项的重要性和必要性:"从学术观点来看,这一项目的开展亟待解决三个主要问题:1.必须确立和保持一个足够致密且均匀的区域网络,以便调查。在这些区域中,尚须找到合适可靠的助手。2.对于话题也要有所选择,这样才能产生具有代表性的横向调查,而所提的问题才能适于制图呈现。3.问题必须清晰明确,以保证整个语言区域能够准确理解,从而获得相似却丰富的数据。"[②]

德国民俗地图的制作,由于战争而一度中断。在第二次世界大战结束之后,德国民俗地图重新开始编绘和出版。1954年,德国科学研究会委托马蒂亚

[①②] [德]京特·威格曼:《〈德国民俗地图〉与地理研究法》,引自蔡丰明主编《中国非物质文化遗产图谱研究》,上海社会科学院出版社,2016年,第234页。

斯·岑德尔(Matthias Zender)教授负责民俗地图资料的整理出版。此时的地图绘制已经到达了反省战前制作缺陷的时期。20世纪50年代后的德国民俗地图编绘,注意重点解决对文献的学术角度的分类和对标识的地图做注释,弥补了第一阶段制图的缺陷。值得注意的是,在这些地图的后面还附有评注。评注的目的是对呈现于地图上的材料进行拓展,它与地图文本相辅相成,共同展现了一个完整的民俗记述。此外,在民俗地图的编制时,还十分注意文本部分不加入编者的个人观点,以保持资料和地图的客观性。

作者京特·威格曼评价战后这一时期的民俗地图具有下述几个特点:其一,注释详细、周密。每页地图上都有详细的评注,同时标注原评述,确认各种材料的特性,解释地图上的各类符号,并提及所有附加的关于社会和时代差异的报告。其二,注意附加研究成果论述。提供调查前研究状况综述,对从《德国民俗地图》的相关资料中获得的新结论、新观点进行概述。其三,注重大小配套地图。评注卷内还包含了更为深细的由相关数据汇编成的考证性地图,而这些数据对于了解大型地图则是必不可少的,亦能使课题更趋完整。当时编出的民俗地图第一卷,有80幅民俗地图,同时还刊行了48幅新系列地图。

与此同时,德国民俗地图编制的另一个动向,是开启了新民俗地图系列,旨在补充原来的《德国民俗地图》,对德国民俗地图的部分题目,用更加翔实周密的地图标示,进一步描绘和记述某类民俗的表象和研究。据京特·威格曼解释,开启新系列的原因是当时出现了一批以20世纪的民俗地图为研究对象的优秀论文。这些基于地图资料的超出注释范围之上的文章,不仅上溯历史,还论及该研究领域或某一文化区域的一些普遍性的问题。其中如1967年出版的第一卷,是京特·维格曼的《日常饮食和节日饮食》,这是对日常和非日常饮食习俗的记述。同一年出版的第二卷,由H.L.科克斯编绘的《大陆—西日耳曼地区棺木的名称》,则是对丧葬习俗里棺木项目的细致记述。第三卷以民间信仰和俗语为对象,由G.格罗厄-格吕克(G.Grober-Glück's)担当。由E.泽格施奈德(E.Segschneider)编绘的对葬礼花圈和王冠的探讨构成第四卷。而对于1937至1939年间出版的地图所缺少的评注内容,则采取单独发行专著论述的形式补完。这充分表现出德国民俗地图编制的参与人员在编制没有前例的民俗地图时,十分注意及时检讨成果、总结经验,发现不足,及时用新的方案补足或修正民俗地图的编制工程。

德国民俗地图的编绘,在20世纪初就已经被评价为是一个创举,然而只是在战后,地理学的方法才真正融入民俗学的世界。京特·威格曼指出,地理学的方法具有三个明显的功能:(1)通过合理的编排区域与年代,历史事件可以在空间上固定,地图的横向调查则可获得历史的深度。(2)继物质文化遗产的基础研究之后,我们可以从事地理整合,然后再进一步做文化区域研究。个体生活区域的局部综合,是开展全面性综合性的研究第一步。(3)类型学与比较观察反过来促进了对个例之研究。

三、欧洲其他各国的民俗地图编制实践

除了德国以外,欧洲其他许多国家也在20世纪中叶开始了自己国家的民俗地图编制工作。例如苏联于20世纪40年代末期,就以民族研究所为主导开始制作各民族分布地图。法国、葡萄牙、西班牙、意大利、瑞士、挪威等国家也受德国制作民俗地图的影响,仿照德国民俗地图的方式,着手制作本国的民俗地图。1964年,在波恩召开的德国民俗地图制作会议上,除了前面提到的包括在广域视野内的德国、奥地利、捷克等国之外,还有来自匈牙利、南斯拉夫和芬兰等国的代表分别做了有关本国民俗地图的报告。[1]这些文献使我们从侧面获知,当时的欧洲各国都处于热心制作民俗地图的氛围里。

波兰民俗地图的相关作业的基础是由 Oskar Kolberg 所构筑的。Oskar Kolberg 是19世纪的民俗学者,被称为"波兰民族学和文化人类学之父"。他在1839—1885年的近半个世纪进行了数次调查,其所搜集的资料按地域和分类整理成多达86卷的《民俗-民俗习惯、生活样式、言语、格言、谚语、礼仪、魔术、游乐、歌谣、隐约、舞蹈》(*Lud. Jego zwyczaje, sposób życia, mowa, podania, przysłowia, obrzędy, gusła, zabawy, pieśni, muzyka i tańce*)并出版。据介绍,Oskar Kolberg 在世时出版了33卷,其余各卷陆续出版,于2008年全部刊行。其中包含约12 000首歌谣、1 250句格言、670则民间故事、2 700句谚语、350个谜语、15种民俗技艺,还收录了大量民俗资料。

波兰民俗地图所用的资料是几代研究者历经数十年的调查研究得来的。当时的调查活动涉及波兰350座村庄,重点关注了农业、畜牧业、农村建筑物、生诞、丧葬、婚礼、礼仪、信仰以及邻里间互助的生活场景等。调查资料极大丰富了关于20世纪后半叶的波兰村落文化的相关信息。

波兰民俗地图的相关作业在第二次世界大战时中断,1947年计划被重

---

[1] [日]文化厅编:《日本民俗地图解说书》,国土地理协会刊行,1969年。

新开始。该计划由波兰民俗学协会（Polish Ethnological Society）承担。首任主编 Józef Gajek 教授。至 1947 年底，他带领团队首先完成了对迄今为止关于民俗地图的相关研究和业绩的回顾和总结，同时构建了今后调查研究的方法论以及相关方法。《波兰民俗地图》（Polski Atlas Etnograficzny）于 1947 年正式刊行，Maria Frankowska 的《民俗地图问题》（Problemy Atlasu etnograficznego）等论文也相继发表。同样是民俗地图的制作和研究方法同时进行的模式。

1953—1998 年，波兰民俗地图的中央研究室一直设置在弗罗茨瓦夫，搜集的资料初期由克拉科夫、华沙、和弗罗茨瓦夫的民俗学科以地图的形式进行了标示整理。1998 年，为了妥善保存珍贵的资料，这些调查数据（包括口述采访时的提问用纸、问卷调查结果、博物馆藏资料清单、照片、未公开的地图等）被送往位于切申（Cieszyn）的西里西亚大学（University of Silesia）支部（现在的民族学教育学部）。依据这些资料，西里西亚大学的 Zygmunt Kłodnicki 教授及其调查小组将以前调查人员因经费不足而几度被迫中断的民俗地图相关作业得以持续下去。1964—1993 年间，这个小组出版了 9 卷《波兰民俗地图》。

从 2014 年 7 月开始，在名为"波兰的民俗地图——学术的记述、资料的电子归类、网络公开"（Polski Atlas Etnograficzny-opracowanie naukowe, elektroniczny katalog danych, publikacja zasobów w sieci Internet）的研究项目中，切申的民俗地图研究室为了把研究成果及所藏资料进行电子化和网络公开化，开始了长期的大型资料文献化工程。通过该计划，预计将公开近 12 000 张照片、800 多张民俗地图。波兰民俗地图资料集成中所收的珍贵植物标本，在整个欧洲都是独一无二的收藏。切申的民俗地图研究室计划数字化整理野生植物、植物标本等方面的本草学的问卷调查约 200 份。[1]

透过亚瑟夫博士的介绍，我们可以较为详细地了解到德国以外的国家是如何加入到欧洲各国民俗地图编制大工程的，从又一个侧面认识到民俗地图绘制前提的调查资料是如何必要，编制民俗地图既需要尽快将数据变换为地图的链接式快捷工作，也需要几代人坚持不懈的调查和整理文献的

---

[1] 有关波兰的民俗地图编制的内容，引自波兰库坦斯克大学考古学民族学研究所民俗学者亚瑟夫（Jacek Splisgart）博士用日文撰写的《波兰民俗地图的历史和现状》一文，译者何彬。

工作。

　　以上的简单描述，概略勾画出迄今不为我们所知的、被战火灰烬掩埋了的一段欧洲民俗地图的起源和发展的路程。众多跨学科学者们的关心、行政角度的资源和组织支撑、国民参与、实践与理论探讨同时进行、以"国家工程""地区工程""单项或综合项目工程"的规模开展民俗地图的调查和制作等，是欧洲民俗地图源头的一些具体做法，也是20世纪欧洲民俗地图编制工作的几大特征。它给我们提示了民俗地图的成功之路在于众人的力量，在于跨学科的人们的广泛关心和积极参与。欧洲民俗地图一开始就以国家工程或多学科跨界携手制作的大型团队的形态着手理论研究和实地数据搜集，在绘制过程中也不断发表文章或召开会议，探讨民俗地图编制的方法、途径理论思维指导等，此乃重要事象。

　　相比21世纪的今天，人们在纷纷寻找对本民族的物质文化的或非物质文化的各种遗产形式的更有效的记录、保存的方法时，还在犹豫不决地远远眺望着地理学对于保存文化遗产的有效性。然而在20世纪三四十年代的欧洲各国，那些致力于民族文化和民俗研究的人们已经开始用地图方法来表现民俗事象，揭示民族文化分布特征，这种宽阔的学术视野和积极姿态，是非常值得肯定与重视的。

　　民俗地图这一开花自地理学，结果于民俗田野的方法，在20世纪的欧洲获得认可并受到多方面的肯定性评价。正是由于起始于德国的这种地理学与民俗学的紧密结合，使得地理学方法、手段之民俗学运用很快受到周边国家的赞同和认可，并积极导入和运用在各自国家的民俗数据地图表述的工程上，形成一个跨越19世纪至20世纪的世纪域界和国度域界的民俗地图制作、运用民俗地图研究文化的高峰。这种积极投入从地理学角度记述民俗文化和欣然接纳其他学科研究方法的氛围，是今日从事非遗保护课题时依然需要坚持的基本态度和情怀。

第三节　日本的民俗地图编制实践与理论

一、日本的民俗地图概念

　　在日本，民俗地图被研究者根据制作目的或该地图的功能划分成两种，一种是"民俗分布地图"，另一种是运用民俗地图分析民俗特征、文化规律或者用来展示研究结果的"民俗研究地图"。现在所说的民俗地图,在日语里一般涵盖上述分布图和研究地图这两类民俗地图,狭义使用时则多指前者的民俗分布地图。

在1972年出版的《日本民俗词典》中,对民俗地图的说明和定义如下:"显示民俗事象地域性分布的地图。"[①]在1978年出版的《日本民俗讲座系列》中则将民俗地图定义为:"呈现民俗资料地域性分布的地图,可鸟瞰各种传承的地域分布之图。"[②]在20世纪80年代的出版的福田亚细男、宫田登主编的《日本民俗概论》中则是这样记述了有关民俗地图的概念:"描绘民俗分布图是进行比较研究时所运用资料的一种很好的方法。"[③]"显示某种民俗是如何分布在某个地区,或揭示某种民俗事象类型分布的地域性差异。"[④]这几个定义都是指民俗分布地图的。

民俗地图从欧洲引入后,日本民俗学科进一步扩展了它的绘制范围和表现形式,并且在发展过程中出现两类民俗地图:一类是用于记录和表现民俗信息和数据的民俗地图,一类是呈现民俗研究结果,阐释某种理论定义的民俗地图。例如在2000年出版的《日本民俗大辞典》的"民俗地图"条中就明确提示:"民俗地图是作为一种民俗研究手段而做成的地图。有标示特定事象存在地点的分布图和揭示民俗变迁和民俗性质的地图。前者是为展开研究所做的基础作业的结果,后者是为展示研究成果而做的图。"[⑤]在2015年出版的日本民俗界最新民俗地图研究专著——仓石忠彦先生的《民俗地图方法论》里,则指出民俗分布图和民俗地图是两种图类:"民俗分布图是以标示特定民俗事象所在为目的的……换言之是把民俗资料一览表移植到地图上的形式。"[⑥]"所谓民俗地图,是指以把握民俗事象与地域空间之关系为目的而做的图……它与民俗分布图不是完全同等的。"[⑦]著名的柳田国男提出的"方言周圈论",是通过提示日本地图上呈对称性分布的古方言的变化规律后归纳出的空间距离显示时间性变迁的理论,他论证方言周圈论的那幅蜗牛方言分布图,就属于"以把握民俗事象与地域空间之关系为目的而做的图""为展示研究成果而

---

① [日]大冢民俗学会编:《日本民俗辞典》"民俗地图"条,弘文堂,1972年。
② [日]河上一雄:《民俗地图》,《讲座 日本民俗1》,有精堂出版社,1978年,第125页。
③④ [日]福田亚细男、宫田登:《日本民俗学概论》,第268页。
⑤ [日]福田亚细男等:《日本民俗大辞典》,吉川弘文馆,2000年3月,第651页。
⑥ 同上,第15页。
⑦ [日]仓石忠彦:《民俗地图方法论》,岩田书院,2015年,第15页。

做的图",是呈现民俗研究结果、阐释某种理论定义的,具有研究性功能的民俗地图。

从这个角度看,民俗地图似乎应该根据目的功能的不同,具体称为民俗记录图和民俗研究图。然而即使在日本,可以被归为民俗研究图类的图也为数极少。从一定意义上说,由于研究者们可以通过诠释、解读民俗记录地图或民俗分布地图,提出该地图信息呈现的某类或某地域民俗分布或传播、变容的规律及特征,因此,通过读解民俗分布图得出的结论的过程,实际上就是一个研究、分析民俗,演绎理论的研究过程。在这个过程中,民俗记录图或民俗分布图亦具有提供研究的可能性,该图也就具有了研究功能。

日本民俗学者参与编制的日本两套系列全国民俗地图,可以说都是民俗记录图。第一套大型民俗地图《日本民俗地图》的序言中说,当时"传统的生活形式和风俗习惯急剧变化,有形和无形的民俗资料在迅速消失,因此保护民俗资料成为当时的紧急任务……从这个目的出发……文化财保护委员会在民俗资料紧急调查的基础上编制出版了这套《日本民俗地图》"[①]。在该序言"制作目的"部分,又再次明确了民俗地图与民俗资料的关系:"编制这套《日本民俗地图》以资保护民俗资料。"[②]

二、日本民俗地图编制的代表性成果

日本于 20 世纪 20 年代开始出现配有民俗地图的民俗学论文,地理学的表述方法自那时起便被运用于标示民俗调查数据。20 世纪中期,民俗地图研究者把调查数据用规模不同、形式不同的民俗地图形式保存和表现,并于此基础上先后出版了 10 卷本的《日本民俗地图》和 13 卷本的《都道府县日本民俗分布地图集成》。这些以全国地图或各都道府县行政区规模地图绘制的民俗地图,从宏观角度概括记录了那个时代的民俗类型信息,同时也为人们认识日本历史和民俗文化提供了一种工具。虽然这几套民俗地图存在着各种不足,但无疑提高了诸学科对民俗学的关注度和对民俗地图的认知度。早期民俗地图运用者之一的柳田国男通过对自己标示的一幅方言分布图的读解分析,提出了古方言的变化围绕文化中心在地图上呈现出一种对称式分布之说,即后来被称为"方言周圈论"的古方言词汇分布格局。这个诠释在方言研究界获得认可,日后又成为日本民俗学史上解读民俗事象分布的一条著名理论。也因

---

①② [日]文化厅编:《日本民俗地图Ⅰ》"序言",国土地理协会,1969 年。

为这个研究结果,这类标有代表民俗事象各种符号的民俗地图在日本民俗学界引起极大关心,当时民俗学年会的讨论题目以及民俗学会会刊都曾以"民俗地图"为专题,足见当时的注目度之高。

1. 柳田国男的《方言周圈分布图》

日本民俗学开始使用民俗地图的历史一般都追溯到 1927 年。第一幅用于阐述民俗研究的民俗地图,指的是柳田国男 1927 年在《人类学杂志》上发表的论民俗方言的著述《蜗牛考》一文里绘制的方言分布图(见图 1-2)。这是柳田国男为了阐明他发现的一种各地古方言对蜗牛的称呼在日本各地扩散和分布的规律而绘制的方言词汇分布图成果。柳田国男将日本全国各地对蜗牛的不同方言称呼,用不同的标记符号指代,并将各种指代符号按照调查资料来源地,逐一标注在一幅日本全国地图上。根据图上分类标志所显示的特征,柳田国男指出:日本各个地区对同一种生物的不同称呼可归纳为数种类型,这数种类型用指代符号标示在地图上,则可以呈现出对文化中心地区有规律地面对称相似的分布形态。通过分析方言地图上符号聚合分离所呈现的词汇分布变

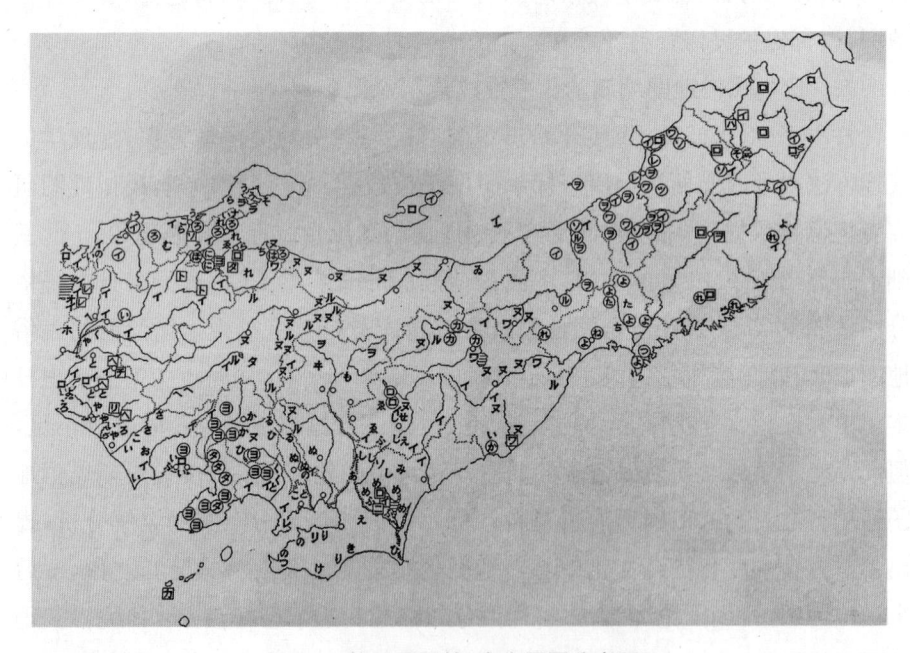

图 1-2 柳田国男的《方言周圈分布图》

图片来源:[日]《蜗牛考》,岩波书店,1980 年。

化规律,柳田国男进一步指出了古方言的分布与变迁的规律具有地理上的"远方一致性"特点,即这种规律性分布恰恰与该方言从边缘地区到文化中心地区,从古老形式到最新形式的变迁顺序相吻合。柳田国男根据图示进而得出一个结论,就是日本古方言的分布特征是以空间性差异反映时间性差异。分布地图标示的符号呈现的空间性相同或相异所呈现的,是该方言词汇在历史变迁过程中各个不同的历史阶段。柳田国男从分析方言变迁推导出"方言周圈论"理论,指出古方言自文化中心向文化边远地区的扩散,是呈水面波纹般圆圈式地逐渐扩散开去的,边远地的该语言形态,代表了最古老年代时该语言的形态。

由于上图标记的数据不易一目了然地读出,著名语言学者柴田武后来又用略图解说了柳田的方言周圈理论(见图1-3)。图中长方形象征日本全国狭长的地形,复数的同心圆罩在地形上,替代柳田所说的以京都为中心对称分布的语言现象,每个圆圈里填写的是呈对称分布的古方言。而后,为了便于日语读者之外的人能够读懂这幅图,学者何彬又用彩色符号再现了柳田和柴田二人的方言周圈论图(见图1-4)。

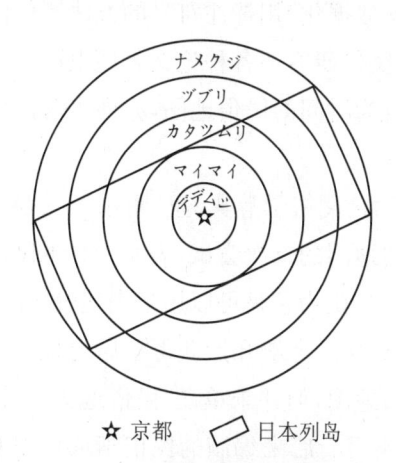

图1-3 柴田武解读柳田《方言周圈分布图》的简图

图片来源:[日]《蜗牛考》,岩波书店,1980年。

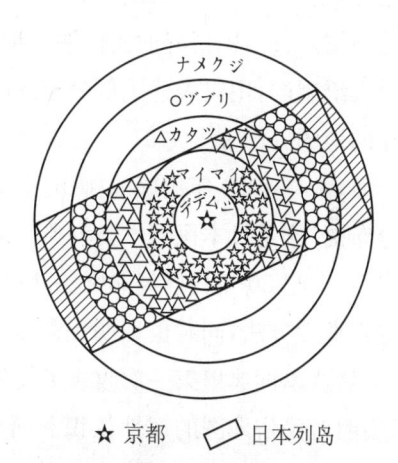

图1-4 何彬绘制的彩色标记柴田武解读柳田《方言周圈分布图》

而后,日本的福田亚细男教授又用一幅理论结构图简明扼要地诠释了柳田国男的方言周圈分布理论。柳田国男用平面空间标示数据,凝缩性地展现了空间上的方言变化趋向与历时性变化的关系。而福田亚细男则用模式图更抽象简练地阐明了文化中心 E 到 A 的空间距离的文化现象,呈现的是时间轴上 A 到 E 的过去到现在的关联(见图 1-5)。

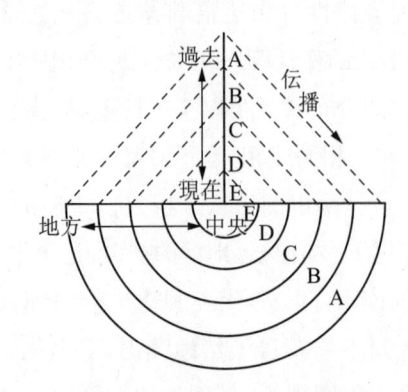

图 1-5　方言周圈论模式图(福田亚细男绘制)

图片来源:[日]福田亚细男:《日本民俗学方法序说》,弘文堂出版社,1984 年,第 196 页。

在柳田国男运用民俗地图构建了方言词汇变化分析的理论之后,民俗地图引起民俗学者的极大关注。除了陆续有人撰文探讨民俗地图的功用和优缺点之外,更多的人则尝试把手头的民俗资料数据化,用标注符号的方法制作民俗分布图。日本民俗界的民俗调查记录和民俗研究的各种论文著述里逐步出现个人绘制的,用以表述民俗分布或民俗行为时间的民俗地图,亦即表现民俗存在的地图。

而后,在 1950 年出版的柳田国男监修的《民俗学辞典》里,附录了三幅民俗分布图,这是日本民俗学类词典收录民俗地图的首次尝试,表明了日本民俗学在 20 世纪 50 年代已经非常关注民俗地图,认为它是可以用来表述、诠释民俗的视觉性方法,同时也证明民俗地图在日本民俗学开始获得一席之地。然而,虽然这本词典里第一次收录了民俗分布地图,但并未单设"民俗地图"的词条,表明对民俗地图的理性认识和研究尚不足。后来编制的民俗学词典则专门设置了"民俗地图"一项词条,表明民俗地图的绘制和对民俗地图本身的研究都在继续发展。

图 5 是用抽象的模式图说明图 2 的抽象性理论,这两幅图都被定位在民俗研究方法论的层次。而制作最多、运用最多的是民俗分布图。民俗分布图是民俗研究图的基础图,也是保存数据的优秀方法之一。由于分布图是将文字和数据表现为直观性极强的图示,其结果就不仅是有效记录和保存了数据,同时又是在一幅平面图上呈现了许多复杂多元和立体的因素,随时供人们阅览或解

读。这是用分布图保存数据或者获得数据后绘制分布图的主要意义所在。

2.《日本民俗地图》和《都道府县日本民俗分布地图集成》

在日本,从附录在村庄乡土志、社区地方志民俗篇里的民俗地图,到省市级地方志民俗篇附录的民俗地图,再到个人论文里的单项民俗分布图,可以说种类繁多,不可胜数,这说明民俗地图在日本学界已经得到社会的普遍承认,成为记录民俗数据、记述各种地区文化现象的不可或缺的手段和方法。除了许多由专家学者绘制的,主要运用于研究的民俗地图以外,日本还有一些由国家行政部门主导规划、组织并予以经济支持,由日本民俗学界大量的研究者参与制作,其标示的数据涵盖整个日本国土的民俗系列地图,其中较为典型的就是《日本民俗地图》和《都道府县日本民俗分布地图集成》这两套系列性的民俗地图集。

(1)《日本民俗地图》

这是一套10卷本的大型系列民俗地图集,是由日本政府组织编制的第一套覆盖全国数据的民俗地图集。它的出版背景是日本的传统文化发生急剧变化的20世纪60年代。当时日本社会经济进入急速发展阶段,传统生活结构急剧变化,日常生活里的民俗不断消失,保存记录尚存的民俗文化则成为文化当局的当务之急。

据有关文献介绍,在柳田国男运用民俗地图阐述、构建了"方言周圈论"理论之后,出任政府文化财专审会民俗资料分会委员的冈正雄,关敬吾二人援引德国和欧洲民俗地图事例,在政府委员会会议上力说民俗地图对保存和保护传统文化之效用。[1]在他们的积极倡导下,国家级行政部门主持并给予财政支持的调研、整理、编绘、出版全国性民俗地图形成定势。日本文化厅从20世纪60年代开始策划绘制全国性分类民俗地图的庞大计划。该计划分为调查阶段以及整理资料、绘制图画等两个阶段。这套民俗地图编绘的第一步,便是国家财政支持开展的"民俗资料紧急调查"。因其"紧急性",即民俗在现代化进程里急剧消亡的状态,政府要求每个调查点的调查必在一年内完成。相当于中国省级行政设置的46个都道府县大行政区里各选定30个民俗调查点,按照统一的20个问项,实施"民俗资料紧急调查"。1962年,日本文化厅首先在10个县实施这一调查计划,后又于1963年实施18个县,1964年实施18个县,并给予三年经费支持。在日本全国47个都道府县中,除了冲绳县之外的46个

---

[1] [日]《月刊 文化财》77期,1970年。

行政单位(冲绳县当时属美国基地管辖)全部完成了各自行政管辖内的调查。自 1962 年至 1964 年三年时间里,全国 1 342 个调查地点就 20 个调查项目实施"民俗资料紧急调查",记录下了大量即将变化或消失的民俗资料。接下来若干年的工作,就是分类处理调查数据和将各种数据,用符号标于地图并编写民俗地图调查文字资料和解读民俗的资料。据介绍,每一卷的编绘都有民俗学研究者和工作者参与。①

这套《日本民俗地图》是代表日本民俗地图学术和技术发展史的典范式民俗地图形式,每一集由大开张的民俗地图和一册对每一幅民俗地图所做的文字解说与有关资料两部分构成。民俗分布地图也每每相互关联而成,其具体分类题目如下(后面方括号里是每册里按照不同题目制作的民俗地图的数量):

第 1 卷　年节(1)[30 幅]

第 2 卷　年节(2)[30 幅]

第 3 卷　信仰与社会生活[15 幅]

第 4 卷　贸易与运输[14 幅]

第 5 卷　生育与育儿[10 幅]

第 6 卷　婚姻[10 幅]

第 7 卷　葬制与墓制[10 幅]

第 8 卷　衣着生活[10 幅]

第 9 卷　饮食生活[8 幅]

第 10 卷　居住生活[10 幅]

图 1-6　《日本民俗地图》书影一(何彬摄)　　图 1-7　《日本民俗地图》书影二(何彬摄)

---

① [日]文化厅编:《日本民俗地图 Ⅰ》"序",国土地理协会出版,1969 年,第 3—4 页。

以上10卷本的《日本民俗地图》共计有民俗分布图147幅,再加上10册的文字解说和调查数据,这套民俗地图集堪称一部图文并茂的,描绘20世纪60年代日本全国民俗生活的百科全书。每卷《日本民俗地图》除了标示民俗事象的地图之外,还附有一册厚达数百页的民俗地图讲解和调查基本数据资料,人们可以凭借文字资料更深入地了解图面上未能展示的具体数量或详细事例内容。也正因为《日本民俗地图》每卷都附有一册民俗地图的讲解和调查数据资料,弥补了符号记述不细致的弱点,使得民俗地图更具有科学性和学术性,增大了这些民俗地图的使用范围和运用价值。甚至有学者认为,这些民俗地图附录的讲解资料和调查数据的学术价值还要高于民俗地图本身。

根据《日本民俗地图》序言的介绍,当初只计划编绘4卷本,分为年节2册,社会生活与信仰等1册,衣食住和生产等习俗1册①。而最终历时40年,编制成了10卷大部头系列,说明贵重的调查资料数量之庞大,超越了最早的编制计划。这一事实也告诉我们,拥有绝对数量的高精度调查资料,是成功绘制民俗地图的首要条件。

这种大型系列民俗分布图集的绘制在日本尚属首次,无疑会有经验不足和缺欠。如调查项目设定少,致使民俗生活面覆盖力薄弱,调查资料由于设定全国统一问项而忽略了问询各地独特的民俗,各个县调查选点过少以致标示精确度较低,标识符号只表示该项民俗的有无,而不能显示具体数量等。②

(2)《都道府县日本民俗分布地图集成》

日本另一项大型民俗地图系列绘制的成果是《都道府县日本民俗分布地图集成》。这套民俗地图集成由天野武监修,东洋书林出版社出版,共有13卷。与上一套民俗地图首先在编制形式上有所不同,它并不是以民俗类型来分卷,而是如题所示,按地区和行政区划分册。13卷分为7大地区,每卷包括2至5个省级行政单位:

第1卷　北海道,青森县,岩手县

第2卷　宫城县,秋田县,山形县,福岛县

第3卷　茨城县,栃木县,群马县,埼玉县

第4卷　千叶县,东京都,神奈川县

---

① [日]文化厅编:《日本民俗地图Ⅰ》"凡例",国土地理协会出版,1969年。
② [日]河上一雄:《民俗地图》,引自大藤时彦编《讲座　日本民俗　总论集》,有精堂出版社,1978年,第135—149页。

第 5 卷　山梨县,长野县

第 6 卷　新潟县,富山县,石川县,福井县

第 7 卷　岐阜县,静冈县,爱知县,三重县

第 8 卷　滋贺县,京都府,奈良县

第 9 卷　兵库县,大阪府,和歌山县

第 10 卷　鸟取县,岛根县,冈山县,广岛县,山口县

第 11 卷　德岛县,香川县,爱媛县,高知县

第 12 卷　福冈县,佐贺县,长崎县

第 13 卷　熊本县,大分县,宫崎县,鹿儿岛县,冲绳县

图 1-8　《都道府县日本民俗分布地图集成》书影(何彬摄)

这套民俗地图制作的基本资料来源是在日本政府行政主导和财力支持下,于 1974 年开始至 1984 年结束的"都道府县内民俗文化财分布调查"所获得的资料。调查计划共实施了 10 年,但每一个县基本上只用 2 年时间便完成了本区域调查。调查项目分为文化厅提示的全国共同项目和各行政县根据本区域特征设置的小问项。吸取了第一套民俗地图编制时项目数量较少的教训,本项调查项目细分竟有 350 项之多,调查地点也增加到每个县 150 个,是上一套地图编绘调查地点的 5 倍。①

周密的调查,详细的资料,为省级民俗地图编绘提供了很好的基本资料。在《都道府县日本民俗分布地图集成》中,各个省级行政部门陆续按计划将调查结果归纳成民俗地图,其数量要远多于《日本民俗地图》。例如其中北海道 78 幅,京都 88 幅,大阪 112 幅,冈山 115 幅,东京 57 幅。民俗地图绘编超过 100 幅的有 4 个县,超过 50 幅的有 39 个县,13 卷民俗地图集所收 47 个省级

---

① [日]天野武:《都道府县内民俗文化财分布调查报告书复刻的意义》,引自[日]《都道府县日本民俗分布地图集成》卷 1,东洋书林出版社,2000 年。

行政单位的民俗地图总数为 3 250 幅。

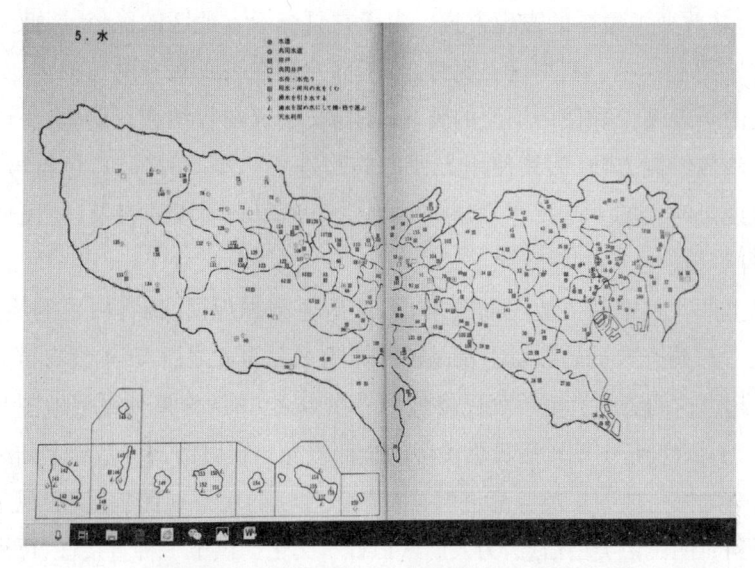

图 1-9　《都道府县日本民俗分布地图集成》图例：东京都民俗地图

图片来源：[日]天野武监修：《都道府县日本民俗分布地图集成》，东洋书林出版社，何彬摄。

图 1-10　《都道府县日本民俗分布地图集成》图例：千叶县民俗地图

图片来源：[日]天野武监修：《都道府县日本民俗分布地图集成》，东洋书林出版社，何彬摄。

这套民俗分布地图不同于第一套民俗地图的最大特征是缩小了每幅地图的面积，并改变了地图的表现方式。由于它只标示本地区的民俗，因此不需要在全国地图上绘制。利用这一优势，绘图都控制在书页对开的篇幅内，免去了大幅地图折叠不便和使用不便的弊端，图与文字资料收纳在一册里，民俗地图又进一步向绘制方便、阅读使用方便方向跨进了一步。另外，彩色符号标识，也应该说是时代的生产技术发展的结果。彩色印刷手段的普及，使民俗地图标识手段日益便捷化、清晰化了。

以上两次日本民俗地图的绘制，无论是在调查规模、调查项目的质量上，还是在参与调查人员的数量上都是前所未有的。自此之后，日本没有再大规模制作过超过这两者的大型系列民俗地图。换言之，这两套系列民俗地图基本收录、反映了20世纪中期以后日本民俗的全部概况。在民俗普查基础上陆续绘制出版的全国民俗地图集及各都道府县行政区规模的民俗地图集，从宏观角度记录下了当时的民俗类型信息，为人们认识日本文化提供了一种直接性、可视性的文本。民俗分布地图可以反映出区域性民俗文化特色，用视觉手法记述和标示大规模民俗调查的结果，既可以促进民俗学研究，还可向历史学、人文地理学、民族学、语言学等相关相邻学科提供资料，由此提高日本人文科学界以及日本民俗界对民俗地图的认知度。虽然学术界对这类民俗地图的评价褒贬不一，但是这种通过行政的参与和行政的资助方式来进行民俗地图编制的做法，无疑十分有力地促进了民俗地图在民俗学科的普及，并及时记录下了大量处于时代转折期的，有关日本整个国家中民俗文化、民众生活等各方面的珍贵资料。日本民俗学科由此在学界独树一帜，以其拥有丰厚的民众民俗生活第一手资料和特殊的记述、保存手段得到了其他学科的注目和相应的学科学术评价。

以上两个编制大型系列民俗地图的例子，可以为我国大型文化遗产调研课题提供有益的参考。在拥有大量文献和数据资料时，可考虑制作系列式的图表或者覆盖广域的地图形式。当然，在进行这一工作时，也不应一味追求图大图全，而是要先做好基础图谱后再逐步绘制大型系列图。

3. 日本其他民俗分布地图成果

除了由国家、政府编制的民俗地图以外，日本也有许多由专家学者编制的，具有较强学术研究意义的专题性民俗研究地图。先看图1-11和图1-12。这两幅图是前述民俗词典中收录的最早的民俗分布地图——"海女分布图"（海女是对专业在浅海区域潜水捕捞蚌螺类海生物的女子们的指称）与"两墓制分布图"。

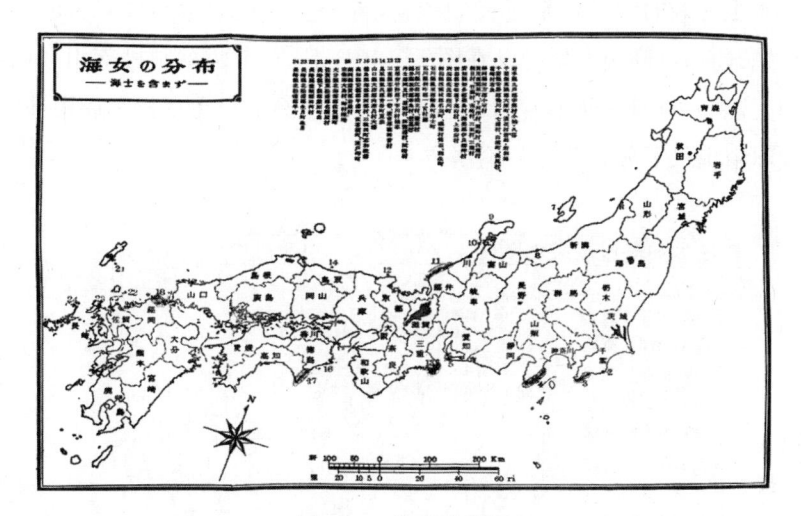

图 1-11 海女分布图

图片来源：[日]柳田国男监修,民俗学研究所编:《民俗学辞典》,东京堂出版社,1951年初版,1977年第50版,卷首照片地图页,何彬摄。

图 1-11 用数字标识了当时调查到的有海女存在的渔村。从图示符号可以看到明显的分布地区偏向。地图上方的北海道、青森等寒冷地带几乎没有案例,说明海女潜水这一民俗基本上集中在温暖地带。

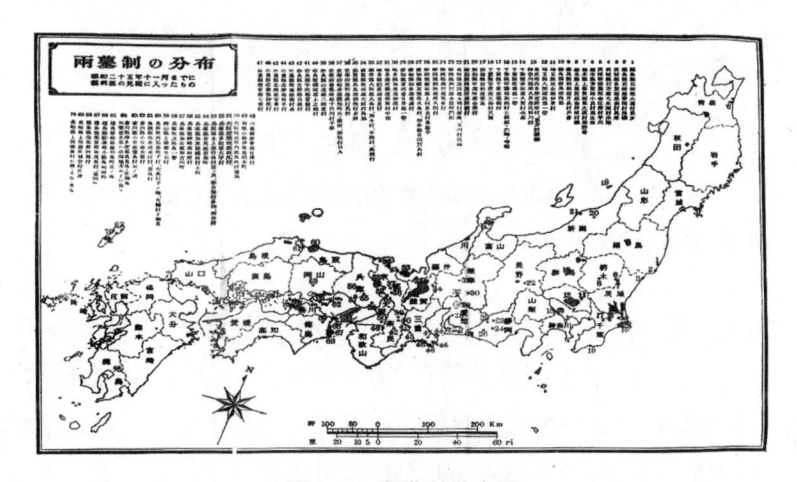

图 1-12 两墓制分布图

图片来源：[日]柳田国男监修,民俗学研究所编:《民俗学辞典》,东京堂出版社,1951年初版,1977年第50版,卷首照片地图页,何彬摄。

两墓制是日本的一种特殊的埋葬习俗,人死后埋葬和被祭祀于不同地点。它是日本很古老的习俗还是近代的产物,曾经引起民俗学界极大关注。学会也设专题开会,会刊出专辑等。在图1-12中,把70个两墓制村落用红色数字标在图上,令人一目了然地看到日本的两墓制事例集中在京都和周边地区,为解读此习俗提供了分布范围的论据。

图1-13 日本列岛煮年糕文化圈图(奥村彪生绘制)

图片来源:日本农林水产省官网,2016年。

这幅正月煮年糕特征分布图,选定九个事象:年糕形状,加工方法,调味方法等在全国各县和部分市的分布信息,用色彩和符号分别把数据标示于图。其结果是清晰呈现出几个色彩集聚区域和符号相对集中分布区域。绘图者进而指出,根据地图呈现的符号和色彩的分布,可以看到正月煮年糕的习俗分布可以划分成东西两大地区。根据年糕的形状、调味、加热方式等又明显呈现出几个大的习俗区域。这幅图为把握日本正月饮食习俗的地域性分布和研究日本全国年糕食俗提供了很好的依据。后来这幅图在分析正月饮食或年糕民俗时一直被频繁引用。

图 1-14　奈良县端午节食物分布图

图片来源：奈良县官网，www.pref.nara.jp/7732.htm。

图 1-14 用色彩和当地名称标出奈良市端午食品的区别，又用贴照片的手法进一步增强视觉效果，这使我们可以从另一个角度认知民俗地图的宣传功能。当我们把文字记述诉诸直观效应的地图的时候，文字资料就获得了加倍的表现力和表达功能，成为一幅具有事半功倍价值的有用之图。

4. 仓石忠彦的《民俗地图方法论》

2015 年 2 月，日本出版了仓石忠彦先生的新著《民俗地图方法论》[1]，该书作者将其毕生参与绘制和精心研究民俗地图的成果，用几十万文字和大约 130 幅左右的图来进行表述。这是日本关于民俗地图研究的最厚的一部专著，也几乎是关于民俗地图的最全面、实例最多，并且通过作者在长期亲身参与大规模行政民俗地图调查实践的基础上所完成的大部头著作。此书的出版，代表了日本民俗地图研究的最新进展和全面总结的新成果。全书分四章：民俗地图之意义，年节与民俗地图，神与祭祀的民俗地图，民俗地图的可能性。书中

---

[1]　［日］仓石忠彦：《民俗地图方法论》，岩田书院，2015 年。

除了就民俗地图的意义、民俗分布图与民俗地图之不同等问题的阐述表明了作者的见解以外,还通过列举作者参与调查和绘制的长野县民俗地图(各章引用的民俗地图多达百幅以上)的事实,来讲解民俗地图和民俗分布图的异同与各自的功能、意义,以及绘制时的要点。在这一著作中,作者最强调的一种观点,就是民俗地图不同于民俗分布图,民俗地图的功能远大于民俗分布图。民俗地图不仅要研究绘制方法,为绘制民俗地图所做的民俗调查设定具体的指导,而且也需要正确地解读和使用这些地图。

三、日本民俗地图经验对于我国非遗图谱编制的启示

近百年来日本民俗地图编制的实践充分说明,民俗地图不仅具有重要的保存资料与记录资料价值,而且还具有研究与拓展的功能,能够引导人们逐渐从视觉到感觉再到理性思维地对民俗地图的表现对象进行由表入里的认识与思考。当大量的民俗信息和数据被准确、详细地再现于地图时,该地图就在一定程度上具备了研究相关信息和数据的功能。一部分精密制作的、标示浓缩信息的民俗分布图,往往兼有着启示理论思维、提示分析线索的效果。当最初以记录、显示民俗文化信息数据为目的而制作的民俗地图被解读为一种分布规律或变容的特征时,民俗分布图就已经兼有了研究功能或者说成为一种具有一定研究意义的民俗研究图。如是,民俗地图就从一般地反映民俗事象的数量、形态、时间,以及空间分布、时空结构特点的记述方式,升华为一种具有较高学术启迪意义的理论研究基础图。民俗分布图可以因其表述详细、鲜明进而成为研究阐述及学术综述之图,这是一个渐进的过程,具有水到渠成之功。有时甚至民俗地图还会呈现给作者和读者一些制图者没有分析周全、没有预想到的或者尚未诠释之处,留给人们日后对其进行进一步补充和发展的空间。

当然,这里需要强调指出的是,民俗地图的研究性功能,必须建立在资料信息的准确与详细的基础上,只有准确详细地保存并再现于地图的民俗信息和数据,才能提供把握、认识、研究民俗,以及再现民俗整体状况的可能性。

日本民俗地图的实践,对于我们今天非物质文化遗产图谱的编撰工作具有很多方面的启示意义,首先就是要有效地实现民俗与非遗资料的可视化转化。日本民俗地图编制的一个重要经验,就是较好地实现了大量的民俗资料在地图上进行标注的工作,而这项工作的本质实际上就是信息资料的可视化转化过程。正如日本民俗地图研究家仓石先生所言,要把数据科学地"移到地

图上"。这种把文字或图像的数据标示在图的做法，既可以保存现有资料，准确记录现存的物质文化遗产或非物质文化遗产的宝贵数据，又可以为日后的研究提供各种科学性的依据，促进研究工作的进行。因此，对于今天我国的非遗保护事业而言，这种民俗与非遗资料的可视化转化工作是非常重要的。

其次就是要选择科学的资料搜集与编撰的方法与路径。日本民俗地图的实践证明，在民俗地图编撰工作中，方法与路径的确定十分重要。首先是要立足于细致的田野作业的基础以及系统化的基本理论，然后是要对搜集到的大量民俗资料进行精密分析，然后再是在此基础上制成各种类型的图表。参照日本在民俗地图编撰方面的经验以及日本"民俗学地图法"的技术操作方法，我们认为要想做好中国非物质文化遗产图谱的编撰工作也必须遵循这样一些方法。首先就是要通过田野作业的方法搜集大量的第一手资料，然后是对这些资料进行系统整理与分析，并在此基础上将其绘制成各种图表、图形与地图的形式，再后是采用图示数据的方法创建一套中国式的"非遗资源信息"数据库，将海量的非遗资源信息进行科学、规范的集聚与存储。这些工作，现已成为当前中国民俗与非遗保护学界一项紧迫而又艰巨的任务。

第三是对已经搜集与保存的民俗及非遗资料的有效管理与运用。对已经搜集与保存的民俗与非遗资料，应当建立一种统一的管理机制，将其统辖在一起，形成一个集聚性的资源管理平台，以使这些资源能够得到更好的运用，而不能把这些资源束之高阁，搁置一边，造成大量的资源浪费。以前，由于日本民俗地图的个人制作和运用缺乏系统管理，个人绘制的民俗分布图往往只是散见在一些个人或调查小组的论文里或调研报告文集里，或者保管在某个大学的院系资料室，一般在文章里出现一次就收存入库，这是很大的资源浪费和学术浪费。因此，应当在我国的民俗地图以及非物质文化遗产图谱的工作中建立统一化的管理平台，设立专门的网站来从事这些资料信息的存储、更新、链接与运用，便于这些成果的公共化与社会化。

第二章　非物质文化遗产图谱编制的本质内涵

　　随着2003年联合国教科文组织《保护非物质文化遗产公约》(*Convention for the Safeguarding of the Intangible Cultural Heritage*)的制定以及政府与社会各界对于非遗保护的重视,非物质文化遗产保护工作已被提升至维护、发展人类文明多样性,巩固本土文化主体性,加强民族文化认同的高度来认识。

　　为了更为有效地实现对于非遗物质文化遗产的保护、传承与推广工作,开展非物质文化遗产项目与资源的整理、研究势在必行。非物质文化遗产图谱编制是在我国非遗名录图典、分布地图多年编纂实践的基础上形成的一项至关重要的系统性文化整理工作,"通过图谱形式的运用,对非物质文化遗产资源的各种要素进行相关信息和数据的图谱化处理,从而整理、保护与保存好珍贵的非物质文化遗产资源"[1]。这一举措不仅具有重要的理论创新意义,更具有重要的实践指导意义。而要规范中国非物质文化遗产图谱编制的体例,细化其整体工作框架,明确其总体发展趋势,使之成为"特定的、有利于民俗文化呈现的结果"[2],则必须首先从学理层面对决定其本体形态与价值取向的图谱编制的本质内涵进行全面、深入的研究与阐释,以解决中国非物质文化遗产图谱编制理论体系构建和非物质文化遗产图谱编制的逻辑起点问题。

　　概括地说,非物质文化遗产图谱编制是一种通过科学、系统的研究方法和技术手段,将非物质文化遗产的类型、内容、传承、分布、关系等各种内容要素以及其他相关信息进行图谱化处理,使其呈现出具有直观明了、信息集聚、逻

---

[1] 蔡丰明:《开创中国实学研究的新途径——我国非物质文化遗产图谱的编制及研究》,《中国社会科学报》2013年6月5日。
[2] 王晓葵:《数字民俗资料与民俗地图》,《节日研究》2014年第1期。

辑关联等特征的文化信息处理与表现形式。这一概念中主要包括了三个方面的重要内涵：其一，非物质文化遗产的图谱化表达；其二，非物质文化遗产图谱化表达的主要内容对象；其三，非物质文化遗产图谱化表达的方法和手段。以上三个方面，也就是非物质文化遗产图谱编制这一实践性过程的最为核心的本质内涵所在。以下，试对这些问题分别作一些具体的阐述。

第一节 非物质文化遗产的图谱化表达

图谱化表达是非物质文化遗产图谱编制最为重要的本质内涵，也是非物质文化遗产图谱编制工作的最为基本的任务。简单地说，非物质文化遗产的图谱化表达就是用图谱这种特有的形式来表现非物质文化遗产及其相关信息的表现方式，它的最为直接的目的，就是将各种与非遗有关的要素，如非遗资源的基本内容、主要特点、表现形式、相关信息以及各种分析数据转化为图和谱的形式，以使人们更为清晰明了地了解与非遗资源相关的各种知识信息。也可以说，所谓非遗资源的图谱化表达，实际上就是对一种对非遗资源进行"图谱化"处理的过程，它既可以形象反映非遗资源的基本内容、主要特点、表现形态，又可以概括揭示非遗资源的内在规律与核心本质。

一、非遗资源的图化

所谓"非遗资源的图化"，是指一种运用图的形式（包括图像、图形、图示、图表等）来反映非遗资源的形态、内容、特点等各种基本要素的表现形式。图化方式是非遗图谱实现"图谱化"目的的一种最为基本的手段，也是体现非遗图谱编制本质的最为核心的内涵。

以图为中心的图化表达方式，具体包括图像、图表、图案、图形、图标，等等。图像是一种主要以手绘线描或光学影像等方式来反映事物对象的表达方式，图像所具有的最鲜明的特征，就是在于真实还原事物的本来面貌，以直截了当的方式实现对于事物的整体性与特征性的把握。例如，要用图像化的方法来表现"西施传说"这一非物质文化遗产图谱，可以采取手绘线描的方式描摹"西施传说"中的典型情节——"西施浣纱"的相关画面，再现传说中西施在河边浣纱，水中鱼儿为其美貌所迷，忘却游动，渐渐沉入水底的生动情境。又如，要实现对各地民间剪纸类非物质文化遗产资源、项目进行图像化表达，可以运用现代成像技术，以求真实地表现相关的代表性作品，等等。将某些相关图像按一定的规律、线索或准则进行系统性地类集编次,就形成了图谱图像。图谱图像与其他的图录或图典类似,都是一种图像化的表达形式,但所不同的是图谱图像更加注重图像之间特定的逻辑关系,以及整个图谱体系构成的体系结构,而图录、图典的功用则主要在于对于图像的基本呈现,对于图像的谱系关系则并不专门强调。

利用图像的形式来进行非物质文化遗产图谱的编制,有着特别重要的意义。因为至今为止大量存在的非遗事象主要都是以"无形"的形式而得以保持与传承的,它们大多没有文字记载,有些更是很难以文字记载的方式而能够得到清晰的表现。例如像水稻种植栽培技艺、养蚕织作要领秘诀、房屋建造规则法式、传统菜点制作方法、工艺制品生产流程等非遗事象,如若用文字表述,往往会显得繁琐冗长,甚至词不达意。而采用了画像表达的方式,就可以使人一看便知,一看就懂,十分快速与便捷地抓住其核心本质。利用画像的形式来塑造非遗人物形象的做法,更是非遗图谱编制的一个十分重要的功能。在我国大量的民间传说、民间故事类的非遗项目中,都有着一些"传奇式的人物",如许仙与白娘子、梁山伯与祝英台、孟姜女、刘三姐、田螺姑娘、城隍爷、土地公土地婆等,他们是广大民众心目中十分熟悉与喜爱的传说人物形象,然而又是虚构的、被人们想象出来的人物形象。只有通过画像的形式,才能将他们的音容笑貌、具体模样活生生地显现在人们的面前,使人们认识到他们的"真实存在"。从这种意义上我们可以说,画像是连接非遗事象与现实生活的重要纽带,也是非遗图谱特有的一种十分重要的表达方式。

照相是近代以后从西方引进的一种成像技术,它的特点是具有很强的保真性,因此可以在图谱中实现对于所要表现对象的高度准确与真实的反映。近年来,我们经常可以看到有大量的非遗事象是通过照相的形式被收录在各种文化保护性的资料与著作之中。尤其是一些具有场景性、活动性特点的非遗形式,如戏剧演唱活动、音乐舞蹈表演活动、节日节庆活动等,利用照相的形式来进行表现可以充分体现出其动态感与真实感。但是照相技术的运用必须要以真实的物象为基础,而不可能像画像那样可以凭空想象与虚构。因此,在对各种客观事物进行图化表现的时候,画像与照相分别有着各自的优势与长处,两者均不可偏废。

图形是一种运用线条、圈点、符号等方式绘制而成的形象表达手段,用以说明某一事实、道理或问题的一种可视化形态。图形的发展可以说与人类社会的历史发展息息相关。在人类社会的言语期与文字期中间，其实还存在着一个图形期，人们为了在生产劳动和社会活动中进行信息传递，设计了许多非常简练、具有标志性特征的图形符号，以视觉符号的方式表达思想，并逐渐进行改良简化、相互统一。例如中国的"太极图""八卦图"等，都是一些流传至今的典范性图形形式。在我国传统的民间文化中，还形成了许多形式丰富的吉祥图形样式，如云纹、水纹、龙纹、鸟纹，等等。印刷术和造纸术的发明，更是给现代图形的绘制带来了广阔的天地，使其真正实现了文化信息的广泛传播。

到了当代时期，图形表现方式由于计算机以及数字化技术的运用而走向了一个新的高峰。在当代计算机科学中，图形已成为一组指令，被广泛用于集合性地描述所要表现对象的内容，如描述构成该图的各种图元位置维数、形状等。与图像不同，在计算机图形文件中，只记录生成图的算法和图上的某些特点，也称矢量图。它最大的优点就是容易进行移动、压缩、旋转和扭曲等变换，主要用于表示线框型的图画、工程制图、美术字等。现在常用的矢量图形文件，主要有 3DS（用于 3D 造型）、DXF（用于 CAD）、WMF（用于桌面出版）等。

与图像相比，图形式的图谱更加具有抽象性。随着时代的发展，人们的思维方式越来越趋于抽象化，因此，运用图形的表达方式来实现图谱的编制，比具有具象特点的图像表现方式往往具有更为广阔的包容度与涵盖度。在中国古代图谱中，我们很少见到用抽象的图形制作图谱的形式，但是在现代图谱中，以抽象图形为表现手段的图谱却逐渐成为主流，诸如各种医学图谱、动植物图谱、地理分布图谱、历史演化图谱等，基本上都是用一些较为抽象的图形形式来进行表现的。

图表是一种运用一定的图形表格形式来反映客观事物对象的一种形象化表性手段，较为适合于用来表现一定的数据，或者具有系列化特点的各种要素与信息情况。常见的非物质文化遗产图谱图表，主要有传承人性别统计表、传承人年龄统计表、非遗项目数量统计表、非遗代表性项目级别统计表，等等。与图像式图谱与图形式图谱相比，非遗资源图表显得更为抽象一些，但是它依然具有一定的"图化"（即形象化）特点，特别是较为适合表现那些较为抽象的数据统计概念。正如有关学者指出："'民俗图表''民俗地图'都是民俗论文经常使用的辅助性论述方法，它不仅仅是帮助读者清晰地理解理论论述或民俗记述的工具，更重要的是民俗图表和民俗地图首先是辅助研究者整理、分析民俗资料,构建民俗理论的重要工具、方法。"①

图案是指一种具有典型特征和标志性意义的图像表达方式。从严格意义上说,图案也是一种图像,但是图案往往不像一般图像那样完整反映所要表现事物的全景,而只是重点突出其中的一部分具有标志性意义的成分。将各种具有标志性意义的图案运用于与非遗资源相关的某些领域,可以使非遗资源的形象得到更为概括与突出的表现,有助于人们抓住非遗资源形象的要领。例如,可用月饼的图案来表现国家级非物质文化遗产"中秋节"的核心内涵。

图标主要是指在图案化、图形化的基础上对相关图案或图形组合的表现对象与范围进行标识,使之成为一种鲜明的记号。例如,在编制非遗保护点分布图谱时,可以用红色矩形加小红旗的图标来表示所有国家、省、市三级非物质文化遗产项目的保护点,这就是图标化的表现方式。

二、非遗资源的谱化

所谓"非遗资源的谱化"(或称为"谱系化"),是指将原来一个个独立的非遗资源对象按照一定的逻辑顺序排列组合在一起,使其呈现出一种明晰的谱系关系的表现形式。非遗资源的谱化最为重要的功能就是"有序化",通过这种方式,可以将大量分散、零碎的非遗资源对象、要素、信息整合为一个具有一定关联性的整体,借以帮助人们更好地达到对于非遗对象的某些基本特性和内在规律的整体把握。非遗图谱编制的"谱化"过程同样也是非遗图谱编制中最为重要的核心内涵之一,并与"图化"一起共同构成非遗图谱编制实现"图谱化"目的的最为重要的基础。

将谱化方式有效地纳入非物质文化遗产图谱的编制工作,可以形成各种不同形式的非遗资源谱系文本,诸如非遗资源历史发展源流谱系图、非遗资源工序流程谱系图、非遗资源传承关系谱系图、非遗资源故事情节谱系图等,它们实际上都是从某一个方面反映各种非遗事象以及非遗资源之间的某种逻辑关系。例如,可以将"乌泥泾手工棉纺织技艺"这一非遗项目的内容按照历史发展线索划分为元代、明代、清代、民国时期、中华人民共和国成立以来等几个不同的阶段,然后绘制成一幅或多幅反映这些不同阶段中乌泥泾手工棉纺织技艺发展演变情况的历史发展演进图谱。在这种图谱形式中,乌泥泾手工棉纺织技艺在各个不同历史发展阶段中的技艺形态主要是以一种时间顺序的关

---

① 何彬:《传承文化独树一帜的日本民俗地图》,《中国测绘》2005年第3期。

系而得以呈现的。又如,可以将"乌泥泾手工棉纺织技艺"这一项目按照一定的工序流程分为脱籽、弹花、搓条、纺纱、经纱、染色、织布、提花等一系列步骤,然后将其组合成为一幅或多幅乌泥泾手工棉纺织技艺工序流程图谱。在这种图谱形式中,乌泥泾手工棉纺织技艺的各个具体环节主要是以一种工艺流程顺序的关系而得以呈现的。再如,可以将"乌泥泾手工棉纺织技艺"这一项目按照其传承人的代际关系分为第一代手工棉纺织技艺传承人、第二代手工棉纺织技艺传承人、第三代手工棉纺织技艺传承人、第四代手工棉纺织技艺传承人,然后组合成为一幅或多幅乌泥泾手工棉纺织技艺传承图谱。在这种图谱形式中,乌泥泾手工棉纺织技艺各个传承人主要是以一种代际顺序的关系而得以呈现的。总之,非物质文化遗产图谱的谱化过程就是将非遗资源的各种事象按照一定的顺序组合在一起,使其呈现出具有一定逻辑关系的序列,以使人们对非遗资源的内在规律有一个更为清晰的了解。

值得一提的是,非遗资源谱化过程所呈现的事物关系并不是单一的,其方向有时为单向,有时则是双向的乃至交错的;有时可以基于同一平面或层面,更多时候则打破二维局限,在时间和空间上不断延展、衍生。将这些较为复杂的逻辑关系分解、外化为有疏密、有条理,且具有可视化效果的谱系结构,正是图谱编制的重要意义所在。

非遗资源之间的这种多样性的关系及其关系指向,可以采用不同的图谱表现形式予以表达。对于一些关系较为简单、关系方向为单向性的非遗资源谱系图,可以采用单向性的直线、曲线、箭头等图形明确表达出彼此间的内在逻辑关系。这种表达方式在表现手工技艺、民间美术类非遗项目的历史源流以及工序流程等图谱形式中较为常见。例如,在民间美术类非遗的工序流程图谱中,可将相关的各道工序(如蔚县剪纸中的"闷活儿""钉活儿""晒活儿"等)按照一定的顺序排列,以显示出这些工序流程间的推衍关系。对于一些关系较为复杂、关系方向较为多向的非遗资源谱系图,则可以采用多向性的直线、曲线、箭头等图形方式来予以揭示。例如,在某些关系较为复杂的非遗传承谱系图中,可先按照其代际关系进行排序,并用纵向箭头的方式来表现不同传承主体之间的关系(即纵向传承关系,如母女关系、父子关系、师徒关系等);再按照平行关系进行排序,用横向箭头的方式来表示每一代中多位传承人之间的关系(即横向传承关系,如兄弟关系、姐妹关系、朋友关系、同事关系等);然后再按照交互关系进行排序,用交互箭头的方式来表示多位传承人之间相互传承的关系(即交互传承关系,如张三传给李四,李四又传给张三等)。也有一些非遗资源谱系图,可以用直线、曲线、箭头等图形方式来表示非遗资源与其他事物之间的关联性。例如,在编制非遗项目社会影响图谱时,可以将该非遗项目置于中心地位,并将与非遗项目相关的各种社会文化事象,如研究著述、小说、戏剧、电影、连环画、工艺品、节庆活动等分置于这一非遗项目的四周,并用直线、曲线、箭头等图形予以勾联,借以构成具有辐射状特点的非遗资源社会影响图谱形式。

图化方式与谱化方式虽然是非物质文化遗产图谱编制过程中两种不同的表达形式,但同时又是紧密结合在一起的,两者缺一不可。所谓真正意义上的图谱,实际上就是图中有谱、谱中有图,图化与谱化必须结合在一起。这里需要指出的是,强调图谱制作中的图化与谱化的表达形式,并非意味着摒弃文字的表述功能,相反,图谱之中大都少不了文字的表达与阐释,图谱以外的补充说明,也需要适当的文字表述来予以实现。从某种意义上说,图谱化的过程实际上是一种图、谱、文三位一体的综合表达方式,在这种表达方式中,图、谱、文三者互为参照、相互映衬,自始至终保持着较强的互文性(Intertexuality)关系。

三、图谱化表达的主要特点

作为人们观察世界、认识世界的一种独特方法,图谱化的表达方式主要表现出如下一些重要的特点:

1. 直观可视性

"直观可视"是图谱这种表现方式最为本质的一个特征,同时也是图谱这种表现方式区别于其他文化信息表现方式的最为重要的一个方面。通过形象直观、可知可感的图谱形式,可以将各种复杂的,或者难以表达的事物及其相互关系转换成鲜明、具体的视觉形象,从而使各种表现对象能够简洁明白地展示在人们的面前,让人一看就懂,一望便知。

以直观可视为效果的图谱表现方式与以文字叙述为主要表达方式的"书"存在着相当大的区别。宋代郑樵《通志·图谱略》中曾经对图谱与文字的不同功能阐述道:"图,至约也;书,至博也。即图而求易,即书而求难。"[①]在这里,郑樵言简意赅地总结出"图"和"书"的差别:"书"的主要特点在于可以具体描述

---

① [南宋]郑樵:《通志·图谱略·索象》。

所涉内容的丰富全面和论说道理的深刻广博,因而是"至博"的,但一般人阅读起来会较为费劲,难以确切掌握;而"图"的主要特点则在于直观简明、一目了然,因而是"至约"的,普通人很容易理解领会。所以,人们要获取知识,就必须"索象于图,索理于书",先从具象的图谱中得到感性、清晰的认知,再从抽象的文字中追寻具象背后的深刻道理,循序渐进,由表及里,两相结合。

实际上,在中国古代的许多领域,图谱或图像表达的内容的确要比文字更为直观而准确。例如,地图表现的地理空间方位,图画描摹的人物肖像、器物形制和特定景观等,均比一些较为含糊、隐晦的纯文字表述要显得更为清晰易懂。在现代社会中,对于那些复杂多变的事物,例如细巧的物件形状、繁复的工艺流程、叠合反复的物理化学过程、诡谲变幻的气流现象、交织错落的社会人际关系等,也往往只有用直观可视的图谱来进行表达,并辅以适当的文字解说,才能达到事半功倍的效果。

2. 信息集聚性

图谱并不是简单的图与图的相加,其功能亦非简单意义上的"看图说话",而是一种具有较高信息储存量与集聚度的综合性表达手段。在图谱中,往往集聚了与作者所要表达的事物相关的各种信息与资源要素,它们被作者按照一定的意图集中地放置在一起,由此而帮助人们较为直接地捕捉到事物的本质与特征,达到对于该事物的一种综合性、整体性的把握。

比如,古代的建筑工程图谱是在经过对日常生活中大量存在的建筑工程进行筛选、提炼以后绘制而成的图谱形式,是对日常生活中大量存在的许多建筑工序流程、基本步骤环节进行集中概括的结果。又如古代的仕女图谱则通过对日常生活中大量存在的许多女性人物形象的概括与提炼,并从中提取出一些最为典型的美女形象特征(如柳眉杏眼、樱桃小口、丝质着装、金银佩饰等)而进行集中概括的结果。因此从一定意义上说,它们实际上都是对现实生活中的某些信息进行了集聚与提炼。现代人文社会科学领域中的一些图谱形式,如民俗图谱、民间文学图谱等,同样具有鲜明的信息集聚的特点。例如岭南地区的特色民俗活动"佛山秋色",如果仅仅用一些文字来表述,往往很难体会这一民俗活动的真实景象,而如果利用图谱绘制的手段,抓住该项民俗活动中一些典型的特征要素,如作为活动时间的秋夜,作为活动集中地的佛山祖庙,作为活动中心内容的灯色、火龙等事物形象进行具体描绘,则可迅速抓住事物重点,充分展现"佛山秋色"这一民俗活动的基本特色。

3. 要素关联性

图谱是由诸多要素与信息构成的一个有机组合体，这些从各种对象本体以及相关事象中提炼出来的要素与信息之间具有一定的逻辑关系，而不是一堆零星分散、杂乱无章的材料。通过各种方式来表现事物内容与要素之间的关联性，是图谱这种文化表现形式最为本质的特征之一，也是图谱区别于一般"图集""图录""图典"的一个显著标志。在一些"图集""图录""图典"之类的文献形式中，各事物要素之间往往以一种较为松散的排列关系呈现，并不需要确切反映一定事物内在发展规律的逻辑关系。然而，在图谱，特别是现代图谱这种独特的表现形式中，事物各相关要素之间必须要有一定的逻辑联系，呈现出某种"关联性"的特点。

例如在前文所举的"乌泥泾手工棉纺织技艺历史发展演进图谱"中，虽然可以将这些历史过程具体划分为元代、明代、清代、民国时期、中华人民共和国成立以来等几个不同的阶段（这些过程对于"乌泥泾手工棉纺织技艺历史发展演进图谱"这一图谱系列编制来说都是其中的某些"要素"），但是从另一方面来看，这几个过程又是相互联系、递进发展的，没有前一过程，就没有后一过程，这就是图谱要素关联性特点的具体体现。

第二节　非物质文化遗产图谱化表达的内容对象

非物质文化遗产图谱是一种专门以非遗资源为表现对象，反映各种非遗资源对象内容与形态的图谱形式，与其他图谱不同的是，它具有非遗资源对象的专门性与独特性，是搜集、整理、归纳非遗资源，从而对某些非遗保护经验、规律进行总结、说明的重要载体与文本资料。根据2003年10月17日联合国教科文组织第32届大会通过的《保护非物质文化遗产公约》（*Convention for the Safeguarding of the Intangible Cultural Heritage*），非物质文化遗产的具体内容主要包括："一、口头传说和表述，包括作为非物质文化遗产媒介的语言；二、表演艺术；三、社会风俗、礼仪、节庆；四、有关自然界和宇宙的知识和实践；五、传统的手工艺技能。"它们重点关注的是下层民众的生活行为与文化艺术行为方式，是以前很少进入上层阶级及文人士大夫视野的各种民众生活文化，如民间文学、民间手工技艺、民间表演艺术、民间风俗节庆、民间信仰、民间医药，等等。这些内容大多以"无形的"、"活态的"、口头与行为的叙事方式流传至今,长期以来并未得到学术界足够的重视,也很少被正史以及其他类型的文人著作予以系统记录。然而,正是这样一些长期处于"边缘化"地位的文化事象,具有很高的保护价值,亟待通过各种有效的保护政策与保护措施对其实施全面系统的保护。

非物质文化遗产图谱的编制,正是适应着这样一种需要而产生的一种文本资料形式。它所要实现的目标,就是要通过运用各种具体形象、科学系统的图谱化方法与手段,去尽力保存与表现这些现已作为非遗资源材料存在的文化事象与文化内容,以使大量散见在民间的珍贵历史材料与生活材料能够得到更好的整理与研究,并使这些材料受到前所未有的关注与重视。

由于中国文化博大精深,非遗的形式与内容极为丰富多样,因此,中国非物质文化遗产图谱在内容上也相应地呈现出极其丰富的特点。几乎所有与中国非遗资源相关的内容,如非遗资源的历史发展、地域分布、内容情节、主要类型、传承方式、传承关系、活动形式、应用状态、社会影响,以及与这些基本内容相关的各种辅助信息,如生态环境、村落遗址、使用工具、保护机构等,都可以通过非物质文化遗产图谱的形式予以表达与描述。

一、非遗资源的历史发展过程

有关非遗资源历史发展方面的内容,是非物质文化遗产图谱编制工作中所要关注的一个重点方面。中国具有几千年的文明史,经历了原始社会、奴隶社会、封建社会、半殖民地半封建社会等各种社会形态。在长期的历史发展过程中,中华民族积淀了大量的非遗资源,它们大多经历了十几代乃至数十代的传承,其历史生命十分漫长悠久。例如中国最长的史诗《格萨尔王传》(藏族),大约产生于距今 2000 年以前,那时藏族社会形态处在原始氏族社会时期。如今,在辽阔的青藏高原上,《格萨尔王传》依然被广泛传唱,深受藏族人民的喜爱。又如广泛流传于湖南、湖北、贵州、云南、江西、安徽等地区的傩戏,本是古代"傩仪"的产物,反映了远古时代人们的巫术思想与鬼神崇拜观念。《后汉书·礼仪志》载:"季冬之月,星回岁终,阴阳以交,劳农大享腊。先腊一日,大傩,谓之逐疫。其仪:选中黄门子弟十岁以上,十二岁以下,百二十人为侲子。皆赤帻皂制,执大鼗。方相氏黄金四目,蒙熊皮,玄衣朱裳,执戈扬盾。十二兽有衣毛角。中黄门行之,冗从仆射将之,以逐恶鬼于禁中。"后来在此基础上逐渐变成了傩戏。

许多非遗资源不但起源悠久,而且还经历了诸多的发展变化。例如著名的《白蛇传》传说的故事情节,在唐代是只有关于一男子(李黄或李琯)留宿归来,或脑裂而卒,或化为血水的情节。到宋代时则有一男子(希宣赞)游湖救下迷路女孩卯奴,被其母引诱留宿,其母食人心肝,男子两次逃脱两次被抓回,后其叔父奚真人相救并镇压三怪于西湖三塔中的情节。到明代时,又演绎出一男子(许宣)游湖初遇白娘子,一见倾心,私订终身,又因赠银、宝巾事件被发配至苏州、镇江,自己开设药店,后白娘子被金山寺高僧法海镇压于雷峰塔下的情节。至清代时,又增加了端午白蛇现形、盗仙草、水漫金山等情节,进一步托出白娘子对爱情、婚姻的忠贞与守护。《白蛇传》到元朝时已被文人编成杂剧和话本,明冯梦龙编纂的拟话本《白娘子永镇雷峰塔》是该传说最早的较为完整的文本。明清以降,民间的口头文学与各类俗文艺的改编搬演相互渗透、相互融合,使白蛇传最终成为涉及故事、歌谣、宝卷、小说、演义、话本、戏曲、弹词,以至电影、电视、动漫、舞蹈、连环画等各种文艺形式的经典题材。由此可见,随着时代的发展,许多非遗事象都会逐渐发生一定的变化,其主题思想、内容情节、题材样式都会产生一定的差异。中国非遗事象与非遗资源的这种历史发展过程,是非遗图谱编制重点关注的对象之一,编制者可以根据其时间发展的线索与情节演变的节点,制作相应的图谱材料,以此反映与表现非遗资源历史发展的基本脉络。

二、非遗资源的地域分布及其流动演变

有关非遗资源地域分布及其流动演变方面的内容,也是非物质文化遗产图谱编制工作中所要关注的一个重要方面。由于中国地大物博,民族众多,致使中国的非遗资源在空间格局上呈现了极为丰富多样的状况。我国广大的内陆地区,是中华传统农业文明的主要区域,这里长期以稻麦黍菽等农作物作为主要经济支柱,当地民众的生产方式、生活方式,以及文化方式无不与这种农业文明的基因相联系,因此,我国内陆地区的非遗资源也较为鲜明地体现了农业文明的特色。诸如各种农耕生产习俗、蚕桑生产习俗、手工棉纺技艺、庙会、社戏、龙舞以及神农、药王等神灵祭祀活动等,都是这种农耕文明的产物。我国的东南沿海地区,濒临大海,岛屿众多,当地的经济产业中具有较为鲜明的海洋经济因素,诸如晒盐、捕鱼、造船等,都是在适应于濒海地区的生态环境中产生的。适应于这种海洋生态环境,沿海地区的非遗资源也带有了一定的海洋特色,诸如流行于浙江、福建、上海、江苏、山东等沿海地区的各种开洋节、谢洋节、海洋号子、码头号子以及妈祖、海神祭祀等各种仪式活动等,无不是海洋生态环境中的产物。在我国的一些大都市,如北京、天津、西安、上海、广州、重庆等地,商业经济发达,手工业门类集中,因此这些地区的非遗资源较为鲜明地体现了手工艺术特性较强、手工技艺形式众多的特点。例如北京的景泰蓝制作技艺、木版水印制作技艺、玻璃烧制制作技艺、花丝镶嵌制作技艺、剧装戏具制作技艺;上海的乌泥泾手工棉纺制作技艺、印泥制作技艺、金银细工制作技艺、素食制作技艺、毛笔制作技艺、墨锭制作技艺等,都是在城市手工业经济的基础上发展起来的。在我国的东北、西北以及西南部地区,居住着大量的少数民族居民,他们有着与汉族居民不同的经济文化方式,因此也相应地形成了许多富有自己民族特色的非遗资源形式,例如民族史诗与叙事诗(如《格萨尔王传》《江格尔》《玛纳斯》《嘎达梅林》《阿诗玛》《梅葛》等)、民族歌舞(如藏族的弦子舞、锅庄舞、热巴舞,傣族的孔雀舞,维吾尔族的萨玛舞、赛乃姆等)、畜牧业生产生活习俗(如蒙古族的狍皮制作、马具制作、牛羊肉烹制、驯鹿、养驼技艺,赫哲族的鱼皮制作等)。总之,中国地大物博的特点,致使中国的非遗资源展现了一种形态丰富、各具特色的地域分布格局,充分反映了中国非遗资源的多样性与广泛性。

值得注意的是,在对非遗资源的地域分布状况进行考察研究与图谱绘制时,并不能够仅仅停留在静态的、一成不变的层面上,而必须结合其流动、发展的情况进行动态分析。随着时代的发展,非遗资源中有相当一部分会在地域分布范围上出现或扩大、或缩小、或延伸、或迁移、或渗透等现象,以致形成一种动态化的地域分布格局。例如妈祖本是北宋时期福建莆田地区的一位民间女子,因救护海难有功被当地渔民奉为保护神。后来,随着妈祖信仰的逐渐兴盛,妈祖的神格逐渐由民间地方神提升为官方的航海保护神,其传播的地域也越来越广。元明时期,妈祖信仰已经扩大到浙江、上海、江苏、山东、台湾等诸多省份,至清代时更是几乎遍及全国以及日本、琉球、东南亚各国,其信奉的对象也由最初的渔民,逐渐扩展为商人、行会成员以及一般的民众。因此,对于像妈祖信仰这样的非遗资源,在进行图谱编制时就并不能简单地将其固定于某一地域之中,而必须根据不同的历史时期与阶段进行动态分析,从时代发展与地域扩布的两个坐标上来考察妈祖信仰的具体情况,这样才能制作出具有动态性特点的妈祖信仰历史地域分布图。

三、非遗资源的类型类别、典型情节及传承脉络

除了历史发展过程与地域分布状况以外,有关非遗资源的类型类别、典型情节、传承脉络等方面,也是非物质文化遗产图谱编制所要关注的重点内容。

联合国教科文组织在对于非遗的分类问题上曾经有过一些专门的表述,例如在 1989 年联合国教科文组织通过的《保护民间创作建议案》中指出:"民间创作(或传统的民间文化)是指来自某一文化社区的全部创作,这些创作以传统为依据,由某一群体或一些个体所表达并被认为是符合社区期望的作为其文化和社会特征的表达形式……包括语言、文学、音乐、舞蹈、游戏、神话、礼仪、习惯、手工艺、建筑术及其他艺术。"[1]由于中国历史悠久,地大物博,非遗资源丰富众多,因此在其类型上也体现了十分复杂与多样的特点。要想对中国极为广泛与丰富的非遗资源进行分类,就必须从中国的实际情况出发,制定符合中国非遗特点的分类标准与分类体系,这样才能使中国非遗资源的类型划分更具有科学性与准确性。2006 年,在我国公布的第一批国家级非物质文化遗产代表性名录中,将我国的非遗项目分为民间文学、民间音乐、民间舞蹈、传统戏剧、曲艺、杂技与竞技、民间美术、传统手工技艺、传统医药、民俗与体育竞技等共 10 大门类,每个大类下还可分为若干个小类,这是至今为止最具权威性的中国非遗分类形式。[2]除此以外,还有许多专家学者也从不同的角度与认识出发,对中国的非遗资源作了不同的分类。[3]在中国非物质文化遗产图谱的编制中,必须对中国非遗资源内容形态上的这种多样性与复杂性予以充分的重视,通过各种科学有效的表达方法与表达形式,以使这些不同类型的非遗资源得以清晰的表现。

根据不同的非遗资源类型,可以编制各种非物质文化遗产图谱的文本。例如根据民间文学类的非遗资源,可以编制出中国神话图谱、中国民间传说图谱、中国民间故事图谱、中国民间歌谣图谱、中国民间谚语图谱等各种特色门类的图谱形式;根据民间舞蹈、民间音乐、传统戏曲类的非遗资源,可以编制出中国地方戏剧图谱、中国地方曲艺图谱、中国民间舞蹈图谱、中国民间音乐图谱等各种特色门类的图谱形式;根据民俗与体育竞技类的非遗资源,可以编制出中国传统婚姻礼仪图谱、中国传统岁时节令图谱、中国传统节日庆典祭祀活

---

[1] 《保护民间创作建议案》,联合国教科文组织第 25 届全体大会上通过,1989 年 11 月 15 日。

[2] 有关联合国教科文组织以及我国对非物质文化遗产的分类,详见本书第六章《非物质文化遗产图谱的类型研究》。

[3] 如有的学者将非遗分为"口头文化、体形文化、综合文化、当下的造型艺术"(见向云驹:《人类口头和非物质文化遗产》,宁夏人民教育出版社,2004 年);有的学者将非遗分为"语言、民间文学、传统音乐、传统舞蹈、传统戏剧、曲艺、杂技、传统武术、体育与竞技、民间美术、传统手技艺、传统医学与药学、民俗、文化空间"(见王文章主编:《非物质文化遗产概论》,教育科技出版社,2008 年)。

动图谱、中国传统节庆娱乐游戏图谱、中国体育竞技图谱等各种特色门类的图谱形式；根据民间美术类的非遗资源，可以编制出中国刺绣图谱、中国剪纸图谱、中国手工编织图谱、中国年画图谱、中国民间塑艺图谱等各种特色门类的图谱形式；根据传统手工技艺类的非遗资源，可以编制出中国手工纺织图谱、中国手工建筑图谱、中国手工器皿制作图谱、中国饮食技艺图谱、中国服饰技艺图谱等各种特色门类的图谱形式。以上所举的各种图谱门类，皆一一对应于中国非遗资源的某些特色品种，可充分彰显出中国非遗资源所赖以存在的生态环境的多样性，同时也可真实地反映中国民众思想文化创造能力和艺术审美创新能力。它们是中国社会不同的地域特色与不同经济文化背景的真实写照，同时也是中国非遗资源的多样性与丰富性的充分体现。

这里需要特别指出的是，由于非遗资源本身的复杂性与多面性，因此在非物质文化遗产图谱的编制工作中，对于非遗资源类型的描述与表现也不应该仅仅停留在某一个层面上，而是可以有着多角度，或者是多重性的考虑。例如对于民间传说类的非遗资源，我们既可以以内容为标准，将其细分为人物传说、史事传说、地方风物传说、社会风俗传说、动植物传说、鬼精怪神兽传说等不同的类型；也可以以形式为标准，将其细分为韵文体民间传说、散文体民间传说、韵散结合体民间传说；又可以以功能为标准，将其细分为传承记录类传说、教化类传说、解释类传说、娱乐类传说、讽刺类传说、褒扬类传说；还可以以保护级别为标准，将其细分为国家级民间传说、省市级民间传说、区县级民间传说，等等。总之，非物质文化遗产图谱在对于非遗资源的类型进行具体描述与表现的时候，可以采用多重标准、多重角度的方法，制作出不同种类、不同类型的非物质文化遗产图谱成果，以使非遗资源本身的多元性特点能够在各种不同类型的图谱成果中得到更为全面的呈现。

对于非遗资源典型情节的准确反映与描述，也是非物质文化遗产图谱编制所要实现的一个重要目标。何谓"非遗资源的典型情节"？简单地来说也就是非遗资源内容中最能够体现其本质特征的某些内容要素，它们可以从一定程度上概括地反映出非遗资源的整体面貌，是非遗内容系统中最为核心的内容。对于以简明、概括的方式反映事物本质的非物质文化遗产图谱编制而言，抓住非遗资源的典型情节是非常重要的，它可以使非物质文化遗产图谱既简洁明了，又准确无误地反映某一非遗资源的整体面貌，起到"一图以蔽之"的有效作用。例如中国口头文学类的非遗代表作项目《白蛇传》传说，故事内容极为丰富，用一般的绘图方式很难完全表达。而如果采用抽取其中一些典型情节，如"游湖借伞""订盟结亲""保和堂开店""端午惊变""盗仙草""水漫金山""断桥重逢""合钵""镇塔""倒塔"来进行概括式的表现，就可以涵盖整个传说故事的内容，起到事半功倍的作用。在实际的非物质文化遗产图谱编制中，我们可以将这种经过提炼典型情节后而制成的图谱形式称为"标识性图谱"，它不但可以运用于民间传说故事中典型情节的表现方面，而且也可以运用于传统手工技艺中典型工艺流程的表现，以及传统节日活动中典型活动场景的表现等方面。

非遗事象在现实生活中主要是通过世代相传的方式得以生存延续的，因此，有关非遗传承的对象、特点、方式、路径等问题，也是非物质文化遗产图谱编制过程中所要关注的一些重点内容。通过图谱这种独特的表现方式，不但可以清晰地展示出非遗传承的基本脉络与主要路径，同时也可以清晰地展示出非遗传承人之间的相互关系以及延展情况，以致构成不同形态、不同结构的非遗传统图谱样式。例如，所谓的"非遗传承树形图"，便是以非遗传承人之间的关系作为主要表现对象的一种图谱样式。处在这个树形图最顶端的，是在一个家族中生存年代最早、年龄最老的非遗传承人，从这位传承人开始，逐渐进行着对于某一非遗事象的一代又一代的传承，而越到后面一代，参与传承的人数越多，由此便构成了一种具有"树形"结构特点的非遗传承图模式。值得注意的是，在整个的中国传统社会中，这种以树形图的方式进行传承的非遗事象是极为多见的，它们反映了中国传统社会中许多非遗事象后继有人、兴盛发达的事实。反之，如果某些非遗事象后继乏人，逐渐衰落，那么它在非遗传承图谱中的反映便必然只能是一种上大下小的"倒树形"结构。

四、非遗资源的生存环境、产生方式及社会影响

有关非遗资源的生存环境、产生方式、社会影响等一些背景方面的内容，在当前的非遗保护体系中或许并不占有重要的地位，然而它们在非物质文化遗产图谱的编制中却同样也是不可或缺的组成部分。任何的非遗资源与事象都不可能是凭空而产生的，它们必然与当地的生态环境、地理、人文特点，经济生产方式、社会生活方式等背景信息有着密切的关系。以贵州黄平僳家族的蜡染技艺为例。贵州黄平僳家族的服饰蜡染艺术有其族群特定的人文地理背景，具有深厚的民族文化内涵。从显性的民族文化特征来看，僳家人表现得最出色的正是风格鲜明而无所不在的蜡染，蜡染不但成为僳家的鲜明标志，同时也成为凝聚这一族群的荣誉象征。黄平僱家的服饰蜡染在族群文化的诸事象中占据着不可取代的地位,其载荷着记载族群历史的重任得以发展,成为民族文化历史和民族特点的重要标志。望坝村地处黄平县重安江畔金凤山麓,尽管其僱家服饰蜡染工艺流程与贵州其他地区、其他民族的蜡染工艺流程颇为接近,但隐藏在工艺流程中的某些细节显现出其有别于它类。①其实,几乎每一项非遗资源都有自己独特的生存环境、生产方式,以及民族文化特征,它们是蕴藏在非遗资源内部的深刻的历史文化印记,也是造成非遗资源形成自己独特性的外在条件与客观基础。

生态环境是影响与支配非遗资源特征的一个重要条件之一,具体而言,它包括与这些非遗资源相关的地理地貌、村落街镇、历史古迹、遗址遗存、庙宇祠堂、风土人情等,它们与非遗资源的形成发展演变都有着密切的关系。例如海南省乐东县志仲镇位于乐东黎族自治县东南部,闻名遐迩的"毛公山"脚下,该镇为黎、苗族同胞聚居区。全镇总面积190平方千米,耕地面积1 517公顷,辖12个村委会,72个自然村,98个村民小组,总人口21 595人,是全县内区人口较多、面积较大的乡镇之一。该镇的黎、苗族同胞具有深厚的纺织文化传统,以前镇内女性人人都会纺纱织布。至2012年时,志仲镇有黎锦传承人11人,县级传承人3人。其中志仲镇红内村,是目前海南省非物质文化遗产代表性项目黎族传统纺染织绣技艺(麻纺)主要传承地。该镇这一文化特色的形成,与其深厚的民族纺织历史传统以及传承制度有着密切关系。长期以来,志仲镇几乎所有的黎族人都认为女孩子必须学会织锦,一般女孩7—8岁就开始跟着自己的母亲学习,到了婚嫁年龄一般已经学会了黎锦技艺。由母亲以口传身授的方式,手把手地把纺、染、织、绣四大绝活授予自己的女儿。正是这种区域生活方式与文化传统,致使乐东县志仲镇形成了深厚的纺织技艺与纺织文化基础。②以上所述的这些与非遗资源的生存发展相关的自然环境与社会环境现象,都可以成为非物质文化遗产图谱编制工作中重点关注的内容对象。

如果说,自然环境、社会环境等因素是非遗资源形成发展的前提,应当引起非物质文化遗产图谱编制者充分重视,那么社会影响、社会价值等作为非遗资源形成后所产生的结果方面的问题,同样应当引起非物质文化遗产图谱编

---

① 周莹:《解读贵州僱家服饰蜡染艺术中的族群性——黔东南州黄平县重兴乡望坝村的田野考察案例》,《民俗民艺》2012年第6期。

② 根据本书课题组对海南省乐东县的调查资料(2013年)整理。

制者的充分重视与关注。在中国历史上,有些非遗资源由于具有深刻的文化内涵与价值而得到广大民众的文化认同,在广大群众中产生了深刻的影响,并且逐渐形成了一条独特的"非遗事象链"。例如被称为"中国四大民间传说"的孟姜女、梁山伯与祝英台、白蛇传、牛郎织女等传说故事,是我国重要的民间传说类非遗资源项目,它们在长期的历史发展过程中,得到了广大民众的普遍认同,传播地区越来越广,传承受众越来越多,并且由民间传说逐渐发展为戏剧、曲艺、舞蹈、歌曲、小说、绘画、雕塑、电影、电视等各种不同的文艺样式,各自形成了一条长长的"非遗事象链"。对于这些具有较大社会影响的非遗资源形式,在非物质文化遗产图谱中必须予以充分的重视,并可以通过各手段与方式予以形象的表现。

第三节 非物质文化遗产图谱化表达的方法手段

非物质文化遗产图谱化表达不但需要一个较为庞大的内容支撑体系,而且还需要一个较为规范、有效、多元的方法支撑体系,只有有了这样一个方法支撑体系,大量的非遗资源对象才能具有向图谱化转化的可能,使大量生活态的非遗事象转化为图谱化的文本对象。

具体而言,这套有关非物质文化遗产图谱化表达的方法体系又可以分为研究方法体系与操作方法体系两个部分。

一、非物质文化遗产图谱编制的研究方法体系

非物质文化遗产图谱编制的研究方法体系是一套具有宏观性与方法论意义的方法系统,它所注重的是非物质文化遗产图谱编制的基本视角与基本路径选择问题。这套方法体系是在准确反映非物质文化遗产图谱的内容特点以及积极运用先进的学术思想与科学技术手段的基础上形成的,一方面反映了非物质文化遗产图谱的具体特点,另一方面又反映了具有先进的学术思想与科学技术指导的时代特点。

在非物质文化遗产图谱编制的研究方法体系中,较为重要的有可视化方法、系统化方法、数字化方法、地域性与跨地域方法等一些基本的方法形式。

1. 可视化方法

所谓"可视化方法",最为初始的意义就是指运用一定的手段对某种事物对象进行形象描述,使其变成一种可用人的视觉感官直接感知的表达方法。

它是人类认识事物与感知事物的一种最为基本的方法手段。在人类初始阶段,抽象思维能力并不十分成熟,当时的人主要是依靠直觉的视觉形象来认识事物与感知事物,因此"可视化表达"对于远古人类来说显得非常重要,诸如各种原始民族的岩画、象形文字等,都是出于这种认识方式上的可视性、直感性需要而产生的。

图谱这种文本样式从其最为本质的意义上而言,就是一种运用可视化方法而制作成的资料形式,它必须通过制谱与绘图的手段,将各种较为复杂的、模糊的,或者抽象的事物转化为简单明了、具体形象、可凭视觉感官直接感知的事物,使各种较为复杂的、模糊的,或者抽象的事物只要通过一幅或者几幅图谱的形式便能够被人所整体性的认识与掌握。因此我们可以说,可视化方法是图谱编制的最为基本的方法,也是为什么需要绘制图谱,而不是文字叙述的原因所在。图谱本身所具有的那种简括直观、具体形象的表现方式以及编制方法,是我们处理各种复杂事物并使其清晰化、明了化的基本价值追求。郑樵在其所著的《通志·图谱略》中说:"图,植物也;书,动物也。一动一植,相须而成变化。见书不见图,闻其声不见其形。见图不见书,见其人不闻其语。图,至约也;书,至博也。即图而求易,即书而求难。"[①]"星辰之次舍,日月之往来,非图无以见天之象。山川之纪,夷夏之分,非图无以见地之形。"[②]在这些文字中,郑樵非常正确地看到了图谱(即"图")有文字(即"书")不可替代的优势,那就是简约、形象、直观,而这些表达效果都是要依靠"图"这种可视化的手段来实现的。

具体而言,图谱编制可视化方法主要包括图像绘制、图形绘制、照相拍摄、计算机成像,等等。其中最为基本的手段就是图像绘制。在传统社会中,图像绘制主要是通过手绘线描的方式来实现的,它的优点是较为具象化,写实性强,与事物本身的形象较为吻合,缺点是不够准确。与图像绘制相比,图形绘制是一种较为抽象的可视化方法,它并不是描绘事物本身的具体形象,而是描绘某种事物的基本轮廓或者说明某种事理的基本状态,它的优点是较有概括性,可以反映一类事物的整体情况,缺点是较为抽象,与事物本身形象有所脱离,有的甚至较难看懂。照相拍摄是一种源自18—19世纪欧洲国家的先进成像技术,它主要利用投影与感光等技术创造而成,具有成像精确度高、摄制速

---

① [南宋]郑樵:《通志·图谱略·索象》。
② [南宋]郑樵:《通志·图谱略·明用》。

度快等多种优点。照相技术被运用于图谱编制的领域以后,大大提高了图谱可视化的精确程度,使图谱资料具有了更高的准确性与真实性。有关这方面的内容,前文已有详细介绍,此处不再赘述。

现代意义上的可视化方法是针对计算机技术而提出的一个新的命题,是一种利用计算机图形学和图像处理技术,将数据转换成图形或图像在屏幕上显示出来,并进行交互处理的理论、方法和技术。它涉及计算机图形学、图像处理、计算机视觉、计算机辅助设计等多个领域,成为研究数据表示、数据处理、决策分析等一系列问题的综合技术。[1]自现代意义上的可视化命题提出以来,对于信息的可视化研究已经经历了科学计算可视化、数据可视化、信息可视化、知识可视化等几个阶段。在科学计算可视化管理阶段,主要是运用计算机图形学技术、图像处理技术等,将采集获得的信息转换为管理活动所需的图像内容。典型的科学计算可视化方式将大量枯燥的数据以图形、图像这种直观的方式显示出来,从而帮助人们更好地理解和分析这些数据。数据可视化管理主要是运用计算机将信息转换成图形、图像进行数据挖掘和信息交互处理,发现信息中隐含的信息,为管理活动提供所需信息。数据可视化的基本思想是将信息源主体的各个属性值表达为多维图元(点、矩形条、扇形等),进行信息深入观察和分析。它被广泛应用于自然科学、医学、工程技术、生物分子学等领域中。信息可视化管理主要面向管理活动中没有几何属性和明显空间特征的抽象信息,将其映射为空间的可视化形式加以观察、分析。信息可视化管理要从大量抽象数据中发现有用信息,创造性地反映信息,把隐藏在可视化对象深处和彼此之间的信息进行深层次挖掘。依赖于数据挖掘技术的发展,它已不局限于管理信息的可视化表达和分析,更成为管理活动中知识发现和价值创造的必要过程。知识可视化管理的研究对象是包括数据、文献、信息等所有能够直接利用以针对性地解决问题的知识形式。知识可视化的实质是将知识以可视化方式表示出来,形成能够直接作用于人的感官的知识外在表现形式,从而促进知识的传播和创新。[2]

---

[1] "可视化"一词由英文单词 visualized 翻译而来,作为学科术语最早出现于计算机科学领域。1987年2月,美国国家科学基金会召开的图形图像专题研讨会上第一次提出了"科学计算可视化"的名词,成为此后可视化研究和信息可视化发展的开端。

[2] 谭章禄、方毅芳、吕明、张长鲁:《信息可视化的理论发展与框架体系构建》,《情报理论与实践》2013年第1期。

目前，计算机成像的可视化方法已经被普遍运用于各种非物质文化遗产图谱的编制实践之中，例如各种非遗类型数据统计图、GIS非遗资源分布图、GPS非遗资源定位图等，都是运用计算机成像的可视化方法制作出来的。

2. 系统化方法

所谓系统化方法，简单而言就是一种将若干个事物对象（要素）放到一个统一的系统中去进行研究与考察的方法，在这个系统中，各个事物对象（要素）之间呈现了一种具有一定关联性意义的结构状态，它们一方面具有一定的自身个性，另一方面又具有整个系统的共性，由此而构成了一个具有整体性意义的系统。通过这种系统化的方法，人们可以达到对于某些事物的整体性把握，更有利于认识事物本质性的规律与意义。

系统化的方法在西方系统论的思想方法体系中得到了较为全面的总结与运用，它把所研究和处理的对象当作一个系统，分析系统的结构和功能，研究系统、要素、环境三者的相互关系和变动的规律性，并优化系统观点看问题。世界上任何事物都可以看成是一个系统，系统是普遍存在的，整个世界就是系统的集合。在西方各种有关系统论的学说中，又以贝塔朗菲的一般系统论最具代表性，他不但较为完整地建构了系统论的方法论体系，而且也对"系统"这一概念的内涵作了较为深入的阐述。贝塔朗菲关于一般系统论的核心思想是：(1) 系统的整体性。系统是若干个事物的集合，系统反映了客观事物的整体性，但又不简单地等同于整体。因为系统除了反映客观事物的整体之外，它还反映整体与部分、整体与层次、整体与结构、整体与环境的关系。这就是说，系统是从整体与其要素、层次、结构、环境的关系上来揭示其整体性特征的。要素的无组织的综合也可以成为整体，但是无组织状态不能成为系统，系统所具有的整体性是在一定组织结构基础上的整体性，要素以一定方式相互联系、相互作用而形成一定的结构，才具备系统的整体性。整体性概念是一般系统论的核心。(2) 系统的有机关联性。系统的性质不是要素性质的总和，系统的性质为要素所无；系统所遵循的规律既不同于要素所遵循的规律，也不是要素所遵循的规律的总和。不过系统与它的要素又是统一的，系统的性质以要素的性质为基础，系统的规律也必定要通过要素之间的关系（系统的结构）体现出来。存在于整体中的要素，都必定具有构成整体的相互关联的内在根据，所以要素只有在整体中才能体现其要素的意义，一旦失去构成整体的根据它就不成其为这个系统的要素。归结为一句话就是：系统是要素的有机的集合。

(3)系统的动态性。系统的有机关联不是静态的而是动态的。系统的动态性包含两方面的意思,其一是系统内部的结构状况是随时间而变化的;其二是系统必定与外部环境存在着物质、能量和信息的交换。比如生物体保持体内平衡的重要基础就是新陈代谢,如果新陈代谢停止就意味着生物体的死亡,这个作为生物体的系统就不复存在。贝塔朗菲认为,实际存在的系统都是开放系统,动态是开放系统的必然表现。(4)系统的有序性。系统的结构、层次及其动态的方向性都表明系统具有有序性的特征。系统从有序走向无序,它的稳定性便随之降低。完全无序的状态就是系统的解体。(5)系统的目的性。贝塔朗菲认为,系统的有序性是有一定方向的,即一个系统的发展方向不仅取决于偶然的实际状态,还取决于它自身所具有的、必然的方向性,这就是系统的目的性。他强调系统的这种性质的普遍性,认为无论在机械系统或其他任何类型系统中它都普遍存在。

系统化方法以及西方系统论的一些观点,对于中国非物质文化遗产图谱的编制具有非常重要的意义,从宏观的思想方法意义上来说,所谓图谱正是通过这种系统的思维方法与研究方法而编制成的。在非物质文化遗产图谱简洁外观的背后,是非遗资源系统化、体系化方法的整体呈现,它需要将所有资源对象及其相关信息编入一个统一的系统之中,并且准确梳理这些对象及其信息之间的相互关系。非物质文化遗产图谱编制的核心工作之一就是将大量的非遗资源对象(即系统论中所谓的"要素")进行"谱化",也就是按照一定的"类"(即系统论中所谓的"系统")将它们编制成一种具有一定内在逻辑关系的谱系序列,在这个谱系序列中,各种非遗资源对象之间呈现了某种内在的逻辑关系,它们一方面具有各自的个性,另一方面又具有整个"类"的共性,正是这种非遗资源对象的有机组合,建构了各种不同类型、不同特点的非遗资源谱系形态。由此可见,非物质文化遗产图谱谱系的建构方法,正是系统化方法在非物质文化遗产图谱编制领域的具体实现。

3. 数字化方法

所谓数字化方法,是指以计算机为工具,以二进制代码 0 和 1 为载体的信息表达与传播方式。数字化方法主要依托于现代信息技术与计算机技术而产生,其基本过程就是将各种复杂多变的信息转变为可以度量的数字、数据,然后引入计算机内部,进行统一处理。与传统的表现方法、设计方法与思维方法相比,数字化方法的一个重要特点就是高度的抽象性,它将所有的事物都转变为0和1这两个最为基本的信息载体,然后再使其转变成为各种具体的信息与表象。数字化方法的另一个重要特点就是海量的存储力,由于高度抽象,数字化方法可以处理超出一般计算与储存能力几千倍乃至几万倍的海量信息,使人类社会的信息资源可以达到高度集聚与海量存储的程度。目前,数字化方法已经在信息技术与计算机技术领域得到了极为广泛的运用,它不但成为现代多媒体技术的重要基础,诸如各种数字、文字、图像、语音,包括虚拟现实、可视世界的各种信息等,都可以通过0和1这两个最简单的数字进行表现;而且也成为软件技术和智能技术的基础,诸如各种系统软件、工具软件、应用软件、数字滤波、编码、加密、解压缩等现代计算机功能,都必须基于数字化技术才能实现。

将数字化方法引入非物质文化遗产图谱编制的领域,是现代信息技术与计算机技术发展的一种必然趋势。由于非遗资源数量极大,形式与内容极为丰富,因此编制图谱的工作极为复杂。通过数字化的方法,不但可以大大提高非物质文化遗产图谱编制的效率,而且可以大大增强非物质文化遗产图谱编制的表现力,绘制出各种原来依靠传统表现方法(如手绘线描、照相拍摄等)难以企及的数字化非物质文化遗产图谱。

非物质文化遗产图谱数字化方法的具体方式,主要包括非遗资源数字信息转换、非遗资源数字信息优化、非遗图谱信息数字资源保存等。其中非遗资源数字信息转换是最为基本,也是最为核心的任务。它主要通过扫描仪、数码相机、数码摄像机等设备和软件技术将大量的非遗资源对象模拟到数字信息的转换,并使这些信息以数字形式存储及表现,如获取黑白或彩色图像,文字录入,以及通过视频或音频压缩卡获取的数字视频或音频文件等。非遗资源数字信息优化就是对转换后的非遗数字资源进行优化处理,比如数据压缩,提高数据质量,或者通过图像切割,改变图像的大小或格式,生成缩略图像,添加数字水印等方法进行数据压缩和提高数据质量,等等。非遗图谱信息数字资源的保存也非常重要,它的主要任务就是将经过数字化加工得到的非遗资源数字信息存储到存储系统(如网络数据库系统)中去,同时也将数据信息包括相关的结构信息和目录进行数据备份到存储系统或其他存储介质(如光盘库等)中作长期备份保存。[①]为了更好地对非遗资源的数字化信息进行有效的保

---

① 李伟超:《数字保存系统质量保证体系研究》,北京邮电大学出版社,2013年,第59页。

存与运用,进一步的数字化工作就是非遗资源数据库建设。非遗资源数据库是在对于非遗资源信息以及数据的大量掌握的基础上而形成的,数据库数据的集合,成为一种存储数据的"仓库",它可以广泛适应于各种非物质文化遗产图谱编制的需要。这种数据库一般是独立的,它可以为多个应用程序所适应,达到共享数据的目的。①

由此可见,数字化方法在非物质文化遗产图谱编制工作中有着极为重要的作用,它不但是处理各种非遗资源信息,使其成为图谱编制材料的必要手段,同时也是提高非物质文化遗产图谱编制的工作效率与表现能力的重要途径。通过数字化方法的运用,可以使非物质文化遗产图谱的编制达到一般方法所难以企及的程度,并且实现人类的智慧与想象在非物质文化遗产图谱编制领域的各种淋漓尽致、精妙绝伦的表达与展现。

4. 地域性与跨地域方法

地域性与跨地域方法在非物质文化遗产图谱编制的方法论体系中也有着重要的意义。所谓地域性方法,就是在非物质文化遗产图谱的编制工作中强调与突出非遗资源的地域性特点,并且注重从非遗资源的地域个性特点上去思考、设计整个非物质文化遗产图谱编制体系的方法。从发生学的角度来看,任何一种非遗资源形态都是在一定的地域背景中产生的,它具有一定地域背景下所产生的各种特点、属性、内容、机制、规律,由此而构成不同于其他非遗资源的地域风格特征与文化精神特质。因此,在开展对于非物质文化遗产图谱的编制与研究时,必须积极寻求各种相应的具体表现方法与描述方法对其进行充分的表现。这些具体的表现方法与描述方法主要包括非遗资源空间分布表现法、非遗资源地域风格表现法、非遗资源相关地域信息表现法,等等。其中非遗资源空间分布表现法是一种将各种非遗资源放置到一定的地域空间位置上进行考察与分析的方法,它重点考察的是各种非遗资源所在的地域空间位置,以及形成这种地域空间位置的原因,同时也包括与处于其他地域空间位置中的非遗资源的比较与分析等。非遗资源地域风格表现法是一种将非遗资源的某些个性特征与一定地域空间中的各种自然地理因素以及历史人文因素结合起来进行考察与研究的方法,它重点考察的是非遗资源某些个性特征

---

① 有关非物质文化遗产图谱的数字化问题,详见本书第九章《信息技术与非物质文化遗产图谱》。

形成中的地域性机制与地域性因素，以及这些因素对非遗资源地域风格形成影响的程度与范围。非遗资源相关地域信息表现法也是一种将非遗资源与一定地域空间中的各种自然地理因素以及历史人文因素结合起来进行考察与研究的方法，只是它更加强调与注重对于这些一定地域空间中的各种自然地理因素以及历史人文因素的本身的考察，例如具体的村落、市镇、传承人等。一方面，它们是一种地域背景性资料，但是另一方面它们也是一种非遗资源研究对象，与非遗资源的主体对象（即非物质文化遗产图谱中的"要素"）共同建构了一种独特的"非遗资源整体生态"。

所谓跨地域方法，是指在非物质文化遗产图谱的编制工作中，要注重与研究某些非遗资源在空间分布上超越一定的界限，形成较大范围的整合与覆盖的特点。一般而言，任何一种非遗资源在其产生之初大都是在较小的地域范围中传承传播的，但是随着时间的推移与影响的扩大，其中相当一部分非遗资源会逐渐扩大传承与传播的范围，形成空间意义上的跨地域特点。尤其是像白蛇传、梁山伯与祝英台、孟姜女、牛郎织女等一些著名的民间传说，以及春节、元宵、清明、端午、七夕、中秋、冬至等一些重要的传统节日等非遗资源形式，都有着十分鲜明的跨地域特点，它们的流传范围已经完全超出了某一地区或者某一省份的局限，达到了极为广阔的覆盖程度。它们有些是在几个或者十几个省份中进行传承传播，有的则更是覆盖到了整个中国，形成了十分典型的非遗资源跨地域分布特征。当然，强调在非物质文化遗产图谱的编制中注重跨地域研究并不是排斥或者忽视地域性研究的重要性，此二者应该是相辅相成的。在一些以跨地域形式存在的非遗资源形态中，既有着一定的地域个性，又有着一定的内容共性，由此而构成一种非遗资源共性与个性相统一的结构。这就需要我们在进行非物质文化遗产图谱的编制与研究中，一方面注重对于这些资源的地域性个性与特色，紧密联系与其相关的各种地域文化因素，如地域自然环境、地域人文环境、地域生产生活方式、地域特色风貌等进行深入研究；另一方面又要注重超越一定地域空间的局限，从更大的范围与广度上去探索非遗资源的形态特点，形成对于非遗资源内涵的整体性把握。

二、非物质文化遗产图谱编制的操作方法体系

非物质文化遗产图谱编制的操作方法体系是编者为了达到一定的具体研究目标而采取的一系列必要的操作手段与技术手段，主要包括资料搜集方法、资料分析方法、数据统计方法、信息处理方法、技术运用方法、工具使用方法、

等等。

1. 资料搜集方法

资料搜集方法是非物质文化遗产图谱编制工作的实际操作中所运用的最为基础的方法之一。在中国，非遗资源规模宏大，数量众多，它们主要蕴藏于大量的文献资料、口头资料与实物资料之中。例如在《诗经》《史记》《山海经》《风俗通义》《水经注》《齐民要术》《农政全书》《荆楚岁时记》《东京梦华录》《梦梁录》《古谣谚》《山歌》《挂枝儿》等我国一些著名的古籍文献中，都有大量关于我国古代民间风俗与非遗事象的记载。在一些专门记录地方历史文化、风土人情的地方志、文人笔记小说等资料中，有关非遗的内容更是俯拾皆是，多不胜数。除了为数众多的古代文献资料以外，更为值得重视的是口头流传的，或者说是以"活态传承"方式进行流传的非遗资料。由于非遗事象大多属于"下里巴人"的作品，因此除了有小部分被收录于文人的笔记以及地方史志文献中以外，大部分都是以口头传承的方式存在的，尤其是诸如民歌民谣、故事传说、生产技艺、行业诀窍等，更是主要以口头的方式进行流传。因此，在有关非遗图谱的资料搜集工作中，要特别重视对于口头资料的搜集与采录工作，尤其是要通过大量的实地调查方式，到有关的村落、街镇、集市、歌墟、书场、寺庙、茶馆中去对熟悉情况的老人及非遗传承人进行采访，并用笔记、录音、录像的方式对于调查的内容进行详细的记录。十分可喜的是，自2005年以来，我国通过由政府发动，社会各界广泛参与的非物质文化遗产保护工程，对数以万计的非遗资源进行了全面的普查，其触角伸向了整个中华大地，无论是乡村田野、市井街衢，还是农林牧渔、各行各业，都展开了关于非遗资源的调查工作。当然，就非物质文化遗产图谱编制而言，其调查的内容不仅应该有大量的普查资料，还应该有与图谱编制内容相关的专题性资料，并根据图谱编制的需要去进行更为深入的跟踪调查，只有如此，才能使非物质文化遗产图谱编制的资料具有较高的真实性、全面性与专门性。

2. 资料分析方法

资料搜集以后，需要对这些资料进行深入细致的分析与研究，这也是一项具有很强科学性的工作。根据非物质文化遗产图谱编制的特点，首先要做的就是对非遗资料内容成分的分析。在为数众多的非遗资料中，有相当一部分是可以用来作为直接制作图谱的核心内容的，如非遗资源的历史演变状况、分布地域状况、基本类型状况、非遗传承人的传承谱系状况、相互关系状况，等等。它们是非遗图谱编制中所要表现的主要对象,直接反映了非遗资源中某一方面的本质特征,展示了非遗资源中最受人们关注的各种核心问题。在非遗图谱编制工作中,首先要注重对于这些核心内容的把握,并通过认真全面的梳理、分析与研究,找出它们的来龙去脉、基本面貌与内在规律,以使这些内容要素能够通过图谱化的方式得以明确的展示。除了核心内容以外,在为数众多的非遗资料中,也有相当一部分是属于背景性的资料,例如与非遗资源主体表现内容有关的各种生态环境、工具制品、保护单位、民情风俗情况等,它们可以称为非遗资源相关信息,从某个方面对非遗资源主体对象产生一定的作用。这些资料虽然不一定能够直接编入非物质文化遗产图谱之中,但是对于非物质文化遗产图谱的编制却具有重要的参考性价值,因此,也需要在分析研究的过程中予以充分的重视。

除此以外,对于非遗资源的历史源流分析、资源类型分析、传承关系分析、地域分布分析、交互影响分析、典型特征分析等分析方法也是非物质文化遗产图谱编制中经常需要用到的操作方法。历史源流分析法是一种主要针对非遗资源与项目的历史发展源流情况进行分析研究的方法,具体涉及非遗资源的留存时间跨度、历史发展过程、每个阶段的特点,以及环境影响因素等方面内容。资源类型分析法是一种主要针对非遗资源与项目的类型形态特点进行分析研究的方法,具体涉及分类的标准、分类的层级(有大类型、有小类型)、类型的特点以及跨类别性等方面。由于我国非遗资源历史悠久,门类众多,因此非遗资源类型的确定也显得极为复杂。从不同的分类标准出发,可以分出不同的非遗门类,在一个非遗大门类中,又往往可以分出许多个小门类,而这些小门类的下面还可以分出许多更小的门类。如此逐层推衍下去,构成了一个极为庞大的非遗资源类型结构。对于非遗资源的这种类型特点,在非物质文化遗产图谱的编制研究中也必须予以充分的重视。传承关系分析法是一种主要针对非遗资源与项目的传承脉络与传承关系进行分析研究的方法,具体涉及传承人的个人因素(性别、年龄、生卒年代、出生地),各传承人之间的辈分与渊源关系、传承线路的延续或变异等方面内容。传承关系分析法在体育、游戏、竞技、民间美术、传统手工技艺类的非物质文化遗产中应用较广,这类非遗资源一般都较为注重师承关系,往往传承数代,构成完整的传承谱系。地域分布分析法是一种主要针对非遗资源的空间分布状况进行分析研究的方法,具体涉及非遗资源的分布区域范围、流动传播范围、各区域特色非遗资源比较等。

交互影响分析法是一种主要针对各种类型非遗资源及其传承人之间的关系进行分析研究的方法,具体涉及各种非遗资源间的同源关系、演变发展、相互影响等。如《白蛇传》传说与端午节的关系、梁祝传说与双蝶节的关系、民间戏曲与庙会的关系,以及传承人之间的相互影响,如民间故事传承人之间的相互学习、相互传播等,都具有一定的交互关系特点。

3. 数据统计方法

数据统计是现代计算机图谱制作所必须用到的重要操作方法,主要运用于非物质文化遗产图谱编制中的定量化描述,如非遗资源与代表性项目的数量、非遗项目代表性传承人的数量、男女性别的比例、非遗资源中各种类别的数量,等等。其具体的操作方法是先将所有需要表现的非遗资源进行数量统计,然后将得出的数据输入电脑进行汇总,再按照一定的标准与要求对这些数据进行组合排列(编排),使其变成各种组群。数据统计方法最为普遍的是被运用于非遗资源与项目的数量统计图编制之中。以传统手工纺织类的代表性非遗项目为例。至2012年12月,进入国家级非物质文化遗产名录的手工纺织技艺项目为46项,其中进入第一、第二、第三批的项目为37项,进入第一、第二批扩展项目9项。全国除台、港、澳地区以外的31个省级行政区中,共有28个省级行政区拥有省级以上手工纺织技艺项目,吉林、辽宁和黑龙江东北三省暂时空缺。拥有国家级手工纺织技艺项目的省级行政区为浙江、新疆各7项,贵州6项,江苏5项,四川4项,湖南3项,云南2项,河北、山东、江西、广东、广西、甘肃、青海、海南、内蒙古、西藏、北京、上海等省市自治区各1项。在省级项目中,浙江、贵州、新疆各自拥有10个以上的手工纺织技艺项目,江苏、河北、云南、江西、四川、甘肃、海南、陕西各自拥有5个以上项目,其余各省市自治区各自拥有1个以上的项目。根据以上的这些数据情况,便可编制出若干能够清晰展现非遗代表性项目的图谱形式,例如"全国国家级手工纺织类非遗项目数量图""各省市国家级手工纺织类非遗项目数量图""各省市省市级手工纺织类非遗项目数量图",等等。通过这些图谱的编制,不但可以清晰地了解我国手工纺织技艺类非遗项目的数量情况,而且还可以进行各个地区、各个省市之间此类项目的数量比较,进而分析各个地区、各个省市在非遗保护方面的实际情况。数据统计方法也经常被运用于非遗项目传承人的数量统计图之中。以上海市闵行区颛桥镇的民间剪纸传承人为例,至2014年时,该镇共拥有165名剪纸传承人,其中有颛溪五村剪纸班的周若妹等30人,众众新家园剪纸班的周玉妹等33人,秀龙居委的陈建芳等15人,众安居委的朱来娣等10人,好世凤凰城的柏红梅、刘翠珍等20人,金都新村三居委的周德云等20人,灯塔村的王民祥等15人,北桥居委的乔凯华等12人,北桥村的乔明芳等10人。[①]通过对这些剪纸班传承人数的统计,便可将其汇集成一定的数据并输入计算机,然后制作成"上海市闵行区颛桥镇的民间剪纸班传承人数量图",这就是数据统计方法在非遗项目传承人统计图谱中的实际运用。

4. 信息处理方法

搜集的资料与数据必须经过一定的信息化处理,使其变成可以编制图谱的信息,这是现代非物质文化遗产图谱编制中的重要一步。其具体过程是先将所有相关的非遗资料与数据统一输入电脑进行汇总,然后按照一定的标准与要求对这些资源进行分析梳理与组合排列(编排),使其变成各种基本信息点以及由这些信息点组成的组群,然后再用一定的图形描述方法予以表现。例如在编制"蔚县民间剪纸图谱"这一非遗项目图谱时,首先要将所有与这一项目有关的资料与数据输入电脑进行存置,然后按照地域分布、历史源流、形态特点、传承脉络、社会影响等几个方面,对这些资料进行分析、梳理、整合与提炼,使其变成构成图谱的基本要素,也就是所谓的"信息点",然后再将这些基本要素在电脑中编制成各种图像或图形,这就是非物质文化遗产图谱信息处理的整个过程。在这个过程中,信息点的确定与选择是十分重要的,它会直接影响到非物质文化遗产图谱编制的目标取向以及形态效果。这里值得特别指出的是,信息点并不是一种材料的简单堆砌,而是一种具有一定的概括性与符号性特征的信息集聚。例如,在编制某些非遗资源分布图时,我们搜集到了大量与这一非遗资源有关的材料,例如它的地理位置、生成背景、社会环境、内容形式等,但是其中只有一个点与这一图谱的目标取向有关,那就是它的地理位置。因此,我们在制作这一图谱时,就必须舍弃其他各种资料,而将其所有信息集中到确定这一非遗资源准确的地理位置上,由此而建立相关的信息点。

信息点数量的选择也会对非物质文化遗产图谱的编制产生重要的影响。例如,在编制非遗资源分布图的时候,选择10个地域信息点或者选择20个地域信息点,做出来的分布图的形态效果就会有很大的不同;又如,在编制非遗

[①] 所引上海市闵行区颛桥镇剪纸班人数数据来自本书课题组2014—2015年对该镇的调查,由周若妹等人提供。

传承人传承脉络谱系图的时候,选择 10 个传承人信息点或者 20 个传承人信息点,做出来的传承谱系图效果也会有相当的差异。由此可见,在进行非物质文化遗产图谱的信息处理(包括信息点的提炼与选择、信息点之间关系的梳理与组合、信息点在各种图形中的表现等)过程中,必须持有十分谨慎的态度,力求做到科学、真实、准确、可靠,并能够有效反映非遗资源本身的规律与特点。

5. 技术运用方法

非物质文化遗产图谱作为一种以图谱的形式来展现非遗资源对象的文体形式,其最基本的目的就是要使大量的非遗资源通过构图成像的方式转变成为可视化文本,使人一目了然地认识与把握非遗资源的整体情况。因此,如何有效地运用各种构图成像技术方法来达到非物质文化遗产图谱编制的效果,成为实现非物质文化遗产图谱编制目的的一个关键所在。至今为止,被广泛运用于图谱制作领域的构图成像技术方法主要有绘画、照相、计算机成像等,这些方法本身都有一套相当丰富与复杂的系统。在非物质文化遗产图谱制作的工作实践中,这些技术已经被大量运用于各种信息点的构图成像的领域,借以清晰地展现各种非遗资源经图谱化处理后所具有的状态与形象。

具体而言,在非物质文化遗产图谱制作的工作实践中经常被用到的构图成像方法主要有图像标识法、图形标识法、地图标识法、数字标识法等。图像标识法是指用具体的图像符号来表现各种非遗事象的具体形象,这种方式实际上也就是指客观事物存在形态的图像化。通过图像的方式,可以把非遗资源的各种自然形态,包括生物和无生物以及人为形态等都清晰形象地反映出来,起到充分的可视化效果。图像标识法的特点是,无论如何加工图像,或多或少都能够保留有所描绘事物的形态特征。通过图像标识的方法,能够把非遗中物象的特征、规律和结构进行艺术加工。根据图像标识方法的不同,具体又可分为手绘技术和照相技术两种。图形标识法是指运用各种具体的图形来反映非遗资源信息的内容形式以及特点规律的表现方法。图形标识主要包括直线、箭头、圆形、方形,以及现代各种计算机矢量图,如 smartart 图、条形图、饼图、柱状图、折线图等。直线、箭头、方形、圆形等图像标识又可以称为平面几何符号,这类符号反映的信息直观,线索清晰。箭头具有运动感和方向感,在非遗资源信息图谱中可以用来表示非遗项目的历史发展轨迹等。饼图、柱状图等图像标识是立体几何符号,具有长、宽、高的视觉效果,可以增强非遗资源信息图谱的空间感、真实感,但立体几何符号并不是真的实体,而是在平面上表现几何体的透视效果,可以产生位置、排列、形状等视觉效应,在非遗图谱中描述某类非遗项目数量时,通过饼图、柱状图的形式,可以清晰地反映数量关系。地图标识法是指通过运用某些地图的形制来反映非遗资源信息的内容形式以及特点规律的表现方法。非遗资源地图标识的内容主要由底图和非遗信息点两部分构成,底图是非物质文化遗产图谱的基础,底图内容主要包含地理信息,因此一般以普通地图为基础,再根据非遗内容的需要重新编制。非遗信息点不可能孤立地存在,必须依附于一定的地理基础。因此地图标识法是非物质文化遗产图谱编制的基本方法。地图标识法主要包括传统地图标识法与GIS技术标识法。传统地图标识法是以普通地图为底图,然后在上面进行非遗资源信息点的编制。这种地图标识法反映的逻辑较为简单,信息量较为集中,因此在地区性的非物质文化遗产图谱编制中得到广泛使用。数字标识法是指通过运用一些数字的形式来反映非遗资源信息的内容形式以及特点规律的表现方法。在非物质文化遗产图谱编制过程中,有些非遗资源信息难以用一个简单的图像符号来描述,这时就需要借用数字来进行表达。数字标识法是运用一定的数字对非遗资源的数据进行标注的方法,一般是配合图像或图形一起表示。如国家级、省市级非遗项目的数量,既有图形,又有数字。从形态上看,数字是一种特殊的抽象符号,比较简洁,因此,通过对数字的阅读,往往就能直接明白其含义。

6. 工具使用方法

图谱构图成像技术的运用离不开许多绘画制图工具的使用,它们各有各的功用,也各有各的特点。在非物质文化遗产图谱的制作过程中,熟练掌握、运用这些工具是十分重要的,只有依靠了这些富有各种专业功能的绘画制图工具,做成的非物质文化遗产图谱才有可能达到科学、精准、清晰、有效、全面的程度。

在为数众多的图谱制图工具中,最为原始,也是最为基本的就是画笔。古代时期一般都用毛笔作为手绘线描的工具,后来则多用铅笔作为手绘线描的工具。画笔的好处是灵活性强,可以根据绘画者的意图随意运用,但其缺点则是不够准确。近代以后,随着西方测量与绘制技术的发展,在手工绘画技术的领域中也引进了一些辅助性的绘画工具,如三角板、丁字尺、圆规等,它们的运用提高了绘画的精确度与规范性,但是它们只是作为画笔的一种辅助性工具,并不能完全替代画笔的作用。

照相机的发明与使用把近代以后的构图成像技术推向了一个突飞猛进的发展程度,照相技术的优点就是成像的保真度高,可以对事物本体起到"复制不走样"的作用,但是,照相机这种技术工具的缺陷是不能对事物的本体进行自由的创造以及变动,而只能对事物本体进行复制,因此使它在构图成像技术上的功能受到了很大的限制。

相对画笔与照相机而言,计算机绘图则是有着无可比拟的优越性,计算机技术的开发与运用,将现代绘图技术推到了一个登峰造极的高度,当今世界上几乎没有一种事物不可以通过计算机这种威力强大的工具形式得以精准的表现。计算机不但可以精准地表现各种具象的事物,而且也可以表现各种抽象的或者无形的现象与状态,如思维方式、心理反应、认知特征等。尤其值得一提的是,目前在计算机绘图技术这个领域中,已经开发出了大量专门的制图软件与制图模型,它们可以根据制图者的需要完成各种指令,达到制图者所要表现的意图与目的。

例如矢量图是计算机技术中所包含的一项具有各种图形设计的制图模型,主要由计算机绘制的直线、圆、矩形、曲线、图表等各种绘图要素组成。矢量图图形用一组指令集合来描述图形的内容,如描述构成该图的各种图元位置维数、形状等,描述对象可任意缩放不会失真。在显示方面使用专门软件,将描述图形的指令转换成屏幕上的形状和颜色,较为适用于描述轮廓不是很复杂、色彩不是很丰富的对象,如几何图形、工程图纸、CAD、3D造型软件等。

矢量图的编辑通常是运用 Draw 程序来进行具体操作。Draw 软件是一款可以为各种绘图计划任务提供快照、图表和图形的处理工具。它可以对各种矢量图形及图元独立进行移动、缩放、旋转和扭曲等变换,主要参数是描述图元的位置、维数和形状的指令。在 Draw 软件系统中,设有"样式和格式""转换""组合""连接符""线条""画廊"等各种功能键。制图者运用"样式和格式"功能键,可以设定图像样式,简化工作的方式。运用"转换"功能键,可以将平面对象转换为立体对象,如球体、环面、立方体等。运用"对象""组合"功能键,可以把多个对象组合、分拆、重组或编辑已组合的群组。运用"透视图"功能键,可以调整各种纹理、光度、透明度、比例等,创建逼真的照片图像。运用"连接符"功能键,可以用线条把对象连接,缩短制作流程图、组织图、网络图的过程。运用"线条"功能键,能够自动计算及显示线条长度和宽度。运用"画廊"功能键,可以创建各种图画作品并添加到画廊内。

计算机技术还专门为手工绘图设计了一些强大的绘图操作系统，它们主要由计算机、绘图软件和绘图机组成。在图形显示仪上产生的图像，可以使用光笔修改，还可以进行人机对话。使用坐标读取仪时，可将图形信息直接输入计算机。经计算机处理后的图形信息通过接口直接送给绘图机的系统，称为联机系统；将图形信息记录在磁带（或纸带）上的系统，称为脱机系统。

在论及非物质文化遗产图谱各种制图工具使用方法的时候，我们还有必要考察一下地图这种独特的图形工具的技术方法与使用方法问题。从本质上来看，地图是一种依据一定的数学法则，表达地球上各种事物的空间分布、联系及时间中的发展变化状态绘制的图形工具。地图具有严格的数学基础、符号系统、文字注记，能科学地反映出各种自然和社会现象的分布特征及其相互关系。早先的地图主要是运用传统的测绘技术而绘制成的，到了当代，地图的绘制方法中则融入了较多计算机技术的成分，其中最典型的就是运用GIS技术绘制而成的"地理信息地图"。GIS技术的全称是"地理信息系统（Geographic Information System 或 Geo—Information System，GIS）"，有时又称为"地学信息系统"。它是一种特定的空间信息技术系统，通过计算机硬、软件系统的支持，对整个或部分地球空间中的有关地理分布数据进行采集、储存、管理、运算、分析、显示和描述。GIS地图具有精确性高，信息量大的优点，以GIS地图作为非物质文化遗产图谱的底图和骨架，可以有效反映非遗资源信息的空间特征、分布规律和空间结构。目前，GIS地理信息技术系统已经在非物质文化遗产图谱编制的领域得到了一定的运用，例如运用GIS地理信息技术系统绘制各种非物质文化遗产图谱分布图，如全国民间传说项目分布图、全国手工纺织技艺项目分布图、全国民间剪纸项目分布图、全国传统节日项目分布图，等等。通过这种技术工具所获得的各种非遗资源分布图形式，不但可以全面反映出全国各种非遗资源与项目的分布情况，而且还能有效揭示出全国各种非遗资源与项目之间的差异和演变情况，更有利于人们对于这些非遗资源与项目进行研究与探索。

第三章 非物质文化遗产图谱的图像理论

第一节 图与图像的概念、类型与功能

一、图的概念与内涵

所谓"图",是指一种运用一定的绘制方法与手段(如绘画、照相、计算机成像等)创作而成的,具有直观形象、可视化特点的艺术或技术作品形式,主要包括图像、图形、图表、地图等类型。具体而言,"图"这一概念主要包含如下内涵:

第一,图是一种作者出于描摹事物状态,塑造事物形象,反映事物特点的需要而进行的创作活动,通过这种创作活动,可以更好地认识、掌握这些事物的特点、本质与规律。

第二,图主要通过某些可以用来表现事物形象的绘制方法而实现创作目的,如较早的手绘线描方法,后来的照相技术方法,再后的计算机绘制方法等。

第三,图具有直观、形象、可视化特点,通过图的形式,可以描摹事物的轮廓形象,使人可以一看便知,一看便懂。

以上三个方面,代表了图所具有的最为本质的内涵,它们是"图"这种独特的创作活动区别于其他一些创作活动,如文字书写、表演艺术、语言艺术等的主要标志。

在我国古代的一些文献资料中,对于"图"这一概念有着许多方面的表述,如《说文解字》对"图"的解释是:"圖,画计难也,从囗从啚。啚,难意也。"段玉裁注:"谓先规画其事之始终曲折,历历可见,出于万全,而后行之也。故引申之义谓绘画为图。"郑樵《通志·六书略》对"图"的解释是:"图,像图画之形。"又郭沫若《释图》:"圖字从囗从啚,此囗像图画之四周,从啚者,言于图中画边鄙也。"[1]归纳

---

[1] 郭沫若:《甲骨文研究》,科学出版社,2002年,第403页。

以上一些文献中的表述,可以看出我国古代对于"图"这个概念主要有这样几种理解:(1)"图"是一种绘画。(2)"图"是一种专门描绘那些较为难以理解的事物的画(即所谓"画计难也""规画其事之始终曲折")。(3)"图"是一种专门描绘事物形状的画(即所谓"言于图中画边鄙也""像图画之形")。唐代张彦远在《历代名画记》中,对于这些意思表达得更为具体。张彦远认为,"图"在古代时主要有三种形式:"一曰图理,卦象是也;二曰图识,字学是也;三曰图形,绘画是也。"①他把图的形式分为三种,一是"图理",也就是画道理的图;二是"图识",也就是画知识学问的图;三是"图形",也就是画形状的图。这一阐述把中国古人对于图的理解以及图所具有的描摹形状、解释疑难的功能说明得十分清楚。尤其是他还举出了有关图的三种不同的表现样式,即"卦象""字学""绘画"。张彦远的这一论述,已经把中国古人对于"图"的理解表达得十分清晰明确。

在较为清晰地了解了"图"的概念与内涵以后,我们还有必要进一步阐述一下"图"与"像"之间的关系问题。"图"与"像"二字在现在的语言系统中经常被并用,但在中国古代文献中却是分别指代不同的事物。中国古代文献中在最早运用"像"这一字时常有与"象"一字彼此互通假借现象,许慎《说文解字》云:"象,南越大兽,长鼻牙,三年一乳。"段玉裁注:"韩非曰:人希见生象,而案其图以想其生,故诸人之所以意想者皆谓之象。"②可见"象"最初有"想象"之义,人依照平面上的绘图进行观想,这种意念活动产生的就是"像"。《周易·系辞上》:"圣人有以见天下之赜,而拟诸其形容,象其物宜,是故谓之象。"孔颖达疏:"赜,谓幽深难见。"(即不容易表达的事物)"物宜"则指的是深藏于事物表面之下的道理、规律。如何把握这类幽深难见之事物?《周易》的回答是"观物取象",以及"立象以尽意"。"简而言之,'图'是上古之人将天地自然之'象'形诸笔端的产物,从逻辑上来讲存在一个先后顺序,即'象生意端,形造笔下'。"③值得注意的是,这种由意念活动所产生的"像",并不是完全无形的,而是可以通过一定的方式使它转化为有形的,这就是所谓的"拟诸其形容",也就是描摹事物本来的形状,因此就产生了为了描摹事物形状——"像"而进行的

---

① [唐]张彦远:《历代名画记》,引自俞剑华主编:《中国古代画论精度》,人民美术出版社,2011年,第12页。
② [东汉]许慎:《说文解字》,段玉裁注,上海古籍出版社,1988年,第459页。
③ 安琪:《图像》,《民族艺术》2014年第4期。

图 3-1　中国"图"字的篆体写法

创作活动——"图"。总之，在中国古人的理念中，"图"与"像"是一对既有区别，又有联系的概念，"像"是一种意念与事物本来所具有的形态，"图"是用一定的方法（如线条、圈点、颜色、符号等）将这种意念与事物本来的形态表现出来，这就是我国传统文化思想中对于"图"与"像"的深刻理解，也正是因为有了这样的理解，"图"与"像"便经常被结合在一起使用，并形成了"图像"这个内涵较为丰富的概念。

在西方学界，对"图像"一词的理解有着与中国十分不同的学术背景。西方图像概念的出现及发展与西方哲学史、西方艺术史、西方美学史等人文学科有着密切的关系，并且顺应着这些学科的发展而逐渐形成一个专门的图像学体系。在西方艺术史中，"图像"一词最早是指 icon，其意义是指基督教的圣像、偶像、肖像、画像，故 icon 一词有时也被译为"谱像"。随着时代的发展，西语中 icon 一词的含义也有了伸拓，从较为具体的圣像、画像，延伸到较为广义的图形程式，乃至计算机领域中的图符、图标等含义。

在后期的西方图像学论述中，"图像"的意义也经常用 image、picture 等词语来进行表述。image 与 icon 有相似之处，其词义内涵具体主要包括：(1)心像、印象，指图形在观看者心中构成形象认知的心理过程。(2)塑像、肖像、圣像，也包含有图形程式的意义，与 icon 同。(3)映像或翻版、复制、相似的形象，表明图像的传播性能。(4)在心里对形象的描绘。另外，image 还有一些衍生词，也可以帮助我们更深一层地理解西方图像学的概念，如 imaginable 指可想象到的，imaginary 指假想的；imaginative 指富于想象力和创造力的，等等。picture 原意为图画、照片、电影、映像等，它的用法比较丰富，也有心像、形象、描写、叙述及相似形象的词意，因此常与 image 混用。但 picture 的使用常常指称具体的实际形象，停留在视觉图形的表象，而 image 的用法则要更抽象些，多用于探索图像心理范畴的论述，而不仅仅指视觉的。

在西方话语体系中，还有其他一些词在相关使用中也可以统译为图像，如 tableau, representation, view, figure, graphics, 等等。tableau 的原意是如画般动人的场面，延伸意即虚拟图像；representation 的原意是象征、表示，指被图像表征的内涵意义；view 指图景；figure 的原意是数字、计算，因此它指的是图形的性质及符号特征，如三角形为 triangie figure，圆形为 cirole figure 等。graphics 的原意是指具有图形特点的图像，也具有图学、制图学等意义，如：

Chinese Character Graphics is the Visual Expression of Chinese Culture.（汉字图形是中国文化的视觉表现）。①

随着时代的发展,西方学界在对于图像的认识与理解日益推进的基础上逐渐发展形成了自成一体的图像学理论体系。公元16世纪,西方宗教艺术界开始围绕宗教艺术中的图像理论发展出了系统的"图像学（iconology）"谱系,这门学科的灵感源泉可以远溯至古希腊哲学和艺术语汇之中的亚里士多德的修辞学和柏拉图关于感官世界与精神世界的划分,可以说是现代图像学理论的奠基之石。随着17至18世纪欧洲古物学和近代考古学的兴起,西方古典图像的造型、纹饰中隐藏的道德寓意和历史内涵开始成为关注的重点,图像阐释逐渐取代图像分类。20世纪初期,德国艺术史家瓦尔堡（Aby Warburg）倡导一种"图像学"的思路,也就是对艺术作品进行延伸性的释义,致力于辨别它在观念或象征上的深层内涵,这种思路寻求解释,而不限于查明事实。②20世纪初兴起的西方图像学研究,将图像研究的视域延伸到与艺术作品创造相关联的更为广阔的文化历史背景上,来深化对艺术作品的理解。欧文·潘诺夫斯基的研究成果标识了图像学这一新的历史阶段,"他将图像学一种辅助性的演技手段擢升为一门独立而成熟的学术部门,不仅在实践上做出了大量的成绩,而且从理论上对图像学做了相当完备的阐述"③。其后,贡布里希的图像学研究进一步拓展了传统图像学研究的对象。他从哲学的角度探讨图像象征符号作为文化思想传播工具的意义,从而使得图像学研究打破了各个学科之间的界限,"脱离了艺术史这个魔圈"④,超越了艺术史和传统图像学的理论高度而进入到更富于科学哲学精神的艺术学领域。

美国芝加哥大学教授威廉·米歇尔（W.J.T.Michell）⑤则进一步深化了贡布里希的观点,将图像的地位提升至文化的最高点。米歇尔认为现代社会的"图像表征"正在以"前所未有的力度影响着文化的每一个层面,从最为高深精

---

① 付爱民:《现代图像学引论》,《中国摄影报》2005年1月4日。
② 安琪:《图像》,《民族艺术》2014年第4期。
③ 郭小川:《西方美术史研究评述》,黑龙江美术出版社,2003年,第288页。
④ 曹意强、洪再辛编:《图像与观念——范景中学术论文选》,岭南美术出版社,1993年,第63页。
⑤ 《图像学:形象、文本、意识形态》《图画理论:词句和视觉再现的文集》和《图画想要什么:形象的生命和爱》被称作米歇尔的"图像科学三部曲"。在他的论著中,米歇尔使用图像的不同表述来表达他对于图像文化意义的发掘。譬如,他使用image一词对图像进行侧重于本体性的哲学分析,而使用picture一词来阐述图像的意识形态特征。此外,他还提出了"批判的图像学""生物图像""元图像"等一些当代图像学的关键术语。

微的思考到大众媒介最为粗俗浅薄的生产制作无一幸免"①。因此,"古代和中世纪的哲学图景关注事物,17世纪到19世纪的哲学图景关注思想,而开化的当代哲学途径关注词语"。在后现代时期的人文科学的其他学科里、在公共文化的领域里正发生着又一次关系复杂的转变,这即他所谓的"图像转向"。②在米歇尔看来,随着图像时代的到来,"图像的理论同意识形态话语批判地相遇"③,"图像"已经成为意识形态传播过程中的主要媒体形式。因此,图像学既不是天真的模仿、拷贝或再现的对应理论,也不是更新的图像"在场"的形而上学,而是对图像的一种后语言学的、后符号学的重新发现,是视觉、机器、制度、话语、身体和比喻之间复杂的互动。④米歇尔的图像学理论将日常实践的看和展示一并纳入图像研究的范畴,从图像的本体论层面来讨论图像的文化意义,图像从此便成为哲学上的本体性存在,图像研究亦成为西方后现代以来文化研究的一个重要阵地。⑤

通过以上的一些辨析我们可以看出,西方的图像概念与图像学理论,起源于宗教艺术以及哲学史、艺术史等一些具有较为浓厚艺术理论色彩的学科,与宗教学、艺术学、艺术史等学科有着紧密的关系。西方的图像概念与图像学理论有着较为完整的体系,其特点主要是强调对于图像艺术本身意义、内涵、精神思想的研究、阐释与分析,这种研究对西方艺术哲学思想体系的构建具有十分重要的推进作用。西方图像学体系的另一个重要取向,是较为强调图像形式学的研究,并且在其基础上延伸出了许多与图像形式学相关的学科体系,其中的计算机图形学体系,已经成为当今世界上一门极其重要的,对于人类社会的发展与科学技术的进步具有重要意义的学问,其应用范围之广、社会影响之大几乎达到了不可估量的程度。

与西方的图像学、图形学理论相比,中国的图像理论并没有形成较为系统的理论体系,但是中国的图像理论突出的一个特点,就是较为注重对于经验的与实证的阐释。中国的图像理论往往会通过大量的实际例证与经验,来阐释思想,辨析异同,揭示本质。尤其是在有关"图"与"画"、"图"与"像"、

---

①③ [美]威廉·米歇尔:《图像转向》,范静晔译,选自陶东风等主编:《先锋学术论丛——文化研究》第3辑,天津社会科学院出版社,2002年,第17页。
② [美]威廉·米歇尔:《图像理论》,陈永国、胡文征译,北京大学出版社,2006年,第3页。
④ 同上,第7页。
⑤ 曾澜:《中国非遗图谱制作中的图像类型及其特点》,见蔡丰明主编:《中国非物质文化遗产图谱研究》,上海社会科学院出版社,2016年。

"图像"与"图谱"、"图像"与"文字"等一些概念及其功能的阐述上,都有相当的独到之处。这一点,在唐代张彦远的《历代名画记》、宋代郑樵的《通志·图谱略》等一些中国古代与图像有关的著作中都有鲜明的体现。这些富有中国特色的图像理论思想,对于当代中国非物质文化遗产图谱的编撰是十分重要的,它们不但为当代中国非物质文化遗产图谱的编撰奠定了一定的理论基础,而且也为当代中国非物质文化遗产图谱的编撰提供了许多颇具实证性意义的编撰方法。例如在当代中国非物质文化遗产图谱的编撰中,具有许多重要的表现形式,如典型情节图谱、历史发展源流图谱、工序流程图谱、传承脉络图谱等,都是在这些传统的图像理论思想以及编撰方法的基础上形成的。

二、图的种类

作为一种主要以一定的绘制方法与手段来反映事物,达到可视化目的的图与图像创作,根据其所采用的不同绘制方法与表现形式而形成了多种不同的种类。我国学者指出:"我们通常所说的图像资料,主要是指静态的图像资料,它主要包括图、画、照片,并可习惯地称之为'图'。(1)图。图是比较抽象的,即用抽象的标记表示事物的内外部特征或相互联系。如在科技文献中,有数据性较强的结构图、坐标图等,也有数据性不强,却有较强学术性和逻辑性的框图、线路图等。(2)画。画是比较形象的,即用笔或类似笔的东西描绘出事物的形象,如人物肖像、山水画、建筑物外观图等。(3)照片。是最形象的,它反映出人或事物等原始的外观形态。(4)地图。地图是比较特殊的图,可以说是介于图与画之间的一种图像资料。它是地球表面在平面上的缩小表象,使用各种符号显示小而重要的物体和事物的质量特征,以及不能直接观察到的自然和社会现象。"[①]在这里,作者根据图的不同表现方式与绘制方法,把图分为"图""画""照片""地图"等几种不同的类型,基本上涵盖了现代意义上所谓"图"的几种重要的类别。但是这一论述中关于图的第一种类别"图"本身就是一个大概念,可以包括后面的几个小类别,因此这种对于图的分类似乎还有进一步推敲之处。

下面,我们结合图与图像形态发展的实际情况,将图的类别分为画像、照相、图形、图表、地图等几种。

---

① 那世平:《图像资料研究散论》,《图书馆学刊》1994年第3期。

1. 画像

画像是我国古代时期一种最为基本绘图手段，晋傅咸《卞和画像赋》云："既铭勒于钟鼎，又图像于丹青。"北魏郦道元《水经注·漯水》云："其神图像，皆合青石为之。"中国传统的画像基本上都是以手绘线描为主，通过画笔、颜色等绘画工具，描绘事物对象的形状、轮廓，以及基本样式，以达到形象反映事物面貌特征与内在本质的目的。在悠久漫长的历史长河中，中国古人曾经创造了大量颇具民族特色的画像艺术，如新石器时代的彩陶纹饰与岩画，先秦时期的青铜器纹饰，汉代的墓室壁画、画像砖画像石以及随葬帛画，南北朝直至明清时期的山水画、花鸟画等，无不以其浓厚鲜明的民族风格以及出神入化的绘画技艺成为中华民族绘画艺术史上的典范。

画像一般来说都具有如下一些特点。

首先是写实性。由于画像的制作主要是为了达到对某一特定文化形态的记录和保存，因此，无论是模仿式的人物、器物类画像还是具有想象性的神话、传说类画像，都是尽可能地本着忠实于实际存在的形态。虽然在画像的制作过程中，制作者在取材、制作和对该文化形态的理解上不可避免地带有特定时代和个人文化观念的印记，但是画像在该文化形态或文化观念之基本要素的自然主义呈现上仍然保存了源文化形态的本真状态。

其次是艺术性。画像的艺术性是通过其生动性和创造性得以表现的。与文字表达不同的是，画像因其线条、色彩和各具特色的形象，打破了语言文字给人在感官上的束缚，具有很强的生动性，能够让观看者如见其人，如睹其物，如临其境。中国古人即充分意识到了画像的生动性在视觉呈现上优于文字的妙处。如晋张华《博物志》卷十便记载了一个画像给人观感冲击的事例：桓帝时，蜀郡太守刘褒画鸟鹊酷似其形，所绘《云汉图》，人见之觉热，所绘《北风图》，人见之觉凉，其绘画水平达到了传情入神的境界。

再次是象征性。就中国画本身而言，"一幅画就是一个与宏观世界相关的微观世界，同时也是它整体中的主要部分。一幅画的空白处'不是一篇死寂的存在，而是分布着连接看得见的世界（被描画的空间）和看不见的世界的气息。'"[①] 由此可见，中国画本身便被赋予了许多文化意蕴的象征功能。画像的象征意味在中国统文化中运用非常广泛，如青铜器上图案化的动物纹饰，或是

---

① ［斯］阿莱斯·艾尔雅维茨：《图像时代》，胡菊兰、张云鹏译，吉林人民出版社，2003年，第49页。

象征原始先民的图腾崇拜，或是反映原始人对超自然神秘力量的理解和幻想等。如四川东汉三国墓中常见的画像砖，主要就是表现当时人们头脑中的"阴间""天国"生活。

2. 照相

照相的制作方式显然不同于绘画式的画像，它主要是利用照相机、摄影机或摄像机等照相设备将某一非遗的实际形态拍摄下来形成照片进行保存。由于照相是被拍摄文化事象的影像，因此，它比画像更具有写实性。照相的一个突出特点便是可复制性。照相和绘画的重要区别在于前者是可以大量复制的，这种可复制性使得照相具有极强的传播性和可保存性。

此外，照相还具有现场性和永恒性的特征。由于照片的拍摄必须是在文化事象的展示或展演现场来展开，因此，拍摄的照片都是当时情境中的人和事物的瞬间形象，这种瞬间形象一经成像，便具有极强的现场性。这种现场性使得照相具有新闻一般的现实性，能够较为忠实地呈现出特定文化情境的形态。此外，虽然拍摄的照片是从文化事象的连续性的整体形象中抽取出来的，是整体形象中的某一个片段，但是照相机却能将它固定下来，并将这种瞬间转化成为某种固定的模式、范式或程式，从而使其获得相对的永恒性。

3. 图形

图形是一种运用颜色和以点、线、面、体构成的，用以说明某一事实或问题的可视化表达形式。与画像和照相相比，图形更加具有抽象性，同时也显得更加简洁明了。图形虽然也是描绘出来的，但是其视觉呈现则主要是以抽象的点、线、面肌理的各种形态或基本元素组成，因此其实图形就是一种集合性的符号化组合。由于图形是借由图形和符号对客观存在的文化事象进行简化的过程，因此，与一幅图像或照相反映某一单一、具体的事物形象或故事情节不同的是，图形可以容纳大量的文化事象或某一文化事象的各类信息，这使得大多数图形具有文化信息集合化的特征。

现代图形的具体样式，主要包括几何图形、示意图形，以及由计算机制作的各种计算机图形等。所谓几何图形，即从实物中抽象出的各种图形模式，可帮助人们有效地刻画错综复杂的世界。生活中到处都有几何图形，我们所看见的一切都是由点、线、面等基本几何图形组成的。几何图形具体又分为立体图形和平面图形两种，其中各部分不在同一平面内的图形叫作立体图形（solid figure），如长方体、圆球、圆锥等；各部分都在同一平面内的图形叫作平面图形

(plane figure)，如点、直线、线段、射线、三角形、四边形等。无穷尽的丰富变化使几何图案本身拥有无穷魅力。所谓示意图形，也就是所谓的"图符""图标"，它利用简单勾勒的图画、图案的方法来标识特定的文化信息，具有较强的简洁化、概括化特点。标识性图形中的图画、图案并不需要像图像一样具有信息的生动性和全息性，它只要使用人们熟悉的、一目了然的代表性图画或图案再配合一些简单的文字说明，就能够传达出大量特定的文化信息。

在现代时期的图形类型中，具有最为强大的应用性价值与表现力价值的是计算机图形。与其他各种传统的图形制作方法相比，计算机图形制作方法具有极为高效、快速、应变的特点，可以适用于各种海量信息的储存、转换以及各种现实与虚拟事物形态的表达。依靠了强大的计算机技术的支撑，计算机图形无论是在表现事物形象的能力、效果方面，还是在图形制作的速度方面，都远远超过了其他各种传统图形形式，为其他各种传统图形表达形式所望尘莫及。

最为基本的计算机图形，是运用计算机绘制的一些直线、圆、圆弧、箭头、任意曲线和图表，它们是构成各种较为复杂的计算机图形的基本成分，各种复杂的计算机图形，都是在这些最为基本的计算机图形元素的基础上拓展形成的。

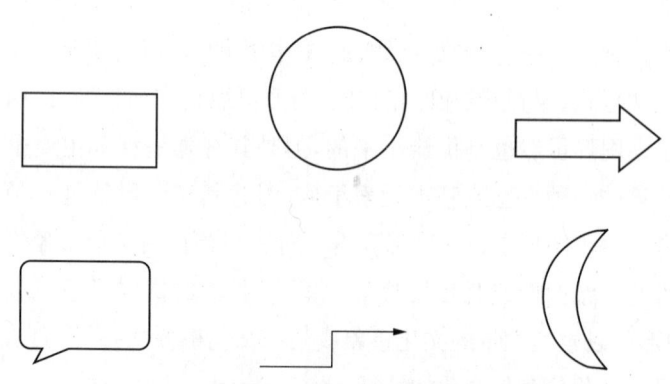

图 3-2　各种计算机图形模板（线条、形状、箭头、标注）

除了各种由计算机预先设定的图形模板以外，通过计算机技术还可以制作出各种由作者自己设计的图形，这就是矢量图。计算机矢量图使用直线和曲线来描述图形，这些图形的元素是一些点、线、矩形、多边形、圆和弧线等，它们都是通过数学公式计算获得的。在计算机还原时，相邻的特点之间用特定的很多段小直线连接就形成曲线，若曲线是一个封闭的图形，也可靠着色算法来填充颜色。例如一幅花的矢量图形实际上是由线段形成外框轮廓,由外框的颜色以及外框所封闭的颜色决定花显示出的颜色。由于矢量图形可通过公式计算获得,所以矢量图形文件体积一般较小。矢量图形最大的优点是无论放大、缩小或旋转等都不会失真;计算机矢量图以几何图形居多,图形可以无限放大,不变色、不模糊。

随着计算机技术突飞猛进的发展,在计算机图形的领域不断有新的成果问世,其中具有标志性意义的就是计算机图形学的诞生。计算机图形学(Computer Graphics,简称CG)是一种使用数学算法将二维或三维图形转化为计算机显示器的栅格形式的科学。简单地说,计算机图形学的主要研究内容就是研究如何在计算机中表示图形,以及利用计算机进行图形的计算、处理和显示的相关原理与方法。1963年,伊凡·苏泽兰(Ivan Sutherland)在麻省理工学院发表了《画板》的博士论文,标志着计算机图形学的正式诞生,至今已有50多年的历史。此前的计算机主要是符号处理系统,而自从有了计算机图形学,计算机便可以部分地表现人的右脑功能了,所以计算机图形学的建立具有重要的意义。

在计算机图形学的领域中,与非遗图谱制作有着密切关系的就是科学计算可视化技术的提出与运用。科学计算的可视化是发达国家在20世纪80年代后期提出并发展起来的一门新兴技术,它将科学计算过程中及计算结果的数据转换为几何图形及图像信息在屏幕上显示出来并进行交互处理,成为发现和理解科学计算过程中各种现象的有力工具。1987年2月,英国国家科学基金会在华盛顿召开了有关科学计算可视化的首次会议。会议一致认为"将图形和图像技术应用于科学计算是一个全新的领域"。科学家们不仅需要分析由计算机得出的计算数据,而且需要了解在计算机过程中数据的变化。会议将这一技术定名为"科学计算可视化(Visualization in Scientific Computing)"。科学计算可视化将图形生成技术与图像理解技术结合在一起,它既可理解送入计算机的图像数据,也可以从复杂的多维数据中产生图形。科学计算可视化主要涉及下列相互独立的几个领域:计算机图形学、图像处理、计算机视觉、计算机辅助设计及交互技术等。按其实现的功能来分,科学计算可视化又可以分为三个档次:(1)结果数据的后处理;(2)结果数据的实时跟踪处理及显示;(3)结果数据的实时显示及交互处理。

现代科学知识图谱的出现正是这种科学计算可视化技术的产物。传统的科学计量学图谱主要以简单的二维、三维图形(如柱状图、饼状图、线形图、点布图、扇形图、平面图等)来表达科学统计效果,但交互性不强。1987年,美国基金委发表了研究报告《科学计算的可视化》,并开始长期资助科学可视化研究。也就是在这一年,计量学家克雷奇默创立了"三维构型图谱",之后又出现了"多维尺度图谱"。这些成果的出现,标志着"知识图谱"时代的开始。知识图谱(Mapping Knowledge Domain)也被称为科学知识图谱,在图书情报界称为知识域可视化或知识领域映射地图,是显示知识发展进程与结构关系的一系列各种不同的图形,用可视化技术描述知识资源及其载体,挖掘、分析、构建、绘制和显示知识及它们之间的相互联系。知识图谱"通过语义检索,对大量数据进行过滤、分析和管理,实现搜索数据的结构化并且提供详细的主题相关信息,有助于人们建立知识体系,理解各种实体概念以及它们的关联。数据可视化技术通过直观、可交互的形式展现结构化的数据,梳理数据之间的关系,易于人们接受和使用。将知识图谱与可视化技术结合,与传统文字、图片信息相比,具有准确分析数据、深度解读数据、清晰呈现数据的优势,甚至将文本难以描述的东西,用直观自然的方式协助人们理解"[①]。

现代科学知识图谱的一个重要特点,就是使所要表现的对象与信息具有了交互性与立体性的意义。本来,图形所要表现的对象与关系都是较为单一的,平面的,但是运用知识图谱的表达方式,就可表示出表现对象之间各种多维的,立体的情状,以及这些对象之间各种复杂的、细微的、或者多层面的关系,这无疑是图形学领域中一次重要的飞跃。

以下一些图形,都是运用知识图谱技术所制作的成果形式。

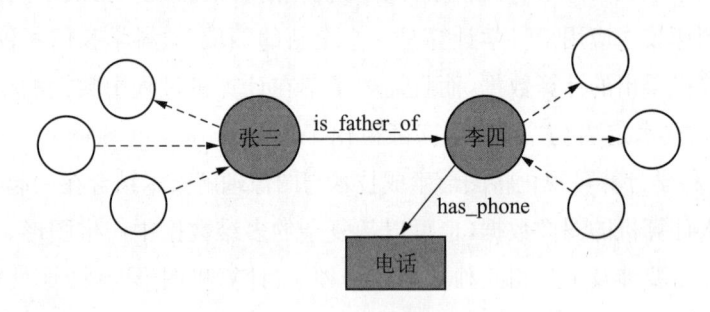

图 3-3 has_phone 知识图谱

普惠大数据中心首席数据科学家李文哲:《知识图谱的应用》,2015年12月,http://www.cbdio.com/BigData/2015-12/04/content_4265803.htm。

[①] 周亦、周明全、王学松、黄友良:《大数据环境下历史人物知识图谱构建与实现》,《系统仿真学报》2016年第10期。

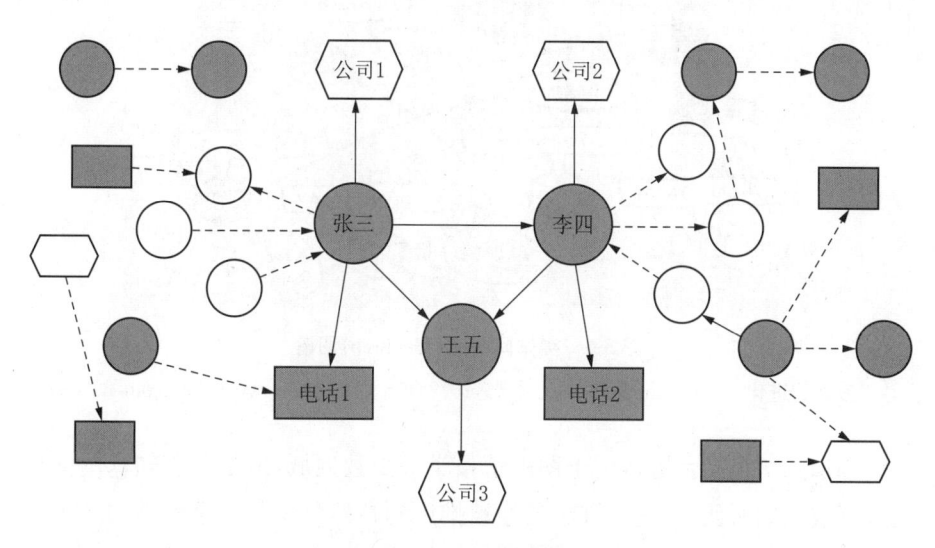

第三章 非物质文化遗产图谱的图像理论 | 111

图 3-4 人际信息图谱(1)

普惠大数据中心首席数据科学家李文哲:《知识图谱的应用》,2015 年 12 月,http://www.cbdio.com/BigData/2015-12/04/content_4265803.htm。

图 3-5 人际信息图谱(2)

《五个场景告诉你知识图谱如何应用?》,2016 年 9 月,https://www.sohu.com/a/115099216_473462。

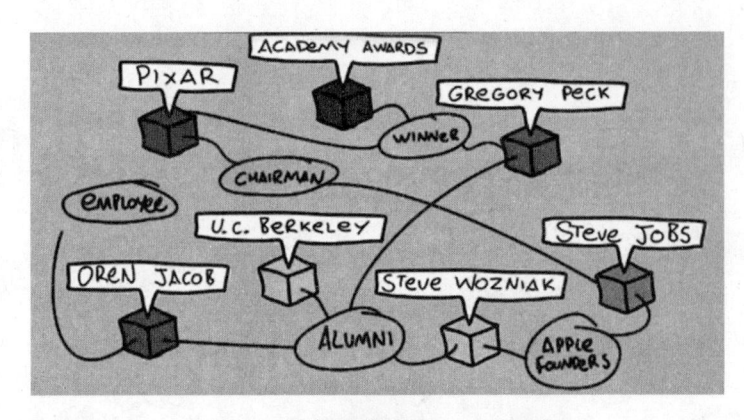

图 3-6　实体间联系（Metaweb）图谱

《搜索的进化——Google 推出知识图谱》，2012 年 5 月，https：//www.ifanr.com/88981。

　　知识图谱最早是被运用于图书情报学等少数领域，但是随着知识图谱功能逐渐被人们所认识，这一方法已经被推广到自然科学与社会科学的各个领域，近年来，知识图谱又逐渐被运用到历史学、文学、非物质文化遗产学等一些人文科学的领域，显示了它所具有的强大的信息集聚与可视化表现功能。例如近年来我国有些学者已经开始将知识图谱技术方法运用于历史人物可视化的领域，并提出"大数据环境下历史人物知识图谱构建与实现"的设想。其具体实施路径是通过对数据的视觉解释，建立历史人物数据库，并提供交互式的历史人物数据展示服务，借以实现化繁为简、梳理事件人物关系、揭示人物关联等功能。同时采用分层设计，系统具备良好的扩展性和维护性，能够满足大量用户访问的需求。①

　　4. 图表

　　图表也是"图"这种可视化表现形式中的一种基本类别，尤其是在展现事物之间的层次、关系等方面具有独特价值。较为传统的图表形式，主要通过手绘而成，例如民俗学调查报告或民俗学研究中使用的调查一览表、时间顺序表之类的表格与照片、形状示意图、地点示意图、位置示意图等，总括起来可以称其为"民俗图表"，它们对文字表述进行辅助性提示。运用这些辅助方法可以使民俗记述视觉化、条理化。正如我国学者何彬所指出："'民俗图表''民俗地图'都是民俗论文经常使用的辅助性论述方法，它不仅仅是帮助读者清晰地理

---

① 周亦、周明全、王学松、黄友良：《大数据环境下历史人物知识图谱构建与实现》，《系统仿真学报》2016 年第 10 期。

解理论论述或民俗记述的工具,更重要的是民俗图表和民俗地图首先是辅助研究者整理、分析民俗资料,构建民俗理论的重要工具、方法。"①

随着时代的发展,计算机图表成为图像学领域中的一种重要形式,并逐渐取代了传统的手绘图表形式。计算机图表是指在计算机对信息整理之后依据各类信息的数据特征及其关联性而制作成的图形模板,其具体的形态主要有柱形图、饼图、折线图、条形图等。从这些图表的表现形态来看,实际上也是一种图形的形式,因此也可以算作计算机图形中的一个独特门类。

计算机图表制作的组成要素包括可视化对象(数据点)、辅助信息、背景内容和重点标示四大部分。可视化对象是计算机图表的主体,既可以是文字信息,也可以是几何图形,比如信息表格中的各个文字信息图表框,折线图中的线条等。辅助信息用来帮助可视化对象更精准地呈现出来,主要包括计算机图表的主要刻度、次要刻度、网格线、图例、坐标轴线等。背景内容是指能让图表与媒介之间产生对比效果的背景色、图表外框,它用于提高整张图表的能见度。重点标示则明确指出图表的关键信息,包括标题、副标题、标注文字框、重点标示图形等。"图表构成决定了每项图表元素所扮演的角色。可视化对象是整个图表的主角,辅助信息是配角,背景内容提供可视化对象及辅助信息的演出舞台,重点标示则是可视化对象的聚光灯。"②

计算机图表在非遗图谱制作中应用非常广泛,这主要是因为计算机图表具有以下一些特征和功能。

第一,数据直观性。大多数计算机图表都是文化信息的数据化结果,再加上这些数据信息总是通过可视化的几何色块或线条来进行标注,以便于观察和分析。此外,有的计算机图表除了数据显示之外,还可以辅以图像作为辅助性说明,这就使得计算机图表更为直观、生动。由此可见,图表是一种很好的将对象属性数据直观、形象地"可视化"的手段,能够鲜明、直接、直观地呈现出文化的信息。而且,对于接受者而言,图表这种可视化的编码方式,也比文字编码的数据更容易让人理解和接受,这就有可能使得文化资源得到更好的保护。

---

① 何彬:《日本民俗地图研究法综述》,中国民俗学网,2008年9月19日。
② 韩明文:《图表说服力 Excel 与 PowerPoint 的图表终极活用术》,清华大学出版社,2011年,第6—10页。

第二，化繁为简，呈现文化事象的全貌。计算机图表的制作是在汇集了大量的信息数据并进行分析的基础上展开的，因此计算机图表中的信息数据都是按照一定的关系模式进行的编码。这种编码不仅能够将繁复的数据用简单的可视化方式呈现出来，而且还能呈现出数据所隐含的内部关系，有利于数据之间的相互比较。更为重要的是，与单一、孤立的数据可能让人费解不同的是，这种化繁为简的数据编码方式能够借由某种逻辑编码关系将一个个单一的数据连成一个整体，从而呈现出特定文化事象的整体样貌或变化形态，使得计算机图表制作者和接受者都能够快速地建立起对于某一特定信息的整体全貌。

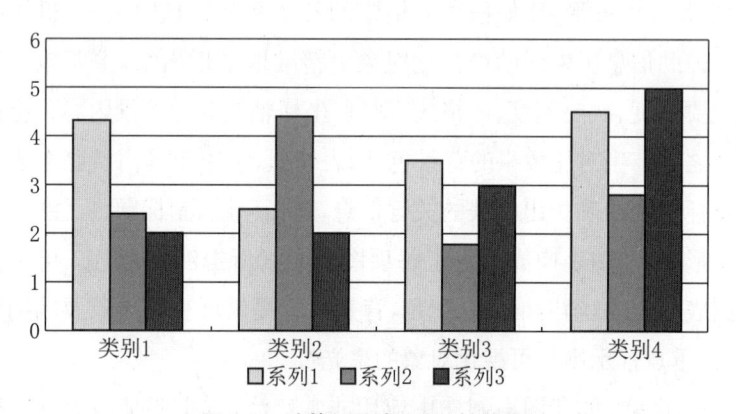

图 3-7　计算机图表图例（柱状图）

在各种计算机设计的图表模板中，SmartArt 图是其中一种应用性很强的表现样式，它的特点是可以根据输入计算机的数据顺势调整形状，以适应各种事物表达需要。尤其是在 SmartArt 图的表达形式中，其图形可以与文字紧密结合起来，通过图形与文字的互证达到对于事物形态的有效表达。在 Microsoft Office Excel 2007、Microsoft Office PowerPoint 2007、Microsoft Office Word 2007 等的版本中，都可以通过创建 SmartArt 图的形式，并运用这一设置中的"列表""流程""循环""结构层次""关系"等一些不同的菜单，来达到对于相关信息的准确表达。

由于 Office PowerPoint 2007 演示文稿通常包含带有项目符号列表的幻灯片，因此，制作者可以快速将幻灯片文字转换为 SmartArt 图形。此外，还可以在 Office PowerPoint 2007 演示文稿中向 SmartArt 图形添加动画。

图 3-8　计算机 SmartArt 图图例

5. 地图

地图是一种专门用来表现事物空间分布特征以及它们在一定地域中位置和关系的图形形式。从地图的本质内涵来看，地图也是属于"图"的一种，但与其他的"图"不同的是，地图主要是将事物放置到一定的地理空间关系中去进行表达，着重体现事物在一定地域空间中的位置以及与这些地域空间之间的对应关系。我国编制地图的历史十分悠久，《隋书·经籍志》载："周则夏官司险，掌建九州之图，周知山林川泽之阻，达其道路。"很显然，这里的"图"指的就是地理博物学意义上的地图。

在中国古代，地图主要是手绘而成的，其特点是主题突出，形式灵活，但其缺点是缺乏准确性。中国古人绘制地图时，要驾着一种叫作"记里鼓车"的马车对一定的地域进行丈量，马车行到哪里，地图便画到哪里，因此也叫"舆图"。到了西晋时期，裴秀将制作地图之法总结为六项制图原则，即分率、准望、道里、高下、方邪、迂直，这也就是有名的"制图六体"。分率就是比例尺，即确定面积和长宽的比例；准望就是方位，即校正地图各部分之间的相对位置；道里就是距离，即道路的里程；高下、方邪、迂直指的大体就是比较和校正不同地形所引起的距离偏差。据《世本八种》记载，黄帝在同蚩尤打仗时，曾经使用了表示"地形物象"的地图。至春秋战国时期，出于军事、政治、丧葬以及社会经济的需要，地图品种也随之增多，在《周礼》中曾有十几处记载，如："司徒所掌之图"（掌管土地和矿产用的专题地图）、"冢宰之图"（表示疆域户籍为内容的行政区划图）、"司马之图"（全国性地图）、"宗伯之图"（表示墓地范围地图）。1972 年在山东临沂的银雀山西汉墓中发现的《孙膑兵法》残简上，除了刻有讲述地形、地图对用兵重要性的文字外，还有"附地图九卷"之说。上述这些地图，都由于历史久远已经失传。现在能够见到的战国时期的地图，是 1977 年发掘中山王墓葬时发现的镌刻在铜版上的"兆域图",这是用金银镶嵌的墓葬平面图,长94厘米、宽48厘米、厚约1厘米。图上标明有宫垣及坟墓所在的地点,建筑物各部分的名称、大小、位置和它们之间的相互关系,绘制时间在公元前299年前后。

现代意义上的地图是一种建立在科学的测绘技术基础之上,运用一定的数学法则和绘制方法来表达地球(或其他天体)上各种事物的空间分布、联系及时间中的发展变化状态绘制的图形形式,它具有严格的数学基础、符号系统、文字注记,并能用地图概括原则,科学地反映出自然和社会经济现象的分布特征及其相互关系。

地图作为一种专门用来表现事物地域空间特点与关系的图形形式,在编制各种文化地图和文化图谱的方面有着重要的作用。例如,可以利用地理分布图的形式来表现各种民俗文化事象在一定地域中的分布状况以及这些文化事象之间的关系,诸如婚丧嫁娶、衣食住行、节庆礼仪、民俗信仰等,将其制作成各种相关的民俗事项分布地图。在非物质文化遗产的领域,地理分布图也有着十分广阔的用途,例如,可以利用地理分布图的形式来制作各种非遗资源与项目分布图、非遗传承人分布图、非遗作品分布图、非遗保护地以及保护单位分布图,等等。

三、图的社会功能与社会影响

图在人类社会历史发展中具有极为重要的功能,由于图所具有的直观、准确、概括等特点,使它在表现事物特征与反映人的思想方面具有其他文化表现形式所不能替代的优势,甚至完全可以超越其他文化表现形式成为人类在认识世界与把握世界方面的一种最为重要的工具。有关这一点,早已为我国古代的一些智者所认识,其中最为重要的就是宋代的郑樵。郑樵在《通志·图谱略》一文中,提出了富有创见性意义的图学思想,并以大量的笔墨阐明了图(图谱)这种文体在人们认识事物特性及其本质方面的重要功能与作用。郑樵在《通志·图谱略·索象》中这样写道:"古之学者为学有要,置图于左,置书于右;索象于图,索理于书,故人亦易为学,学亦易为功。举而措之,如执左契。后之学者,离图即书,尚辞务说,故人亦难为学,学亦难为功。虽平日胸中有千章万卷,及置之行事之间,则茫茫然不知所向。"在这里,郑樵指出了图所具有的重要的实用性功能,那就是"功",即可以用来解决实际性问题。郑樵又把图(图谱)的功用与治国理政、建功立业之类的重大事件紧密联系起来,认为成就事业者必须要依靠图(图谱)这种重要的工具:"天下之事不务行而务说,不用图谱可也。若欲成天下之事业,未有无图谱而可行于世者。"郑樵还在占有丰富的资料与前人成果的基础上,具体提出了16类需要专门配置图(图谱)的书籍:"今总天下之书,古今之学术,而条其所以为图谱之用者,十有六:一曰天文、二曰地理、三曰宫室、四曰器用、五曰车旗、六曰衣裳、七曰坛兆、八曰都邑、九曰城筑、十曰田里、十一曰会计、十二曰法制、十三曰班爵、十四曰古今、十五曰名物、十六曰书。凡此十六类,有书无图,不可用也。"而后一一讲明理由:"人生覆载之间,而不知天文、地理,此学者之大患也。在天成象,在地成形。星辰之次舍,日月之来往,非图无以见天象。山川之纪,夷夏之分,非图无以见地之形。天官之书,书不可仰观。地理有志,志不可以俯察。故曰:天文地理,无图有书,不可用也。"[1]在这些阐述中,郑樵将图(图谱)这种文体样式提到了十分之高的程度,认为"非图无以见天象""非图无以见地之形",这是对图(图谱)这种文体样式社会功能的高度肯定与评价,充分体现了郑樵在对于图(图谱)的社会价值认识上的真知灼见。

另如在明代章潢《图书编》等书籍中,也对图的功能价值问题予以了充分的肯定。该书卷十六《天道总叙》曰:"臣旧作图谱志,谓天下之大学术者,十有六皆在图谱,无图有书不可用者,天文是其一也。"像郑樵一样,章潢在其论述中对图(图谱)的功用也予以了充分的肯定,认为"天下之大学术者,十有六皆在图谱,无图有书不可用者"。这是对图的功用所作出的极高的评价。

在中国传统图像理论的基础上,中国学术界还专门发展出了一门有关图像功能价值理论的学问——图志学。所谓图志学,就是一种专门研究如何运用"图"这种文体形式来表现事物特征,反映人类思想,描绘物体情状的学问,它重点强调了"图"这种文体形式在记录、阐释、说明历史、文学以及其他各种事物方面的独特的功能价值,赋予了"图"这种文体形式在人类文化表达与文化传播领域中的重要地位。它摆脱了长期以来中国学术传统中"重文字轻图像"的倾向,把有关文化表达与文化传播方面的研究视角引向了一个全新的方向。

值得注意的是,"图志学"这一学术命题的提出,始终是在图像功能与文字功能对照和比较的框架中进行的,提出这一命题的逻辑前提就是图像功能与

---

[1] [南宋]郑樵:《通志·图谱略·明用》。

文字功能之间的那种相对应、相比较的"互文性"关系。中国图志学倡导者杨义先生在《重绘中国文学史地图的方法论问题》一文中指出:"图志学就是用图来讲文学史,把图看成是用构图、线条、色彩、情调来构成的一种没有文字的特殊的语言,一种重要的原始材料或特殊的'文本',来跟文献资料互相参照,形成一个新的解释系统。"①他在《文学的文化学和图志学问题》一文中又指出:"图志学的提出,实际上是提供的文学的文献学之外的另外一个文学存在空间和解释空间,在文字空间与图画空间之间开拓一个相互对照阐释的互文性(intertextuality)系统,并且经由互文性沟通了文学史、艺术史和文明史,扩张了文学地图重绘可能的模样和范式。"②在这些文字中,作者一方面精辟地指出了图志学的本质特征,那就是"把图看成是用构图、线条、色彩、情调来构成的一种没有文字的特殊的语言,一种重要的原始材料或特殊的'文本'",对"图"这种文体在传情表意、塑造形象方面的独特地位予以了高度的肯定,另一方面,又专门指出了图在发挥这种功能时与文字之间的那种互文性关系,那就是"跟文献资料互相参照,形成一个新的解释系统"。我国图志学学者还专门论述了有关图像与文字相结合的表达方法在文本创作中的重要性问题,认为一种高质量的文本必须做到图像与文字的完美统一。"文学史著中的图像与文字若要实现最佳的意义传达与审美效果,而不是单纯以图像点缀文字招徕读者,那么图文之间必须形成互相阐释的语境与空间,从而使文学史著内的文字与图像史料能够展开多维度的相互对话,如此则不仅图像的选择者与文字的撰写者应该最好合一,而且图像的选择、使用构想也应该与文字撰述同步,以便使图像与文字结合得紧密而且具有互动的可能性。"③由此可见,我国学者在建立图志学理论时,并没有仅就图像功能而论图像功能,而是把文字功能作为一个参照系,从图像功能与文字功能相比较、相互补的"互文性"关系中来论述图像功能问题,这也正是中国图志学所具有的一个鲜明的学术特点。这种理论上承郑樵等人的图谱学说传统,下开我国现代图像学、图谱学理论风气之先,在我国的学术研究史上具有重要的地位。

西方学者在有关图与图像的社会功能价值的认识上也有许多重要的理论

---

① 杨义:《重绘中国文学史地图的方法论问题》,《学术研究》2007年第9期。
② 杨义:《文学的文化学和图志学问题》,《西南民族大学学报》2007年第1期。
③ 龙其林:《从"插图"到"图志"——中国现当代文学史著中的图文互文类型、时空建构及问题》,《文学评论》2015年第4期。

思想，其中一个重要的方面就是彼德·伯克在《图像证史》中提出的"以图证史"理论。所谓以图证史，就是指利用图像史料来研究历史的科学，其研究的主要问题就是"如何将图像当作历史证据来使用"。德国思想家罗伊森已经认识到：只有当历史学家真正开始认识到视觉艺术也属于历史材料，并能有系统地运用它们，他才能更加深入地调查研究以往发生的事件，才能把他建立在一个更加稳固的基础上。在彼德·伯克《图像证史》一书中，更是较为全面地阐述了以图证史的理论思想。彼德·伯克指出，西方在图像史上曾出现过两次革命，一次是15至16世纪的印刷图像的出现，另一次是19世纪20年代的摄影技术的出现。这两次图像技术的革命都有力地推动了图像这种独特的表现方式在人类历史领域中的作用。彼德·伯克在《图像证史》中还专门引用了一句库尔特·塔科尔斯基的名言："一幅画所说的话何止千言万语。"[①]

西方社会在有关图与图像社会功能价值方面的另一个重要理论思想，是"可视的意识形态"理论。经过一个多世纪图像志、图像学研究的盛况，西方的一些学者已经开始认知到视觉图像对于人类文化发展的重大意义和价值。他们认为，随着时代的发展，新的文化传播方式与视觉认知方式可以逐渐超越文字而成为一种新的话语表达系统，其中一种重要的形式就是图像。由于图像对于事物的直观性、整体性、延展性把握，使得图像在反映事物特征以及表现人的思想方面具有了其他认知方式所不可替代的优势。在这个方面最具代表性的就是美国芝加哥大学教授威廉·米歇尔提出的"可视的意识形态"理论。米歇尔观点的时代背景是当代社会文化已经一致认同了"图像时代"的来临、人类已经步入了一个崭新的"图像时代"，人们获取信息和交流思想的主要媒体方式已从"语言文字的"转型为"图像的"。作为当今世界比较活跃的现代图像学家代表人物之一的威廉·米歇尔，早在20世纪80年代就开始出版了几部非常重要的有关视觉文化和现代图像学的理论著作，如《图像学：图像、文本、意识形态》《重塑的眼光：后摄影时代的视觉真相》《图像理论》，等等。米歇尔的学术观点可以说是后现代视觉图像文化的典型代表，他所关心的论题早已超越了一般性的艺术现象，而开始更为深刻和具体地讨论图像学与意识形态的关系。在《图像转向》这篇论文中，米歇尔已经把图像的地位抬升至文化上的制高点，阐明了当代思想正在朝着"可视的意识形态"状态发展的可能性

[①] 蓝勇：《中国古代图像史料运用的实践与理论建构》，《人文杂志》2014年第7期。

和现实性的趋势。更重要的是,他认为"图像表征"正在以"前所未有的力度影响着文化的每一个层面,从最为高深精微的思考到大众媒介最为粗俗浅薄的生产制作无一幸免"①。而且他认为观看不仅仅是一般性的优于阅读,而且语言文字实际上根本无法充分阐释视觉经验,即二者在根本能力上的不平等。因此他指出,图像学重建中的关键举措应是设法超越语言艺术与视觉艺术之间的比较研究,使图像学"进入人类立体的基本构建之中",使"图像的理论同意识形态话语批判地相遇"②。

西方社会的这些有关图像功能与价值的理论,从人类最基本的思维方式与认知方式的视角切入对图像功能与价值进行阐述,揭示了图像对于人类世界的重要意义及其本质内涵,赋予了图像理论以更多的文化学意义,对于当代人类社会的影响显得极为重要。尤其是在有关图像与人类意识形态关系的方面,西方图像价值理论的贡献是极为显著的,它所提出的"图像思维"这样一种富有当代社会思维方式与意识形态特点的学术命题,致使人们可以逐渐摆脱以往总是在与文字的互补关系中讨论问题的窠臼,使人们对于自身的认知方式与文化传播方式产生了全新的理解,同时也为当代各种可视性图像文献,包括图谱文献的编撰提供了重要的理论依据。

第二节 图谱图像的功能特点与表现形式

一、图像的分野——艺术之图与科学之图

以上我们从图与图像的基本概念、种类,以及社会功能等方面对图与图像问题作了较为具体的探讨,下面,我们要进一步地把探讨问题的重点引向与本课题内容密切相关的一种重要的图与图像的类型——图谱图像的方面。从较为宏观的角度来看,图与图像都具有可视化表现客观事物以及人的思想的功能,但是从较为具体的层面来看,图与图像的功能又有着不同的取向,它们可以分为两种不同的类型,即"艺术之图"和"科学之图"。

艺术之图是一种作者出于情感与审美表达的需要而创作的图像形式,艺术之图的功能取向就是尽可能地展现作者在图像中所要表现的思想情感与审

---

① [美]威廉·米歇尔:《图像转向》,范静晔译,引自陶东风等主编:《先锋学术论丛——文化研究》第3辑,天津社会科学院出版社,2002年,第17页。

② 同上,第25页。

美意蕴,通俗地说,也就是要把图像制作得尽可能美和尽可能地符合创作者的主观情感。从我国整个绘画史的发展历程来看,其中极大部分的作品都是以强调"抒发情志""附庸风雅""崇尚唯美"为宗旨的艺术之图。尤其是那些在我国绘画史上具有重要地位与影响的山水画、花鸟画等,在表现个人的情感、意趣、品味等特点的方面显得尤为明显。我国传统绘画中最为注重的,就是如何通过绘画的形式,来抒发主观情绪,"不求形似""无求于世",借绘画以示高雅,表现闲情逸趣,倡导"师造化""法心源",强调人品画品的统一,并且注重将笔墨情趣与诗、书、印有机融为一体,并在此基础上形成了独特的绘画样式。

与艺术之图主要是为了表达作者的情感与审美需要的取向不同,科学之图是一种主要为了反映客观事物本来面貌及其本质规律的图像形式。科学之图最为重要的取向,就是追求事物本身的真实性与本原性,越是接近事物本来面貌的科学图像,就越是具有较高的价值,反之,如果科学之图不能够准确反映客观事物的本来面貌与本质特征,甚至带有较多的作者主观想象色彩,那么这样的图就会大大降低它本身所应该具有的科学性价值。换句话说,如果说艺术之图主要强调的重点是"美",那么,科学之图主要强调的重点就是"真"。当然,科学之图也应该具有一定的美感和艺术性,但是却不像艺术之图那样仅仅以美为唯一的追求目标,对科学之图的功能取向来说,处于第一位是"真",第二位才是"美"。

在中国历史上大量存在的科学之图体系中,与本课题的研究有着紧密关系的是图谱图像这一重要的类型,所谓图谱图像,就是指被选定、录入、编制到图谱这种独特的文体形式中的图像材料。图谱图像的主要特点,就是通过形象的可视化图像以及具有系统性特点的谱系序列组合,展现事物的整体面貌,反映事物的内在特征,以使事物呈现出一种相互之间具有一定关联性意义的系列形态。在这里需要特别指出的是,图谱图像作为科学之图的一种类型,其所有在图谱谱系中出现的图像都不是一般意义上的艺术作品,而是一种为了解释、说明,以及反映客观事物真实面貌的实证材料,作为进入图谱的图像,必须具有准确、真实、客观反映事物本来面貌的特点,必须以"真"为第一位取向,而不能成为一般意义上的"画像集"或者"照相集",这就是图谱图像与艺术图像最为本质的区别所在。

作为科学之图中的一种类型,图谱图像具有一个十分显著的功能特点,那就是说明性。①无论何种图谱图像的形式,都是为了表现某些事物的状态,或者说明某些事物的道理、原理而制作的。也正是因为图谱图像的这种说明性功能,使图谱图像在其所能表现的各个领域,如历史人文、科学技术、地理环境、生活方式等方面都具有颇高的实用性价值。我国学者沈克曾经从中国传统绘画作品与科技图谱相比较的角度,对于这个问题作过深刻的分析与论述。他指出:"中国传统的绘画作品,自魏晋南北朝以后,基本走上了以佛道为美学基础的创作模式,描绘的题材不是风花雪月就是深山遁隐。北宋以后虽有部分风俗画,但也是从文人墨客的视角出发,带有浓厚的主观情调。""中国古代的科技图谱,带有明显的'经世致用'和'格物求理'的目的,不像其他画种那样或用于娱人,或用于娱己,或用于政治教化,它们的目的是为了传承文明。因此,就这一点,就决定了科技图谱和其他画种有着本质的区别。这种区别在于:不像其他画种那样充满老庄思想的空幻虚拟的色彩,不用更多的技术手法,直接、客观地描述主题,观此作品不会把人带入可望而不可及的境界。它们反映的是积极的、入世的、令人振奋的一种情调。图中描述的不再是以人的主观情感为主的、那种远离尘世的一种充满佛道情趣的场面,而是切实地反映了人们长期改造自然、征服自然的一种积极向上的景象。"②在这里,作者通过比较,鲜明地指出了中国古代科技图谱那种求真理、重实用的功能,准确地揭示了中国古代科技图谱在推动人类改造自然、征服自然方面的作用,这是颇有见地的。其实,不仅是中国古代科技图谱,所有图谱以及图谱中所包含的图像,都是为了满足科学求真的需要而创制的,都是为了实现这种科学求真的目的所作出的说明性阐释。

当然,同时必须指出的是,尽管图谱图像最为重要的功能取向是"求真",但是在作者实际进行图谱图像的创作与编制时,并不可能真正做到纯客观的"真",而必然会带有一定程度的主观性因素。这是因为任何一种图像形式,都是经由人对于客观事物的认识、想象以及创造后所形成的,在这一过程中,作者本身的各种主观性因素,如知识背景、生活经验、思想情感、思维方式、审美取向、兴趣爱好等都会对图像作品产生一定影响,由此而使图像作品带有作者本身的某些"痕迹"。即使是像图谱图像这种具有较强科学性、实用性特点的

---

① 有关图谱图像说明性功能的问题,详见本书第七章《非物质文化遗产图谱的功能价值》。
② 沈克:《中国文化的图像传承——试析古代科技图谱》,《南京艺术学院学报》2003 年第 3 期。

图像形式,其中的主观性因素也不可能完全避免。正如伯克在《图像证史》中所言:"如果我们忽视了图像、艺术家、图像的用途和人们看待图像的态度在不同历史时期的千差万别,就将会面临风险。"①图谱图像中的这种主观性因素对于图谱图像"科学求真"与"客观说明"的功能取向来说或许是不利的,因为它会在一定程度上影响图谱图像对于事物客观性表现的效果,但是从另外一个角度来看,也正是由于这种一定程度的主观性因素的存在,往往又会拓展图像本身的想象空间,使图像本身所包蕴的意蕴与内涵变得更加丰富与广泛。这也就是我国图像理论中所谓"形似"与"神似"的差异。正如我国学者所指出:"图画必须展示场面,人物的面容举止之外,还有服饰装束,历史环境,典章文物,都带有许多不可回避性。当事人或时代相近人作画,当然可以增加临场感,但是异代或异国人作画,由于知识的隔膜和理解的走样,在与文学本文发生互文性关系时,有时就难免出现差池。这种'有意味的差池',蕴含着不少值得辨析的有趣味的文化信息。"②虽然由于时代的久远,使图画的内容会与所画的真实场面有所"差池",但是这种"差池"却是"有意味的差池",蕴含着不少"有趣味的文化信息",这正是一种表示对于图像作品主观性因素的充分肯定的态度。

二、中国传统图谱图像的几种典型形式

在中国历史上,曾经留下过大量的图谱图像资料,它们充分反映了我国古人在图谱图像这个领域中所作出的积极探索以及卓越成就。但是较为遗憾的是,长期以来我国对于图谱图像资料的研究相对来说还是较为薄弱,尤其是在有关图谱图像的特征、类型,以及整理与编制方法等方面,还缺乏深入、系统的研究。我们经过对于这一领域中大量资料的搜集、整理以及分析研究后发现,直至今日为止,我国有关图谱图像的资料还处于较为分散与混乱的状态,其中有相当一部分虽然没有冠以"图谱"之名,但实际上却是属于图谱材料的范畴,当然也有另一部分虽然冠以"图谱"之名,其实却不是属于图谱材料。下面,试对以下几类我国历史上曾经出现过的较为重要图谱图像材料予以重点介绍,借以引起有关学术界的重视与关注。

1. 图经(图志)——地学之图

图经是我国古代社会中编撰集成的一种专门记述地方情况的地理书籍,

---

① [英]彼德·伯克:《图像证史》,杨豫译,北京大学出版社,2008年,第12页。
② 杨义:《文学的文化学和图志学问题》,《西南民族大学学报》2007年第1期。

其编撰特点是以图为主或图文并重，具有很高的地理学与图志学价值。北宋李宗谔《祥符州县图经·序》称："图，则作绘之名；经，则载言之别。"也就是说"图经"是图与文字相结合的载体文献，故图经又称"图记"或"图志"。其中"图"指的是一个行政区划的疆域图、沿革图、山川图、名胜图、寺观图、宫衙图、关隘图、海防图等；"经"指的是对图的文字说明，包括境界、道里、户口、出产、风俗、职官等情况。图经主要由地记发展而来，但内容则要比地记完备得多。

我国最早的图经是汉代的《巴郡图经》，以后图经这种表述体裁成为几个时代的重要文献，所以，一般认为在中国古代的地学文献发展史中曾有一个"图经时代"。汉魏六朝唐宋时期，"图经"成为我们地学重要的文献体裁。在这几个时代中，图像与文字都有同等重要的意义。隋唐至北宋时期，是我国图经文献最为发达的时代，现在能看到的唐代图经《沙州都督府图经》（简称《沙州图经》）和《西州图经》，两书大约都成于 8 世纪中叶，其体例已接近宋以后的方志。其中在敦煌莫高窟藏经洞出土的《沙州都督府图经》，是我国现存最早的唐代图经之一，对于中古时代的历史、社会、地理、中西交通、宗教等方面的研究均有重要的价值和意义。原件现存巴黎法国国家图书馆，首尾俱残，存 510 行。当年罗振玉在日本访得此图经时曾感叹说："此卷寥寥四十余行，而已有裨考古如此，若得全卷，所得当何如耶？"①

我国隋、唐、宋三代的图经，主要由朝廷主持编修。据不完全统计，隋代图经有文献可考者，有《东都图经》《洛阳图经》《上谷郡图经》《魏郡图经》《丹阳郡图经》《弘农郡图经》《河南郡图经》《宣城郡图经》《蜀郡图经》《齐州图经》《江都图经》《雍州图经》《冀州图经》《淮阳图经》《陈州图经》《固安图经》《历阳县郡经》等；唐代图经有《元和郡县图志》《严州图经》《陇州图经》《岳州图经》《鄂州图经》《苏州图经》《夔州图经》《沙州图经》《西州图经》《京西京北图经》《汉阳郡图经》《吴兴图经》等；宋代图经则有《祥符州县图经》《祥符衡州图经》《严州图经》《广西路图经》《乾道四明图经》《吴郡图经续记》《长安图志》《广西郡县图志》等。以上所举，还只是我国历史上实际所编图经中的一小部分，还有许多图经尚未发掘或登录。至南宋时，方志开始逐渐替代图经，这一风气一直延续至今。图经在元、明、清三朝也有小部分存在，如元大德《昌国州图志》，明天启

---

① 罗振玉：《鸣沙石室佚书·序》，民国据唐写本影印。

《海盐县图经》，清嘉庆《扬州府图经》和光绪《湘阴县图志》等，应该说这是图经的余绪。①

图经中的图像虽然还不能称之为真正意义上的图谱图像，但是它却具备了图谱图像的一些基本特点，那就是：(1)具有描摹地理事物形态的可视化图像。(2)具有解释、说明各种地域中历史变迁、天文地理、山川河流、政治经济、物产土贡、名胜古迹、官宦人物，文艺遗珠等现象的功能。(3)诸多图像之间形成一定的有序组合与关系（即谱系关系），而不是一幅幅散乱无序图像的凑合。值得指出的是，图经作为一种专门记述地方情况的地理书籍文献，具有鲜明的地理学与文化地理学特点，因此，在图经中所创作或者收录的图像，也都是为了阐明这些与一定地域中的各种社会文化现象有关的内容而创制的，它们或是用来表现某些地域中山川、渠道、壕堑、泽堰的位置，或是用来描绘某些地域中驿道、州学、寺庙、古迹的形象，或是用来说明某些地域中生产方式、风物土产、风土人情的情状。总之，我国古代图经中的图像，都与解释、说明一定地域中的各种社会文化现象这一编撰目的有着紧密的关系，它们都是为了解释、说明一定地域中的各种社会文化现象而创制、而存在的，从这种意义上可以说，我国古代所有在图经中所运用的图像都是一种地学之图。

2. 图录（图谱）——摹像之图

图录又称图谱，是我国历史上一种重要的图像文献形式，也是最接近"图谱"一词本意的图谱图像形式。编撰图录（图谱）的目的，主要是为了用形象可视的方法来记录、表现、描摹事物的本来面貌与基本特征，借以达到对于事物本来面貌、基本特征，乃至其中精神境界的准确把握。传统意义上的图录（图谱）主要以手绘线描的绘画方式得以创制，现代的图录（图谱）则除了运用传统的手绘线描方式以外，还有采用照相或者计算机成像等方式来予以创制。

中国传统图录（图谱）的一个最为重要的特点，就是真实地记录、描摹事物本来的样子，因此也可称为是"摹像之图"，它所记录、描摹的事物对象范畴极为广泛，凡是涉及历史、人物、艺术、文化、科学、技术等各个领域中的事物对象，都可以运用图录（图谱）的形式来予以表现。例如在历史领域中，通过图录（图谱）的形式可以具体表现历史上各种重大的事件，以及这些事件发生、发

---

① 骆伟：《岭南〈图经〉述考——兼以〈广州图经〉为例》，《广东史志》2015年第3期。

展、演变的过程;在人物领域中,通过图录(图谱)的形式可以具体表现帝王、将相、仙道、仕女、隐士等各种身份的人物,形象地反映这些不同身份人物的风姿态相与各种神韵;在艺术领域中,通过图录(图谱)的形式可以具体表现绘画、雕刻、刺绣、剪纸、书法、面塑等各种不同美术作品,生动地展现这些不同美术作品的美学趣味与风格个性;在科技的领域,通过图录(图谱)的形式也可以具体表现各种工程技术、工艺流程、材料构件、使用方法等各种重要的科技形式与内容,形象地阐释这些科技形式与内容中的各个关键要点。不但几乎所有的有形事物都可以运用图录(图谱)的形式来予以表现,而且在人类生活世界中许多无形的,或者是不存在的事物也同样能够通过图录(图谱)的形式来予以表现。例如虚无缥缈的仙境、复杂变幻的情节、天马行空的想象、宏伟恣肆的神话等,都可以运用图录(图谱)的形式来得以形象的表现。总之,通过图录(图谱)的形式,可以全方位地展现人类世界万事万物的各种形态与面貌,真可谓是"穷形尽相""无所不能"。这也正是将图谱这种独特的表现方式运用于非遗资源整理领域的一个重要原因所在。

  在整个中国古代历史的长河中,有着相当丰富的图录(图谱)文献材料,例如晋朝的《女史箴图》,南朝的《职贡图》,隋唐时期的《步辇图》《历代帝王图》《虢国夫人游春图》《皇会图》《明皇幸蜀图》,五代的《韩熙载夜宴图》,宋代《迎銮图》《文姬归汉图》《清明上河图》《武经总要》《梦溪笔谈》《耕作图》《证类本草》《蚕织图》《耕作图》《诸夷职供图》,元代的《职贡图》《狩猎人物图》《清明上河图》《农书》,明代的《三才图绘》《图书编》《本草纲目》《农政全书》《救荒本草》《便民图纂》,清代的《山海经图》《康熙南巡图》《乾隆南巡图》《康熙六旬万寿图》《盛世滋生图》《制瓷图典》《自流井风物图说》《授时通考图》《台湾山内番地风俗图册》《台湾山内番地土产图册》《皇清职贡图》《成都通览》等,其他如明清方志的《八景》《十景图》;清代的《耕织图》《制茶图》《棉花图》《滇南盐井图》《黔苗滇夷图》《广州十二行图》等,简直可以说是丰富无限,举不胜举。

  如果按照类型来考察,我国古代较为突出的图录(图谱)类型又可分为礼仪图谱、仕女图谱、器物图谱、科学技术图谱等。

  礼仪图谱又可称为"礼图",我国现在所能见到的最早的礼图是东汉碑刻《六玉图》(见于南宋洪适所作《隶续》),其后有郑玄、阮谌、夏侯伏朗、张镒、梁正、开皇官撰六家,但现皆难见其全貌。至五代时,聂崇义据郑玄等六家之图,参互考定,并加集注,作《三礼图集注》二十卷,凡图三百八十余幅,文字约十余万言,内容主要是考绘行礼所需的车服、礼器等。继聂崇义之后,又有北宋陈祥道作《礼书》一百五十卷,内附示图近八百幅,图后有文,依据前人著述引用儒家经典对上古礼制进行考核订正,内容完备,条理清楚,纠偏补缺,多有独到之处。该书的保存较为完整,与司马光《书仪》、朱熹《仪礼经传通解》共同代表宋代礼学的最高研究水平。南宋时期,经学繁荣,这一时期的学者亦更加深刻地意识到图谱在学术研究中的作用。这一时期,有杨复所作《仪礼图》十七卷,并《仪礼旁通图》一卷,于绍定元年(1228)正式成书。其自序中称:"复,曩从先师朱文公读《仪礼》,求其辞而不可得,则拟为图以象之,图成而义显。凡位之先后秩序,物之轻重权衡,礼之恭逊文明,仁之忠厚恳至,义之时措合宜,智之文理密察,精粗、本末,昭然可见。"[①]

仕女图谱亦称"仕女画",是以中国封建社会中上层妇女生活为题材的绘画形式。画面以仕女为主题。最早见于唐代长沙窑瓷器。魏晋南北朝是仕女画的早期发展阶段。描绘的女子主要是古代贤妇和神话传说中的仙女等,这类形象的原型一般来自诗、赋等文学作品和民间传说。画家在表现这些远离现实生活、带有理想化色彩的女性时,最为关注的是如何通过对女性外在形体的表现,张扬出其内在的精神气质。从目前存世最早的卷轴仕女画,东晋顾恺之依据曹植《洛神赋》诗意创作的《洛神赋图》(宋人摹本)中对洛水女神的描绘,可见典型的魏晋美女瘦骨清象,气度高古的风姿。唐代作为封建社会最为辉煌的时代,也是仕女画的繁荣兴盛阶段。画家们以积极入世的行乐观密切地关注于丰富多彩的现实社会,尤其热衷于表现贵族妇女闲逸的生活方式,单调而悠闲的生活情调。张萱、周昉是这一时期著名的仕女画家。周昉笔下的《簪花仕女图》《挥扇仕女图》代表了唐代宫苑仕女画在形神兼备方面所取得的杰出成就。画家在造型上注重写实求真,女子脸型圆润饱满,体态丰腴健壮,气质雍容高贵,展示出大唐盛世下皇家女性的华贵之美。明代是封建社会的政权稳定时期,仕女画在文人画家的积极参与下获得极大的发展。在题材上,除肖像外,戏剧、小说、传奇故事中的各色女子则成为画家们最乐于创作的仕女形象。人物的造型由宋代的具象写实逐渐趋于带有一定唯美主义色彩的写意。仕女身材婀娜匀称,面容端庄清丽,举止间流露着女性文雅恬静之美,尤其她们怡情于亭台之间,身着贴体紧身的明服,更增强她们体姿的修长与典雅

[①] 买靳:《中国古代〈仪礼〉图谱学综述研究》,《吉林工程技术师范学院学报》第27卷第10期。

的风致。

  我国古代在器物图谱方面也有很高的成就,该类文献作品大多用白描的手法描写器物的实际形态,给人以清晰明确的印象。如南宋审安老人的《茶具图赞》,集宋代点茶用具之大成,以传统的白描画法画了十二件茶具图形,称之为"十二先生",并按宋时官制冠以职称,赐以名、字、号,足见当时上层社会对茶具钟爱之情。作者还对图中的"十二先生"进行了批注,即所谓的"赞"。

  科学技术图谱是我国传统图录(图谱)文献中最多见的一种,现今能见到的科技类的古谱大致有农业、军事、医药、营造、地理、星象、矿业、冶金、纺织、酿造、地理、制陶、动植物、琴棋书篆、金石考古,等等。其中农业类的如宋代的《菌谱》《桐谱》《耕织图》,元代的《农书》,明代的《农政全书》《天工开物》,清代的《棉花图》《豳风广义》《蚕桑萃编》;军事类的如汉代的《兵书略》,宋代的《武经总要》,明代的《武备志》;医药类的如唐代的《新修本草》,宋代的《黄帝明堂灸经》《铜人针灸图经》《证类本草》,明代的《本草纲目》;矿业类的如元代的《熬波图》,清代的《四川盐法志》;营造类的如北宋的《营造法式》;星象类如宋代的《新仪象法要》;金石考古类如宋代的《考古图》《宣和博古图》,清代的《西清古鉴》《积古斋钟鼎彝器款识》《金石萃编》《古玉图考》等。[①]

  沈克在其文章中对我国这类科技图谱文献总结了四个方面的特点,一是它不同于一般的木版年画、小说插图与风俗画;二是与传统的文人士大夫绘画亦有相当距离;三是它们出自历代儒家精英之手;四是以儒家思想为基础的创作理念和较新的艺术视角。这些古代科技图谱图像资料对于人们深入了解相关领域的知识,指导相关领域的实践具有十分重要的价值。

  3. 图样(图解)——析理之图

  在我国传统的图谱图像中,还有一类较为特殊的图像,那就是"图样"。图样主要是对某种方法、道理的解析,所以实际上也就是一种对于某些事物的图解,因此也可称之为"析理之图"。在我国传统的图像学或者图谱学理论中,并没有把图样这种图像形式列为主要的论述对象,因为这种图样类的图像大多具有较强的工具性特点,而且大多只是在民间社会流行,因此,很少能够引起那些较为看重艺术之图的文人雅士们的重视。但是实际上,我国传统社会,特

[①] 沈克:《中国文化的图像传承——试析古代科技图谱》,《南京艺术学院学报》2003年第3期。

别是民间社会中大量存在图样形式,具有很高的图谱学意义,它们与图录(图谱)类图像一样,也是一种主要以记录、描摹事物形态特征为目的,且具有一定的谱系性特点的图像形式,只是图样类的图像所反映的事物对象,相对来说更加抽象一些。图样图像大多着重于对于某些技艺、方法,或者事物道理的解析,而不像图录(图谱)图像那样大多着重于对于事物具体形态的写实性描绘。从这种意义上也可以说,我国传统的图样图像是一种更接近于现代科学图谱性质的图谱图像形式。

我国传统的图样之图具体包括各种花样底稿图、游戏解析图、原理解析图等。花样底稿图是我国古代民间为了刺绣、剪纸、纺织、编结、印染等技艺操作模仿方便而绘制的底样,它们构成了一个独特的民间美术图谱图样系统,在民间社会中具有很强的生命力。长期以来,我国民间社会中的广大民众,尤其是女性民众,正是依靠了这些富有浓厚生活色彩的民间美术图谱图样,将自己喜爱的刺绣、剪纸、纺织、编结、印染技艺教授给自己的后人,以使这些技艺能够在广大的民众中世代相传,永不遗忘。

中国民间的花样底稿图样在内容表现上的一个重要特点,就是具有较强的吉祥色彩与吉祥寓意,它们普遍运用象征性的表述方法,将祈福纳祥、驱恶避邪的思想观念通过谐音、会意、借代、比喻等方法,曲折含蓄地表现在美术作品中,并使其图案化与图谱化,借以具体表现中国传统民众普遍存在的祈吉求祥心理。这些图谱图样选用的内容题材主要有:龙凤、桃李、喜鹊、莲花、麻姑、葫芦、狮子滚绣球、丹凤朝阳、连中三元、五福捧寿、八仙过海、多子多福、平安如意、百事大吉、和合二仙、玉堂富贵、马上封侯、早生贵子、鲤鱼跳龙门、刘海戏金蟾、富贵绵长、金玉满堂、五子登科、孔雀开屏、百鸟朝凤、福寿三多、华封三祝、仙壶吉庆、三阳开泰、六合同春,等等。这些图样大多在我国民间花样底稿中被经常运用,并且相对较为固定,从而成为我国民间艺术图像中的一些标识性图谱样式。

在我国少数民族中,也有许多具有鲜明的民族特色以及吉祥色彩的民间花样形式。如在我国苗族妇女制作的织锦、花带、蜡染,尤其是挑花、刺绣等服饰工艺品中,"卍"形图案比比皆是,这些具有悠久历史的"卍"图案,有着丰富多彩的文化内涵。"卍"被公认为"万"字,常常作为吉祥图案镌刻在石木制品上,或将建筑物中的护栏之类装饰物,制成变化多端的万字格。解读苗绣中的"卍"图案,可从一个侧面窥见苗族人民如何在保留并发展固有文化的基础上,积极吸收他族文化主要是汉文化,创造出博大精深的苗族文化。①

　　游戏解析之图在我国传统的图谱图像体系中也具有一定的意义,它们大多是用来描摹、展示某些游戏,如七巧板、益智图、九连环等的操作方法与操作技巧的。七巧板由七块板组成,其中有三角形、正方形、平行四边形,可以拼出千百种图案,如房子、动物、桥梁、人物等,能培养人的观察能力,想象能力,专注力,创造力,空间思维能力和逻辑思维能力。益智图也叫十五巧板,由晚清文人童叶庚于清光绪十九年(1893)首创。与七巧板不同的是,益智图中有弧形的板块。由于板块的数量增多,其中又有六个带弧形的板块,益智图比七巧板更灵活。用益智图可以做出更生动、更形象的图形。九连环起源于西汉,被西方人称为Chinese Puzzle(中国难题),其解环的步骤呈几何级数递增,考验耐心,自古就被赋予了聪明与智慧的象征。这些游戏操作起来相对来说都有一定的难度,需要一定的解析说明,于是便有了各种解析这些游戏的图谱图像形式。

　　在中国传统的图谱图样中,还有一类较为特殊的形式就是原理解析图。原理解析图是一种通过一定的图像来对一些较为深奥、复杂的事理或道理进行阐释、解析的图谱图样形式,由于这些事理或道理较为抽象难懂,用文字表述的方式往往难以说清楚,因此,采用绘图的方式来对其进行说明便成了一种较好的方法,这也正是图谱图像独特功能的一个重要体现。

　　在中国古代的各种原理解析图中,较有代表性的有八卦图、河图洛书等。它们是我国古人对于宇宙、自然、社会等各种客观事物的基本认识与哲学思想,反映了具有中国特色的宇宙观、自然观与文化观,体现了中国传统文化精髓的精髓。由于这些事理较为复杂与抽象,有的甚至含有一定的神秘文化色彩,仅仅用文字的形式往往难以表达,因此必须采用图像的形式来予以说明与解析。例如八卦图为我国阴阳五行学说以及易经学说的产物。所谓八卦就是八个卦相,据说由太昊伏羲氏所创制。《易经·系辞》:"古者包牺氏之王天下也,仰则观象于天,俯则观法于地,观鸟兽之文与地之宜,近取诸身,远取诸物,于是始作八卦,以通神明之德,以类万物之情。"即是说八卦是一种产生于古代初民们"观天俯地"的实践活动。八卦表示事物自身变化的阴阳系统,用"—"代表阳,用"- -"代表阴,把这两种符号按照大自然的阴阳变化进行平行组合,

---

① 吴正光:《贵州的图谱文化》,《当代贵州》2005年第17期。

便组成八种不同形式,故称为"八卦"。八卦在中国文化中是一种推演世界空间时间以及各类事物关系的工具。每一卦形代表一定的事物。如乾代表天,坤代表地,巽代表风,震代表雷,坎代表水,离代表火,艮代表山,兑代表泽。八卦就像八只无限无形的大口袋,把宇宙中万事万物都装进去了。八卦互相搭配后又变成六十四卦,用来象征各种自然现象和人事现象。中国古代的八卦学原理博大精深,玄妙深奥,因此往往只能通过图的形式来予以表达,于是便产生了专门用来解析八卦原理,颇具中国民族特色的"八卦图"。

图 3-9　八卦图图例

河图与洛书是中国古代流传下来的两幅神秘图样,历来被认为是河洛文化的滥觞。河图洛书是阴阳五行术数之源。汉代儒士认为,河图就是八卦,而洛书就是《尚书》中的《洪范九畴》。河图洛书最早记录在《尚书》之中,其次在《易传》,诸子百家中也多有记述。太极、八卦、周易、六甲、九星、风水等皆可追源至此。《易·系辞》有"河出图,洛出书,圣人则之"之说。《周易》和《洪范》两书,在汉文化发展史上有着重要的地位,在哲学、政治学、军事学、伦理学、美学、文学诸领域产生了深远影响。河图之像是用十个黑白圆点表示阴阳、五行、四象,其图为四方形。北方:一个白点在内,六个黑点在外,表示玄武星象,五行为水。东方:三个白点在内,八个黑点在外,表示青龙星象,五行为木。南方:二个黑点在内,七个白点在外,表示朱雀星象,五行为火。西方:四个黑点在内,九个白点在外,表示白虎星象,五行为金。中央:五个白点在内,十个黑点在外,表示时空奇点,五行为土。洛书古称"龟书",传说有神龟出于洛水,其甲壳上有此图像,最早只有八个由三条虚实相间的直线组成的图形,分别代表乾、坤、坎、离、兑、巽、艮和震八卦,后人又附会上去一套数字,该数字结构是载九履一,左三右七,二四为肩,六八为足,以五居中,五方白圈皆阳数,四隅黑点为阴数。洛书上纵、横、斜三条线上的三个数字,其和皆等于15,十分奇妙。对此,中外学者作了长期的探索研究,认为这是中国先民心灵思维的结晶,是中国古代文明的第一个里程碑。2014年12月,河图洛书正式入选国家级非物质文化遗产名录。

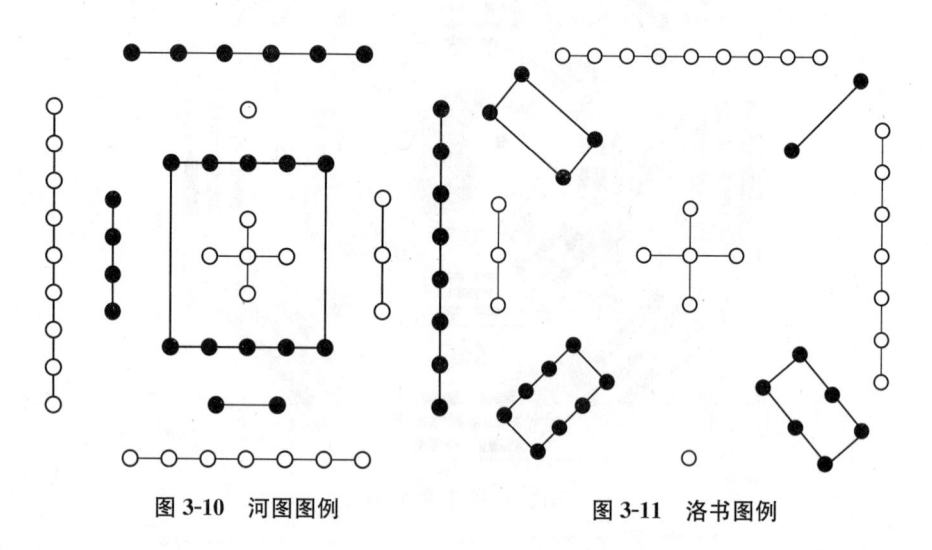

图 3-10　河图图例　　　　　图 3-11　洛书图例

三、图谱图像与一般插图的差异

以上我们列举了三种与中国传统图谱图像有关的表现形式,即图经(图志)、图录(图谱)、图样(图解),长期以来,这些图像形式各有各的特点,各有各的应用领域,从来没有被整合到一个共同的学术框架中来进行探讨。但是实际上,从其功能取向以及表现形式方面来看,这三类图像形式都具有一定的图谱图像共性,那就是它们基本上都是属于一种用来描摹、展示某些事物的情状或者说明、解析某些事物的道理、原理而创制的图像形式,因此基本上都可以被列入图谱图像的范围。与一般的插图或者图像类作品相比,这类图谱图像的主要有三个特点：

一是在功能取向上重在对某种内在的、抽象的思想与物理（如事物的特点、原理等）的说明、解析与描述，体现了较强的科学性、实用性、工具性特点，而不是着重于一般的艺术欣赏。二是在创作方式上大都具有一定的"图像思维"的特点，是一种有关图像的整体思维、设计与创作。它们大都以"图"为先导，图与思维之间有直接关系，而不需要通过文字转换，也不是简单的图像资料的汇集、搬用、附加。三是在组合关系上各个图像对象之间存在着一定的逻辑关系，并按照一定逻辑次序排列，而不是像一般的插图或图像集那样，可以根据作者的兴趣爱好自由组合，灵活编排。

第三节　非遗图谱的图像表达及其现有样式

一、非遗图谱图像编制的社会与文化背景

自"非物质文化遗产保护"这一命题的提出至今，已经有了将近 20 个年头。这些年来，中国的非遗保护事业在政府、学者，以及大量基层文化工作人员的共同努力下，已经开创了很好的局面，具体表现在非遗普查工作的深入开展、非遗名录体系的日益完善、非遗档案建设的逐渐健全、非遗传承人队伍的日益扩大等方面。中国非遗保护事业的这种良好局面，为其较好地实现非遗资源的图谱化管理奠定了坚实的基础。什么是"非遗资源的图谱化管理"？也就是将非遗资源纳入图谱化的科学工作体系之中，通过对非遗资源的整理、归纳、研究，将所有非遗资源编撰成符合我国非遗特点，并具有较强科学性的图谱材料，形成中国非遗图谱的体系与系列，以使我国的非遗资源保护与管理工作达到更为有效与有利的程度。

为何要在当前的形势下提出非遗资源的图谱化管理以及非物质文化遗产图谱图像资料编制体系的建构？其原因主要有以下几个方面。

1. 非遗资源整理的需要

目前，我国在非遗资源的普查、挖掘以及保护名录项目的建立等方面，已经取得了很大的成绩，至 2010 年时，我国的非物质文化遗产资源总量已近 87 万项，其中进入国家、省、市、县四级非物质文化遗产名录体系的非遗资源项目达 7 万多项。但是，对于这些几乎接近海量的非遗资源，我国目前还没有形成一整套全国层面的，具有较强科学性与系统性特点的整理、归纳与汇总的方法。虽然目前我国由各个地方所编纂的有关非遗内容的书籍、成果多如牛毛，但是，这些成果却大多是从各个地方的自身情况出发，缺少全国层面的对于非遗资源整理与研究体系的建构。除此以外，特别值得提出的是，尽管我国现在已经拥有了大量的有关非遗资源的成果，但是却还并没有在理论上形成一套较为系统的有关非遗资源整理与编纂的方法论体系。究竟应该建立一套怎么样的理论与方法体系去作为非遗资源编纂工作的指导，以使我国非遗资源的整理工作始终能够在科学、规范、有效的框架中进行？这是我国目前非遗资源整理工作的关键所在。非遗资源的图谱化管理以及非物质文化遗产图谱图像资料编制体系建构的设想，正是在这样的背景下提出的。我们认为，非遗资源的图谱化管理以及非物质文化遗产图谱图像资料编制体系的建构应该是我国整个非遗资源整理与编纂理论与方法体系建构中的一个重要组成部分，它可以通过"图谱"这样一种独特的资源信息表达系统把大量的非遗资源整合、集聚到一种具有较强系统性的资源整理体系之中，使非遗资源的历史源流、生存状况、分布格局、类型特点、传承脉络、社会影响等各方面通过图谱化的手段得到更为完整、系统、规范，同时也是更为清晰、明确、形象的展现，以此更好地推进我国非遗保护工作的有效开展。

2. 文化表达与传播方式改变的需要

在当前的形势下提出非遗资源的图谱化管理以及非遗图谱图像资料编制体系的建构，也是一种顺应当代文化表达与文化传播方式改变的需要。在传统时代，人们用以认识事物、表达事物、宣泄情感，以及文化传播的方式主要是文字，由于文字在文化表达与文化传播上的那种简便性、符号化、描述性等特点，尤其是在言情叙事、传达信息方面所具备的那种细致的刻画、铺陈功能，致使文字长期以来一直成为人类文化表达与文化传播中的一种最为重要的工具，对人类的文化思想与认知方式产生了极为重要的影响。但是随着社会的发展，人们的文化表达方式发生了很大的变化。快节奏的工作方式与生活方式，使得人们的思维方式与认知方式变得日益简洁快速，在文化表达与文化审美方式上也越来越追求简洁明了的效果。于是，当代社会迎来了文化表达与文化传播方式上的一种重要转向——从描述性的文字表达转向可视化的图像表达。与文字相比，图像具有更为简洁明了、形象直感的特征，这正与当代人的思维方式与认知方式相吻合。也正是由于图像在表现事物与文化传播方面的这种特点，使它对传统时代的文字权威产生了很大的冲击，甚至把人们带入了一个彻底颠覆文字权威的全新时代，这就是西方图像学学者米歇尔等人所提出的所谓的"图像时代"。有学者对当代社会文化表达与文化传播中所出现的这种"读图"特点这样描述道："'图像时代'已经很真实地到来了，进入现代人头脑中的图像信息无论是质量还是数量都远远超过了历史上的前辈，其传播工具变革发展的速度是传统思维方式所无法想象得到的。面对这样一个巨变正在进行的时代，相信每个人都在期待着社会文化即将发生的一场天翻地覆的大变革，我们相信，文化巨变的结果意味着更多人将面临更加平等的机遇以及更富有吸引力的挑战。"[1]另一方面，由于计算机技术的运用、视觉形象艺术的发展，以及各种现代印刷技术的推进等因素，又在技术层面上为当代社会进入"图像时代"作出了有力的支撑，使图像这种可视化文化表达与文化传播形式在当代社会中的影响与价值可以发挥到淋漓尽致的程度。从这样的时代与社会背景中来审视，非物质文化遗产图谱的编制工作就有了特别重要的意义。面对大量存在的非遗资源，我们固然需要运用文字以及其他一些文化表现形式予以整理、归纳与研究，但是，我们同时也非常需要运用图谱图像这种独特的表达方式来实现这些方面的目的。由于图谱图像所具有的那种简洁明了、形象可视的表达效果，使图谱这种表达方式在非遗资源的整理、归纳、汇总等方面具有很大的优势，是文字等其他一些文化表达与文化传播方式所不能替代的。正是从这种意义上我们可以说，提出非遗资源的图谱化管理以及非物质文化遗产图谱图像资料编制体系建构的设想是完全符合当代社会与文化发展趋势的，也是顺应当代社会与文化发展潮流的。

3. 非遗资源自身可视化表达的需要

不仅从宏观的时代与社会背景上看实现非遗资源的图谱化有着相当的必要性，而且从较为微观的非遗资源本身的特点来看，实现图谱化的表达也同样是十分需要的。在中国大量存在的非遗资源中，有相当一部分具有一定的复杂性或者隐晦性，例如一些工程技术类的非遗资源，如建筑技艺、纺织技艺、装饰技艺、锻造技艺、冶炼技艺、食品加工技艺等，它们大多有着十分复杂的工艺流程，有的甚至要有一两百道工序，这些工序如果仅仅运用文字来表达，往往会显得十分冗长，而且无法十分清楚地表达其意。而如果采用图谱图像这种可视化的形式，仅仅依靠几幅图就可以把整个过程表现得一清二楚，并且不会

---

[1] 付爱民：《现代图像学引论》，《中国摄影报》2005年1月4日。

产生任何的歧义。除了工程技术类的非遗资源以外,另如民间美术、民间舞蹈、民间戏曲、民间武术、民间医药等门类的非遗资源形式,也大多需要运用可视化的图像来得以清晰表达。例如以前中国民间妇女学习刺绣、剪纸、编织等一些民间艺术时,都要先把相关的图样画下来,并编成图谱,这样以后操作起来就不会走样。又如以前许多太极拳、八卦拳的拳师在操练、教授拳术时,也需要先把这些拳术的套路用图谱的形式记录下来,以便日后不断地演练与学习。

另外还有一些非遗资源事象,其内容中往往包含着较为深奥与隐晦的事理或物理,它们用一般的语言文字形式往往难以表达清楚,因此也经常需要用图谱图像的形式予以表现。例如上面所举的八卦图、河图洛书等事象,其中包含着深厚的文化内涵与哲学思想,反映了中华民族在其民族心理中所蕴藏的许多深奥的道理与神奇的想象,这些内容往往很难用文字的形式来描述表达清楚。因此,我国传统社会,尤其是民间社会中就经常要运用图谱图像这种具有较强的可视性与解析性功能的文化表达形式来对其进行赋形成像,具体描摹,借以表现这些事象中所蕴藏的较为深奥的道理与事理。

二、非遗图像化表达的现有形式

顺应着时代的发展与非遗保护事业的需要,我国在非遗资源的可视化、图像化实践方面已经迈出了很大的步伐,其中较为重要的成果形式,主要有非遗图志、非遗图典、非遗地图等。这些成果的编纂与出版,充分反映了这些年来我国在非遗资源可视化、图像化领域中所取得的成绩。它们从一定程度上推动了我国非遗资源整理、归纳、研究工作的发展,尤其是对各个地区的非遗保护工作起到了较好的指导性作用。

1. 非遗图志(图录)

非遗图志是一种利用图像与文字相结合的形式来记录、整理、归集非遗资源的文献资料,也是一种最接近我国传统图谱图像形式的文献资料,又可称为非遗图录。自21世纪初以来,我国已经相继出版了几十种非遗图志文献,它们大多是由某些省市,或者某些区县自行编纂的,其具体内容主要包括非遗代表性项目图志、非遗代表性传承人图志等。其中较具影响的有《陕西非物质文化遗产图录》《河北省非物质文化遗产项目代表性传承人图志》,等等。2008年,《第一批陕西非物质文化遗产图录》正式发行,该书由陕西人民出版社出版,陕西文学院弓保安主持编写。书中将陕西省145项首批非遗项目结集成图册,内容包括了民间美术、民间音乐、民歌、民间传说、民间舞蹈、地方戏曲等十个类别,录入图片一千多幅。这套图书具有较强的原创性和较高的学术价值,是全方位、多角度向世界推介陕西的一个窗口。

自 2011 年至 2012 年期间,河北省先后编纂出版了两辑非遗代表性传承人图志文献资料,对本省被列为非遗代表性传承人的人物用文字与图像相结合的方式予以分别的介绍。第一辑名为《河北省非物质文化遗产项目代表性传承人图志》(2011 年),第二辑名为《河北省非物质文化遗产项目代表性传承人图志(第二辑)》(2012 年),两本书均由河北美术出版社出版。书中以图文并茂的方式,详细记录了本省非遗项目代表性传承人的成长历程、求艺经历及艺术成就,向读者展现了他们在传承、保护、弘扬非物质文化遗产过程中感人至深的故事,兼具了知识性、可读性和趣味性。

除了省级一级的非遗图志以外,我国市县一级的地区也相继编纂出版过许多非遗图志的资料。例如 2011 年,由黄长明、张卿子编撰的《沙县非物质文化遗产图志》在海峡文艺出版社出版。该图志按民间信俗、传统医药、手工技艺、民间美术、民间文学、民间音乐、民间舞蹈戏曲、民俗等八个种类对福建沙县相关的非遗资源进行了详细的介绍,除了文字以外,书中对每种非遗类型的内容都配了大量的图片资料,其中信俗类、手工技艺类、民俗类等几类的内容最丰富。例如书中专门介绍了沙县地区的著名小吃如烧卖、米冻、米冻皮、喜粿、豆干、油饼、芋头果等。

2013 年,浙江温州市编辑出版了大型非遗图录——《守望非遗》一书。《守望非遗》同样采用文字与图像相结合的方式,追忆、复原记录了温州非物质文化遗产项目保存的情景,为温州文化建设提供了一个良好的范本。

2016 年,由辽宁锦州市非物质文化遗产保护中心组织编写的《医巫闾山满族剪纸图录》由辽海出版社和辽宁音像出版社有限公司出版发行,书中共收录 128 位作者的 660 幅剪纸作品、117 张照片,重点将目光投入到民间剪纸发生、发展的乡村田野,还原了剪纸传承群体的现实生存境遇和创作状态,并对医巫闾山满族剪纸特异的形式、古老珍稀的文化内涵作出了详细论述。书中选取了老、中、青三代人的剪纸作品,呈现出医巫闾山比较完整的剪纸生态和不同年龄剪纸传人的文化生态。特别是在国家文化部首批非物质文化遗产项目"医巫闾山满族剪纸"数字化管理试点工作中,挖掘、发现了新作者和大量优秀作品,为丰富《医巫闾山满族剪纸图录》增添了新的内容。

2. 非遗图典

非遗图典是有关非遗资源图像的全面汇集与整合，是一种在编纂体例上与非遗图志相仿，但是在规模上比非遗图志更为庞大的大型图文典籍。非遗图典具有丰富多彩、形象直观的查阅效果，其基本体例是将非遗的图样分门别类编辑整理，另加上条目索引，进行详细注解说明。

如2011年，由上海市文广影视局牵头组织编写，上海市非遗保护中心以及专家学者、非遗传承人等多方参与编写的上海首部非物质文化遗产大型专题综合图书——《上海市非物质文化遗产名录图典》出版发行，该书收录了上海第一批入选市级非遗名录的83个非遗项目，一大批反映上海历史、文化和工商业文明的项目，如上海港码头号子、江南丝竹、嘉定竹刻、朵云轩木版水印技艺、龙华庙会、豫园灯会等列入其中。全文中英文对照，每个项目都配有代表性图片、文字介绍和项目索引，共有图片400余幅，文字简介9万余字，内容包括各项目的历史渊源、传承区域、表现形态、文化价值和发展现状。

又如2013年，由山西省太原市文化广电新闻出版局主编、山西科学技术出版社出版的《太原非物质文化遗产图典》出版发行，全书共8万余字、500余幅图片。书中以图文并茂的形式生动翔实地展现了全市具有代表性的110项非物质文化遗产，生动翔实地展现了太原市非物质文化遗产资源的民族性、地域性和传统性特点。其中除清徐老陈醋酿制技艺、晋剧、太原锣鼓、六味斋酱肉制作技艺、莲花落等国家级非物质文化遗产项目外，还有傅山传说故事、小店牺汤、九大套、水母娘娘的传说、太原秧歌、赵氏孤儿的传说、西华门舞狮、二鬼摔跤等省级非物质文化遗产项目也被收录其中。

3. 非遗分布地图

非遗分布地图是主要介绍非遗资源与项目地理分布状况的一种文献资料，也是我国非遗资源整理工作较早步入图像化时代的一种代表性成果。早在2007年，江苏省苏州市就曾绘制了首张非遗地图，此后不少省市纷纷仿效。2009年，中国文化部将当年开展非物质文化遗产保护的重点工作之一放在非物质文化遗产资源分布图的绘制上，并将浙江省作为试点单位。在文化部的指导下，浙江省以及其他一些省份与地区相继编纂出版了本省或本地区的非遗分布地图，例如浙江省桐乡市非遗项目分布图、浙江省宁波市非遗项目分布图、陕西省非遗项目分布图、湖北省非遗项目分布图等。

三、目前我国非遗资源图像化表达形式的不足之处

以上我们列举了我国现有的一些非遗资源图像化表达的具体形式，包括非遗图志、非遗图典、非遗分布地图等。从总体上看，这些非遗图像形态基本上继承了我国图志学的学术传统，以图像与文字相结合的方式，对非遗的项目、资源，以及传承人情况进行了可视化的表达，起到了一般文字文献类作品难以达到的效果。但是另一方面，这些非遗图像形态又几乎同样地存在着以下几个方面的不足。

1. 缺乏一定的综合性与系统性

我国目前存在的各种非遗图像类文献资料，基本上都是由各个省市或者各个地区自行编纂的，它们虽然具有较为鲜明的地方色彩与地方个性，但是如果上升到整个国家层面来看的话，却显得缺乏一定的综合性与系统性。国家层面的非遗图像化工作应该是一个具有较强的综合性与系统性特点的科学体系，并应该具有一整套严谨、科学、规范的编纂方法作为支撑，而不能够各自为政，自成一体，否则就难以把握我国非遗的总体面貌与特点，厘清我国非遗的总体脉络。

2. 缺少"图像思维"的编辑思维方法

我国目前大量存在的非遗图像形式，虽然都冠以"图志""图典""图录"之名，但是实际上却并没有真正从图像本身的特点出发来组织材料与建构体例，换句话说，也就是目前大量存在的非遗图像形式，都缺少一种"图像思维"的编辑方法，而只是把图像看成是文字的附属物，也就是所谓的"配图"或者"插图"。在这些文献编纂时，编者往往总是先按照文字的表达方式设计好了具体的内容与架构，然后才将相关的图像配置上去。但是如果从非物质文化遗产图谱化的核心理念以及图谱图像的本义出发来进行观照，这恰恰是本末倒置之举。真正的非物质文化遗产图谱化必须直接从"图像思维"的角度出发，让图像跳过文字直接与思维对接，这样产生的作品才能真正具有非遗资源图像化的意义。

3. 缺少图像对象之间的谱系关系与内在联系

我国目前大量存在的非遗图像形式，虽然都收录了大量的图像材料，但是它们实际上还称不上是真正意义上的图谱图像文献。因为作为图谱图像文献，必须使所有被编入文献中的图像对象之间具有一定的内在联系，体现出清晰的谱系关系，这是"图谱"这种文体在编纂方式上所具有的一个最为重要的

特点(有关"谱系关系"问题,详细内容将在下面一章进行专门阐述)。但是我国目前大量存在的非遗图像形式,从其整体的构架以及各个图像对象的关系来看,却并没有清晰的内在逻辑性,它们大都是根据编者的需要而随机挑选或者组合的。因此,从这种意义上说,几乎所有我国目前编制的非遗图像作品形式,都不是属于真正的图谱文献,而只是属于一种简单的"图像集"。

第四节 建立中国非物质文化遗产图谱图像表达体系的基本构想

以上事实充分表明,非遗图像化、图谱化工作是适应着时代的发展以及非遗资源本身表达需要而提出的一项重要任务,对于我国的整个非遗保护事业具有十分重要的意义。在长期的历史发展过程中,我国古人已经创制了多种与非遗内容相近的图谱图像形式,例如图经、图录、图样等,到了当代,我国更是逐渐增强了非遗资源图像化、图谱化的意识,并在这方面作出了许多的探索与尝试。但是总的来说,直至今日,我国在非遗资源的图像化、图谱化领域中所取得的成果还显得较为分散与零碎,还未能真正建立起一个较为完整、规范、系统的非物质文化遗产图谱图像表达体系。这一方面是由于在理论上缺少对与"非遗图谱化"相关的本质论、方法论、价值论等一些基本理论问题的研究与探讨,由此导致对于非遗图谱化的许多概念、内涵、方法含混不清,偏差较大;另一方面则是由于在实践上缺少从国家层面上对"非物质文化遗产图谱化"工作的组织与规划,由此导致现今所编制的许多相关成果始终处于分散零碎状态,没有能够较好地体现出宏观性、总体性、系统性的特点。因此,就时代发展的需要以及非遗保护工作的实际诉求来看,当前非常有必要进一步加强"非物质文化遗产图谱化管理"的科学理念与自觉意识,在逐渐厘清非遗图谱图像编制的一些基本问题的基础上,建立具有中国特色的非物质文化遗产图谱图像表达体系,形成具有国家文化管理意义的非物质文化遗产图谱图像编制系统,以使我国的非遗保护事业能够得到更好的发展与推进。

为了有效地促进中国非物质文化遗产图谱图像表达体系的建构,我们特提出以下几个方面的基本构想。

一、中国非物质文化遗产图谱图像表达体系的目标取向

中国非物质文化遗产图谱图像表达体系的建立,应该具有较强的体系性与综合性,具体目标包括:(1)内容全面,能够涵盖我国所有非遗资源与项目。

由于我国非遗资源数量众多，内容更是十分广泛与丰富，因此在中国非物质文化遗产图谱图像表达体系中，必须能够广泛包容与涵盖所有的中国非遗资源内容，全面反映中国各民族优秀的历史文化遗产与非遗事象面貌。(2)形式多样，充分体现出图谱图像这种独特的文化表达形式所具有的可视化特点。图谱图像具有较强的可视化特点，可以形象地描摹与展现各种客观事物的基本状态。因此，在中国非物质文化遗产图谱图像表达体系中，必须积极运用各种形象性较强的画像、照相、图形、图示、图表、地图等形式，来形象地展现中国非遗资源的风姿态相，揭示中国非遗资源的内在本质与规律。(3)要素集聚，具有一定的标识化、符号化意义。图谱图像并不是一般的图像集，而是一种具有要素集聚意义的"谱系图像"。因此，在中国非物质文化遗产图谱图像表达体系中，要努力创制各种标识化、图标化的图像作品形式，集中反映非遗资源中那些最为基本的和最为本质的特征，以使这些图像作品能够具有较高的科学价值与典型性意义。

二、中国非物质文化遗产图谱图像表达体系的基本架构

中国非物质文化遗产图谱图像表达体系的基本架构，主要包括非物质文化遗产图谱画像体系、非物质文化遗产图谱图形体系、非物质文化遗产地图体系等几个部分，下面分别予以介绍。

1. 非物质文化遗产图谱画像体系

图谱画像的主要特点，就是运用手绘线描，或者计算机绘制等方式来形象地展示事物的本来面貌与基本状态，借以更为具体地反映事物的内在本质。这种方式运用于非物质文化遗产图谱编制的领域，可以为非遗资源实现可视化转化的效果增添无穷的魅力，前景极为广阔。由于中国非遗资源门类众多，内容广泛，因此通过图谱画像的形式，可以构成极为丰富庞大的中国非物质文化遗产图谱画像体系，其具体内容主要包括传说人物类非遗画像、故事情节类非遗画像、传统工艺类非遗画像、风俗特征类非遗画像、花样纹饰类非遗画像、代表性传承人非遗画像，等等。通过这些图谱画像的表达方式，可以使人们更好地认识非遗资源的基本形态特点，还原非遗资源的本来面貌，同时也可以使非遗资源的形象得到较好的保留与传承。

传说人物类画像是我国非遗画像体系中的一种重要类型，也是我国传统图谱图像中的一种较为普遍的形式。在我国古代的绘画史上，就有大量有关传说人物的系列画像作品，如《三国演义》中的刘备、关羽、张飞，《水浒传》中的

宋江、李逵、鲁智深、武松,《金瓶梅》中的潘金莲、李瓶儿、庞春梅等,它们实际上就是非遗图谱图像的雏形。经过长期的历史发展,中国社会中出现了大量的传说故事,同时也出现了大量成为广大的民众所熟悉的传说人物形象,如梁山伯与祝英台、许仙白娘子、牛郎织女、孟姜女、董永、西施、济公、鲁班、八仙、杨家将、徐福、范蠡、岳飞、王昭君、花木兰、杨贵妃、苏东坡、李时珍、尧舜禹,等等。在这些传说人物中,有些在历史上实有其人,如岳飞、徐福、王昭君、李时珍等,更多的则是人们文学艺术想象中的人物。虽然大多为艺术想象中的人物,但是通过图像创作的形式,它们却可以成为可触可感的"真实人物",仿佛真的是在现实生活中出现过一样。因此,在非物质文化遗产图谱图像表达体系的建构中,应当全面搜集这些传说人物类非遗事象的相关资料,包括这些人物的生平事迹、外貌特征、行为举止、相关故事等,然后抓住其中最为典型的内容将其绘制成图,并在此基础上编制成相关的图谱图像体系,以使后人全面地认识与了解这些人物形象的基本面貌与形象特点。

  故事情节类的画像也是中国非遗画像体系中重要的一个组成部分。我国非遗门类中的一个重要类别是民间口头文学,其中主要包括了神话、传说、民间故事,以及歌谣、史诗、叙事诗等文学类型。这些民间口头文学类型大都具有一定的故事情节,它们反映了中华民族丰富无限的生活历史,蕴含着中华民族深厚的情感与智慧,寄托着中华民族对于美好事物的追求与向往,长期以来深受广大民众的喜爱。值得注意的是,几乎所有的传统民间文学作品,都是依靠口口相传的方式得以传承与传播的,这种口口相传的传播方式虽然有着传播方式简单,与人最为基本的语言方式紧密结合在一起等优点,但是也正是由于对于人的口头语言有着紧密的依附性关系,使得这些民间文学作品中的情节故事经常会处于变化以及不稳定的状态,难以形成较为规范性的定本。更为值得注意的是,正是由于民间口头文学对于人的语言之间的那种紧密的依附关系,使得许多民间文学作品以及其中的一些精彩情节经常会由于讲述者的去世而失去传承传播的载体,逐渐趋于式微、消亡,以至被完全从人们的记忆里抹去。而通过为大量的民间故事绘制非遗图谱画像的形式,正可在一定程度上弥补这种缺憾。通过各种绘画的方法与手段,可以把中国传统民间故事、民间传说、民间神话中的一些典型情节与精彩片段准确地记录下来,为后人留存一份珍贵的历史文化记忆,这对于中国历史文化遗产的保护以及文化血脉的传承来说,无疑具有十分重要的意义。

在我国非遗资源体系中,也有相当一部分是属于传统工艺类的非遗项目与资源,如紫砂陶制作技艺、彩陶烧制技艺、青瓷烧制技艺、织锦技艺、缂丝技艺、棉纺技艺、毛纺技艺、蜡染、印染、扎染技艺、木构建筑营造技艺、漆器髹饰技艺、酒酿造技艺、茶制作技艺、醋酿造技艺、造纸技艺、砚台笔墨制作技艺、银饰制作技艺、家具制作技艺、木版水印制作技艺等,它们是我国传统手工业发达繁荣的标志,融汇了我国广大的民间手工艺人的许多艺术智慧与创造才能。这些传统工艺类的非遗资源在工艺特色上的一个主要特征就是依靠人的手工来得以完成,这也正是作为非遗类的传统生产技艺与现代机器制造类的生产技艺最为主要的区别所在。这些传统工艺类的非遗资源在工艺特色上的另一个主要特征是它们大都有着较为复杂、细密的工艺制作流程,且通过口传心授的方式得以传承。例如苏州缂丝织造技艺的制作工艺分为嵌经面、画样、织纬和整理等十多道工序。织纬的基本技法,主要有勾、抢、绕、结、掼和长短梭等。另有盘梭、笃门闩、子母经、合花线等多种技法,都依不同的画面要求灵活运用,以表现各种不同的艺术效果。其中,"结"是单色或二色以上在纹样竖的地方采取有一定规律的面积穿经和色方法;"掼"是在一定坡度的纹样中(除单色外)二色以上按色之深浅有规律有层次排列,如同叠上去似的和色方法;"勾"是纹样外缘一般均用较本色深的线、清晰地勾出外轮廓,如同工笔勾勒作用;"抢"又叫枪色或镶色,是用二种或两种以上(甚至更多)深浅色之调和运用枪头相互伸展起到工笔渲染效果表现纹样质感。又如白族的扎染技艺,其主要步骤有画刷图案、绞扎、浸泡、染布、蒸煮、晒干、拆线、漂洗、碾布等。扎花,原名扎疙瘩,即在布料选好后,按花纹图案要求,在布料上分别使用撮皱、折叠、翻卷、挤揪等方法,使之成为一定形状,然后用针线一针一针地缝合或缠扎,将其扎紧缝严,让布料变成一串串"疙瘩"。浸染,即将扎好"疙瘩"的布料用清水浸泡一下,再放入染缸里,或浸泡冷染,或加温煮热染,经一定时间后捞出晾干,然后再将布料放入染缸浸染。如此反复浸染,每浸一次色深一层,即"青出于蓝"。缝了线的部分,因染料浸染不到,自然成了好看的花纹图案。浸染到一定的程度后,最后捞出放入清水将多余的染料漂除,晾干后拆去缬结,将"疙瘩"挑开,熨平整,被线扎缠缝合的部分未受色,呈现出空心状的白布色,便是"花";其余部分成深蓝色,即是"地",便出现蓝底白花的图案花纹。

由于这些传统工艺程序复杂,又主要通过口传心授的方式得以传承,因此经过长期的历史发展以后,很容易产生变形甚至失传。这就需要我们及时地采用图谱画像的方法,将这些传统工艺中的一些关键性环节与流程绘制成图,并将其汇总成具有系列性特点的中国传统工艺图谱画像体系。通过这种方式,一方面可以较为清晰地展示我国传统工艺的基本过程、重要环节以及核心技艺,以便人们更好地认识与研究这些技艺的特色与规律;另一方面也可以使这些传统工艺得到更好的记录与保存,并在今后的历史生活长河中继续有所传承与发展。

我国非遗资源形式众多,个性风格也各有特色。以民间剪纸类的非遗资源为例:地处东北地区的长白山满族剪纸、建平剪纸、鄂伦春族剪纸、赫哲族剪纸、郭尔罗斯剪纸的风格粗犷朴拙,地处华北地区的中阳剪纸、蔚县剪纸、辉县剪纸、滨州民间剪纸、孝义剪纸、无极剪纸、和林格尔剪纸的风格浑厚质实,地处西北地区的安塞剪纸、延川剪纸、旬邑彩贴剪纸、庆阳剪纸、会宁剪纸、哈密维吾尔族民间剪纸的风格洗练奔放,地处淮扬地区的徐州剪纸、扬州剪纸、亳州剪纸、南京剪纸的风格刚柔相济,地处江南地区的浦江剪纸、桐庐剪纸、上海剪纸、皖南剪纸、宜兴刻纸、樟树剪纸的风格秀润婉约,地处荆楚地区的孝感雕花剪纸、仙桃雕花剪纸、踏虎凿花、梅山剪纸的风格清巧俊丽,地处闽广地区的广东剪纸、泉州刻纸、柘荣剪纸、台湾剪纸的风格精美细腻,地处西南地区的苗族剪纸、傣族剪纸、彝族剪纸、成都剪纸的风格奇巧密丽,地处青藏地区的拉卜楞藏族剪纸、湟源剪纸的风格庄丽浪漫。这些具有不同风格特点的地域民间剪纸形式,充分展现了我国民间剪纸艺术的繁荣兴盛之势,充分体现了我国在民间剪纸艺术方面的地域特色。而要想准确地记录、展现与表达这些民间剪纸类非遗资源与项目的风格特征,仅仅依靠文字描述的方式是不够的,因为风格类型的问题如果仅仅用文字的形式来进行表达,往往会显得较为空泛与抽象。因此,在有关民间剪纸风格的表现方面,完全可以借助图谱画像的手段,将这些不同风格类型的民间剪纸作品形象地描画出来,并对其进行系列化与谱系化,使人通过较为直感的视觉形象来达到对于这些不同剪纸风格的有效把握,往往会收到事半功倍的效果。

花样纹饰类的画像是我国传统图谱图像体系中的一个重要组成部分,这一点在上文中已经作了一定的介绍。由于宗教祭祀、艺术审美、文化娱乐等方面的需要,在我国古代社会中曾经产生过大量的花样纹理类的作品,例如刺绣图样、织染图样、编结图样、纸扎图样、年画图样、衣着纹饰、家具纹饰、装饰品纹饰,等等。时至今日,这些作品大都已经成为具有较高历史文化价值的非遗形式,受到了应有的重视与保护。为了使这些图样纹饰能够在今日社会中得到更好的保留与传承,必须将其中的一些典型样式通过图谱画像的形式描摹、绘制出来,并编制成相关的图谱资料,以便后人更为清楚地了解这些图样的本来面貌以及传承学习。

代表性传承人画像是非物质文化遗产图谱体系中能够充分体现非遗专业特征的一种图谱图像形式。何为"非遗代表性传承人"?简单来说也就是在某个非遗领域中掌握着核心技艺,在一定的地域范围中具有代表性与影响力,并且能够长期从事本项非遗项目传承活动的人员。在生产技艺行当中,他们往往被称为"老师傅""老行家""老匠人",在民间美术行当中,他们往往被称为"绣娘""织女""画师",在民间口头文学领域中,他们往往被称为"歌手""故事家""民间口头文学表演家"。值得注意的是,在我国传统社会中,这些人士大多处于较低的社会地位,也很少有人来为他们专门树碑立传。但是自从非遗保护理念的提出以及非遗保护工作的广泛开展后,这些专门从事某一方面专业活动的人士逐渐受到了政府以及社会各界的重视,并被认定为"非遗代表性传承人"。随着广大非遗代表性传承人社会地位的提高以及他们所从事的事业逐渐得到越来越多的人的认可,当前为这些传承人著书、立传的活动也越来越多,例如前文所举的各种"××省非遗传承人图志""××市非遗传承人图典"等文献资料,都是这方面的一些典型成果。但是正如上文已经指出的,目前我国现有的各种非遗传承人图志、非遗传承人图典,大都是由各个地方自行编纂的,缺少国家层面的规划、组织与系统化,更重要的是,这些现有的非遗传承人图志、图典在编纂思想上还缺少图谱化理论的指导,没有从图谱化的学术高度上对这些传承人进行整体性的"图像化"与"谱系化"设计,因此进入这些文献的传承人图像资料大多等同于一般的"插图"或者"图像集",还不能称是真正的图谱图像文献。

在谈及建立非遗图谱画像体系之时,我们同时也要兼及有关非遗图谱照相的编纂问题。非遗照相在当前我国的非遗保护工作中应用非常广泛。自2005年至2010年,在7万多项进入国家、省、市、县四级非物质文化遗产名录体系的非遗资源项目中,拍摄的照片就大约477万张。非遗照相成为我国非物质文化发掘、研究和保护的一个基本手段。照相的优势是可以较为准确地保存事物的本来面貌,具有较高的保真性特点,尤其适合于用来表达一些静止形态的事物形象,如民俗信仰中的神灵塑像、实际生活中的器物形象、人物形象,等等。除此以外,对于一些主要以动态形式出现的事物形象,如生产工艺流程、活动仪式步骤或者戏剧展演过程等,通过照相的形式也能够获得较高的保真性。以非遗项目手工技艺类为例:归类于非遗传统手工技艺类的湖南湘西土家族织锦技艺,总共有12道工序,每一道工序的现场照相及其选择,都能将该工序中的关键点和实际的制作瞬间进行凝固,并通过照片的排序将一个个瞬间链接起来,使得现实中的连续性能够在照片序列中得以固定,定格为该织锦技艺的一种制作范式,从而使得整个织锦制作的基本技艺获得传承。戏剧表演类的形式则更是如此。由于中国传统戏剧本身就具有自身的表演程式,因此,依据这种表演程式惯例而制作的非遗照相,显然能够很好地将戏剧中的各种精彩的招式动作与表演形态真实、全面、具体地记录与保存下来,对这些戏剧起到较好的保护与传承作用。

但是相对非遗画像而言,非遗照相在反映事物形式上的一个缺点就是由于受到较多的技术设备本身条件的限制,因此难以像非遗画像一样可以包容更多的主观创造性因素以及艺术想象空间。在非遗画像中,往往可以根据作者的主观愿望与创作设计要求灵活构思画面,形成各种事物的汇总、拼接、融合、增减,甚至是虚构与重塑。但是这些效果对于非遗照相来说都不可能达到。照相只是将事物的原型较好地"复制"下来,使事物的原型得到最为真实的记录与展现。因此我们可以说,非遗画像与非遗照相是两种既有一定共性,又有一定差异的文化表达形式。非遗画像注重作者的主观创造,具有较大的想象空间,非遗照相注重客观事物的准确反映,具有较强的保真特点。它们各有各的优势,也各有各的缺点。在非遗图谱图像体系的建构中,应当根据需要酌情采用这两种不同的方式,以达到对于我国大量非遗事象的全面、系统、真实、合理、有效的反映。

2. 非物质文化遗产图谱图形体系

非物质文化遗产图谱图形体系是中国非物质文化遗产图谱图像体系中另一个重要的组成部分,与主要以描摹、展现非遗资源形象为特征的画像体系不同的是,非物质文化遗产图谱图形体系的功能特点主要是注重于对各种非遗资源事象的类型、结构、特点、规律等原理与事理的抽象分析与说明。也就是说,与非物质文化遗产图谱画像体系相比,非物质文化遗产图谱图形体系所要表达的内容与形式要显得更为抽象与概括一些。

在非物质文化遗产图谱图形体系中,较有代表性的图形形式主要有非遗资源历史发展源流图、非遗资源传承谱系结构图、非遗资源类型比例图、非遗资源社会影响图等。有关这些方面的内容，都是目前中国非遗保护工作中重点关注的一些问题。通过这些具有较为抽象、概括意义的图谱图形的表达方式，可以使人们更为清晰、深入地了解非遗资源的类型、特点、流变、传承脉络等规律，从而更好地把握其内在的本质及开展具有针对性与系统性的研究。

非遗资源历史发展源流图是根据某些非遗资源本身的形成、发展、演变过程而编制的图谱图形形式。其具体编制方式是先对这些非遗事象的历史发展过程进行一个细致深入的梳理，并且找到这一过程中那些对这一非遗事象的本质及特征具有较为重要影响的环节与内容，然后再用某些图形的形式（如线型图、链状图、箭头等）将这些重要的环节与形态予以表现，这样便形成了具有较强概括性特点的非遗资源历史演变图图形形式。本来，由于时代的久远，一些非遗资源的历史脉络线索已经不是很清楚，或者已经很少为人所了解，但是通过对这些历史演变图的绘制，则可以清晰地展现非遗资源历史演变的整个状况，形象地反映出这一历史演变过程的要点与本质。

非遗资源传承谱系结构图是一种专门表现非遗资源传承状况以及非遗传承人脉络线索的图形表达方式。其具体的图形样式主要有树形图、链状图、交互图等。如果某一非遗资源或者项目在一代代的传承过程中人数越来越多，那么所绘制出来的图形就是一种上小下大的"树形"结构（每个传承人在这个结构体系中都是一个"点"），这就说明这项非遗资源后继有人，越来越兴旺；反之，如果某一非遗资源或者项目在一代代的传承过程中人数越来越少，那么所绘制出来的图形就是一种上大下小的"倒树形"结构，这就说明这项非遗资源或者项目后继乏人，逐渐处于濒危状态。链状图是一种反映较为平衡关系的非遗资源传承谱系图图形，这种图的上下之间没有很大的变化，基本上处于较为平衡的状态，这就说明这项非遗资源传承情况较为稳定，从古至今没有什么突出的变化。交互图是一种反映非遗资源或项目传承人之间相互影响、相互传承状况的一种图形形式。这种图大都由许多交叉或者循环的线条构成，反映非遗传承人之间那种非单一性的，具有交互错杂特点的传承方式与相互关系。由此可见，非遗资源传承谱系结构图（图形）在具体表达非遗传承状况、传承人发展脉络线索，以及各种具体的传承关系等方面，具有十分重要的作用。在非物质文化遗产图谱图形体系的建构中，我们应该努力发挥这种既简单清晰，又具有较强表现力的图谱图形的作用，借以表现各种复杂的非遗资源传承结构特点。

非遗资源类型比例图是一种根据非遗资源的不同分类、不同类型而创制的图谱图形形式。出于非遗保护与研究的需要,经常要对非遗资源以及非遗事象进行分类,这些分类及其所分的类型可以通过各种图形的方式清晰、准确地表达出来。通过这些非遗资源类型图形的制作,不但可以清晰地展现非遗资源类型的数量、比例与特点,而且还可以进行各种非遗资源类型之间的比较、对照与分析,以此考察各种非遗资源在数量、比例方面的差异。例如,我们可以根据一定的标准,把中国民间传说类的非遗资源具体分为人物传说、史事传说、地方风物传说、社会风俗传说、动植物传说、鬼神精怪传说、综合传说等不同的类型,在这些传说类型中,又可以分出若干个更小的类型,如人物传说可以分为师祖传说、爱国将领传说、帝王将相传说、先贤传说、文人传说、清官传说、名医传说、能工巧匠传说、神仙道佛传说、名女传说;史事传说可以分为农民起义传说、反抗外来侵略者传说、历史战争与革命战争传说、民族起源传说,等等。对于这些具体的民间传说类型,都可以通过非遗资源类型图的编制,将其清晰、准确地反映出来。除此以外,诸如有关非遗项目的级别数量、承担保护省份数量,以及在整个国家非遗保护名录体系中所占的比例等情况,也可以通过非遗资源图图形的表达方式予以清晰的体现。

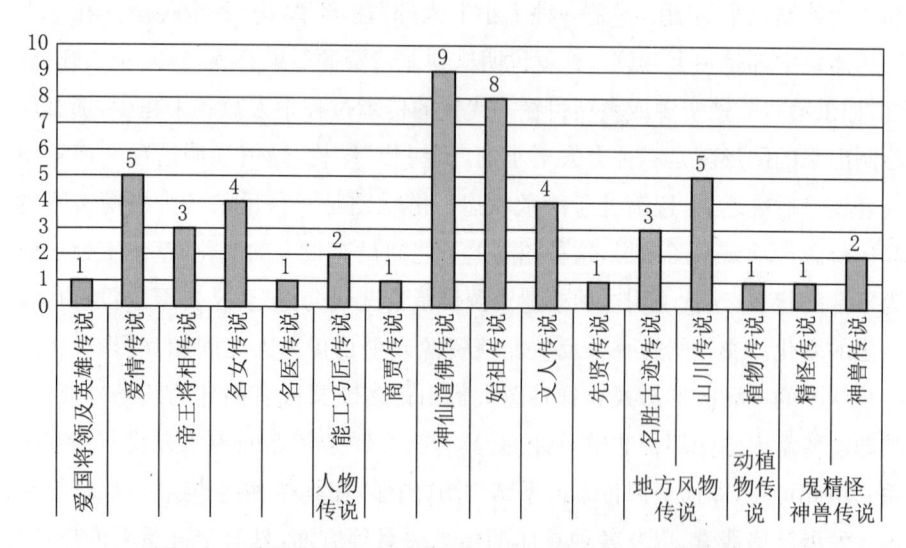

图 3-12　全国国家级民间传说项目中各类型项目数量图图例

注:本图为本书课题组 2012 年底前根据对我国国家级民间传说类非遗项目的统计结果编制。

在整个非物质文化遗产图谱图像体系的建构中,除了要重点考察非遗资源的历史源流、主要类型、典型情节、传承脉络等一些重要内容要素及其相应的表达方式以外,还有必要对非遗资源在实际传承过程中所产生的社会影响这一内容要素及其表达方式予以充分的重视。在我国的非遗资源与项目中,有相当一部分曾经对我国历史文化的发展以及广大民众的生活产生过重要影响,有的甚至成为中华民族文化传统中一种永远留存的文化符号,例如春节、元宵、清明、端午、中秋、重阳等传统节日;《格萨尔王传》《江格尔》《玛纳斯》三大英雄史诗;梁山伯祝英台、许仙白娘子、牛郎织女、孟姜女四大传说;云锦、蜀锦、壮锦、宋锦四大名锦;蜀绣、苏绣、湘绣、粤绣四大名绣,等等。随着时代的发展,这些非遗资源的社会影响日益扩大,其中相当一部分非遗资源的社会影响更是已经完全超越了某个单一的领域或者行业,逐渐推及历史、文学、艺术、信仰、民俗等各个领域。对于这些社会影响方面的情况,我们也可以运用一定的图谱图形将其形象地表现出来。例如,我们可以运用一些简略的图形(如方框、圆框、线条、箭头等)的形式,将中秋节这一中华民族重要的传统节日在长期的历史发展中对中国社会各个方面所产生的各种社会影响与社会活动,如嫦娥奔月、吴刚伐桂、月兔捣杵等各种有关中秋题材的神话、传说、绘画、雕刻、剪纸、刺绣,以及小说、电影、戏剧、曲艺、游戏等——予以形象的表现,以此勾勒出一个极为丰满的中秋文化系列,帮助人们全面了解中秋这一传统节日深厚、广泛的文化内涵。

非物质文化遗产图谱画像体系与非物质文化遗产图谱图形体系虽然是属于两种不同特性的图谱图像表达体系类型,在具体的表现内容与表现形式上有所不同,但这并不等于说这两种表达体系是不可相容的。事实上,在许多实际运用的场合,这两种表达体系往往是被结合在一起使用的。用画像的形式来表示非遗事象的具体形态,用图形的形式来表现非遗事象的某些事理和关系,这种情况在我国现有的非遗图谱编制实践中十分多见。例如,下面的这幅"二十四节气"图谱图像中,作者将我国传统的二十四节气与星座学说相结合,绘制了具有刻度与比例的图形形象,借以说明二十四节气与星座相对应的关系,另一方面又在这幅图形中嵌入了一些专门绘制的图像与图案,借以具体展示这些星座的形象。这种图谱图像就是一种画像与图形有机结合的典型案例。

图 3-13　二十四节气图谱图例

3. 非物质文化遗产地图体系

非物质文化遗产图谱图像体系中还有一个重要的类别就是非物质文化遗产地图体系。前已说明，地图是一种将事物放置到一定的地理空间关系中去进行表达，着重体现事物在一定地域空间中的位置以及与这些地域空间之间对应关系的图形表达形式，当地图这种表达方式被运用于非遗领域时，它最主要的作用就是用来说明各种非遗资源与非遗事象在一定地域中的具体分布情况，以及与一定地域之间所存在的各种关系。通过非遗地图，可以更好地了解非遗资源的空间分布状况与地域差异。由于非遗资源基本上都是在一定的地域或地区环境中产生的，与一定地域中的经济生产方式、地理地貌特点、村落街镇分布状况、人口数量与性别比例等方面的情况存在着紧密的联系，因此，通过编制中国非遗地图的方式，还可以了解与这些非遗事象相关的各种地域中的历史、社会、风俗特点，从而加强对这一地域中历史、文化、社会面貌的整体性认识。

在非遗地图的编制体系中，最为典型的是非遗资源与项目分布图这种形式。作为主要以非遗资源与项目为表现内容的非遗资源与项目分布图，其编制重点是准确确定各种非遗资源与项目的地理位置与格局，清晰描绘各种非遗资源与项目的地理分布状况，形象反映各种非遗资源与项目之间在地理位置上的相关性关系。

为非遗资源与项目编制分布地图的做法，目前已经在我国许多地方有所实践。自2007年以来，我国浙江、江苏、河北、山西等省市在政府与文化部门的指导下，都进行了有关本地非遗资源与项目的分布地图编纂实践的尝试，并且取得了相当可观的成果。具体到各种非遗资源与项目与一定地域之间的关系而言，又有许多不同的复杂情况。如有的是非遗资源与项目的发源地，有的是非遗资源与项目的流布地，有的是非遗资源与项目的保护地，有的是非遗资源与项目的传承地，等等。有些非遗资源与项目只有一个发源地，有些非遗资源与项目却有几个发源地；有些非遗资源与项目只是在本省市、本地区范围内流传，有些非遗资源与项目却是在多个省市，甚至全国范围内流传；有些非遗资源与项目只有一个保护单位与一个保护地，也有一些非遗资源与项目有着多个保护单位与多个保护地。总之，在非遗资源与项目的地域分布特征上，往往呈现了复杂多样的情况。这就需要我们在对这些情况的深入考察与研究的基础上，编制出各种相应的非遗资源与项目分布图文本，借以准确清晰地展现这些资源与项目在地理分布格局上的真实面貌。

在非遗地图编制体系中，另一种重要的对象类型是非遗传承人分布图。非遗资源与项目的存在与保护，与直接从事这些资源与项目活动的传承人有着密切的关系，因此，在进行有关非物质文化遗产图谱图像体系的框架建构时，也必须把传承人这一因素作为重点考虑的对象。与非遗资源与项目分布图的情况相类似，在具体编制非遗传承人分布图时，也应该深入考虑非遗传承人与一定地域之间的各种复杂多变情况。一个非遗传承人首先有他的出生地，另外还有他的工作地、生活地、传承地等各种不同的地域环境，这些因素都应该通过非遗传承人分布地图的形式予以充分的展现。另外，在编制非遗传承人分布图时，还应该考虑到许多变动的因素，例如由于搬迁、游历、工作更换等原因，都会使非遗传承人的活动地域发生一定的改变，从而影响其传承的路径与环境。因此，在具体从事非遗传承人分布地图的编制工作时，必须对这些因素予以深入细致的考察，力求准确、真实地表现出非遗传承人地域活动的全面情况。

除了非遗资源与项目分布图、非遗传承人分布图这两种最为重要的分布地图形式以外，在非遗地图编制体系中还应该包括其他一些与非遗有关的分布地图形式，如非遗资源形成环境事象分布图、非遗项目保护单位分布图、非遗项目传承基地分布图、非遗相关作品分布图、非遗相关产品销售点分布图，等等。在本书研究框架中，我们把这些方面的分布图形式统归为非遗资源相关信息分布图这一体系之中。非遗资源形成环境事象分布图是一种运用地图的形式来表达非遗资源形成发展与自然、社会方面的各种环境因素关系的分布图形式。非遗资源与非遗事象的形成一般都与相关的自然环境与社会环境有着密切关系，如山川、河流、建筑、街道、村落、庙宇、集市、歌墟、戏场等，这些因素都会对非遗资源事象的形成发展具有一定的影响，甚至在一定程度上决定非遗资源事象的某些特征与个性。因此，在进行非遗资源地图编制时，我们应该将这些因素列入其中，并从非遗资源事象与这些因素的对应性关系的角度来设计编制某些非遗资源形成地自然、社会环境分布图形式。非遗项目保护单位分布图和非遗项目传承基地分布图是根据我国当前正在进行的非遗保护工程需要而编制的分布图形式。随着我国非遗保护工作的推进，我国的非遗保护单位、非遗传承基地数量逐渐增多，几乎已经遍及我国所有的省份以及相当一部分市县与乡镇。将这些数量众多的非遗项目保护点和非遗项目传承基地纳入非物质文化遗产图谱分布地图编制体系之中，可以全面地反映我国目前非遗保护单位与非遗传承基地的总体面貌，系统地了解各个省市、各个地区在非遗资源的保护与传承方面的实际情况。非遗相关作品分布图、非遗相关产品销售点分布图之类的分布图是根据非遗项目的作品与产品情况而设计编制的地图形式。在我国非遗资源与非遗事象中，现已产生了许多颇有影响的作品或产品，例如天津杨柳青年画、潍坊风筝、湖州湖笔、蔚县剪纸、南京云锦、苏州苏绣、上海杏花楼月饼、上海城隍庙梨膏糖等，它们大都已经在全国具有一定的影响，受到广大民众的喜爱与欢迎，其中也有相当一部分作品或产品在全国许多地方都建立了销售的商家与门店。通过对于这些非遗作品或者产品销售点分布图的编制，可以清晰地反映出这些作品或产品销售点的地域分布情况，一方面有便于人们更好地认识、了解这些作品与产品的全面情况与相关信息，另一方面也有便于人们对这些作品与产品的购买与消费。

第五节　非遗图谱图像体系的编制原则

为了保证非物质文化遗产图谱图像体系建构工作的有效实施，我们不但需要设定一套较为完整、系统的内容体系，以致全方位反映我国非遗资源在历史源流、形态特征、层次结构、主要类型、传承脉络、社会影响、相关信息等各个方面的整体情况，而且也需要建立一些相关的编制目标与编制原则，借以保证非物质文化遗产图谱图像的编制工作始终能够在科学、规范、有效的框架中进行。根据我国非遗资源的特点以及图谱这种文献样式的编纂要求,我们对非物质文化遗产图谱体系的编制主要提出以下几个标准与原则。

一、准确性原则

所谓准确性原则,就是要运用科学的手段来精确地反映非遗资源的特点与面貌,尽量做到真实、可靠、全面、完整,切记主观化、随意化、碎片化、表面化,以免发生不应有的错误与偏差。图谱作为一种主要用以科学地说明事物的本质、内涵、规律的科学性图像形式,其本身最重要的特点就是真实、准确、客观,只有真实、准确、客观的图谱作品,才会有较高的科学价值,才能够得到较多的肯定与认同。因此,在进行非物质文化遗产图谱图像体系的构想与设计中,必须把准确性原则放在第一位的位置上进行考虑,尽量做到进入体系的材料准确无误,研究分析的步骤符合事实,编制设计的图像作品依据充分,杜绝仅仅依靠编者主观的推测、想象、虚构来从事非物质文化遗产图谱图像的设计与编制工作。当然,强调非物质文化遗产图谱图像体系编制的准确性原则并不等于完全否定艺术想象的合理性,在非物质文化遗产图谱图像体系的编制与设计中,也允许编者发挥一定的艺术想象力,对编入图谱图像体系中的图像进行再创造。但是,这种想象力与再创造必须在符合客观事实的前提下进行,必须坚持准确、真实第一,想象、虚构第二的原则,把准确性、真实性放在最为重要的位置。

二、典型性原则

所谓典型性原则,就是要在非物质文化遗产图谱图像体系的建构中突出图像作品的典型性、代表性、独特性意义,能够较为集中、突出地反映某类非遗资源的基本面貌与总体特征。具体而言,非物质文化遗产图谱图像体系的典型性又主要表现在以下两个方面:一是选材的典型性。在非物质文化遗产图谱图像体系编制与设计中,编制者应当着重选择那些具有较强代表性、典型性意义的材料来作为主要表现对象,力求能够通过这些材料较为集中、概括地反映非遗资源的总体面貌。二是图像作品的典型性。在非物质文化遗产图谱图像体系编制与设计中,编制者应当充分运用各种表现方法,使经过创制的图像作品具有一定的标识性与代表性意义,能够充分显示此项资源的特点、形态及其所蕴含的文化意义。例如在"《白蛇传》典型情节图谱"设计中,我们可以通过游湖借伞、订盟结亲、保和堂开店、端午惊变、盗仙草、水漫金山、断桥重逢、合钵、镇塔、哭塔、倒塔等一些具有标识性特点的画面的创制,概括、集中地反映整个《白蛇传》传说的基本故事情节,每个画面都具有一定的典型性意义,对整个的《白蛇传》情节图谱编制起到"观一叶而知秋"的作用。

三、清晰性原则

所谓清晰性原则，就是要用最为简洁明了、显而易见、形象清晰的方式与手段来进行非物质文化遗产图谱图像的表达与设计，避免图像表意不清的现象。图谱图像与文字相比的主要特点就是简单清晰，具体而言，这一特点又主要可以概括为以下两个方面：其一是"简"。这里所谓的"简"，也可被具体地理解为"简单""简明""简洁""简约"等意义，这也就是郑樵在《通志·图谱略·索象》中所谓的"至约"。郑樵指出："图，至约也；书，至博也。即图而求易，即书而求难。"说明图谱图像的主要特点就是在于简明扼要，至约至简，这样所说明的事理就比较容易被人所掌握。因此，在非物质文化遗产图谱图像的设计与表达中，应该要尽量做到简洁明了，清晰表达，不要重复、多余或者含糊，多选不如精选，能用一根线的不用两根线。其二是"要"，这里所谓的"要"，也就是指表达事物的概括性与集中性。只有概括、集中地反映事物的面貌，才能更好地揭示事物的本质特征，使事物的本质能够更为清晰地展现在人们的面前。因此，在进行非物质文化遗产图谱图像的设计与编制时，要尽量突出这些图像表达对象的重点处与关键处，使这些重点处与关键处能够在图中得到清晰、突出的表现，而切不可有模棱两可的地方。例如我们在制作"上海手工棉纺织技艺工序流程图谱"这一非物质文化遗产图谱样本时，主要是采用清晰明了的手绘图画形式，详细突出地描绘了这一工序流程中的一些核心的操作步骤与动作，包括纺车的形制、纺纱的手势、织布的手势，以及织机、棉纱、布匹摆放的方位等，以使这些复杂琐细的手工棉纺织工序能够清晰明了地展现在人们的面前。

综上所述，图像是一种运用一定的可视化方法来表现事物、反映事物的文化表达形式，在中国传统社会中，图像已经被广泛地运用于说明事理、解析事理、摹形状物的领域，并在此基础上发展出了"图谱图像"这一独特的图像应用类型。非物质文化遗产图谱是在继承、延续传统图谱图像系统的基础上形成发展起来的一种新型图谱形式，非遗图谱图像的主要特点，就是以非遗资源与非遗事象作为主要表现对象，重在对于非遗保护与研究领域中的一些重点问题，例如非遗资源的历史源流、形式类型、传承脉络、社会影响等方面内容的描绘、说明与表现。在当前的条件下，十分需要建立起具有较强系统、规范、科学性意义的中国非物质文化遗产图谱图像体系，以使大量的非遗资源能够更好地纳入一种图谱化管理的程序之中，从而得到更好的保护与传承。

第四章　非物质文化遗产图谱的谱系理论

在图谱研究的理论体系中,除了"图"这一最为基本的研究对象以外,另一个重要的研究对象就是"谱"。"谱"与"图"一样,是图谱类文献作品构成中一个最为基本和不可或缺的组成部分,并与"图"一起组成了"图谱"这一具有独特的形象性与系列性特点的文化表现形式。由于"谱"主要表达的是图谱内容对象的系列关系,因此"谱"有时也可称为"谱系"。作为一种以非遗资源为主要表现内容的非物质文化遗产图谱,应当注重对"谱"或"谱系"的研究,只有清晰地把握了非遗资源的"谱"或"谱系"关系,才能更好地厘清非遗资源的发展脉络与相互关系。

第一节　谱的概念与内涵

一、谱的概念

"谱"与"图"一样,也是一个内涵较为广泛与丰富的概念,在中国历史上,对于"谱"的理解一般有以下几种含义:

首先,谱是一种用来记录世代延续关系的文献材料。这是我国古代最为原始的一种对于"谱"的理解与解释。东汉刘熙对"谱"释义为:"谱,绪也。主绪人世,类相继也。如统绪也。"[1]也就是说,所谓的"谱",就是叙述、表现人世之间的相继性关系,从而构成一个反映某种人世关系的谱系序列,从这种意义上提出的"谱"系概念,实际上也就是我国古代社会中所称的"谱牒"。在中国,"谱牒"有着非常悠久的传承历史,如《史记·太史公自序》:"维三代尚矣,年纪不可考,盖取之谱牒旧闻,本于兹,于是略推,作《三代世表》第一。"又《史记·十二诸侯年表序》:"谱牒独记世谥,其辞略,欲一观诸要难。"唐刘知几《史通·

---

[1]　[东汉]刘熙:《释名·释典艺》,文渊阁《四库全书》本。

书志》:"谱牒之作,盛于中古。汉有赵岐《三辅决录》,晋有挚虞《族姓记》,江左有两王《百家谱》,中原有《方司殿格》。盖氏族之事,尽在是矣。"夏衍《方志学与家谱学》:"谱牒是记载一家一族的历史。这种著作形式始于汉代,到魏、晋、南北朝时期非常流行,隋唐以后更有所发展。"从这些论述来看,谱牒这种文献记录样式早在汉代时期已经出现应该是毋庸置疑的。

其次,谱是一种按照某种"类"而编制的文献材料。随着时代的发展,"谱"的内涵有了扩大与延伸,它不仅可以表现人世之间的谱系次序,而且也可以用来表现各种事物的类别以及类别之间的相互关系。我国学者指出:"由于'谱'具有树百世纲纪,溯万代宗派的特点,能够'布列见其事也',因而,作为一种专门的文体,被广泛地应用于其他领域之中,如年谱、历谱、花谱、茶谱、印谱、射谱、金石器物谱、乐谱等。"[1]年谱是指一种用编年体裁记载个人生平事迹的著作,大多是后人就其著述及史籍所载事实考订编次而成,年谱以谱主为核心,以年月为经纬,将一切有关活动均以介绍,约肇始于宋代,兴盛于明、清。至今存世的年谱约有四五千种。清初学者全祖望在《施愚山先生年谱序》中说:"年谱之学,别为一家。要以巨公魁儒事迹繁多,大而国史,小而家傅墓文,容不能无舛谬,所借年谱以正之。"[2]历谱是指一种经天文计算编排得出年月日的表,《汉书·艺文志》"术数略"文曰:"历谱者,序四时之位,正分至之节。"历谱按一定历法排列年、月、日,包括日序、月相、季节、节气、星辰等内容。历谱与天文、政治等有着紧密联系。花谱是指一种专门用以记载花卉品种和栽培历史的书籍。如明万历二十三年(1595)昆山张谦德撰写的《瓶花谱》一书,为论述瓶花艺术的较早专著,全书分为品瓶、品花、折枝、插贮等各个门类。又如清代朴静子著有《茶花谱》一书,记载了四十三种不同品类的茶花。茶谱则是一种专门记录煮茶与饮茶方式的谱书文献,其中较为著名的是明代朱权撰写的《茶谱》,全书除绪论外,共分十六则,对茶的点泡、礼仪以及茶的制作方法、制茶与烹茶工具等,都作了简明扼要的说明。

第三,谱是一种作为某项技术或技艺参照的图像底本。"谱"在中国古代社会中还有一种意义,就是指一种作为某项技艺参照的底本,在这种意义上所谓的"谱"也可称为"谱子"。其中较为典型的有乐谱、曲谱、棋谱、画谱,等等。

---

[1] 尹志贤:《古代图谱类书法文献的源流与分类》,吉林大学古籍研究所硕士学位论文,2009年。
[2] [清]全祖望:《鲒埼亭集》卷三十二。

清洪昇《长生殿·制谱》："此谱即当宣付梨园,但恐俗手伶工,未谙其妙。朕欲令永新、念奴,先抄图谱,妃子亲自指授。"又《朱子语类》卷九二："人听他在行在录得谱子。大凡压入音律,只以首尾二字,章首一字是某调,章尾只以某调终之。"这里所谓的"图谱""谱子",都是指乐谱、曲谱的意思。值得注意的是,在这种意义上提出的"谱",实际上都是一种以一定的图像形式予以表现的材料,必须具有图像化的画面表达,从这种意义上我们也可以认为它是一种最符合现代图谱概念的"谱"籍材料。

随着时代的发展,"谱"的内涵也有了进一步的扩大,它已经不仅仅是指某种具体的谱系或谱籍,而是扩大成为一种可以体现某一类事物中各种具体事物的形态及其相互关系的序列结构,它不仅可以清晰地表现与描述各种自然世界与社会人生方面的事物形态及其相互关系的序列状况,如朝代沿革、人世相继、物种类型、工程程序,而且也可以清晰地表现与描述各种科学技术与网络信息等方面的事物形态及其相互关系的序列状况,如光谱结构、波谱结构、色谱结构等。总之,有关自然世界、社会人生、科学技术、网络信息等各个方面的客观状况与内在关系,都可以用"谱"的形式予以表现,由此可见"谱"这种文体形式在当代社会中的重要作用。

由此我们可以对"谱"这一文体形式作出一种当代性的阐释:所谓"谱",指的是一种将某些事物或现象依照一定的"类"进行组合排列,从而使它们呈现出某种次序系列的文本形式。简单地说,所谓"谱",也就是一种由一定的"关系"而构成的次序系列。

二、谱的特点

从认识论的观点来看,"谱"的本质是一种"归类"的认识方法与研究方法,即根据一定目的与标准将多种事物归纳到某一类别之中,并使这些事物之间呈现出一定的关联性意义。具体而言,"谱"主要呈现了如下几个特点:

第一,"谱"不是单一的事物,而是一种"类"的集合。它需要把一些具有某些相同或相似性特点的具体事物归纳、集合在一起,并使其呈现出"类"所具有的某些共性。

第二,被纳入"类"(即"谱")中的各个具体事物之间,并不是完全游离或者毫无关系的,而是呈现了一定的关系与联系。编者通过对相互之间有一定关联性的各个事物要素的排列与组合,可以使"类"(即"谱")呈现出一种有序的逻辑次序,形成一种有序的谱系结构。

第三,"谱"是一种对于某类事物的整体性认识,通过对于"类"的选择以及"类"中各个具体事物之间关系与次序的排列组合,"谱"可以达到对所要反映事物的整体性把握,体现出事物某些方面的共性特征。

以上几个关于"谱"的特点,深刻地揭示了"谱"所具有的本质与功能,反映了"谱"这种文体在认识事物、表现事物等方面的强大作用。或许也正是因为这一原因,使"图谱"这种文体能够在我国传统的文献学与目录学中始终占有一席之地。

对于"谱"所具有的这些特点,我国一些学者在其研究成果中也有所论述。例如尹志贤在《古代图谱类书法文献的源流与分类》一文中,曾专门论述了中国传统之"谱"的"历时性""类次性""学术性"等特点,内容上都涉及了有关"谱"的类别编排以及时间次序问题。例如他在谈到"谱"的类次性特点时说:"编者著'谱'之要义在于'纲纪''次序',分类详明、条理秩然,编次有序,像一个网一样,把一类或几类物象按一定规律编排成谱系……可以说,'谱'已经作为一种类书而存在,运用在叙述综合类编谱中。"[1]在谈到"谱"的历时性特点时说:"'谱'这种体裁能反映物类之沿革变化,可以洞察古今、追本溯源,正如清戈守智所说:'谱者,谱牒也。书之有谱,所以究厥宗师以该。夫循述沿波以讨源者也。故由其知矩而法度森然,摹其型范则性情毕见。或专主一家或统摄唐晋,元元本本各有指述。'因此,'谱'又具有历时性,它和家谱、世谱一样,记载先后的顺序次第。"[2]在这些论述中,作者已经看到了"谱"这种文体在类别编排以及时间次序等方面的功能与特点,这是很有眼光的。但是另一方面,这一论述也有一定的局限性,因为作为历时性特点的时间次序虽然是"谱"的一个特点,但是却并不是最为本质的特点,其实除了时间顺序这一逻辑关系以外,"谱"还可以描述与反映事物之间各种其他的关系,诸如并列关系、递进关系、辐射关系、交互关系等,有关这些方面,将在下文中再予以详细的表述。

三、"谱"与"谱化"

在有关图谱编制的话语语境中,我们除了要考察"图"与"谱"这些最为基本的概念以外,还需要考察"图化"与"谱化"这样一些具有操作性意义的话题及其与"图"和"谱"的关系。所谓"图化"(亦即"图像化"),是指图谱编制中对

---

[1][2] 尹志贤:《古代图谱类书法文献的源流与分类》,吉林大学古籍研究所硕士学位论文,2009年。

表现对象进行造型塑像、描摹状物的过程,它是图谱编制中不可缺少的核心环节之一,而"图"则是指由这种造型塑像、描摹状物的"图化"过程所创作而成的作品。同样地,所谓"谱化"(亦即"谱系化"),是指图谱编制过程中对表现对象进行一定的组合与排列,使其形成一种由一定的关系而构成的次序系列的过程,它同样也是图谱编制中不可缺少的核心环节之一,而"谱"则是指由这种通过一定的组合排列方式而进行的"谱化"过程所形成的作品。总之,"图"与"图化"、"谱"与"谱化",其实都是一个问题的两个方面,反映了图谱编制实践中一种过程与结果、生产与成品的关系。

由此可见,"谱化"问题在有关"谱"的研究中具有重要地位,在我们开展对"谱"的讨论中,必须同时详细考察"谱化"的意义与过程,只有如此,才能全面认识有关图谱编制理论与实践的整体性意义。

在对于"谱"的实际编制过程中,一般而言都要经过如下几道程序:

一是对希望认识的某些事物的"类"的选择与确定(如非物质文化遗产图谱中的传说类图谱、故事类图谱、剪纸类图谱、雕刻类图谱、纺织类图谱、建筑类图谱等)。

二是厘清此类事物中各个内容对象之间一定的逻辑关系(如因果关系、并列关系、推衍关系、层递关系、交互关系等)。

三是按照一定的表达方式对这些内容对象进行组合与排列,使其呈现出较为清晰的次序系列。

这几个环节,对于图谱制作而言都具有十分重要的意义,如果不能正确实施这些环节,那么图谱的编制工作几乎就无从谈起。

四、"图"与"谱"的关系

现代意义上的"图谱"一词,是一个专门的概念,它一方面必须有"图",另一方面又必须有"谱",只有"图"与"谱"的有机结合,才能成为真正意义上的图谱。但是从我国早先的一些收录图谱作品的书籍来看,"图"与"谱"却是被分开收录的。例如在我国最早的目录学著作《七略》中,已经收录了"图九卷"、十八家"历谱"等一些"图"和"谱"的资料(见任宏所校的"兵书略"和尹咸所校的"数术略"),开创了图谱资料进入大型类书的先声。后来在《七略》基础上整理成书的《汉书·艺文志》中,更是收录了不少关于"图"和"谱"的典籍资料,如"诸子略"中的《孔子徒人图法》二卷、"兵书略"中的《楚兵法》七篇图四卷、《孙轸》五篇图二卷,"术数略"中的《汉元殷周谍历》十七卷、《帝王诸侯世谱》二十卷、《古来帝王年谱》五卷,等等。①但是值得注意的是,在《七略》《汉书·艺文志》等一些较早的古籍文献中,"图"和"谱"资料都是被分而置之的,尚未将"图"与"谱"合并一处,可见当时还并没有真正形成"图谱"这一独立的概念。

随着时代的发展,"图"与"谱"开始逐渐走到了一起,并且合并成为"图谱"这样一种专门的文体。在这方面首开先例的,是南北朝王俭(452—489)所编的《七志》。在此书中,编者第一次将"图"和"谱"合为一个专门的门类,并且直接以"图谱"一词命名,专收此类书目,成为一种真正意义上的"图谱志"。②但是这种将"图谱"专门设为一类的做法,在当时以及后来很长的一段时间内并没有受到人们的重视。一直到了南宋时期,这种情况才得到了根本性的改变。在这方面,南宋郑樵的《通志》起到了关键性的作用。在郑樵所编撰的《通志》二十略中,不但专门设立了"图谱略"一类,而且更重要的是首次从理论上对图谱之学进行了总结。郑樵在其长达八九年的目录学研究中,将"图谱之学"与"讨论之学"(即目录、校雠之学)和"亡书之学"并列为他最为关注的三大重点。在《通志·图谱略》中,郑樵借用《易经》中的古老传说,将"图"(也包括"谱")提高到与文字之"书"同等重要的地位:"河出《图》,天地有自然之象;洛出《书》,天地有自然之理。天地出此二物,以示圣人,使百代宪章必本于此,而不可偏废。"③与郑樵同时代的尤袤在他所编的类书《遂初堂书目》中虽然没有专门列出"图谱"这样一个专类,但是在其21个类目中也收录了各种图谱(包括录、表),正好占了全书的一半。更重要的是,他还在《遂初堂书目》的子部下专立了"谱录类"这一门类,收录了以前的图谱文献大多为"谱"类作品。这一分类方法后来被清代《四库全书》等大型丛书所继承。

以上我们看到了中国古代图谱逐渐形成产生的过程,正是在"图"与"谱"两种文体合流的基础上,形成了那种兼具形象性表达与体系性表达双重功能的图谱形式。现在值得进一步研究的是,既然图谱是在"图"与"谱"两种文体合并的基础上产生的,那么在"图谱"这样一种独特的文体形式中,"图"与"谱"之间到底又呈现了一种什么样的关系呢?这一问题是图谱学研究中十分重要的一个方面。对于这一方面的问题,我国古人也已有所论述。例如宋代郑樵

---

① 尹志贤:《古代图谱类书法文献的源流与分类》,吉林大学古籍研究所硕士学位论文,2009年。
② 姚名达:《中国目录学史》,上海古籍出版社,2002年,第82页。
③ [南宋]郑樵:《通志·图谱略·索象》。

在其《通志》中言："图载象,谱载系,为图所以周知远近,为谱所以洞察古今。"①元代郑杓亦指出："古字存于世者无几,后生晚学,生于千百载之下,得以观感而兴起者,实赖前人编摩之力也。是故极古今之制,存乎图;系时地之出者,存乎谱。"②二人都指出了在图谱这样一种文体形式中,"图""谱"各有侧重,"图"能"载象",能"周知远近""极古今之制",但是图也有其不足之处,即"图可得形象,而形象之有沿革,则非图之所得概焉。是以随其形象之沿革,而各为之图,所以使览之者,可一望而周知也"。

在以上的论述中,古人已经注意到了在图谱这种专门的文体形式中"图"与"谱"的依存关系,"图"是一种形象性表达,具有造型塑像、描绘天地人事和万事万物的功能,但是仅仅依靠"图"的表达就会失去事物之间的联系,即"失其经纬";而"谱"是一种体系性表达,具有依类而著、梳理关系的功能,它可以把各种"图"有机地连接组合在一起,以此显示出它们之间的相互关系。总之,在图谱这种专门的文体形式中,"图"与"谱"必须相互依存,图体现了一种"形象化的内容",谱体现了一种"形象化的关系"。"图"以摹形画像为主,"谱"则依类而著,强调系统,便于检寻,指示事物之间的联系。图谱以图为本,以谱为纲,以此构建各种强大的,具有形象性、系统性特点的文本表现体系。

但是在实际运用的过程中,"图"与"谱"的关系却常常不一定能够得到十分正确的理解,其中较为多见的情况,一是将"图"与"谱"混而同之,认为图就是谱,谱就是图。有些文献常常因为"图"的数量较多而直接被命之为图,如李廷珪之《墨图》、佚名之《端砚图》等;有的文献虽然名之为图,实际上却是谱类文献,如元郑杓《学书次第图》和《书法流传之图》,只不过是通过树状图的形式叙述书法学习的先后顺序和笔法传承的渊源谱序。二是重"图"而轻"谱"。例如虽然郑樵十分重视图谱的作用,但是他对图谱的着重之处还是在"图"的方面,重"图"而轻"谱",成了郑樵图谱观的一个显著特点。从郑樵《通志·图谱略》中"图"与"谱"的数量对比上看,"图"占大多数,"谱"则很少,且二者概念时相混淆。如《声韵图》《僧守温三十六字母图》《古今类聚年号图》《帝王年代图》,分明应归于"谱"或"录",却也以"图"名之,说明郑樵将"谱"也视为一种

---

① [南宋]郑樵:《通志·年谱序》。
② 胡海迪:《图谱类文献在南宋目录学中的定位及其影响》,《辽宁大学学报(哲学社会科学版)》,2011年第5期;尹志贤:《古代图谱类书法文献的源流与分类》,吉林大学古籍研究所硕士学位论文,2009年。

"图",基本上是重图轻谱的。①三是重"谱"而轻"图"。由于图籍文献具有很强的依附性,有文无图的现象司空见惯,加之后世诸家著录常以谱代图,于是"图谱"一类就逐渐被"谱录"替代。例如在尤袤编撰的《遂初堂书目》中,一方面没有将具有鲜明的"图"特点的"图谱"设为一个专类,另一方面却又专设了"谱录"一类,大多搜录"谱"类文献,如香谱、石谱、蟹谱等,而很少收有"图"类的文献。明显有重谱轻图,去"图"存"谱"的倾向。对于尤袤《遂初堂书目》的这种去"图"存"谱"倾向,后世的一些目录学编撰者也十分赞同,例如《四库全书总目》的"谱录类"小序中说:"刘向《七略》,门目孔多,后并为四部,大纲定矣。中间子目,递有增减,亦不甚相远。然古人学问,各守专门,其著述具有源流,易于配隶。六朝以后,作者渐出新裁,体例多由创造。古来旧目,遂不能该。附赘悬疣,往往牵强。《隋志·谱系》,本陈族姓,而末载《竹谱》《钱图》。《唐志·农家》,本言种植,而杂列《钱谱》《相鹤经》《相马经》《鸷击录》《相贝经》。《文献通考》亦以《香谱》入农家。是皆明知其不安,而限于无类可归。又复穷而不变,故支离颠舛,遂至于斯。惟尤袤《遂初堂书目》创立《谱录》一门,于是别类殊名,成归统摄,此亦变而能通矣。"②其着重点都是在"谱"的方面,却并未将"图谱"一类并提。

第二节 我国传统图谱的谱系形态

以上阐述表明,"谱"主要是一种按照一定的"类"表现事物关系的文献材料,由于不同的事物关系,构成了不同类型的图谱形式及其谱系形态。在中国古代的图谱中,最早出现的是以表现世代延续关系的图谱形式及其谱系形态,后来则在此基础上逐渐发展形成了表现各种不同事物关系的图谱形式及其谱系形态,诸如族系图谱、历史图谱、工序图谱,等等。以下便对这几类图谱及其谱系形态具体作些介绍。

一、族系图谱及其谱系形态

族系图谱是一种按照一定的族群关系而编制的谱系材料,其谱系形态特点是以某个族群的代际承续关系为线索来梳理材料脉络,构建图谱体系。前

---

① 胡海迪:《图谱类文献在南宋目录学中的定位及其影响》,《辽宁大学学报(哲学社会科学版)》,2011年第5期。

② [清]永瑢等:《四库全书总目》,中华书局,1965年,第730页。

文已经说明,我国图谱谱系形态中最早产生的,是记录世代延续关系的文献材料——"谱牒",而这种谱牒实际上就是一种属于族系图谱类的谱系文献材料。早在商代武丁时期的甲骨文中,就已有关于氏族世系的记载,如《甲骨档案(库)1506》所刻商代"兜"的系谱①(也有的资料报道为商代"儿"的系谱)。但史学界一般认为我国现存最早,也是世界最早的系谱当推成书于西汉初年的《世本》,它记载有自黄帝至春秋历代王公诸侯的姓氏、世系、迁居、名号及业绩等。其次为司马迁《史记·三代世表》。太史公自序中载:"余读牒记,黄帝以来皆有年数,稽其历谱牒终始五德之传,古文咸不同,乖异。夫子之弗论次其年月,岂虚哉!于是以《五帝系牒》《尚书》集世纪黄帝以来讫共和为《世表》。"可见西汉时还能看到先秦谱牒,并此前已有"牒记""谱牒""系牒"之称。梁启超在《中国历史研究法》一书中指出:"司马迁的《世表》,是稽牒作谱,印范于《世本》。"由此可见,《世本》是中华谱牒的开山之作。至魏晋南北朝,我国谱学大兴,并且主要为官方垄断,"官有簿状,家有谱系。官之选举必由簿状;家之婚姻必由谱系。历代并有图谱局,置郎令史以掌之……"②。其时,门阀之风盛行,依托于家族支持下的门第成为个人获取社会地位和政治权力的依据。

中国的谱牒,最早大多为表现帝王诸侯、王公贵族的世家谱系,具有很强的"官本位"色彩,到了后来,则发展到一般的大族族群也纷纷建立起自己的谱牒,这也就是所谓的"家谱"。家谱又称族谱、宗谱、家乘、支谱、房谱等,主要是一种反映家族谱系延续发展的图谱形式与谱系形态。郑樵《通志·氏族序》:"历代并有图谱局,置郎令史以掌之,仍用博通古今之儒知撰谱事。凡百官族姓之有家状者,则上之官,为考定详实,藏于秘阁。"家谱是家族组织的构成条件之一,也是记载同宗共祖的家族世系繁衍传承及其人物简史、光辉形象、不朽业绩等内容的重要家族图籍。一些世家大族式家族形成后,一定要建立描述自己家族世代延续关系的家谱,以此来确定自己的家族身份认同。

在中国历史上,曾经产生过成千上万个兴旺发达、影响巨大的大姓家族,它们都有自己详细的家族发展历史,而且也有自己完整清晰的家族传承谱系,这些家族传承谱系不仅是一家一户或一族的档案史册,同时也成为中华民族珍贵的历史文化典籍。在这些家族谱系资料中,不仅载有本族的姓氏渊源、始

---

① 李道生:《中华谱牒知识问答》,金盾出版社,2006年,第5页。
② [清]陈梦雷等:《古今图书集成·明伦汇编·氏族典》,中华书局,1934年。

祖源流、迁徙分布、祖训族规、登科晋升、创业事迹、婚嫁丧葬、艺文著述、风土人情等各种家族生活历史内容，而且也载有与家族传承发展相关的各种历史、政治、经济、文化、教育、民俗、人口和遗传等众多学科的社会发展史料，因此，家谱这种中国传统的文献资料形式，往往与方志、正史一起，构成了中国历史大厦的三大支柱。

由于中国历史上许多家族延续时代长久，延展根脉发达，因此往往形成了十分复杂的谱系关系，有时很可能连自己的后辈都搞不清楚，因此必须通过一定的图谱谱系才能得以清晰的展现，这就是中国历史上之所以谱牒、家谱等文献资料形式大量出现的一个重要原因。在古代社会中，谱牒、家谱中复杂的家族谱系关系一般都是通过文字的形式来体现的，这种形式的优点是记载全面，表述灵活，但缺点是难以将复杂的关系简单、概要地表现出来，于是后人便有用"图"的形式来表现一些较为复杂的家族谱系关系的。

二、历史图谱及其谱系形态

历史图谱是一种按照一定的历史事件发展线索而编制的谱系材料，其谱系形态特点是按照一定的时间顺序对历史上所发生的重大事件进行梳理排列，以此来建构其整个的谱籍体系。例如孙占铨编撰的《中国历史图谱》具有如下特点：(1)以时间为主线，主要的历史事件、历史人物的生卒时间都能在图谱上反映出来。(2)国家、政权和民族的存在时间及变化过程都通过图的形式表现出来，直观、形象，易形成感性认识。(3)图中每个刻度上对应记载的是本年度发生的大事，事件大小及涉及的历史人物的历史地位不做横向比较。(4)帝王的更迭、政权的演变、所用年号都能通过图反映出来，并在重要的时间节点上配以文字说明。[①]通过时间主线和连续的彩色图形，一部不间断的、漫长的中国历史画卷就展现在我们眼前了，我们可以沿着这个时间轴线追溯历史，构思和想象若干年前我们先人的生活场景。

中国历史图谱中还有一种较有特色的图谱形式就是年谱。年谱是一种以某一个人的生平事迹为线索而编制的谱系文献材料，其主要内容就是追踪一个人一生中的所有生平事迹，并按照一定的时间次序进行组合排列。年谱是纪传和编年二体史书的一种演变和发展，它肇始于宋代，兴盛于明、清，至今存世的各种年谱约有四五千种，其中以清代年谱居多。关于年谱的价值，清代学

---

① 孙占铨编：《中国历史图谱》，吉林文史出版社，2010年。

者孙诒让在《昌巢民先生年谱序》中说:"自北梓人以陶、杜之诗,韩、柳之文,按年为谱,后贤踵作,缀辑事迹以为书者日多。于是编年之例通于纪傅,年经月纬,始末昭焯,此唐以前家史所未有也。盖名贤魁士一生从事于学问,论撰之间,其道德文章既与年俱进,而生平遭际之隆污夷险,又各随所遇而不同,非有谱以精考其年,无由得其详实。"在我国古代历史上,有很多著名的年谱作品,如宋洪兴祖的《韩愈年谱》、赵子栎的《杜工部年谱》、元程复心的《孟子年谱》等,这些年谱都是按照被编录人的著述及史籍所载事实考订编次而成的。

三、工序图谱及其谱系形态

工序图谱是一种按照一定的生产工艺流程而编制的谱系材料,具有较强的说明性意义,各个流程之间体现了一种推进关系。我国古代具有大量的科技图谱形式,其类别涉及农业、军事、医药、营造、地理、星象、矿业、冶金、纺织、酿造、地理、制陶、动植物分类、琴棋书篆、金石考古等各个方面,它们实际上都是属于工序图谱的形式。下面试以农业类工序图谱、纺织类工序图谱、营造类工序图谱等几类图谱形式为例作些具体介绍。

1. 农业类工序图谱

古代农业类科技类的工序图谱,当以《耕织图》为最有代表性。宋代楼璹在对当时的农业生产深入考察的基础上,绘制了《耕织图》45幅,包括耕图21幅、织图24幅,反映了我国农耕时代最重要的两种生产方式——耕与织的各个具体生产环节。此书问世以后,便受到了朝廷与社会的广泛关注。后来清朝康熙南巡见到《耕织图》后,感慨于织女之寒、农夫之苦,传命内廷供奉焦秉贞在楼绘《耕织图》基础上重新绘制,计有耕图和织图各23幅,并每幅制诗一章。耕部分为浸种、耕、耙耨、耖、碌碡、布秧、初秧、淤荫、拔秧、插秧、一耘、二耘、三耘、灌溉、收刈、登场、持穗、舂碓、筛、簸扬、砻、入仓、祭神;织图分为:浴蚕、二眠、三眠、大起、捉绩、分箔、采桑、上簇、炙箔、下簇、择茧、窖茧、练丝、蚕蛾、祀谢、纬、织、络丝、经、染色、攀华、剪帛、成衣。这是一种典型的工序图谱形式,反映了我国古代社会耕与织两种生产方式的全过程。

2. 纺织类工序图谱

在王祯的《农书》、薛景石的《梓人遗制》、宋应星的《天工开物》、徐光启的《农政全书》中,对纺织技术的各个过程与环节多有记述,书中还附有大量的插图与文字珠联璧合,详明完备,对古代的生产技术成就进行总结,具有重要的科学价值。清代方观承的《棉花图》、杨屾的《豳风广义》和《蚕桑萃编》中,附图亦丰尤。尤其是方观承的《棉花图》，是研究我国农业科技史、植棉史、棉纺织史的重要史料。书中绘有表现棉花生产过程的图共16幅，计有布种、灌溉、耕畦、摘尖、采棉、炼晒、收贩、轧核、弹花、拘节、纺线、挽经、布浆、上机、织布、练染，每图都配有文字说明和七言诗一首，似连环画，并配有文字说明。乾隆见后极为称赏，并在每幅图上题诗，成为《御题棉花图》。其中如"灌溉图"题诗："土厚由来产物良，却艰治水异南方。辘轳汲井分畦溉，嗟我农民总是忙。""织布图"题诗："横律纵经织帛同，夜深轧轧那停工。一般机杼无花样，大辂推轮自古风。"对棉花生产的各个环节作了详细的解释。

3. 营造类工序图谱

我国古代营造技术十分发达，由于营造技术较为复杂，因此常常要用工序图谱的形式将其绘制出来，由此而成为一种典型的营造工序图谱。这方面较为典型的是李诫所编的《营造法式》。北宋哲宗元符三年(1100)，李诫编成了全面系统地总结当时建筑技术发展状况和经验的《营造法式》一书。全书共34卷，对营造生产中的各个过程与形式，包括壕寨制度、石作制度、木作制度、雕作制度、旋作制度、锯作制度、竹作制度、瓦作制度、泥作制度、彩画作制度、砖作、窑作制度等10多个工种的制度进行了形象具体的描绘与展示，呈现了我国古代建筑营造技术的整体面貌。《营造法式》一书不但是我国古代最全面最科学的设计规范和施工手册，而且也是世界上最早最完备的建筑大全。[①]在《营造法式》这一文献中，我们可以看到中国古代营造建筑技术中从打地基、房屋构架设计、材料加工，一直到房屋装饰美化等整个过程，是属于一种典型的按照工艺流程推进程序编排的工程图谱谱系。

第三节 非物质文化遗产图谱谱系的内容对象与表现形式

由于非遗资源在内容、形式、载体、生存方式、传播方式等方面都具有自身的特点，因此在开展对于非物质文化遗产图谱的编制工作时，必须紧密结合非遗资源自身的特点，根据非遗资源的实际情况，"量身定制"各种典型的非物质文化遗产图谱的内容对象与表现形式，系统体现非物质文化遗产图谱的谱系特色，如此才能使所编成的非物质文化遗产图谱更加具有典型性与科学性。

[①] 沈克:《中国文化的图象传承——试析古代科技图谱》，《南京艺术学院学报》2003年第3期。

以下,本书将从中国非遗资源的实际情况出发,对其内容对象及其谱系形态作些分析,以见中国非物质文化遗产图谱的主要特点与总体面貌。

一、以内容情节发展线索为表现对象的非物质文化遗产图谱谱系

在非遗资源中,有相当一部分是依靠一定的故事情节而组建构成的,例如神话、传说、民间故事、叙事诗、戏剧、曲艺,等等。在这些非遗资源中,情节叙事成为它们最为重要的存在基础。因此,对于这类非遗资源,需要重点编制一些以内容情节为表现对象,以情节发展过程为脉络线索的非物质文化遗产图谱谱系。

这里需要进一步探讨的是:由于作为非遗事象的许多情节叙事往往处于变化的、不确定的状态之中,因此使得人们很难用一个个确定的形象去准确地表现这些非遗事象特征。例如作为非遗门类之一的民间传说的内容情节就经常处于变动状态之中。那么,究竟应该按照怎样的标准来确定民间传说中的情节与人物形象呢?我们这里运用的是当今民间文学学术界通用的"情节单元"或"母题"的研究方法。这种研究方法对世界上所有的民间故事都进行了典型情节的定位,这种典型情节就被称作是"情节单元"或"母题"。根据这些"情节单元"或"母题",我们便可以抓住民间故事与民间传说中典型的故事情节与人物特征,进行形象的图谱描绘。例如对于我国著名的四大民间传说之一——《白蛇传》这一民间传说,我们可以抓住其中如游湖借伞、定盟结亲、保和堂开药铺、端午惊变、白蛇现形、盗仙草、水漫金山、断桥重逢、合钵、镇塔、哭塔、倒塔等一些典型情节来进行形象特征图谱的编制。这种具有反映故事情节与人物典型特征的民间传说图谱是具有一定的标识性意义的,通过这些图谱,我们便能够十分概括地了解这些民间故事的主要情节与基本面貌,所以也可将其称为"民间传说典型情节标识图谱"。

又如我国著名的四大民间传说之一——《梁山伯与祝英台》,其发展情节主要是按照别亲—草桥结拜—托媒—十八相送—思祝下山—劝婚—楼台会—送兄—吊孝—逼嫁—祷墓—化蝶这样一系列而构成的,这一情节结构是梁祝传说内容构成的最为重要的基础,没有这样一套典型的情节叙事结构,便难以呈现梁祝传说的整体面貌。因此,在制作梁祝传说这一具有较强故事情节性的图谱时,我们应该深入掌握梁祝传说故事中的这些典型的情节单元,重点表现这一传说故事中各个典型故事情节以及具体发展演变的过程,以使这一传说故事中的情节发展脉络在其图谱谱系形态中得以清晰的展现。

图 4-1 《白蛇传》情节标识图谱

注：本图为本书课题组根据对《白蛇传》部分典型情节内容的研究结果编制。

  有关这一方面的另一个值得注意的问题是，中国非遗资源中的许多故事情节往往并不是单一的或者唯一的，而是存在着许多复杂多变的情况。由于非遗事象大多是依靠口头的方式得以保留与传承，因此在不同版本的非遗作品以及体系中，往往存在着题材相同而情节内容与故事结构却颇有差异甚至大相径庭的情况，这一事实构成了非物质文化遗产图谱谱系编制上的许多复杂性。例如牛郎织女传说本是一个中国传统社会中家喻户晓的民间传说故事，与梁祝传说、孟姜女传说、白蛇传传说同为我国最著名的四大民间传说之一。从汉代末年牛郎织女故事基本成型以后,我们所知道的这一传说的基本情节就是:织女是天上的仙女,牛郎是人间的平民,后来两人成婚,由于受到天帝(一说王母)的阻挠,被天河阻隔,夫妻被迫分离,最终感动天地,夫妻在鹊桥上相会,留下了一段为众人称道的经世美谈。但是这一情节基本定型后,在不同的牛郎织女版本中其情节内容及框架结构却经常还是有所不同的。例如明代文学家瞿佑《剪灯新话》里的一篇小说《鉴湖夜泛记》,记述元代浙江会稽处士成令言不求显达,向来喜欢会稽的山山水水。元文宗天历年间,他在鉴湖之滨择地居住,整天遨游不止。有一天忽然来到天河,遇到织女,织女告诉他神界并无牛郎织女结为夫妇一事,小说中织女云:"妾乃天帝之孙,灵星之女,夙禀贞性,离群索居。岂意下土无知,愚民好诞,妄传秋夕之期,指作牵牛之配,致令清洁之操,受此侮辱之名。"这段文字推翻了牵牛织女爱情传说,织女作为天上的神灵,身份高贵,离群独居,秉性贞洁,织女也没有嫁给牵牛,天上没有人间所说的七夕相会之事。另如《李笠翁先生汇辑警世选言》中的《灵光阁织女表诬词》,是根据《鉴湖夜泛记》的故事内容改变而成的,它在情节方面一是加入了嫦娥奔向月宫,神女高唐幽会,后土灵佑的故事,以及湘灵冥会的情节;二是增添了二十年后,成令言重上天河遇见织女、牵牛,织女和众仙女称织女、牵牛本是姐弟关系,恋爱结婚纯属人间的虚构之事。

在明代的《新刻全像牛郎织女传》中,牛郎织女故事情节的改动与变更更是十分明显。在这部描写牛郎织女的作品中,牛郎成了一位天神,他的身份高贵,竟然和玉皇的女儿织女联姻,攀上了高枝,成了玉皇的乘龙快婿,地位有了质的飞跃。而织女更是成了一位不仅有着精湛的织布技艺,而且有着很高的政治修养的公主。织女还竟然以织布技巧为比,大谈治国之道,成了一个深明大义,懂得治国之道的贤女子。后来,由于他们两人日夜沉溺于感情,"耽于淫乐",废弛职事,于是只能被贬人间,被迫分离。他们被贬后,希望戴罪立功,通过自己的勤勉劳动来赢得玉皇的宽恕。牛郎勤于牧牛,织女勤于织布,二人的努力劳动最后感动了天上的各位仙人,最后玉皇给了他们特赦日,于每年的七月七日相会。[1]

对于这种情节变异与演化的情况,在非物质文化遗产图谱编制时要予以特别的注意。图谱编制者应该根据各种不同的非遗资源情节结构特点编制各

---

[1] 邓未:《元明清时期牛郎织女流变研究》,西北师范大学硕士学位论文,2014年。

种不同形式的图谱谱系形态，借以与非遗资源情节内容与结构特点相适应。例如，根据牛郎织女传说不同版本的情节结构特点，可以编制以总而分、总分结合式的图谱谱系结构，在一个统一的"牛郎织女"题材下形成多个不同的情节谱系系列，如下图。

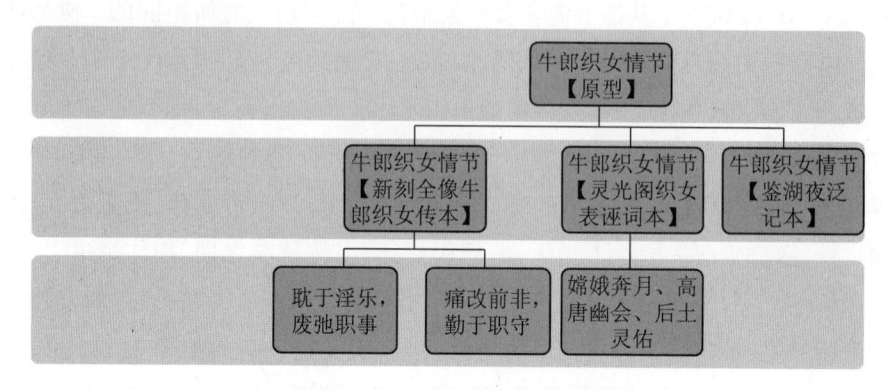

```
                    牛郎织女情节
                      【原型】
        ┌───────────────┼───────────────┐
   牛郎织女情节      牛郎织女情节      牛郎织女情节
   【新刻全像牛      【灵光阁织女      【鉴湖夜泛
   郎织女传本】      表诬词本】         记本】
     ┌─────┬─────┐         │
  耽于淫乐，痛改前非，   嫦娥奔月、高
  废弛职事  勤于职守    唐幽会、后土
                         灵佑
```

图 4-2 "牛郎织女"情节图谱谱系

注：本图为本书课题组根据对我国牛郎织女传说部分情节内容的研究结果编制。

二、以形式演变发展线索为表现对象的非物质文化遗产图谱谱系

非遗资源不但在情节内容上具有发展演变的特点，而且在艺术形式上也往往具有发展演变的特点，因此，通过绘制图谱的方法，可以把非遗资源形式的形成、发展、演变形象地表现出来，由此而构成各种具有非遗形式演变特点的图谱谱系形态。以上海地区的非遗项目——沪剧为例。沪剧初名"花鼓戏"，是上海及江、浙一带农村广泛流行的一种的田头山歌。早在清乾隆年间（1736—1795）花鼓戏已有流行。清代道光年间（1821—1850），形成了上海本地的滩簧形式——"本滩"。本滩的形式是两个男演员分扮一男一女两个角色，称为对子戏。一般全班只有四五个人，伴奏乐器只有一把二胡，一副鼓板，一面小锣，可随地演唱。后来，又发展成同场戏，角色通常有三个以上，有专门的伴奏人员，整个班社有八九个人，可以演出情节较复杂的剧目，并且已经有女演员了。戏班被称为"支锥班"，班中的男角称上手，女角称下手，以一生一旦居多，也有一丑一旦，乃至两个旦角的。早期戏班主要在乡间流动演出，后来又在上海的茶楼、街头演出。剧目大都以农村生活为题材，演员的装束都是清代的农村服饰，这些剧目后来被称为清装戏。辛亥革命前后，本滩进入上海各游艺场演出，初期仍以坐唱为主，没有化妆。后来随着班社的增多，本滩规

模也扩大到十人左右。至20世纪20年代,本滩受到文明戏的影响,采用了幕表制,并发展为小型舞台剧"申曲"。30年代初,出现了大量取材于时事新闻和电影故事,表现城市生活的剧目,因剧中人物着西装、旗袍登场,被称为"西装旗袍戏"。这类戏的上演,使申曲逐渐采用了接近文明戏和话剧的表演形式,如采用新颖的布景,加强了灯光、效果、音乐等,还吸收了一些文明戏工作者担任编导。到1938年,申曲团体猛增到三十个左右,有文月社、新雅社、施家班等。1941年,成立了上海沪剧社,开始把申曲改称"沪剧"。这一时期的申曲受话剧和电影的影响很大,上海沪剧社上演的第一个剧目就是改编好莱坞电影《魂断蓝桥》。此后,沪剧上演了许多根据名著、话剧或电影等改编的剧目,小说如《秋海棠》《骆驼祥子》《家》等,话剧如《上海屋檐下》《雷雨》等,电影如《乱世佳人》《铁汉娇娃》(《罗密欧与朱丽叶》)等。20世纪40年代以后,沪剧在话剧和电影的影响下建立了编导制度,表演上注意刻画人物性格,探寻唱、做、白的有机结合。演唱艺术方面,以最能表现个人演唱特点的长腔长板为主,出现各种流派。中华人民共和国成立后,沪剧进入改革发展的新时期。1953年成立了第一个国家沪剧演出团体——上海人民沪剧团。广大沪剧演员、编导、乐师、舞美人员积极编演现代戏,出现了大批反映革命历史和现实生活的剧目,如《罗汉钱》《白毛女》《星星之火》《鸡毛飞上天》《黄浦怒潮》《芦荡火种》《红灯记》《被唾弃的人》等,对提高沪剧的音乐唱腔、表导演水平和舞美推陈出新起了重要作用。

由此可见,上海的沪剧是一种由民间山歌小调形式上发展起来的戏剧形式,自清代乾隆以后,先后经过了花鼓戏——本滩——申曲——沪剧这样一个发展演变的历史序列。这一历史序列是非物质文化遗产图谱制作的一种重要表现对象,通过形象具体的图谱描绘,可以将上海沪剧形式发展演变的脉络线索清晰地表现出来,形成具有颇高认识与研究价值的沪剧形式发展源流谱系。

再以中国典型的非遗项目——舞龙为例。舞龙作为一种具有祭祀、娱乐、文艺、竞技等多种功能的民俗舞蹈形式,本是农耕文化的产物。据现有资料考证,舞龙的活动发展从一开始就与祭祀敬神相辅相生,与庙会、习俗等活动中的祭祀、祈禳等敬神仪式相依附融会,凡是有宗教活动场所,就必定是有着舞龙活动。随着时间的推移,舞龙逐渐从宗教仪式中独立出来,成为中华文化的一种独特的民间信俗活动。在古代的吴越民间,龙灯常被看成是龙的化身,因此在整个舞龙过程中,往往还有着许多严肃的规定,如女性不能舞龙,不能抚摸龙头,不能跨越龙身;龙头制作后要举行"开龙眼"的点睛仪式;草龙祈天求雨、香火龙驱邪除灾,表演前先要到寺庙祭拜,寄望神灵,祈求苍天能解民之危,保佑来年风调雨顺,等等。汉代时期,舞龙活动逐渐从祭祀仪式中走了出来,成为一种礼仪性的文艺活动,这一点我们通过东汉张衡《西京赋》中所描述的"鱼龙蔓延"之戏等内容可以明确地感觉到。整个汉代时期的舞龙活动,既有礼仪性质,又是娱乐节目。晋南北朝时期,舞龙依然保留着原来的礼仪与文艺的特征。《隋书·音乐志》云:"及宣帝即位,而广招杂伎,增修百戏、鱼龙蔓延之伎陈殿前,累日继夜,不知休息。"又云:"始齐武平中,有鱼龙、烂漫、俳优、侏儒、山车、巨象、拔井、种瓜、杀马、剥驴等,奇怪异端,百有余物,名为百戏。"隋唐时期,中国民间的舞龙活动在艺术性和观赏性方面都得到了提高。此时期的舞龙活动已经显露了一种有脱离为求雨而独立作为表演性质,其艺术表演手段和水平也都得到较大的发展和提高。至宋代时,中国的舞龙达到了空前发展的程度,并逐渐开始将舞龙作为专门的娱乐性表演。宋代时期的舞龙已开始逐渐流行于民间的习俗活动中,主要用于祈求喜庆、吉祥等场合,并带着浓重的娱乐性。宋代的文献中还有了关于舞"旱龙舟"的记载,更表明了有关舞龙的新的多样性发展。值得注意的是,当时的民间已有了以草把缚成戏龙之状,再用青布笼遮,在上置布灯烛的习俗,草龙游(舞)动之时,宛如火(灯)龙,这恐怕便是龙灯的雏形。后来经逐渐发展、改进、完善,便有了较成熟的龙灯,多在节日之夜(如元宵灯会)戏耍舞动,蔚为壮观。清代是我国舞龙发展史上的高峰。这一时期,舞龙在种类上有了新的全面发展,出现了火龙、烛龙、竹龙、龙灯等之分,在表演上也达到了相当高的艺术水平,不但追求形神兼备,更强调舞龙的回旋婉转之态,这可从诗人李渔的《龙灯赋》里见出:"行将飞而上天兮,且宇宙而不夜。不则潜而入海兮,照水国以夺犀。"20世纪80年代以后,全国各地的民间舞龙活动再度活跃起来。它品种多样,内涵丰富,遍布大江南北,也渗透进许多少数民族的文艺活动中,其发展速度和力度都达到了空前的程度。更令人可喜的是,时至21世纪初,舞龙被列入了国家非物质文化遗产保护名录之中,大量舞龙资源受到了积极的发掘与保护。同时,舞龙也被作为全民健身活动的重要项目以及国家体育的正式竞技项目,活跃在了当今社会的各种竞技场上和庆典活动之上,登上了高雅的艺术舞台,受到了许许多多外国友人的喜爱和欢迎。

中国历史上漫长悠久、形式多样的舞龙活动，充分地反映了中华民族的文化精神与艺术审美情趣，自原始时代至今，舞龙活动始终兴旺活跃在中华大地的各个角落，成为中华文化的一种典型象征。在长期的历史过程中，中国舞龙的形式也经历了不断的变化与发展，由最早的祭祀性舞龙，发展到娱乐性舞龙，再发展到艺术表演性舞龙，再发展到体育竞技性舞龙，这些不同类型的舞龙形式，构成了一幅长长的中华舞龙发展演变历史画卷。在各种形式的舞龙活动中，又可以分出各种更加具体的舞龙文化形态，例如祭祀性舞龙中的请龙、迎龙、点水、巡游、送龙；娱乐性舞龙中的音乐、舞蹈、游戏、装扮、焰火；艺术表演性舞龙中的队列、服装、灯光、舞台设计；体育竞技性舞龙中的规则、评比、竞赛，等等。这些千姿百态的舞龙文化形式，我们都可以将其绘制成舞龙图谱谱系，以致清晰地展现舞龙活动的发展脉络以及各种舞龙形式的风姿态相。

三、以生产技艺流程为表现对象的非物质文化遗产图谱谱系

在宏大的中国非遗资源库存中，也有相当一部分是生产技艺方面的资源与项目，如农业种植、家畜加工、烧造、织染、缝纫、矿业、冶金、纺织、酿造、制陶、编织、扎制、涂漆、造纸、印刷、装帧、医药、建筑营造，等等。这些非遗资源与项目的一个共同特点，就是都需要有一定的生产程序，只有通过一道又一道复杂而精细的生产流程，各种产品才能被制造出来。因此，对于这类非遗资源而言，最为重要的图谱编制内容就是精确地描绘与展现其具体的生产程序与过程，以使人们通过图谱的阅读达到对其较为全面而清晰的了解。

北京宫毯是我国第二批手工技艺类的国家级非物质文化遗产项目，早年间称为官坊毯或宫毯，专为宫廷所用，其在品种上主要分为两类：一类是丝栽绒毯；另一类是毛栽绒毯。北京宫毯的制作具有十分复杂的生产工艺流程，前后有100多道具体的工序，其主要工序包括前期准备、织毯成型、美化整理三个系列。

具体而言，前期准备工序包括：

1. 染纱。宫毯在染色前必须洗涤干净，以除去毛纱中的脂肪、杂质、防止损害羊毛纤维；要选择均染性和透染性都好的单一颜色染料放入染缸里匀开溶解，再放入本色（一般为白色）的毛纱浸泡，一定时间后，就染上了颜色，要防止染花、色暗、染不透，应使之染色均匀、透彻、干净。

2. 分线。在织毯前，必须先分出各种色彩的线，才能使织出的宫毯图案鲜明。

3. 绘图。也就是设计图案,这是北京宫毯编织前的重要工序。设计图案、绘图前就要考虑其织成后所用的地方和它相配。每块宫毯都是独特的,都需要绘图这一工序。

4. 放样。在宫毯制作前先要做个试样,然后再根据试样的比例放大,这个工序就称为"放样"。一般放样后的大样是按1∶1设计的,标上了颜色,并用有关标准规范。具体放样的画法有圆形、椭圆形、长条形、正方形等,最后要从纹样、构图、色彩三方面达到小样的艺术标准。

5. 机梁调整。由于每块宫毯的大小尺寸都不一样,所以上经前都要调整挂毯的主要设备——机梁的尺寸。传统的机梁是木制的,分主机梁、副机梁、专用附件三部分。现在北京地毯五厂的铜管机梁主要由上梁、下梁、左右立身支撑机架、上梁轴承、下梁轴承、梁底座、地角板、左右螺丝顶杠、戳脚支撑机架、绞怨、坐箱、绷杆等组成。机梁可以根据进度而不断调整。

织毯成型工序包括:

1. 上经。上经就是布置经线。首先要根据所编织宫毯的尺寸大小调整梁支平,确定上经的位置,然后准备好上经的各种工具,有铁耙、千斤顶等,使上经的宫毯能够平直,也要准备好各种量具,有吊锤、水平仪、皮卷尺、竹尺、志子(量绒的厚度)等。

2. 拴绞。拴绞也称锭经,是织毯成型中的一道重要工序。先选择好锭经的工具,有缯棒、锭经杆、锭经楔等。具体操作是:始终保持缯棒平直,缯铉要紧,经套的密度要均匀,紧度前后一致,每5寸为一记。整个棚绞保持比经线宽2～3厘米,这样才能在编织中平直不抽经线。

3. 打底。宫毯上架后都是从编织底边,固定托底线开始的,这套工序称为打底。具体程序如下:用一个水平线以看横纬是否保持水平,托底线要碰直,扒匀经线,再盘上不紧不松的人字辫使经线均匀平直。打底子布时,注意踏套均匀,紧度一致,打到五六起后,可搭棚以备抽边时校正。底子布打完后,要复核水平方向、宽度、经头的密度。

4. 结扣(栽绒)。结扣也称拴栽绒结,是织毯成型中的一道重要工序。拴栽绒结可分握刀、握线、抠经、拴扣、砍绒等5个依次顺序,按平、顺、准、齐、底、快六字去操作才能达到要求。具体操作是:抠递适当、贴经下勒、拱手横刀、掐准砍齐、做到扣递、返扣递、接勒、拱砍、往返5个动作连贯并同一速度。

5. 过纬。过纬是织毯成型过程中的必要工序之一。又可分为过细纬、过粗纬2种。粗细纬都是宫毯结构中的纬向组织，这道工序将直接影响其成品的板实和外观。其技术要点是：过细纬要按棚绞尺寸的比例依有关标准确定长度，一般搭头不超过一，双手踏套要均匀才能使过纬密度均匀。

6. 剪荒毛。剪荒毛是织毯成型过程中的必要工序之一。其目的是使宫毯的半成品厚薄一致，为后续的平毯技艺提供必要的基础。其技术要点是：顺毛剪纬鼻，剪子要拿稳，轴部要成水平线，剪扇紧贴毯面，吃剪宽度适当，上下咬合，接茬准，这样才能使毯面光洁。为此要做到平、正、准三技术原则。平是指剪子不能在咬合时摆动，各剪口在咬合过程中保持在一个水平线上；正是指剪子在咬合时不能里外偏，使毯面平正；准是指每道活和剪口之间要做到"接茬准""走剪准""吃剪口准"。

美化整理工序包括：

1. 平毯。平毯也称"平活"，是宫毯下机后美化整理的第一道工序。手工编织的宫毯由于有众多的栽绒头而不平整，因此要用平活剪子加以修理（现在有平毯机修理），使之整幅宫毯的毯面都平整光滑，不显道数，厚度一致。

2. 开荒。开荒也叫"投沟"，是宫毯美化整理的第二道工序。凡加片的纹样都要用剪子开荒（不加片的纹样不开荒）。开荒要突出纹样的轮廓、界沟的清晰度，使之有立体感。

3. 片毯。片毯也叫"片活"，是美化整理过程中必不可少的工艺。利用片剪的手段突出纹样的独立性，使纹路更清楚，使主纹样周围的花和叶剪成有斜坡度的凹型，使主纹样的立体感更加明显。

4. 洗毯。洗毯是地毯美化处理中的主要环节。通过浸泡刮、刷、排液、冲水、脱水、干燥等流程，除去毯子上的油脂、尘土等污垢，使毯子整洁并回缩定型。它能去除制造中的污渍，美化毯面，还能使毯面绒毛起丝光作用。

5. 修整。修整是地毯产品生产的重要技术处理工序。它的主要目的是弥补、修复各工序遗留下来的质量疵点，以达到质量标准。修整内容包括择后背、择白点、扫边毛、挽穗扣、齐底穗、整毯面、整毯形、擦脏色、除污垢、缝窟窿、简单纹样穿修等。

由此可见，北京宫毯的工艺生产流程十分复杂，这也是作为手工制作类非遗资源的一种普遍性特点。对于这类复杂的工艺流程程序，如果运用工序图谱谱系表达的方式，就可使其得到清晰的呈现。例如北京宫毯的工序图谱谱系可以简单表现为如下的样式：

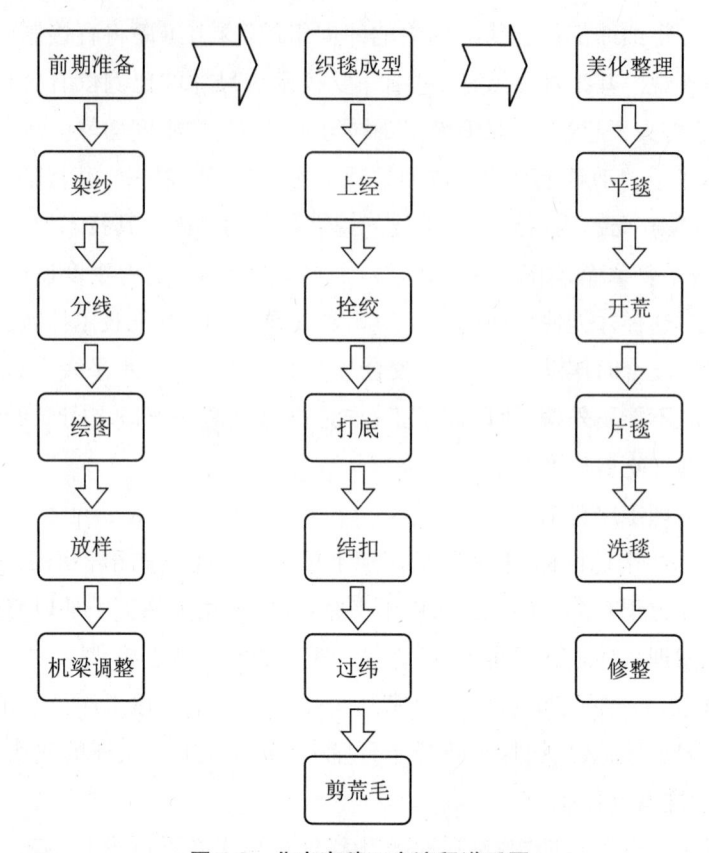

```
前期准备 ⇒ 织毯成型 ⇒ 美化整理
   ↓           ↓           ↓
  染纱         上经         平毯
   ↓           ↓           ↓
  分线         拴绞         开荒
   ↓           ↓           ↓
  绘图         打底         片毯
   ↓           ↓           ↓
  放样         结扣         洗毯
   ↓           ↓           ↓
 机梁调整      过纬         修整
              ↓
             剪荒毛
```

图 4-3　北京宫毯工序流程谱系图

注：本图为本书课题组根据对北京宫毯主要工序流程的研究结果编制。

经过这样一种图谱谱系的描述，北京宫毯制作的整个工序流程看起来便一目了然了。

由此可见，图谱谱系的编制是一种对于事物的整体性把握，通过图谱谱系的描绘，各种复杂的关系与程序便可以在一幅图中得以清晰简括的表现。

四、以类型类别为表现对象的非物质文化遗产图谱谱系

图谱谱系的本质就是一种用来表现各种事物的类别以及类别之间相互关系的表现形式，因此以类型类别为表现对象来编制非物质文化遗产图谱谱系应该是非物质文化遗产图谱谱系中最为重要的内容。根据不同的标准，非遗资源的类型具体又可以分为形式类型、功能类型、内容类型、风格类型、级别类型等，这些不同门类的非遗资源类型都可以编制成相应的图谱谱系形式。

非遗资源的形式类型是非遗资源类型划分中的一种重要类型种类，它主要是根据非遗资源在表现方式、表现手段等方面的不同特点而划分的。目前，我国对非遗资源的分类已经有了一些专门的规定，例如在2006年编制的《中国民族民间文化保护工程普查工作手册》(简称《手册》)①中，将非物质文化遗产分为16个大类，即民族语言、民间文学、民间美术、民间音乐、民间舞蹈、戏曲、曲艺、民间杂技、民间手工技艺、生产商贸习俗、消费习俗、人生礼俗、岁时节令、民间信仰、民间知识及游艺、传统体育与竞技。在2006年以后制定的《国家级非物质文化遗产名录》(简称《名录》)中，将非物质文化遗产分为10个大类，分别为民间文学、民间音乐、民间舞蹈、传统戏剧、曲艺、杂技与竞技、民间美术、传统手工技艺、传统医药和民俗。在这些大的门类下面，还可以分出若干个小门类。根据这些不同的非遗资源与项目门类，都可以编制相应的图谱谱系资料，以对我国非遗资源的形式类型特点有一个清晰的了解。

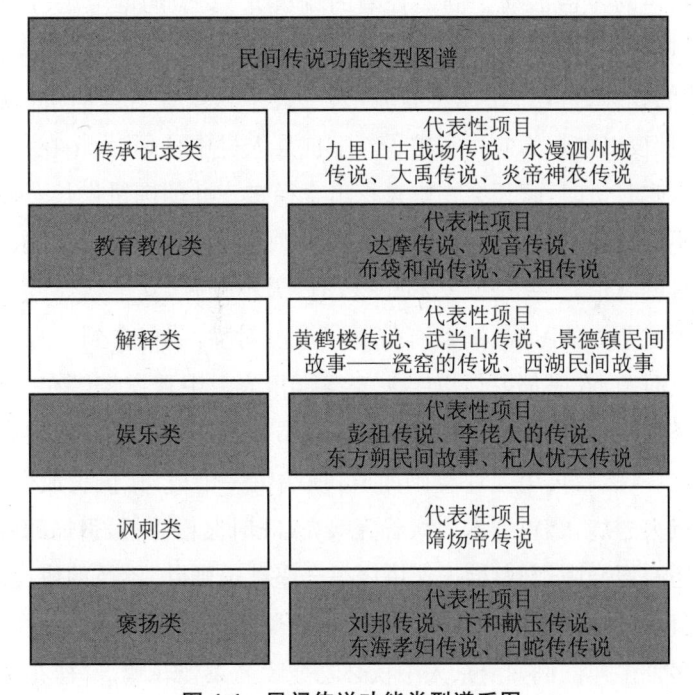

民间传说功能类型图谱	
传承记录类	代表性项目 九里山古战场传说、水漫泗州城传说、大禹传说、炎帝神农传说
教育教化类	代表性项目 达摩传说、观音传说、布袋和尚传说、六祖传说
解释类	代表性项目 黄鹤楼传说、武当山传说、景德镇民间故事——瓷窑的传说、西湖民间故事
娱乐类	代表性项目 彭祖传说、李佬人的传说、东方朔民间故事、杞人忧天传说
讽刺类	代表性项目 隋炀帝传说
褒扬类	代表性项目 刘邦传说、卞和献玉传说、东海孝妇传说、白蛇传传说

图4-4　民间传说功能类型谱系图

注：本图为本书课题组根据对我国民间传说功能类型的研究结果编制。

---

① 中国民族民间文化保护工程中心编:《中国民族民间文化保护工程普查工作手册》，文化艺术出版社，2006年。

非遗资源的功能类型也是非遗资源类型划分中的一种重要表现形式，它主要是根据非遗资源在日常生活中对于广大民众所具有的不同功能特点而划分的。例如我国传统社会中大量存在的民间传说类非遗资源，按照它们在日常生活中对于广大民众的不同作用，大致可分为教育教化类、解释类、传承记录类、娱乐类、讽刺类、褒扬类等几种不同的类别，它们被运用于不同的场合，发挥着不同的作用。根据这些不同的功能类型，我们可以编制出不同的民间传说功能类型图谱谱系文本，以见民间传说在民众日常生活中的各种不同作用。

非遗资源的内容类型也是非遗资源类型划分中的一种重要表现形式，它主要是根据非遗资源在故事情节、主题思想、活动内容等方面的特点而划分的。例如我国的中秋节是一项全国性的民俗节日活动，其中包含了大量富有各种地方特色的习俗活动。例如香港的舞火龙、安徽的堆宝塔、广州的树中秋、晋江的烧塔仔、苏州石湖看串月、傣族的拜月、苗族的跳月、侗族的偷月亮菜、高山族的托球舞等。在福建浦城，女子过中秋要穿行南浦桥，以求长寿。在建宁，中秋夜以挂灯为向月宫求子。上杭县人过中秋，儿女多在拜月时请月姑。龙岩人吃月饼时，家长会在中央挖出直径二三寸的圆饼供长辈食用，意思是秘密事不能让晚辈知道。在金门，中秋拜月前要先拜天公。广东潮汕各地有中秋拜月的习俗，主要是妇女和小孩，有"男不拜月，女不祭灶"的俗谚。当地还有中秋吃芋头的习惯，潮汕有俗谚："河溪对嘴，芋仔食到。"八月间，正是芋头的收成时节，农民都习惯以芋头来祭拜祖先。中秋夜烧塔在一些地方也很盛行。塔高1~3米不等，多用碎瓦片砌成，大的塔还要用砖块砌成，约占塔高的四分之一，然后再用瓦片叠砌而成，顶端留一个塔口，供投放燃料用。中秋晚上便点火燃烧，燃料有木、竹、谷壳等，火旺时泼松香粉，引焰助威，极为壮观。民间还有赛烧塔规例，谁把瓦塔烧得全座红透则胜，不及的或在燃烧过程倒塌的则负，胜的由主持人发给彩旗、奖金或奖品。江南一带民间在中秋节的习俗也是多种多样。例如南京人中秋必吃金陵名菜桂花鸭。"桂花鸭"于桂子飘香之时应市，肥而不腻，味美可口。酒后必食一小糖芋头，浇以桂浆，美不待言。除了吃桂花鸭外，还要合家赏月，称"庆团圆"，团坐聚饮叫"圆月"，出游街市称"走月"。明初南京有望月楼、玩月桥，清代狮子山下筑朝月楼，皆供人赏月，而以游玩月桥者为最。人们在明月高悬时，结伴同登望月楼、游玩月桥，以共睹玉兔为乐。江苏无锡中秋夜要烧斗香。香斗四周糊有纱绢，绘有月宫中的景色,也有香斗以线香编成,上面插有纸扎的魁星及彩色旌旗。上海人中秋宴以桂花蜜酒佐食。江西吉安在中秋节的傍晚,每个村都用稻草烧瓦罐,待瓦罐烧红后,再放醋进去,这时就会有香味飘满全村。新城县过中秋时,自八月十一夜起就悬挂通草灯,直至八月十七日止。安徽婺源中秋节,儿童以砖瓦堆一中空宝塔,塔上挂以帐幔匾额等装饰品,又置一桌于塔前,陈设各种敬"塔神"的器具,夜间则内外都点上灯烛。安徽绩溪中秋有儿童打中秋炮之俗。以稻草扎成发辫状,浸湿后再拿起来向石上打击,使发出巨响。另有游火龙的风俗。火龙是以称草扎成的龙,身上插有香柱。游火龙时有锣鼓队同行,游遍各村后再送至河中。四川省人过中秋除了吃月饼外,还要打粑、杀鸭子、吃麻饼、蜜饼等。有的地方也点橘灯,悬于门口,以示庆祝。也有儿童在柚子上插满香,沿街舞动,叫作"舞流星香球"。上海嘉定中秋节祭土地神、扮演杂剧、声乐、文物,称为"看会"。在北方,山东庆云农家在八月十五祭土谷神,称为"青苗社";诸城、临沂和即墨等地除了祭月外,也得上坟祭祖;冠县、莱阳、广饶及邮城等地的地主要在中秋节宴请佃户;即墨中秋节吃一种应节食品叫"麦箭"。山西潞安则在中秋节宴请女婿,大同则把月饼称为团圆饼,在中秋夜有守夜之俗。

  以上诸多的中秋节民俗活动内容,都可以通过编制非遗类型图谱的方式,将其汇总成谱,并且梳理出它们之间的异同关系。

表 4-1　中秋节部分地区习俗活动表

序号	特色活动	流行地区
1	舞火龙	香港
2	堆宝塔	江西婺源
3	树中秋	广州
4	穿南浦桥	福建浦城
5	请月姑	福建上杭
6	拜天公	福建金门
7	看串月	苏州石湖
8	拜祖先、吃芋头	广东潮州、汕头
9	烧塔仔	广东潮州、汕头,福建晋江、安福,江西吉安
10	玩月桥、吃桂花鸭	南京
11	烧斗香	扬州、南京、苏州、无锡、上海

续表

序号	特色活动	流行地区
12	走月亮	苏州、南京、上海
13	烧瓦罐	江西吉安
14	打中秋炮	安徽绩溪
15	看会	上海嘉定
16	祭土谷神	山东庆云
17	上坟祭祖	山东诸城、临沂、即墨
18	吃麦箭	山东即墨
19	请女婿	山西潞安
20	送月光纸	河北万全
21	泛舟登崖、沿门吹鼓、讨赏钱	陕西西乡
22	兔儿爷	北京
23	烧瓦子灯	江西临川
24	打中秋炮	安徽绩溪
25	走田野	安徽寿春
26	赏桂	苏州、杭州
27	斋月宫	苏州
28	玩花灯	广州
29	听香	厦门、漳州、泉州、台湾
30	观潮	杭州
31	博饼	福建厦门
32	舞草龙	浙江开化苏庄
33	赏月	浙江杭州西湖

五、以地域位置分布为表现对象的非物质文化遗产图谱谱系

以地域位置分布为对象而编制的图谱谱系是非物质文化遗产图谱谱系中一种较为特殊的类型，这种图在一般的通俗称谓中往往被叫作"非遗资源地图"或者"非遗资源分布图"。但是实际上任何一种"地图"或者"分布图"也是一种谱系序列，因为"地图"或者"分布图"中的各个信息点之间同样有着一定的逻辑关系，而不完全是一种散点式的分布，因此现在也有人把这种图叫作"地学图谱"。

由于非遗资源与项目一般都具有非常鲜明的地域性特征,因此对于以地域位置分布为标准而编制的非物质文化遗产图谱或者说非遗资源分布图的编制就变得非常重要,因为往往只有通过对这种强调空间性特点的非遗资源分布图的编制,才能清晰地了解这些非遗资源的地域分布状况,便于人们从整体的空间视觉效果上来认识非遗资源的特点及其与当地生态环境之间的密切关系。

涉及与非遗资源相关的地域分布图的类型也非常之多,其中较为典型的有非遗代表性项目分布图、非遗普查资源分布图、非遗代表性传承人分布图、非遗资源相关信息分布图等,它们都是以某种具体的,与非遗资源相关的对象为标准,来考察与展示其特定的空间位置,以及与这些特定的空间位置之间的逻辑联系。

非遗代表性项目、非遗普查资源、非遗代表性传承人等一些概念,都是在21世纪初世界非遗保护运动广泛兴起以后的产物。设立非遗代表作项目制度是联合国教科文组织自2001年以后所采取的一项非遗保护措施,2005年,我国政府也启动了我国自己的非物质文化遗产代表作名录申报制度,凡是被列入非遗代表作名录体系中的非遗项目,可以确定其在非遗领域中的代表性身份,同时得到政府的扶持与资助。除了设立非遗代表性项目制度以外,我国政府还对我国现有的各种广泛存在于民众的社会生活之中,具有一定的历史文化价值,但尚未被列入非物质文化遗产保护名录体系中的原生态非遗事象进行了广泛的普查。与那些已被列为非遗保护对象的非遗项目相比,它们可能尚未受到同样程度的重视,但是却是非遗保护项目产生的重要基础,而且,经过一定的挖掘与提炼以后,许多经普查后所获得的非遗资源也可以变成重要的非遗保护项目,这些非遗事象就被称为是非遗普查资源。在确立了非遗代表性项目以及非遗普查资源的基础上,我国政府又同时建立了关于非遗项目代表性传承人的认定与保护制度。所谓非遗项目代表性传承人,就是指那些能够熟练掌握某项非遗技艺,并对这些非遗技艺起到传承作用的人员,他们是实现非遗保护任务的关键所在。由于非物质文化遗产主要是以人为载体来进行传承的,因此,传承人在非遗保护与传承的过程中的作用显得非常重要。

值得注意的是,不管是非遗代表性项目、非遗普查资源,还是非遗代表性传承人,它(他)们都有着十分鲜明的地域性特点,都与某一地区、某一村落、某一社区有着密切的联系。因此,通过编制非遗代表性项目分布图、非遗普查资源分布图,以及非遗项目代表性传承人分布图的方式,可以明确地反映非遗项目、非遗资源以及非遗传承人的地域性特点,鲜明地展示非遗代表性项目、非遗普查资源以及非遗项目代表性传承人与其地理空间与生态环境之间的密切关系。例如,至2012年时,我国政府已经先后公布了三批国家级的民间剪纸类非遗代表作项目,它们分别是乐清细纹刻纸(浙江省乐清市)、浦江剪纸(浙江省浦江县)、扬州剪纸(江苏省扬州市)、金坛刻纸(江苏省金坛市)、南京剪纸(江苏省南京市)、徐州剪纸(江苏省徐州市)、医巫闾山满族剪纸(辽宁省锦州市)、岫岩剪纸(辽宁省岫岩满族自治县)、庄河剪纸(辽宁省庄河市)、建平剪纸(辽宁省建平县)、新宾满族剪纸(辽宁省新宾满族自治县)、安塞剪纸(陕西省安塞县)、旬邑彩贴剪纸(陕西省旬邑县)、延川剪纸(陕西省延川县)、中阳剪纸(山西省中阳县)、傣族剪纸(云南省潞西市)、上海剪纸(上海市徐汇区)、瑞昌剪纸(江西省瑞昌市)、新干剪纸(江西省新干县)、卢氏剪纸(河南省卢氏县)、灵宝剪纸(河南省灵宝市),等等。这些产生于不同地区、不同社群的民间剪纸项目,有着不同的地域特色与风格,通过编制国家级民间剪纸代表性项目分布图的形式,便可以将其不同的地理位置及地域风格表现得清清楚楚,一览无余,这也正是非物质文化遗产图谱重要的学术价值与认识价值所在。

六、以传承脉络关系为表现对象的非物质文化遗产图谱谱系

非物质文化遗产是依靠一代又一代人的传承而得以延续保存的,从某种意义上说,传承就是非遗的生命,如果没有一代又一代人的传承,非遗就不能延续存在下去。因此,在对于非遗资源的保护、研究以及图谱编制工作中,我们要特别注重"传承"这种独特的以人为本的文化载体的作用,在此基础上系统地梳理出各种不同形式的非遗资源传承脉络关系。在这方面,非遗资源传承图谱谱系的编制往往有着不可替代的作用。通过非遗资源传承图谱谱系的编制,不但可以清晰地描述某一非遗资源或项目从古至今的传承发展脉络状况,而且还可以系统地反映承担这一非遗资源或项目传承责任的各个非遗资源传承人之间的相互关系,以此揭示出某些非遗资源传承关系的特点与规律。

一般而言,非遗资源与项目的传承脉络都是纵向的,即第一代——第二代——第三代——第四代……由此而构成一个具有延续性的传承序列。在中国传统社会中,这种传承序列往往是在一个家庭之中实现的,那就是祖传父,父传子,子传孙,由此构成一种以家庭传承为载体的非遗传承模式。中国传统社会中纵向传承的另一种非遗传承序列主要是在一定的行业之中实现的,那就是师傅传徒弟,徒弟再传徒弟的传承模式,也就是所谓的师徒传承模式。除了纵向的传承脉络体系以外,非遗资源有的时候也会以横向的方式进行,即在同一时代或者同一时间中,某一传承主体与其他主体之间的各种单向的,或者多向的传承关系。其中单向的传承关系就是由某一传承主体为主导,通过他来向其他主体进行某种非遗技艺或者本领的传承。例如某位著名的民歌手在某个歌场中演唱民歌,许多在场的观众都在同一个歌唱中聆听他的歌唱,那么这位民歌手就是一位民歌传承的主导者,而其他的主体则是受众者。所谓多向的传承关系就是几位传承主体之间相互学习、相互传承,以此形成一定的传承关系。例如以前许多村子中有讲说民间故事的传统,通常是一个故事由几个人来共同讲说,你讲一段,我讲一段,由此而形成了一篇较长的故事,而这种故事的来源,则正是多向传承,或者"交互传承"的结果。

非遗资源传承形态上的这种纵向传承关系与横向传承关系,可以通过图谱谱系的表达方式得以概括的表现。例如,我们可以运用"树形图谱"的表现方式来描绘由古到今、由少到多的纵向性非遗传承关系,借以清晰地展现一代又一代的非遗传承关系;也可以运用"交互图谱"的表现方式来描绘相互交叉,相互影响的横向性非遗传承关系,借以表现在同一时空场合中非遗传承的那种相互影响,多元交叉的传承特点。其所能达到的效果,往往都要远远强于文字的表达形式。

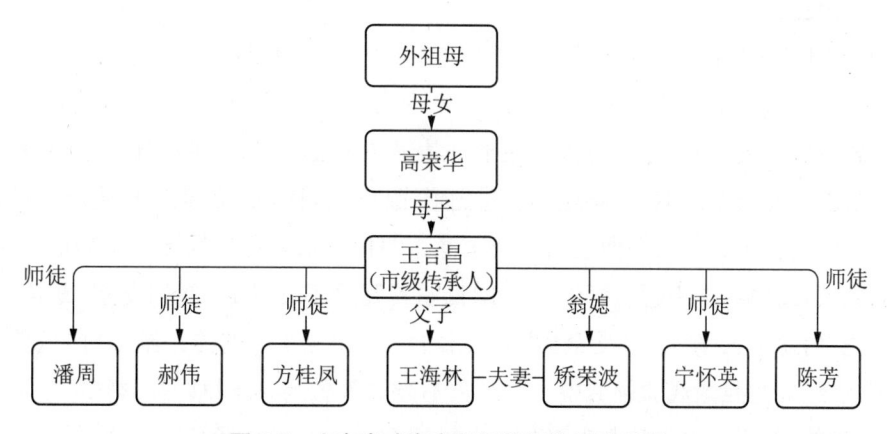

图 4-5　山东省威海市民间剪纸传承谱系图

注:本图为本书课题组根据对山东省威海市民间剪纸传承情况的研究结果编制。

七、以社会影响为表现对象的非物质文化遗产图谱谱系

非遗事象是广大民众在长期的社会生活中产生的文化形式,许多非遗事象一旦形成以后,就会在广大民众中产生广泛的影响,为广大的民众所传承、普及与推广。尤其是一些传承时间长久,流传区域广泛,得到各地民众广泛认同的非遗事象,在中国民间社会中都已经经过了数百年,甚至上千年的传承,对于广大民众的精神思想、文化娱乐、社会习俗等各个方面都具有极为广泛的影响。有些非遗事象对于广大民众而言更是往往已经超出了某个单一的范畴,与广大民众社会生活与文化审美的各个方面联系在一起。例如白蛇传、孟姜女、梁山伯祝英台、牛郎织女这四大民间传说,经过数百年乃至上千年的传承发展以后,已经成为中华民族所普遍认同的一种文化经典,长期以来,它们以其丰富生动的情节内容、深刻的思想意义、优美精湛的艺术表现,吸引着千千万万的中国民众,不但成为中国最具广泛性意义的民间文学经典,同时也渗透到了艺术、宗教、语言、娱乐、习俗等其他诸多领域。直到今天,这些传说依然有着强大的影响力。例如各种以白蛇传、孟姜女、梁山伯祝英台、牛郎织女等著名民间传说为题材的小说、故事、电影、节日、娱乐、游戏等文化样式,在当代中国的各个文化领域都十分多见。通过非遗资源社会影响图谱谱系的表现方式,不但可以明确地表现非遗事象社会影响的各个方面与各个领域,而且还可以清晰地梳理非遗事象与这些因某一非遗事象所产生的各种社会影响现象之间的互动关系,并更好地探索非遗事象与社会其他文化形式产生互动现象的动因。

仍以我国影响巨大的民间传说白蛇传为例。白蛇传最早产生于唐代,在唐代以后直至清代的一个相当长的历史阶段中,该传说主要是以口头文学的形式在中国民众中广泛流传,其主要的表达方式是口头语言。但是随着白蛇传在中国民众中影响的逐渐扩大,它的形式也开始越来越趋于多样化,涉及书画、诗文、音乐、舞蹈、戏曲、影视、工艺品、节日、习俗等各个领域。尤其是在戏曲领域,以白蛇传为题材而编写的剧目曲目几乎不计其数,例如婺剧《断桥》、京剧《白蛇传》、扬剧《水漫金山》、越剧《合钵》、川剧《白蛇传》、昆曲《白蛇传》等,已经成为我国戏曲领域中一些经久不衰的著名经典剧目。在影视的领域,《白蛇传》的影响也十分之大,仅在20世纪80年代以后,就有《新白娘子传奇》《白蛇传》《白蛇传说》《青蛇》等一系列以白蛇传为题材的影视作品先后问世,受到广大民众的喜爱与青睐。除了书画、诗文、音乐、舞蹈、戏曲、影视等各种

文艺形式以外，白蛇传还与一些中国的传统节日以及民俗形式紧密联系在一起，成为一种中国传统社会中的节日文化现象。例如在我国传统的端午节中，就有许多与白蛇传有关的习俗活动。到了端午节时，不但有除五毒、喝雄黄酒、点雄黄等一些驱除邪祟的习俗行为方式，而且还有演白蛇传戏文、说《白蛇传》故事等民间文艺的习俗传承。由此可见，诸如白蛇传之类的著名民间传说，对于我国文化、艺术、宗教、习俗等各个领域都具有一定的影响，与我国传统社会中的许多文化形式与文化内容都有着密切的联系。通过社会影响图谱的编制，可以将非遗资源的这种特点以及具体的形态清晰地表现出来，以使人们更为全面地认识非遗资源本身所具有的社会性意义。

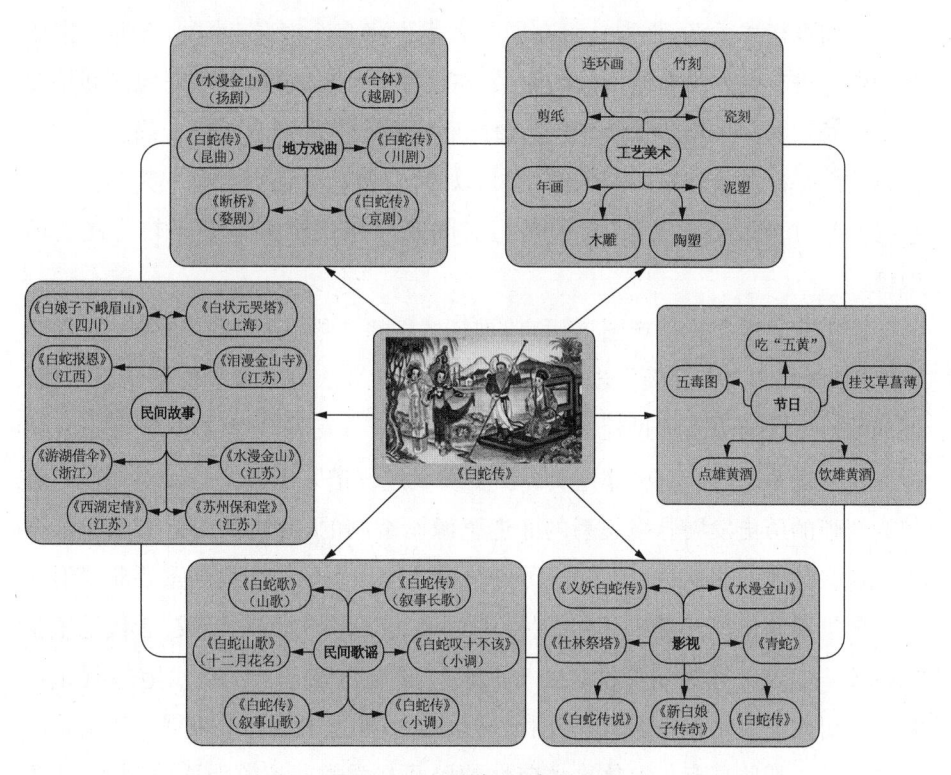

图 4-6 《白蛇传》社会影响图

注：本图为本书课题组根据对《白蛇传》社会影响情况的研究结果编制。

第四节 非物质文化遗产图谱谱系的内在逻辑关系

上文表明，图谱谱系构建的最为核心的本质，是图谱谱系具体对象之间的内在逻辑关系。简单地来说,所谓图谱谱系,就是一种反映事物之间相互关系的表达方式,因此,明确图谱谱系具体对象之间以何种关系形式而存在对于图谱谱系的建构是至关重要的。只有图谱谱系具体对象之间的内在逻辑关系明确了,图谱谱系的建立才是可能的以及可操作的。

那么,在非物质文化遗产图谱谱系的建构中,各种具体的非遗资源对象之间又主要存在着哪些内在的逻辑关系呢?我们经过深入的研究后认为,它们主要表现为推衍式关系、并列式关系、辐射式关系、层递式关系、交互式关系、叠加式关系等,这主要是根据非遗资源的内容、特点以及发展规律而形成的。

一、推衍式关系

所谓推衍式关系,是指一组在同一大类下将多个对象(小类)按照一定的时间顺序进行排列组合所构成的关系,在这种关系形式中,各个对象之间按照一定的时间顺序一步步发展、推衍,由此而构成一定的组合关系。确立这种关系结构的基础主要就是时间顺序,除此以外,它们有时也会含有一些其他的关系,如因果关系、交互关系等,但是与时间顺序相比则大多处于较为次要的地位。

对于非物质文化遗产图谱而言,推衍式关系主要是体现在以非遗资源历史发展过程、非遗资源操作步骤等内容要素为主要表现对象的图谱谱系方面,例如非遗资源历史发展过程谱系图、非遗故事情节发展过程谱系图、非遗资源操作流程谱系图等。其中非遗资源历史发展过程谱系图主要是针对那些具有较为清晰的历史发展脉络关系的非遗资源而编制的,其建构图谱谱系的依据就是这些具体的非遗资源之间的历史发展过程。例如作为我国重要非遗形式之一的笔墨制作技艺,按照推衍式关系便可将其发展过程编制成"唐代笔墨制作技艺——宋代笔墨制作技艺——元代笔墨制作技艺——明代笔墨制作技艺——清代笔墨制作技艺"这一图谱谱系系列;非遗故事情节发展过程谱系图主要是针对那些具有一定故事情节性的民间文学类非遗资源而编制的,其建构图谱谱系的依据就是这些非遗资源之间的情节发展线索。例如民间传说《梁山伯与祝英台》,按照推衍式关系便可将其情节编制成"别亲—草桥结拜—托媒—十八相送—思祝下山—劝婚—楼台会—送兄—吊孝—逼嫁—祷墓—化蝶"这一图谱谱系系列;非遗资源操作流程谱系图主要是针对那些具有一定生产工艺流程的手工技艺类非遗资源而编制的,其建构图谱谱系的依据就是这些非遗资源的工艺流程顺序。例如以上所举的北京宫毯制作技艺,按照推衍式关系便可将其工艺流程顺序编制为"剪毛—纺纱—染纱—绘制—上经—拴绞—打底—结扣—过纬—剪荒毛—平毯—片毯—洗毯—修剪"这一图谱谱系系列。

二、并列式关系

所谓并列式关系,是指一组在同一大类下将多个对象(小类)按照某种标准(如内容、形式、特点、风格等)并列组合在一起而构成的关系,在这种组合关系中,各个对象(小类)之间没有时间顺序关系,也没有因果关系,而是体现了一种并列的、平行的关系。

对于非物质文化遗产图谱而言,这种并列式关系主要是体现在一些以非遗资源形态、内容、特征、分布等要素为主要表现对象的图谱谱系方面,例如非遗资源类型图谱、非遗资源标识图谱、非遗资源空间分布图谱等。其中以品种、门类为编制对象的非遗类型图谱是并列式关系图谱中最为典型的形式,这种图谱谱系也是我国传统图谱谱系形式中最为常见的一种形式,例如花谱、茶谱、药谱等。对于我国现在较为通用的非遗十大门类,都可以根据这一形式编制成各种并列式的图谱谱系系列。例如民间美术类非物质文化遗产图谱可以并列设置民间剪纸、民间雕刻、民间年画、民间编织、民间彩绘、民间刺绣等各个重要的门类,在这一图谱形式中,诸如民间剪纸、民间雕刻、民间年画、民间编织、民间彩绘、民间刺绣等各个小分类之间都是一种并列、平行的关系。又如民间文学类非物质文化遗产图谱可以并列设置民间神话、民间传说、民间故事、寓言、史诗、民间歌谣、谚语等各个重要的门类;传统节日类非物质文化遗产图谱可以并列设置生产性节日、祭祀性节日、纪念性节日、岁时性节日、社群性节日、社交娱乐性节日、综合性节日等各个重要门类等,这些门类之间也都是一种并列、平行的关系。

非遗资源标识图谱是一种根据非遗资源的特点来进行编制组合的图谱谱系形式,在这种图谱谱系中,各个对象之间所展现的关系基本上也是属于并列式关系。例如我们可以把中国民间剪纸中具有各种风格特征的剪纸作品汇聚组合在一起,编成一个能够充分体现中国民间剪纸各种风格的标识性图谱谱系系列,那么,在这部图谱中,各个剪纸作品之间所展现的关系实际上也就是一种并列式关系。

图 4-7　国家级民间剪纸项目标识图谱(1)：乐清细纹刻纸(浙江省乐清市)

图 4-8　国家级民间剪纸项目标识图谱(2)：浦江剪纸(浙江省浦江县)

图 4-9　国家级民间剪纸项目标识图谱(3)：扬州剪纸(江苏省扬州市)

图 4-10　国家级民间剪纸项目标识图谱(4)：南京剪纸(江苏省南京市)

以上这些国家级民间剪纸项目标识图谱都是一种具有标识性意义的图谱谱系形态，其中每一幅图都代表了一种不同的剪纸风格特征，从而形成了一种具有标识性谱系特点的组合关系。

以表现非遗资源空间分布状况为内容对象的非遗资源空间分布图谱其实也是一种具有并列式内在逻辑关系特点的图谱谱系形式。在这种图谱形式中，各个非遗资源对象被按照一定的地理位置组合在一幅地图之中，借以整体地呈现某类非遗资源的空间分布状况。对于这类非遗资源空间分布图谱中的各个资源对象或要素而言，与其他资源对象或要素之间的关系是并列的，它们各自有着较为独立的意义，是一个个相对的独立体，因此这类图谱也是属于一种具有并列式关系的谱系形态。当然,也并不排斥在这种非遗资源分布图的形式中有时某一非遗资源与其他资源对象或要素之间可能会存在着一些其他的关系,如因果关系、时间顺序关系等(如某些非遗资源分布图中的某一非遗资源信息点是由另一非遗资源信息点传播、推广而形成的,于是两者之间就形成了一定的因果关系与时间顺序关系),但这些关系相对并列关系而言,都处于十分次要的地位。

三、辐射式关系

所谓辐射式关系,是指一组由一个总的对象(总信息点)引起多个辐射性对象(分信息点)而构成的排列组合关系。在这种关系形式中,这个总的对象与其他的辐射性对象之间所呈现的是一种因果关系,因为有了这个总的对象之"因",才有了其他各个对象之"果",这样就构成了一种具有"辐射"形特点的辐射式排列组合关系。由于处于这种关系中的辐射性对象一般都具有一定的数量(一般是两个以上),因此这种关系也可以表述为一因多果关系或者总分关系。

对于非物质文化遗产图谱而言,这种辐射式关系主要体现在非遗资源社会影响图谱、非遗资源生态背景图谱、非遗资源相关信息图谱等图谱形式中。非遗资源社会影响图谱主要表现的是某种非遗资源对于其他各种社会文化现象所产生影响的内容对象,在这类图谱谱系形态中,某种非遗资源是"辐射源",而其他各种社会文化现象是"受辐射体",由此便可构成各种形形色色的辐射式非物质文化遗产图谱形态。

非遗资源生态背景图谱主要表现的是各种与非遗资源的形成、发展、变化相关的生态背景要素,

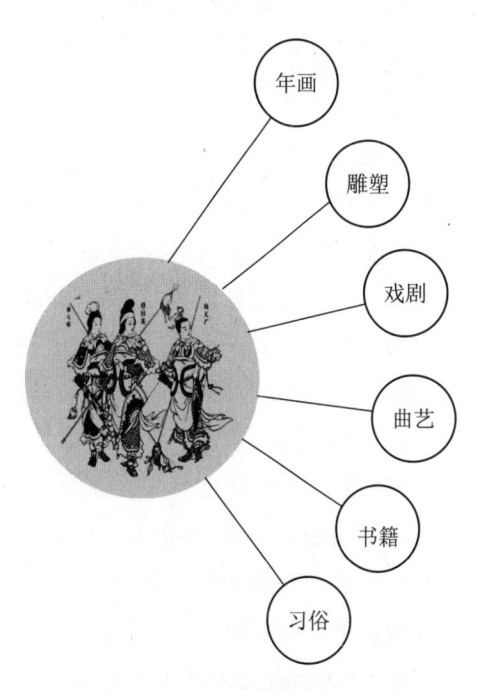

图 4-11 杨家将故事社会影响图

注:本图为本书课题组根据对杨家将故事社会影响的研究结果编制。

如遗址、村落、街镇、家族、商店、庙宇、人物等与非遗资源之间的关系。任何一种非遗资源都不可能是凭空产生的，它们与自身所处的生态环境与社会背景有着十分紧密的联系，这些支配非遗资源生成发展的各种生态背景要素与非遗资源本身实际上也构成了一种辐射式关系，只是它们的表现方式不是"一因多果"而是"多因一果"。

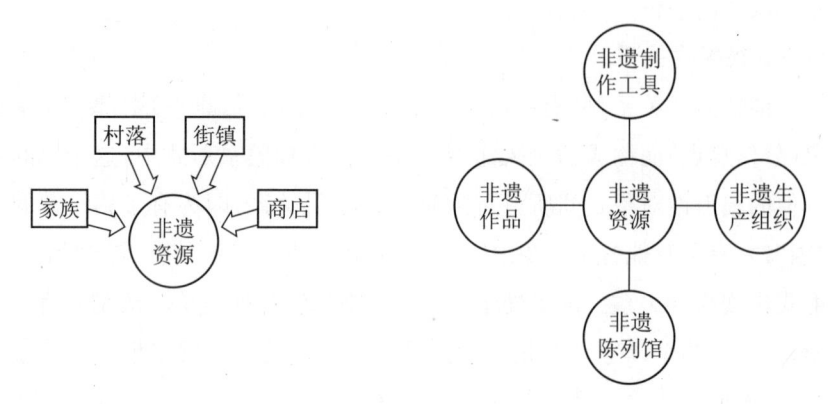

图 4-12　非遗资源生态背景图

注：本图为本书课题组根据非遗资源生态背景的主要内容编制。

图 4-13　非遗资源相关信息图

注：本图为本书课题组根据非遗资源相关信息的主要内容编制。

非遗资源相关信息图谱主要表现的是与非遗资源相关的各种辅助性信息资料，如制作非遗作品的工具、材料；非遗的作品、实物；用于非遗作品创作的各种文本；从事非遗资源保护的陈列馆、展示馆；从事非遗生产的组织、团体；从事非遗保护与研究的单位、机构，等等。诸如此类的信息资料，与非遗资源本身都有着一定的关系，它们都是从"非遗资源"这一总的内容对象上辐射、发散出来的，由此而可制作成一种具有辐射式特点的非遗资源相关信息图谱谱系形式。

四、层递式关系

所谓层递式关系，是指一组由若干个层次所组成，每一个层次中又含有一定数量的内容对象的排列组合关系。这种关系的内在逻辑基点就是层次性，前者由若干个对象组成，构成第一个层次，后者也由若干个对象组成，构成第二个层次，再后者又由若干个对象组成，构成第三个层次……如此逐层递进，形成了一种一层层推进式的组合结构体系。层递式关系与推衍式关系有一定的相似性，因为它们都是按照一定的顺序而逐渐推进的，但是层递式关系重点强调的是层次性,而推衍式关系重点强调的是时间顺序,从这方面来说,两者又有着一定的差异。

对于非物质文化遗产图谱而言,这种层递式的关系主要体现在以新老代际传承关系为主要表现对象的非遗资源传承图谱形式中,这类图谱主要表现的是非遗资源生命延续中一种十分重要的载体关系——代际传承关系。所谓代际传承关系,也就是上一代人将某种非遗事象传授给下一代人,下一代人又将这一非遗事象传授给再下一代人,由此而构成了一种连绵不断的非遗传承关系链。正是依靠了这种一代又一代的传承关系链,各种非遗事象才能得以保持延续不断的生命特征,成为一种具有"活态"特点的文化遗产形式。如果一旦这种代际传承关系中断了,那么非遗事象的生命也就会因此而结束。因此,在非遗保护工作中,加强对于非遗资源代际传承关系的维护显得非常重要,而运用图谱的方式将这种关系清晰地表现与反映出来,也成为这种因非遗资源保护需要而进行的专业工作中的一个重要组成部分。

值得一提的是,在这种层递式的非遗资源传承图谱中,各个层次中的内容对象(即具体的传承人)数量是不尽相同的。由于许多非遗传承关系经常会有一种随着时代的发展而逐渐扩大的趋势,因此在表现这些非遗传承关系的图谱谱系中,其各个层次中的内容对象(即具体的传承人)往往呈现了一种由少到多,由小变大的形态。将具有这种形态特点的非遗传承谱系图描绘出来,就是所谓的"树形图",它基本呈现了一种上小下大,上窄下阔的结构特点,就像一棵树的形状一样。

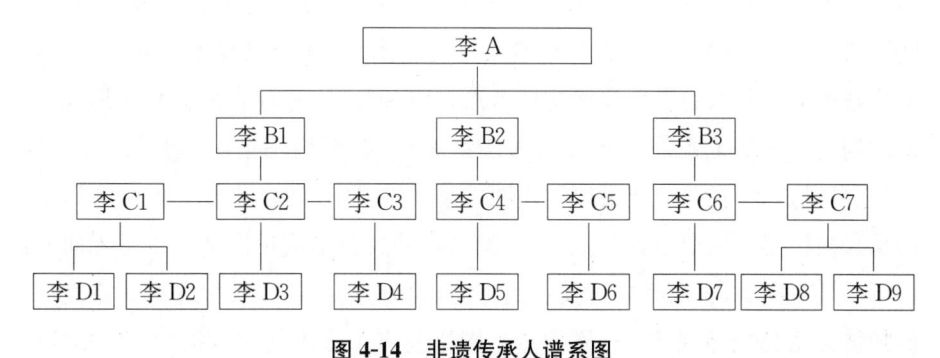

图 4-14 非遗传承人谱系图

注:本图为本书课题组根据对非遗传承人传承结构的研究结果编制。

当然,在层递式的非遗资源传承图谱中,有时也有各个层次中的内容对象

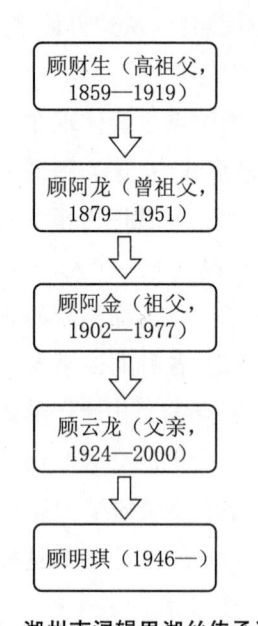

```
顾财生（高祖父，
1859—1919）
   ↓
顾阿龙（曾祖父，
1879—1951）
   ↓
顾阿金（祖父，
1902—1977）
   ↓
顾云龙（父亲，
1924—2000）
   ↓
顾明琪（1946—）
```

图 4-15　湖州南浔辑里湖丝传承谱系图

注：本图为本书课题组根据对湖州南浔辑里湖丝传承谱系的研究结果编制。

（即具体的传承人）数量相等的情况，这就是民俗学与非遗学上所谓的"单传"。这种形式中每一个层次中只有一位传承人，以此构成一种"单线形"的谱系结构图形。

五、交互式关系

所谓交互式关系，是指一组由各个内容对象（信息点）之间相互作用、相互影响而形成的排列组合关系，这种关系形式的内在逻辑基点就是"交互性"。在这种关系形式中，各个内容对象（信息点）之间互为因果关系。也就是说，一方面，内容对象 A 是内容对象 B 产生的原因，内容对象 B 是内容对象 A 作用下的结果；另一方面，内容对象 B 又是内容对象 A 产生的原因，而内容对象 A 又是内容对象 B 作用下的结果，这样内容对象 A 与内容对象 B 之间便构成了一种互为因果的交互关系。

对于非物质文化遗产图谱而言，这种交互式的关系主要表现在以非遗资源项目以及传承人之间的相互影响等内容要素为主要表现对象的交互网络图谱形式中。我国学者指出："非遗网络图谱则用于描述非遗项目或者非遗要素间网络关系。人们既可以基于非遗项目构建图谱，也可以基于非遗的各个要素构建图谱。非遗的各个要素构成节点，节点间因实际存在的关系而形成边，由此构造出网络关系图。同传承人图谱一样，在网络图谱中，边可以是有向的，也可以是无向的，边还可以被表明关系属性。""在传承人社会网络图谱中，传承人被描述为一个节点，传承人之间因各种关系形成边。边可以是无向的，也可以是有向的，方向标志着关系的方向，同时，边还可以被标注出关系类型，如师徒关系、父子关系等，这样构造出图谱就有了多维的表现能力。"[1]文章作者在这里表述的"非遗网络图谱"，实际上就是一种交互式关系的图谱谱系形

---

[1] 周耀林、程齐凯：《非物质文化遗产的可视化图谱表示》，《信息资源管理学报》，2011 年。

式。在这类图谱谱系形式中,各个要素节点(即非遗项目或非遗传承人)之间构成了一种互相影响、互相作用的网络关系,这种关系的内在逻辑基点就是交互性。

民间文学类的非遗资源,例如民间传说、民间故事、民间歌谣等大都有着一定的交互性特点,因为在中国传统社会中,这些文学样式主要都是以口头的形式在广大民众中进行传承的,它们一方面具有典型的口头性特点,另一方面又具有一定的交流性与互动性特点,因此,在这些文学样式的传播过程中,很容易产生互相习得、互相影响的效果,大量的交互性作品于是便在这样的氛围中形成了。例如以前江南地区有很多长篇叙事山歌如《五姑娘》《小青青》《白杨村山歌》《华抱山》等,它们一般都有 1 000 多行乃至几千行的唱段,这些唱段都是由当地的一些歌手在长期的相互学习、互增互补的基础上创作出来的。各人的唱段并不完全相同,但又吸收了其他人唱段中的部分内容,于是便形成了一种具有一定的交互性特点的长篇叙事山歌样式。

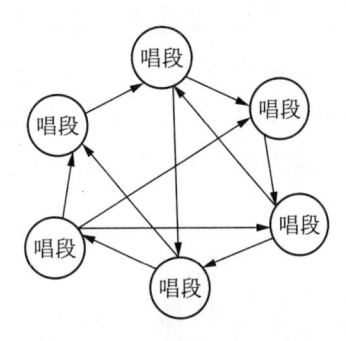

图 4-16　长篇叙事山歌唱段

注:本图为本书课题组根据对长篇叙事山歌唱段交互影响的研究结果编制。

六、叠加式关系

所谓叠加式关系,是指一组在同一大类下将多个内容对象(信息点)叠加累积在一起而构成的排列组合关系,在这种关系形式中,每个内容对象(信息点)都变成了这种关系形式中的一分子(一个数据),它与同类中的其他各个内容对象(信息点)集聚组合在一起,形成一组较为抽象的数据概念,以此显示某类事物的特点。这种图谱关系在现代图谱中运用十分普遍,上文所举的各种利用计算机等现代科学技术手段所制作的数据图谱,基本上都是依照这种叠加式的关系而组织编制的。

对于非物质文化遗产图谱而言,这种叠加式关系主要被运用在某些具有数据统计意义的各种非遗资源与项目统计图谱中,如非遗项目总量统计图、非遗项目类型统计图、非遗传承人统计图等。其中非遗项目总量统计图是最为常见,也是最为简单的一种叠加式的非遗资源统计图谱形式,其具体做法就是将现已列入国家级或省级非遗代表性项目名录中的各项非遗项目的数目一一叠加起来,计算出它们的总数,然后再用一定的图形将其表现出来。

非遗项目类型统计图也是一种体现叠加式关系特点的非物质文化遗产图谱形式。在这类图谱形式中,非遗项目被按照一定的标准分为某些类型。例如,按照功能来分,可以把非遗项目分为生产类非遗项目、生活类非遗项目、文艺类非遗项目、娱乐类非遗项目、信仰类非遗项目、社交类非遗项目等;按照表现形式来分,可以把非遗项目分为口头表演类非遗项目、形体表演类非遗项目、艺术造型类非遗项目、工艺技术类非遗项目、综合类非遗项目等;按照地域风格来分,可以把非遗项目分为华东地区非遗项目、华南地区非遗项目、华北地区非遗项目、西北地区非遗项目、西南地区非遗项目、东北地区非遗项目等。根据这些不同的非遗资源类型,可以编制出不同的非遗项目类型统计图,它们的内在逻辑基点也是属于一种叠加式的组合排列关系。只是在这类非遗项目类型统计图中,每一个数据都是按照"某一类"来统计的,而不是像在非遗项目总量统计图中那样,主要是按照"某一个"来统计的。

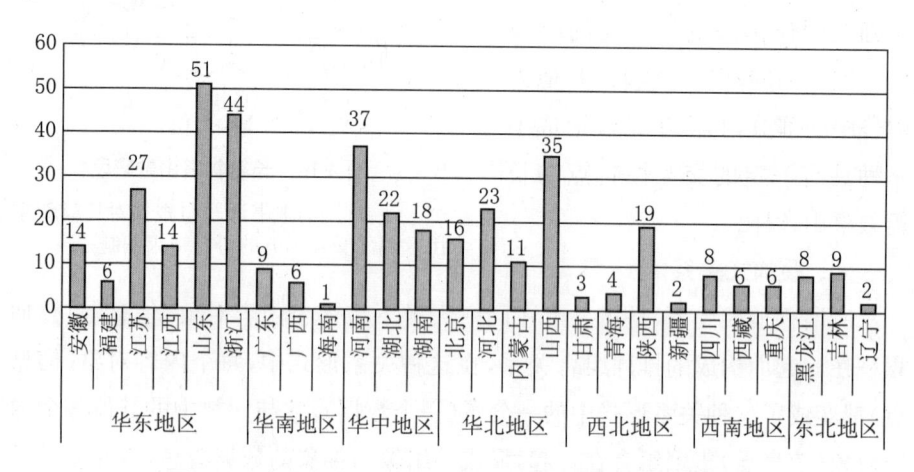

图 4-17　全国省市级(含国家级)民间传说项目数量统计图

注:本图为本书课题组根据对全国省市级(含国家级)民间传说项目数量的统计结果编制。

第五节　非物质文化遗产图谱谱系的层级结构

以上我们分析了非物质文化遗产图谱谱系的内容对象、表现形式以及内在关系,除此以外,我们还有必要来进一步讨论这种图谱谱系的层级结构问题。上文已述,图谱谱系是一种按照某种"类"而组合编制成的体系性资料,不管何种形式的图谱谱系,都必须是在某种"类"的体系中进行编制,这是决定图谱谱系的先决条件。但是各种"类"的内容范围又有着很大的差异,其中有些是"大类",包含着极为丰富、多元的内容对象,有些是"中类",包含着相对丰富、多元的内容对象,也有一些是"小类",包含着相对较为单一、少量的内容对象。正是这种内容含量上的差异,构成了中国非物质文化遗产图谱谱系那种较为多样的层级结构体系。

具体而言,这种层级结构体系主要由以下三种图谱谱系形态所组成。

一、大谱系结构

大谱系结构是指那些图谱谱系中内容对象极为丰富广泛,谱系结构十分庞大,在一种结构层次下又可以分出若干个小层次的图谱谱系形式,例如中国非遗资源分类谱系、中国非遗项目分类谱系、中国非遗资源历史发展谱系等。以中国非遗项目分类谱系为例,按照我国文化部有关非遗项目申报的分类标准以及结合非遗资源本身的基本特性与表现方式,可将我国的非遗项目分为10大类,它们是:(1)民间文学;(2)民间音乐;(3)民间舞蹈;(4)传统戏剧;(5)曲艺;(6)杂技与竞技;(7)民间美术;(8)传统手工技艺;(9)传统医药;(10)民俗。在这10大类的下面,又可以分出若干个小类。例如民间文学可分为神话、传说、故事、歌谣、史诗、长诗、谚语、谜语;民间音乐可分为民歌、器乐、舞蹈音乐、戏曲音乐、曲艺音乐;民间舞蹈可分为生活习俗舞蹈、岁时节令习俗舞蹈、人生礼仪舞蹈、宗教信仰舞蹈、生产习俗舞蹈、文艺表演舞蹈;传统戏剧可分为京剧、昆曲、淮剧、越剧、沪剧、傩戏及祭祀仪式剧种;曲艺可分为说书、唱曲、谐噱;杂技与竞技可分为杂技、魔术、马戏、乔妆戏、滑稽;民间美术可分为年画、雕塑、工艺、建筑;传统手工技艺可分为工具和机械、家畜加工、烧造、织染缝纫、金属工艺、编织扎制、涂漆、造纸、印刷、装帧;传统医药可分为推拿、针灸、中医药;民俗可分为岁时节令、信仰、生产、商贸、游戏、体育、竞技、人生礼仪(婚姻、丧葬、寿诞)、社交礼仪,等等。在这些小类的下面,还可以分出更小的类别,由此而构成一种具有极为丰富与广泛意义的中国非遗项目分类谱系结构。

二、中谱系结构

中谱系结构是指那些图谱谱系中的内容对象相对较为丰富,具有一定专题性特点的图谱谱系形式。与大谱系结构相比,中谱系结构所涉及的范围相对较小,但是它们往往自成一体,专题特征较为明显,内容较为集中,是属于一种具有"专题类型"性的图谱谱系结构。例如中国民间剪纸项目分类谱系、中国民间剪纸项目分布谱系、中国民间剪纸项目历史发展谱系；中国手工纺织技艺项目分类谱系、中国手工纺织技艺项目分布谱系、中国手工纺织技艺项目历史发展谱系，等等。这些谱系类型内容对象相对较为集中，结构层次相对较少，体现了一种"中类"的谱系特色。以中国民间剪纸项目分类谱系为例，它的内容对象主要集中在民间剪纸类的非遗项目领域，其范围当然要比中国非遗项目分类谱系小得多。但是另一方面，它却也自成体系，具有较强的专业门类谱系特征。在其下面，也可以再划分出一些更小的类型，如按照内容标准可分为人物剪纸、动植物剪纸、景物剪纸、艺文剪纸、风俗剪纸；按照功能标准可分为美化环境类剪纸、礼仪喜庆类剪纸、刺绣底样类剪纸、祭祀俗信类剪纸等。由于我国非遗项目门类众多，各有特色，因此在今后的非遗研究工作中，可以编制大量中谱系结构的非遗资源与非遗项目谱系，借以全面、系统地展现我国各种非遗资源与项目的整体构架和脉络线索。

三、小谱系结构

小谱系结构是指那些图谱谱系内容对象较为单一，涉及范围较小，谱系结构较为简单的图谱谱系形式。与大谱系结构、中谱系结构相比，这类图谱谱系不但内容对象（信息点）较少，而且层次结构也较为单一，一般只有1~2个层次。从其内容对象上来看，也不像大谱系结构、中谱系结构那样广泛宏观，而是具有较强的微观性特点。这种小谱系结构，一般都是体现在一些地域性或者专门性较强的非物质文化遗产图谱谱系形式中，例如××省民间剪纸项目分类谱系、民间剪纸项目分布谱系、民间剪纸项目历史发展谱系；××市手工纺织技艺项目分类谱系、手工纺织技艺项目分布谱系、手工纺织技艺项目历史发展谱系；××县传统节日习俗分布谱系、传统节日习俗类型谱系，等等。这些非物质文化遗产图谱谱系都是根据某个地区或者某种特色门类的非遗资源而编制的，它们的结构体系都相对较为简单，但是个性特征却十分鲜明，凸显了某个地区或者某种非遗资源形式的自身特色。

总之，由于内容对象以及表现范围上的差异，非物质文化遗产图谱的谱系在其结构体系与结构形制上往往呈现了各种不同的状态，它们适应了各种非物质文化遗产图谱谱系编制目的的需要，体现了各种不同的非遗资源内容特点。在实际工作中，它们各有各的用途，各有各的价值，从而反映出我国非遗保护工作的那种极大的丰富性与多元性。

第六节　非物质文化遗产图谱谱系的建立原则

非物质文化遗产图谱谱系编制是一项具有很强创新意义的工作，其中涉及很多有关非遗图谱谱系建构方面问题的探索，例如非遗图谱谱系建构的标准、方法、重点等。因此，在全面开展这项具有人类文化遗产保护意义的图谱编制工作之时，为其确立与制订一些编制原则是十分重要的，它可以保证非物质文化遗产图谱的编制工作沿着科学、规范、正确的道路进行，避免走弯路；也可以使非物质文化遗产图谱的编制工作更能够准确地反映非遗资源本身的特点，做到更为真实、全面与可靠。

根据现有的我国非遗保护工作实践以及非物质文化遗产图谱编制经验，我们认为有关非遗图谱谱系的建立原则主要应该包括以下几个方面。

一、科学性原则

科学性原则是非物质文化遗产图谱谱系编制的最为重要的原则之一，它强调非遗图谱谱系编制的所有工作必须具有科学性，符合客观事实，尊重客观规律，坚持实事求是，力求真实准确。这些原则具体运用到非遗图谱谱系编制的实践中，就是要做到选题正确、资料可靠、关系表达准确。我国的非遗资源极为丰富，其中既有大量反映中华民族优秀精神价值与历史文化传统的瑰宝，也有部分缺乏科学依据，违背自然与客观规律，具有一定封建迷信色彩的糟粕。因此，在编制非物质文化遗产图谱谱系时，首先要从科学的角度出发，对广博浩瀚的中国非遗资源进行认真选择与辨别，寻找那些历史文化价值较高，科学性、真实性较强的内容作为编制对象，摒弃那些具有一定封建迷信色彩，缺乏科学根据的非遗资料，这是非物质文化遗产图谱谱系建构的一个重要前提。其次，在图谱谱系的建构中，做到资料与数据运用的真实可靠也非常重要。我国现有的非遗资料极为丰富，它们主要是以生活态的形式散见在广大民众的文艺、娱乐、民俗、信仰、工艺制作等各种生活形态之中，一般较少文字记载。因此，对于非遗图谱谱系资料的搜集与整理，必须进行仔细的考证与鉴别，做到去伪存真、由表入里、条分缕析、反复比对，切忌表面化、粗略化、简单化。对于数据的统计与运用也应该做到准确无误。有时对于某些非遗资源数据的统计可能会遇到较为复杂的情况，例如有些非遗资源的级别类型、风格类型会有多种划分方式，其中存在着一定的交叉性，较难进行准确的类型数据统计。这就要求编制者认真鉴别分析，找出其主要特性及类型倾向，然后做出合理的判断。再次，关系的准确表达对于非物质文化遗产图谱谱系的编制当然也非常重要。图谱谱系主要是依照一定的关系而建立的，因此，在非物质文化遗产图谱谱系编制时，一定要首先对这种关系进行科学的研究与分析，找到建构这种关系的逻辑基点，才能编制出符合客观事实与科学规律的非物质文化遗产图谱谱系。在这里尤其是要注意几种关系同时并存的情况。例如有些非遗项目从一定的空间视角出发，可以建立起某种具有地域分布意义的图谱谱系，但是这些非遗项目另一方面又是随着历史时代的发展而逐渐变化的，在不同的历史时代中，这些非遗项目就会在一定的地域空间位置上呈现出不同的关系状态。这就要求我们对这些非遗项目的空间关系与时间关系具有一种综合性的把握，把这些非遗项目的图谱谱系建构放到一种综合的、立体的和动态的坐标中去进行考察研究，在分析空间关系的同时兼顾一定的时间因素，在分析时间关系的同时兼顾一定的空间因素，如此才能真正编制出符合科学规律的非物质文化遗产图谱形式。

二、典型性原则

典型性原则也是非物质文化遗产图谱谱系编制的重要原则之一。所谓典型性，就是指一种能够反映事物的本质与核心问题，具有着一定的代表性、概括性意义的基本特征。把握典型性特征是人们认识、理解事物本质的关键所在，也是非物质文化遗产图谱谱系编制的核心要点。在具有几千年文明史的中国社会中，非遗资源的存量极为丰富，甚至可以堪称世界之最。但是，我们不可能将中国历史上留存至今的所有非遗资源全部编制成图谱谱系，这不但是不可能的，也是没有意义的。我们现在要做的主要工作，就是要本着典型性的原则，在广博浩瀚的中国非遗资源库存中选择那些历史文化价值较高、社会影响较大、特色较为鲜明的资源形式作为基本对象，编制出若干具有一定典型性、代表性意义的非物质文化遗产图谱样本，借以起到以一见百、以微见著的实际效果，对全国的非物质文化遗产图谱编制工作产生一定的示范性作用。

编制非物质文化遗产图谱谱系，首先要考虑的就是其是否具有较高的历史文化价值。例如中国第一个被列入联合国教科文组织"人类口头与非物质文化遗产代表作项目名录"的昆曲，最早起源于元朝末年的昆山地区，至今已有600多年的历史。昆曲作为中国历史上一种古老的戏种样式，对中国其他许多戏曲形式具有很大影响。像昆曲这样具有很高历史文化价值的非遗资源与项目,在我国的非遗资源库存中具有很强的典型性意义,当然应该为它编制一定的非遗图谱谱系,将其历史源流、表现形式、传承脉络、社会影响以图谱化的方式记录保存下来。其他诸如我国历史上著名的三大史诗、四大民间传说、四大名锦、四大名绣、四大年画等,也同样具有很高的历史文化价值与社会影响,非常有必要为其编制专门的非物质文化遗产图谱谱系,以使其重要的价值与意义为更多的人所了解。其次,有些非遗资源形式虽然社会影响并不像三大史诗、四大民间传说、四大名锦、四大名绣、四大年画那样突出,但是个性特色鲜明、地方风格浓郁,例如陕西、甘肃的花儿,四川、重庆的川江号子,江苏、上海的江南丝竹,河北山东的秧歌,陕西安塞的腰鼓,河北吴桥的杂技,江苏宜兴的紫砂茶壶,苗族的蜡染,白族的扎染,傣族的泼水节,彝族的火把节,瑶族的盘王节,等等。这些个性特色鲜明,具有浓厚的地方色彩的非遗资源,充分体现了一种地域文化的典型性,因此也非常值得为其编制一定的图谱谱系,以使其地域风格与个性特色得到长久的保留。

除了非物质文化遗产图谱题材的典型性以外,在编制非物质文化遗产图谱谱系时,还应考虑非物质文化遗产图谱具体内容以及表现形式的典型性问题。应该在编制图谱谱系时尽量选择那些有典型性与代表性意义的内容、情节、单元、阶段、程序予以表现,而相对忽略那些较为次要的,或者处于旁枝末节地位的内容与情节,这样才能做到主次分明、突出重点,充分体现出图谱表现方式那种简洁明了、要素集聚的特点。具有非遗资源形象集聚特点的非遗资源典型标识图谱正是在这样一种理念的指导下设计与编制的。在这种图谱形式中,一般都不是对整个非遗资源的内容进行事无巨细、面面俱到的描绘,而是在其中选择一些典型的情节、单元,或者阶段、工序予以集中的表达,突出这些非遗资源中的典型形象与典型环节,这样就能够使非物质文化遗产图谱产生更为集中、简括与鲜明的表现力。采用这种方式而编制的非物质文化遗产图谱一般都能够起到对于某些非遗资源的特点、形象进行标识的作用,就像一幅幅的商店招牌一样,所以我们可以将这种图谱称为"非遗资源典型标识图谱"。

三、系统性原则

非物质文化遗产图谱谱系的编制还有一个重要的原则就是系统性原则,它把所有要参与编制的非遗资源对象都放到了一个整体的系统,即一个"类"中去进行考察与表现,而不是随意为之。缺乏系统的或者"类"的统一联系,就会使大量的非遗资源材料变成一盘散沙。强调非物质文化遗产图谱谱系的系统性原则是"图谱"这种文体编制组织方面的一个重要特点,因为所有称得上"图谱"的作品,都必须按照某个"类"而组成一个体系,在这个"类"中,各个内容对象(或者信息点)之间必须存在着一定的逻辑关系,由此而成为一个能够说明某一问题的内容组合系统,这也正是非物质文化遗产图谱与其他各种"非遗图录""非遗图典"的根本区别所在。在形式众多的各种"非遗图录""非遗图典"中,各个非遗资源对象之间并没有必然的联系,它们可以较为灵活、自由地组合在一起,成为一种相对松散的组合结构。但是在非物质文化遗产图谱的建构中,各个非遗资源对象之间却必须按照一定的逻辑关系而组合在一起,形成某种具有许多"关系链"组成的谱系结构。在这种谱系结构中,每个内容对象都充当了一个必须存在的条件因素(信息点),而在此基础上形成的"类",则是起到了统辖、总领的作用。这就是非物质文化遗产图谱谱系建构系统性原则的真正意义所在。

第五章　非物质文化遗产图谱的内容结构

非物质文化遗产图谱的内容结构研究是一种运用结构主义的方法来分析研究非物质文化遗产图谱的内容在不同的场域和语境中所形成的状态及其关系的理论方法。结构主义方法强调事物的整体性和系统性结构状态，认为任何事物都是一个复杂的统一整体，任何一个要素都不可能脱离整体关系而单独存在，否则便会失去意义。将结构研究的理论与方法运用于分析与研究中国非物质文化遗产图谱的实践，便可把中国非物质文化遗产图谱的研究与编制放置到一个整体的、系统的框架中去进行思考，更为有利于把握中国非物质文化遗产图谱的主体对象与内容体系，厘清中国非物质文化遗产图谱主体对象与内容体系的脉络、层次与构架。

从不同的审视角度出发，非物质文化遗产图谱的内容结构体系大致可分为：(1)非物质文化遗产图谱内容的空间结构；(2)非物质文化遗产图谱内容的时间结构；(3)非物质文化遗产图谱内容的时空交互结构；(4)非物质文化遗产图谱内容的文化结构，等等。所谓非物质文化遗产图谱内容的空间结构，即是指一种从空间意义上来展开对非物质文化遗产图谱内容进行审视与考察的研究方法，它所强调的是非物质文化遗产图谱内容的空间性、地域性意义，注重非物质文化遗产图谱内容中各种资源要素间的"共时性"关系，把各种非遗资源与要素放到一种地理空间的维度上去进行考察与分析。所谓非物质文化遗产图谱内容的时间结构，即是指一种从时间意义上来展开对非物质文化遗产图谱内容进行审视与考察的研究方法，它所强调的是非物质文化遗产图谱内容中的时间性、历史性意义，注重非物质文化遗产图谱内容中各种资源要素间的"历时性"关系，把各种非遗资源与要素放到一种时间延展的维度上去进行考察与分析。所谓非物质文化遗产图谱内容的时空交互结构，即是指一种从空间与时间结合的意义上来展开对非物质文化遗产图谱内容进行审视与考察的研究方法，它所强调的是非物质文化遗产图谱内容中所体现的时空变化的意义,注重非物质文化遗产图谱内容中各种资源要素间的"交互性"关系,把各种非遗资源与要素放到一种时空变化互动、相互影响的维度上去进行考察与分析。所谓非物质文化遗产图谱内容的文化结构,即是指一种从非遗资源文化特征、文化内涵的意义上来展开对非物质文化遗产图谱内容进行审视与考察的研究方法,它所强调的是非物质文化遗产图谱内容中的文化价值性意义,注重非物质文化遗产图谱内容中各种资源要素间的"文化性"与"社会性"关系,正是这些不同层面的结构体系,组成了一个庞大的非物质文化遗产图谱内容结构系统,构成了非物质文化遗产图谱中所蕴含的丰富内涵。

总之,非物质文化遗产图谱的编制在其内容体系上展现了一种极为丰富而复杂的结构特点,它们深刻地反映了非遗资源的地域分布状况、历史演变过程、类型形态特征、传承发展脉络、生态环境及形成机制等方面的内容。充分认识与深入研究非物质文化遗产图谱内容上的这些复杂的结构特点是非常重要的,它们是把握非物质文化遗产图谱编制的特点、内涵与本质的重要途径。正如我国学者所指出:"图谱以时空为线索,使人们有效地了解历史,纵向洞察发展规律,横向体现多元特征。"[1]

第一节　非遗资源的空间结构

一、非遗资源空间结构的基本内涵

非遗资源的空间结构是一种从空间意义上来展开对非物质文化遗产图谱的内容结构关系进行审视与考察的研究方法,它重点关注的是非遗资源存在的空间性意义。任何一种非遗资源形式,都是在一定的地域空间范围中形成与发展起来的,没有一定的空间依托,非遗资源就成了无源之水,无本之木,因此,在对非物质文化遗产图谱的内容进行分析、研究时,考察其资源的空间存在形式与结构是极为重要的。

有关非遗资源的空间性问题具体而言主要可以从以下几个层面上进行理解:

第一,任何一种非遗资源形式都是在一定的地域空间范围中形成与发展起来的,因此,在对于非遗资源进行研究时,必须注重考察非遗资源与一定地

---

[1]　田兆元:《亟须创建"非遗"资源图谱》,《中国社会科学报》2012年4月16日。

域空间之间的关系问题。这种关系首先表现在非遗资源的"在地性"(或者称作为"地域性")方面,也就是说,任何一种非遗资源,都具有一定的地域存在性,它们必然是在一定地域空间中形成,并且也是在一定的地域空间中传承、传播的。其次,我们也要对一定地域空间中的各种特定的因素与条件,如自然生态环境、人文历史特点、社会风俗习惯、文化审美情趣等进行深入研究。因为这些地域文化性因素都会对非遗资源产生重要影响,由此而决定非遗资源在某些方面的风格特色与文化个性。

第二,在各个不同的地域空间中,存在着不同的非遗资源类型,它们在内容形式、艺术风格、表现方式等方面都呈现了很大的差异。诸多不同地域特色的非遗资源,构成了一个极为丰富多彩的非遗资源空间分布格局,体现了非遗资源在地域空间分布格局上极大的丰富性、广泛性与多元性。

第三,在各个不同的地域空间中形成的非遗资源,并不是一成不变的,它们往往存在着向其他地区流动、位移、传播,以及与其他地区非遗资源融合的情况。因此,在对于非遗资源地域空间的考察时,必须从动态的视角出发,把这一地区的非遗资源形成发展情况与其他某些相关地区的非遗资源形成发展情况结合起来考量,以此而形成一种超越本地性的"跨地域""动态性"的研究思路。

第四,具体到非遗资源地域空间传承与流布的范围来说,同样也存在着一定的差异。它们有的是在一个较小的社区空间范围内进行传承与流布,有的是在一个较大的跨地域、跨省市空间范围内进行传承与流布,也有的则是在全国空间范围内进行传承与流布。通过对这种有关非资源地域空间传承与流布范围差异性的比较与考察,可以深入探索非遗资源本身在中国历史上所具有的影响、地位,以及与其所传播地区之间的各种关系,这对于加深对非遗资源空间结构问题的理解也有着十分重要的意义。下面,就对这些方面的问题进行一些具体的阐述。

1. 非遗资源的地域性

非遗资源一般都具有十分鲜明的地域性特征。所有的非遗事象,都是在一定的地域环境中生存发展起来的,脱离了一定的地域环境,非遗资源就会成为无源之水,无本之木,失去了存在的载体。一定地域环境中的自然地理生态、经济生产方式、文化生活特点,不但对非遗事象的存在与发展产生决定性的作用,同时也对非遗事象个性风格的形成产生重要的影响。

例如嘉兴地区以前是我国著名的稻作农业区,具有深厚的稻作生产与稻作文化历史,在当地的罗家角新石器时代文化遗址中,就曾经出土了稻米等稻作文化遗存,后来在杭嘉湖地区,又形成了发达的稻作文化,包括水稻栽培技术、水稻优良品种、稻作生产农具以及稻米饮食文化习俗等。在此基础上发展起来的嘉兴饮食类非遗项目——"嘉兴五芳斋粽子制作技艺",正是嘉兴地区这种独特的稻作文化和饮食文化的鲜明体现。嘉兴五芳斋粽子是一种典型的米制食品,在选料上一般都选用嘉兴本土产的特供糯米制成,产品特色既糯又香;馅子采用纯精、全肥的猪后腿肉,并用上等赤豆"大红袍"去皮取沙;板油肥厚,去油皮;特选皖、赣伏箬为粽叶;特晒酱油拌米;细白盐、上等白酒拌肉,等等。制作嘉兴粽子的食材决定了该非遗项目的地域文化个性,是嘉兴地区有别于其他地区的地域文化标签。

另如流传于上海奉贤的民间舞蹈类非遗项目——"滚灯",本是一种当地的老百姓为了欢迎太平军的到来而创造的一种民间赛灯艺术。1862年初,太平天国起义军以排山倒海之势,打下了奉贤全县,后来大军又继续向上海挺进。在上海奉贤南桥、柘林的战斗中,太平军发扬了大智大勇、不屈不挠的英雄气概和献身精神,深得奉贤人民的尊敬,于是,当地人民便以欢跳滚灯舞的形式来表示对于太平军的欢迎,后来便在此基础上形成了"奉贤滚灯"这一具有独特地方色彩的非遗资源形式。

总之,正是各种地域性因素,决定了非物质文化遗产资源的地域特性,形成了非遗资源的"在地性"风格。

2. 非遗资源空间分布的差异性

由于各种地域环境中不同的自然与社会条件,人类的文化形式会产生很大的差异,从而形成各种不同特点的文化类型与文化风格。对于非物质文化遗产来说,这种由空间地域分布所造成的差异性特征同样表现得十分明显。如果打开一张我国非遗资源分布地图,那么这种地域差异性的特点就会十分明显地呈现在我们的面前。其中分布在我国西北地区的,是花儿、秧歌舞、腰鼓舞、玛纳斯、西安古乐等一些充满质朴、热烈情调的西北风格非遗资源形式;分布在我国西南地区的,是苗族古歌、布洛陀、刘三姐、阿诗玛、侗族大鼓、弦子舞、锅庄舞、芦笙舞等一些充满西南少数民族风情的风格非遗资源形式;分布在我国华中地区的,是威风锣鼓、绛州鼓乐、花鼓灯、傩舞、弋阳腔、花鼓戏、目连戏、豫剧等一些充满古代中原地区民族风格的非遗资源形式;分布在我国江浙地区的,是白蛇传、孟姜女、吴歌、昆曲、江南丝竹、越剧、评弹、锣鼓书、舟山锣鼓等一些带有水乡风情特点的江南地区非遗资源形式;分布在我国闽粤地区的,是广东音乐、潮州音乐、南音、梨园戏、莆仙戏、高甲戏、歌仔戏等一些充满岭南风格的非遗资源形式;分布在我国东北地区的,是满族说部、达斡尔族乌欣、赫哲族伊玛堪等一些充满东北风格特色的非遗资源形式;分布在我国京津地区的,是京剧、评剧、景泰蓝制作技艺、木版水印技艺、京东大鼓、天津时调、杨柳青木版年画等一些充满京津风味的非遗资源形式……总之,我国各种非遗资源,在表现形式、具体内容、艺术特点、文化背景等方面都有着很大的差异,它们主要就是由不同的地域空间环境所决定的。

3. 非遗资源空间分布的流动性

人类文化并非止于一时一地,当它在某一特定的地域环境中产生以后,大都有一个向其他地区流动、发散、位移、辐射的过程,这种文化流动的过程就是所谓文化空间分布上的流动性。文化形式在一定地域空间范围中不断流动、位移的结果,形成这些文化形式的跨地域的影响,也就是文化学上所谓的"传播"。①作为非遗资源,这种空间传播性和动态流动性特征往往表现得尤为显著。许多非遗资源的地域分布一旦形成,便会向别的地域进行动态性传播,并对当地产生一定影响。非遗资源空间分布上的这种流动性特征,主要是受到地形地貌、气象气候等自然条件的影响,同时,也与这些地区的经济发展水平、民族分布、族群迁徙等社会因素有密切关联。历史上的移民、战争、文化交流等因素,都是造成非遗资源空间发生关联与流动的重要原因。在传播过程中,诸多的非遗资源形成了"中心—辐射式"的空间结构,并由此而产生了一批所谓的非遗资源的"中心地"和"边缘地"。

我国著名的"四大民间传说"——牛郎织女、白蛇传、梁山伯与祝英台、孟姜女,基本上都有着从中心地向传播地逐渐流动、扩展的现象。牛郎织女传说最早主要分布于山西省和顺县、山东省沂源县、陕西省西安市等地区,这些地域可看作是该传说的"中心地",后来随着文化的传播和发展,便有向其他地区辐射的趋势。白蛇传传说最早主要在江苏省镇江市、浙江省杭州市等地区流传,江苏、浙江地处中国东部沿海地区,这一带经济生活繁荣兴盛,各地文化在这里汇聚,民间传说便具备了丰沃的文化土壤;省内河流纵横交错,交通的便

---

① 蔡丰明主编:《吴越文化的越海东传与流布》,学林出版社,2006年,第1页。

利让民间传说得到空间的广泛扩布。后来,白蛇传传说逐渐从江苏、浙江地区推广辐射到周边的许多省市和地区,如山东、山西、河南、河北、辽宁、四川、福建等。梁祝传说的中心地主要在浙江省宁波市、杭州市、上虞市,江苏省宜兴市,山东省济宁市,河南省汝南县等地。后来,梁祝传说逐渐辐射到全国各地,在周边的朝鲜、越南、缅甸、日本、新加坡和印度尼西亚等国家,也有梁祝传说的流传。孟姜女传说则是先在山东省淄博市、河北省秦皇岛市、湖南省津市市、山东省莒县等地流传,后来则逐渐扩布到全国。

由此可见,许多非遗资源都具有鲜明的"流动性""传播性"特点,它们往往先由"中心地"诞生,然后逐渐向"边缘地"进行流动传播,从而形成了它们在空间分布格局上的那种十分鲜明的动态性特征。

4. 非遗资源空间分布的整合

非遗资源的空间流动性特点不但造成非遗资源"跨地域性"的分布格局,而且也造成同样受到这些非遗资源影响的地域资源的整合。本来,许多地区的文化资源都各有特色,自成一体,但是经过这种"跨地域"的流动与传播以后,许多地域中的文化资源就有了一定程度的整合,变成了一种这些地域中的共同资源。

在认识了非遗资源的跨地域传播以及这些跨地域之间非遗资源的整合现象以后,我们还有必要提及这些不同地域在这个共同的文化圈中的地位问题。可以肯定的是,由于非遗资源产生、形成的时间以及影响大小的不同,这些受到影响的不同地域在这个共同的文化圈中的地位也是不同的。其中非遗资源产生、形成的时间最早,影响最大的地域,我们可以称之为这一非遗资源的"中心地",而其他地区则可称为"传播地"。中国历史上许多非遗资源形式,正是通过这种"中心地"与"传播地"之间的互动关联,呈现出一种鲜明的非遗资源文化圈特色与非遗资源文化空间关系。

当某些非遗资源从一个地方流动到另一个地方时,往往会造成其中某些因素或者情节的变异,但是不管在一些细节或者一些次要的方面如何变化,其中的核心文化内涵却始终是不会改变的。例如在我国传承了几千年的董永传说,从空间分布上看,呈现出一个较为明显的特色文化圈,它们主要分布在今天的山西省万荣县、江苏省东台市、河南省武陟县、湖北省孝感市、江苏省金坛市、山东省博兴县、江苏省丹阳市等地。尽管董永传说流经各地后,与当地文化相互影响,形成了一定的地域个性,但其传说的精神内核基本上都是以"行孝"为主题,以"鹿车载父""卖身葬父"与"天女适嫁,助君偿债"等为主要情节。通过以上论述可知,同一非遗资源项目在不同地域的分布,形成了一定的"非遗资源空间文化圈",由此构成了非遗资源空间分布的整合性特点。非遗资源空间分布的整合或者说对不同地域的同一非遗资源的整合,体现了文化资源传承内核的共性,突出了非遗资源的核心内涵和文化基因。

5. 非遗资源空间分布的比较

由于同一类型的非遗资源在各分布区域之间存在着一定的差异性,因此,通过对这些各个地区中非遗资源的比较,可以深入探析与研究有关这些非遗资源在空间分布背后所蕴藏的许多问题,例如地域文化的不同特色、地域历史的发展过程,以及各个地域之间在历史、文化、经济、社会等方面的关系,等等。例如作为人类口头与非物质文化遗产项目的妈祖信俗,主要以福建省湄洲妈祖祖庙为"中心地",传播到全球20多个国家和地区,现已拥有妈祖宫庙达5 000多座、信众2亿多人。妈祖信俗作为一种世界性的文化现象,存在着鲜明的地域文化个性,通过相互比较,可以分析其空间分布规律。在我国的福建地区,妈祖是当地沿海地区渔民的一位守护神,以其保护当地渔民的"出海妈祖"的形象受到信众的朝拜;而传到台湾地区以后,妈祖便演变为当地的大陆移民为了祈求能够平安到达台湾的一位过海守护神。通过福建与台湾两地不同妈祖信俗的比较,可以考证海峡两岸的移民文化史和文化交流史,也可以探究妈祖信俗的空间流布规律,这也正是进行非遗资源空间分布比较的意义所在。

总之,非物质文化遗产资源具有鲜明的地域性特征,构成了非遗资源空间结构上的差异性。通过不同地域非遗资源之间的流动和传播,各种非遗资源又可以产生一定程度的互动和融合,从而形成一种超越地域性特点的"跨地域"的结构。存在于这些非遗资源文化圈中的非遗资源形态,一方面保持着一定的共性特质,另一方面又具有一定的个性,由此而构成了非遗资源空间分布上的结构特色。

二、非遗资源空间结构的表现形式

按照非遗资源所属空间范围的层级,从小到大依次可分为区域性非遗资源、跨区域性非遗资源、全国性非遗资源三大类型,三种形态的非遗资源在空间范围上则呈现出不同的特征。

1. 区域性非遗资源

区域性非遗资源是指在一定的区域范围内流传,具有某些特定的区域性特点的非遗资源形式。这类非遗资源大都呈现了鲜明的区域文化特点,成为某些区域文化的符号和标签。

区域性非遗资源的形成,与其所在地域的历史文脉、文化传统、民间信仰、相关习俗等方面有着密切关联。以福建省晋江市的"安海嗦啰嗹习俗"为例。"安海嗦啰嗹习俗"又称"采莲",源自泉州的端午节习俗,因人们在采莲时唱的"采莲歌",几乎每唱一句歌词,就要接唱一声"嗦啰嗹",所以通常认为"嗦啰嗹习俗"是由采莲活动而来。《泉州市志·风俗志》对"采莲"风俗有详细描述:旧时泉州各铺境宫庙均奉木雕的龙王头,名叫"嗦啰嗹",是龙神的代表。每到端午节清晨,人们先向"嗦啰嗹"焚香礼拜,接着将其抬出沿街巷游行"采莲"。采莲队伍由一位扮相邋遢不堪的"铺兵",手举长杆红旗,一路如醉似癫,充当前导。随后有四人沿途敲锣打鼓,以助声势。队伍中有几名男扮女装的提花婆,最后由四人抬着一具木雕老龙头压阵。"采莲"仪式以采"头莲"最为讲究,一般得提前一天放名帖做准备。是日,主人闻声早早等候在门口,"采莲"队迎入厅堂后,先将"嗦啰嗹"头置佛龛前,燃香灼奉敬。执"采莲艾旗"者则在《嗦啰嗹》歌声中口呼吉祥语,以长竿"采莲艾旗"在厅堂梁间来回挥动,有的还将另一小旗交由主妇自入内室四处拂扫,谓为避邪消灾。之后主人家取出备好的红包酒米劳谢,"花婆"则从漆篮内取出香花、"嗦啰嗹仔""孩儿仔"等回赠主人家。据民间传说,采莲活动是继承古越族人的遗风,歌中的"嗦啰嗹"相传就是古越族人辟邪去灾的咒语,如"嗦啰嗹啊侬多啊啊礼,礼啊去礼"等。"安海嗦啰嗹习俗"具有鲜明的地域性特征,其形成原因与福建泉州、晋江等地区的独特的历史传统、文化个性、地域特色息息相关,在发展、传承过程中,又与当地的生活习俗互相影响。这类习俗具有明显的个别特征,成为某一地区地域文化的符号。

又如福建省非物质文化遗产项目"云霄开漳圣王巡安民俗",源自纪念唐代名将陈政、陈元光父子。此二人在当地执政期间,设郡置县、传承中原文化和农耕技术。由于政绩突出,造福一方百姓,受到历代王朝的褒封,后人为追缅其开漳业绩,于是就建庙祭祀,奉为神明,由此形成了一系列的民俗活动。每年元宵节,当地民众便要用云霄开漳圣王巡安民俗的特殊方式,来缅怀开漳先贤建漳立郡、惠及民众的丰功伟绩,表达对陈元光的崇敬和怀念情怀。

区域性非遗资源突出强调了非遗资源的个别性和地域独特性,这是由非遗资源所处地域在各个方面的特点,如独特的自然生态环境、人文历史条件、经济生产方式、生活习俗形态所决定的。从空间范围来看,区域性非遗资源是非遗空间结构中最小的单位,也是探讨非遗资源空间结构的起点。

2. 跨区域性非遗资源

跨区域性非遗资源是指在较为广泛的区域范围内流传,具有一定的跨地域、跨省市特点的非遗资源形式。上文已经论及,从空间整合结构的角度看,不同地域的文化资源会由于某些原因形成一定程度的交融与整合,并在此基础上构成一定的非遗资源形态文化圈。在这种跨区域性非遗资源空间中存在的诸多非遗资源,存在着文化内涵与文化特征上的某些共性特征,反映了这些非遗资源内在的某些共同的本质。

跨区域性非遗资源是一种复合性空间整合的结果,因此其分布的范围显然要大于区域性非遗资源。以我国的盘古传说为例。盘古传说最早起源于地处古代中原的河南地区,尤其是河南的泌阳、桐柏一带,被认为是传说中盘古开天辟地、繁衍人类、造化万物的地方,也是中国的"盘古圣地"。随着时代的发展,盘古传说逐渐开始传播到河北、江西、广西、广东、湖南等许多省份,其中如河北的青县、江西的会昌、广西的来宾、广东的肇庆、湖南的沅陵等地,不但存在着大量的盘古传说,而且也产生了盘古信仰、盘古庙会、盘古节日等诸多盘古文化形式,它们都可以看成是我国盘古传说跨地域传播所产生的结果。

又如以上所举的妈祖信仰,本是福建莆田地区的一种地方神信仰,但是后来随着不断的传播与整合,妈祖信仰逐渐被推广传播到福建、广东、上海、江苏、浙江、山东、辽宁、台湾、香港、澳门等许多沿海地区,成为一种跨地域、跨省市的文化现象。在这种跨地域的传播过程中,妈祖信仰的单一性地域空间逐步丰富发展为复合性的跨地域空间,具有了一定的共性特征和跨区域的特点。

3. 全国性非遗资源

全国性非遗资源是指在全国范围内流传,具有全国性特点的非遗资源形式。很多非遗资源的流布和传承并不仅仅局限于某一个村落或者社区,也不仅仅是局限在几个地区或者几个省市,它们广泛地存在于全国范围内,覆盖了我国绝大部分省区。这样的非遗资源往往具有文化内容与精神价值的高度共性,代表了国家和民族的总体文化特质,从而成为中华民族精神、信仰、生活习俗等方面的典型代表与文化符号。

以 2010 年被联合国教科文组织列入人类非物质文化遗产代表作名录的"中国剪纸"为例。"剪纸"是我国传统社会中一种流传广泛、普及率极高,甚至达到家喻户晓程度的民间美术形式,在地域分布格局上呈现了一种极为广泛的普及性。长期以来一直为全国各地的民众所热爱,所传承。以前,几乎在整个中国的土地上,无论是在节日庆典、宗教祭祀之日,还是在婚丧嫁娶、装饰家室之时,人们都要用剪纸这种形式来进行表达自己的精神寄托与审美需求。因此,剪纸完全称得上是一种具有中国民族文化代表性意义的全国性非遗资源。作为一种具有全民性意义的剪纸文化遗产,一方面反映了中华民族共同的民族文化心理以及民族审美情趣,另一方面又呈现了一定地域自身所有的地域文化个性,在风格特点、表现方法、题材内容等方面,各个地区的剪纸往往又存在着很大的差别。如果进一步对中国的剪纸类非遗项目进行细分,便可分为乐清细纹刻纸、金坛刻纸、医巫闾山满族剪纸、安塞剪纸、蔚县剪纸等数十种国家级非遗项目,以及 150 多项省(含自治区、直辖市)级非遗项目。由此可见,作为一种全国性的非遗资源,其文化特征往往是一种文化共性与文化个性的复合体,一方面蕴含着民族文化的统一共性,另一方面又表现了地域文化的独特个性。

由此可见,全国性非遗资源在空间特征上具有着极为广泛的范围,它们基本上覆盖了整个的中国大地,并且呈现了许多中华民族在价值观念、文化审美方面所共有的特性。这些全国性的非遗资源又往往带有一定地域中的本土文化因素,呈现出非遗资源在一定地域中的文化多样性与文化差异性特点。

第二节 非遗资源的时间结构

一、非遗资源时间结构的基本内涵

非遗资源的时间结构是一种从时间意义上来展开对非物质文化遗产图谱的内容结构关系进行审视与考察的研究方法,它重点关注的是非遗资源存在的时间性意义。有关非遗资源的时间性意义具体而言可以从以下几个层面上进行理解:

首先,所有非遗事象都有一个时间积累的过程以及一定的时间跨度。非遗事象既然作为一种人类文化遗产的形态出现,其本身就必然有着一种较为长期的时间延续过程。例如我国的许多民族史诗，叙述的是这些民族对于宇宙万物与人类世界的最为原始的认识，反映了这些民族最为古老的哲学观念与文化思想，它们大都在我国历史上已经传承了几千年之久。又如我国的一些古老的手工纺织技艺，如绩麻、纺纱、织布、印染、提花等，在我国历史上也传承了数千年之久。对于非遗资源而言，时间性意义也许是最为重要的意义，只有经过成百上千年的磨砺与传承，具有了深厚的历史文化积淀，才能称得上是真正的非遗资源。历史年代越久，时间跨度越大，非遗资源的历史文化价值就越高，这似乎已经成为当今非遗学术界普遍认同的一个事实。反之，对于那些时间跨度较短，历史年代较近的非遗资源，则往往很难为当今学界所认同。

对于究竟时间跨度多长才能具有"非遗"的资格，才能被列入"文化遗产"的行列而受到应有的保护的问题，至今学术界还未能达成共识，这主要是由于非遗门类较多，情况不一，难以用统一的时间标准去进行界定的缘故。当前中国非遗学术界一种较为普遍的认识是：非遗事象与非遗资源必须具备100年以上的历史，三代以上的传承。当然，这只是一种粗略的、简易的、不够全面的界定。实际上，有关非遗时间跨度的问题较为复杂，并不能够统而划之，而必须根据不同的情况予以区别对待。一个值得注意的问题是，随着历史的发展，非遗事象的时间跨度有一个逐渐缩短的趋势。在古代社会，许多非遗事象往往经历了上百年，甚至数千年仍然能够传承延续，具有很强的生命力。而到了现代社会，许多非遗事象就会逐渐缩短其时间跨度，逐渐演变成为一种非遗事象的变体甚至为新的文化形式所取代。

其次，在非遗事象生命延续发展的整个时间跨度中，其形态与内涵并不是一成不变的，而是有一个形成、发展、演变的过程，它们构成了一个非遗事象发展的时间序列与阶段序列。在这个时间序列的初期，非遗事象本身的特征往往并不十分凸显，它们往往是与其他的文化现象混合、杂糅在一起，而随着时间的延续，许多非遗事象的个性才会逐渐凸显出来，发展成为一种较为系统完整、特点鲜明的非遗文化事象。

例如春节作为中国的一个最有典型意义的传统节日形式，最初形成原因与"蜡祭"有着密切关系，主要是出于原始时期的人们庆祝农业丰收，祭祀农业神灵的目的。因此，在原始的春节习俗活动中，有着大量的祭祀性活动，每逢腊月来临，先民们便要杀猪宰羊，祭祀神鬼与祖灵，祈求新的一年风调雨顺，免去灾祸，届时他们还要用朱砂涂脸，身披鸟羽，唱跳吃喝，热闹非凡，其祭祀性特色十分明显。到了汉代,祭祖成为春节的重要活动和习俗。据崔寔《四民月令》称:"正月之朔,是为正日。躬率妻孥,洁祀祖祢。及祀日,进酒降神毕,乃家室尊卑,无大无小,以次列于先祖之前,子妇曾孙,各上椒酒于家长,称觞举寿,欣欣如也。"南朝时期,春节中的礼仪性活动内容开始日益增多,如拜贺、宴饮等。据南朝梁人宗懔《荆楚岁时记》记载:"正月一日……长幼悉正衣冠,以次拜贺。进椒柏酒,饮桃汤。进屠苏酒,胶牙饧,下五辛盘。"唐宋至明清时期,春节习俗中的礼仪成分更是十分浓重。据南宋吴自收《梦粱录》记载:"士大夫皆交相贺,细民男女亦皆鲜衣,往来拜节。"《梵天庐丛录》记载:"男女依次拜长辈,主者牵幼出谒亲友,或止遣子弟代贺,谓之拜年。"《清波杂志》载:"宋元祐年间,新年贺年,往往使用佣仆持名刺代往。"明清以后,春节活动又产生了一个重要的趋向是娱乐化,春节活动中游戏、娱乐、吃食活动内容日益增多,逐渐成了一个名副其实的中华民族狂欢节。春节吃食以年糕、饺子、糍粑、汤圆、荷包蛋、大肉丸、全鱼、美酒、福橘、苹果、花生、瓜子、糖果、香茗及肴馔为主;春节娱乐则以放鞭炮、逛花市、闹社火等为主,春节游戏则有逛庙会、舞狮、舞龙、滚铁环、抽陀螺、抖空竹、踩高跷,等等。至现代时期,春节更是成了一个主要以娱乐、吃食为主要内容的节日,而其祭祀性、礼仪性功能则逐渐弱化。由此可见,随着时间的推演,春节作为一种具有十分典型的农耕文明意义的中国传统节日类文化遗产,其本身的文化内涵与功能有一个逐渐发展的过程,祭祀—礼仪—娱乐,代表了春节习俗发展的三个重要阶段,呈现了春节习俗形成、发展、演变的时间序列。

又如白蛇传这一民间传说发展至今,其故事情节也有着一个发展演变的过程,经历了不同的时间发展阶段。白蛇传说最早发生在唐代时期的长安,在唐传奇《李黄》(录于唐《博异志》、宋《太平广记》)、《李琯》(录于唐《博异志》、宋《太平广记》)中均有记载,当时白蛇的形象是恶毒的,专门通过色相引诱人,从而吸收其精血,最终置人于死地。被害人名叫李黄(一说为李琯),因贪恋白蛇的美色,留宿于白蛇处,导致脑裂而卒或化为血水的灭顶之灾。到了宋代,白蛇传说的发生地转移到了杭州西湖、临安一带,白蛇的身份变成了一名寡妇,但仍然心肠歹毒,专门通过美色将人引诱过来从而挖食其心肝。男主角是一名叫作"希宣赞"的已婚宦官,并非好色之徒,而是在游西湖时好心救下迷路的女孩卯奴,结果被其母亲引诱留宿而身陷白蛇的图圄。这一时期还出现了与白蛇对抗的除妖道士奚真人,他是希宣赞的叔父,救下希宣赞,而后将妖怪镇压在西湖三塔之下。到明代时期,传说地从临安、杭州西湖扩布到江苏苏州、镇江金山寺等地区。白蛇仍然是一名寡妇,但不再害人,故事叙述药铺学徒许宣在游览西湖时与白娘子一见钟情,后来他们过着平凡的夫妻生活。小青是白娘子的忠心侍女,由青鱼化为人形,法海是专门降妖除魔的得道高僧,终将白娘子镇压于雷峰塔下。清代时期,白蛇、许宣、法海的形象基本没什么变化,而白蛇却已经演变为一个非常鲜明的敢爱敢恨的痴情女的角色了,小青则从青鱼演变为青蛇。在情节方面,有了白娘子端午节白蛇现形、冒死盗仙草、水漫金山、生子中状元等单元,相较于之前,大大地得到了丰富和发展。现当代的白蛇传说,见诸小说、独幕剧、京剧、电影、电视剧等各种艺术形式,人物方面基本承袭了清代的状态,保持相对的稳定。在情节上,更加突出了白娘子与法海、追求爱情与破坏婚姻的二元矛盾对立。可以说,白蛇传说在空间和时间两个维度上都在发生着变化,时空的交织演变,使该传说在传播地域、人物情节、内涵主旨等诸多方面随之发生变迁。白蛇传说在唐代形成,经历了明清时期的发展以及现当代的剧变,几个历史阶段叠加一起构成了白蛇传的时间结构体系。

再次,各种不同的非遗事象与非遗资源,其时间序列与时间跨度是并不相同的,有的可能十分漫长,经历了若干个发展、演变的历史阶段;而有的却较为短暂,时间跨度并不很大。根据中国非遗资源的实际情况,这里我们大致可以从时间跨度上将其分为四种类型:

第一类,时间跨度很大,从古持续至今的非遗资源。比如被视为中国民族最隆重的传统节日——春节、元宵、端午、中秋等,其起源都已传承延续了千年之久。前已说明,春节本是远古先民原始崇拜与农业祭祀的产物,中间经过夏商—秦汉—南北朝—唐宋—明清等历代传承,至今仍然保留在人们的生活中,是中华民族传统节日中保持时间最长、时间跨度最大的节日形式之一,也是中华民族最为典型的传统节日类非物质文化遗产。

第二类,某一历史阶段中曾经出现,但是现在已经基本失传的非遗资源。有些非遗资源曾经在历史上某个时期出现过,但发展到后来却消失了。如起源于战国时期的汉族民间娱乐性游戏蹴鞠,曾经是民间体育的一朵奇葩,在唐宋时期达到顶峰,曾经出现过"球终日不坠","球不离足,足不离球,华庭观赏,万人瞻仰"的情景。但原始的古代蹴鞠形式现在早已消失。另如六博、双陆、长行等一些古代博戏形式,曾经在我国历史上风行过相当一段时间,尤其是受到了一些皇帝、大臣、文人学士们的喜爱。但是，如今这些古代游戏也都已经失传，很少有人知晓其究竟，成了"已经死亡的历史文化遗产"。

第三类，曾经有所中断，但后来又得到延续的非遗资源。在中国的非遗资源中，也有相当一部分曾经在历史发展的某些过程中有所中断，但是后来却又恢复的情况，这一方面最为典型的就是民间信仰类的非遗资源。在中国历史发展的许多阶段中，民间信仰类的非遗资源经常会面临被废止的遭遇，例如明代以后，由于佛道两教与各种民间宗教日益兴盛，民间私建的寺观祠廊逐渐增多，对国家财政、社会控制和社会风气的影响日益增大，在这种情况下，中央政府和地方官员发起了毁"淫祠"活动，以遏制私建、私祭之风，解决"淫祠"存在和兴盛引起的各种问题。到清代康熙朝，更是出现了著名的汤斌毁淫祠事件。及至"五四"时期与"文革"时期，民间信仰及其习俗受到了最为严厉的批判，基本上被彻底禁绝。但是，随着世界文化遗产保护时代的到来，在国家非遗运动、学界和民间的共同推动下，许多民间信仰又被作为民族文化遗产得到了恢复和振兴，尤其是如尧舜禹信仰、妈祖信仰、观音信仰，以及大量的庙会习俗等，都是这方面的典型例证。

第四类，时间跨度不大，距离当代社会较近的非遗资源。比如，上海杨浦区的"上海工人大锣鼓"，上海金山区的农民画等。上海工人大锣鼓距今的历史不足百年。该非遗资源起源于中华人民共和国成立之前的苏北地区，是当地民间手艺人们"讨口要饭"的工具。中华人民共和国成立之后，苏北地区的许多民间艺人纷纷涌入上海做工，于是便把大锣鼓的手艺也带入上海的各个工厂，当时几乎每个工厂都组建了锣鼓队，在原来苏北锣鼓的基础上创作了"前十番""后十番""三段""丰收""凤凰点头"等新鼓点，主要作品有《欢庆锣鼓》《舞台表演锣鼓》《迎宾锣鼓》等。上海的杨浦区是近代工业文明的发祥地，几乎聚集了上海地区所有的锣鼓队，时至今日仍活跃着一群锣鼓手，他们大多是杨浦区各工厂的退休工人。又如上海的农民画，其产生和发展的时间跨度也比较短。农民画是20世纪50年代以来，由社会主义国家意识形态和农民作者共同建构的民间美术形式。根据《中国农民画大事记》，1958年8月，邳县成为中华人民共和国第一个农民画乡，"农民画"一词从此应运而生，《老牛告状》被称为中国"第一幅农民画"。上海金山农民画肇始于20世纪70年代，发展至今不足半个世纪，是一种时间跨度较短的非遗资源形式。

由此可见，非遗资源的时间结构主要是由时间跨度、变化节律、时段特色、以及各种非遗资源之间的时间差异等内容要素所决定的。

二、非遗资源时间序列的内容范畴

非遗资源时间序列的内容范畴主要包括如下几个方面,一是指非遗事象的时间序列,即非遗事象本身形成、发展、演变的具体过程;二是指非遗传承人的时间序列,即非遗传承人的代际演变关系与传承谱系;三是指非遗资源所依托的生态环境的时间序列,即非遗资源产生地区自然环境的发展变化历史脉络、非遗资源产生地区行政建制的发展变化历史脉络、非遗资源产生地区经济生产方式的发展变化脉络,等等。

1. 非遗资源事象的时间序列

如前所述,所有的非遗事象都有一定的时间跨度,都有一个形成、发展、演变的具体过程,以此而构成一个非遗资源事象所特有的时间发展序列。在这方面,学界做过诸多的相关研究。如柴国珍、孙文学针对山西省非物质文化遗产的时间演变及特征进行了专门论述,他们将山西省的非遗资源的时间演化序列分为先秦、秦代至宋代、元明清三个阶段,然后针对这些不同时间阶段中的非遗资源的特点进行了分别的研究与考察。该项研究是一种将人类文明的演进规律与山西省非遗资源历史传承的实际情况结合起来的研究方法,对我们讨论非遗图谱的时间结构具有一定的参考价值。①

非遗事象不断发展变化从而建构了一个漫长的时间序列结构的现象,在节日类非物质文化遗产资源的传承发展中得到了充分的印证。中国传统节日类型众多、内涵丰富、形式各异,从某种意义上说,中国传统节日的形成、传承和流变的历史就是一部中华文明的发展史。值得注意的是,在经过了一定时间的历史发展过程以后,几乎所有的节日类非遗资源都不是一成不变的,都会随着历史的发展以及社会的需求而不断发生演化。以中秋节为例:《礼记·月令》便有"仲秋"一词出现:"仲秋之月养衰老,行糜粥饮食。"春秋时代的帝王将相、贵族官吏已经有祭月、拜月的习俗,是为秋分祭月之礼,此时民间还没有相关习俗活动。唐代是我国封建社会物质文明、精神文明达到顶峰的时期,先秦时期留下来的赏月、拜月习俗得到空前的发扬,文人雅士们纷纷在中秋节吟诗作对,基本奠定了中秋的民俗文化内涵。到了宋代,社会经济得到进一步发

---

① 柴国珍、孙文学:《山西非物质文化遗产的时空分布与重心移动分析》,《文化遗产》2010年第2期。

展,尤其是市民阶层的兴起,使得中秋节在民间更加盛行,朝廷将农历八月十五颁布为官方法定假日,已然形成以赏月为中心的中秋节习俗,并赋予这一节日以家人团圆欢聚的文化意义。明清时期,除了赏月之外,祭月、拜月开始成为中秋节的活动内容,吃月饼、赏花灯、烧斗香等特色节俗开始在民间广为流行。至这时,中秋节已经成为全国仅次于春节的中华民族第二大节日,其影响力从中国扩展到周边国家,以及全世界的华人华侨群体。2006 年 5 月 20 日,中秋节被列入第一批国家级非物质文化遗产名录,2008 年中秋节又被列为国家法定节假日。通过中秋节的历史演变过程可以充分说明,我国现有的大量非遗资源形成以后,并不是一成不变的,它们基本上都有一个产生、发展、演化的过程,从而构成一个具有一定跨度的时间序列结构。

民间文学类的非物质文化资源也同样具有鲜明的时间序列结构特点。以我国大量存在的民间传说资源为例,如八仙传说最早渊源于初盛唐时道术之士张果的传说,至宋初时,吕洞宾仙话传说得到广泛流传,金元时期杂剧等民间文艺的发展又促进了八仙传说的传播。但直至金元时期,八仙中的具体八位人物始终没有定型,一直到了明代中叶吴元泰的《东游记》和汤显祖的《邯郸梦》问世后,八仙的人选才被正式确定下来。另如我国的民间传说类非遗项目观音传说最早大约起源于宋代,在南宋宝庆年间编纂的《昌国县志》中就有"梅岑山(今普陀山)观音宝陀寺"的记载,南宋乾道年间编纂的《四明图经》中有"日僧慧锷送观音"的记录。到了明清以后,我国流传的观音灵异传说日益增多,当时的观音传说还大量以话本、小说等体裁流布民间,如在我国著名的古典小说《西游记》《封神演义》中,都载录了观音传说,展现了观音传说由南宋至明清再至近现代的时间序列。

民间美术类的非遗资源也大都具有其自身的形成、发展、演变脉络。例如河北省蔚县剪纸的历史源流可以追溯至 19 世纪中叶前,当时的艺术特色表现为单色窗花,色彩单调,线条较粗犷,多以具有吉祥意义的动物、植物图案为主。19 世纪中叶至 20 世纪初,蔚县剪纸进入"刘老布时期",点彩窗花开始出现,刻刀代替剪子成为蔚县剪纸的主要工具。20 世纪初至 20 年代被称为蔚县剪纸艺术的"草创时期",重点以吕家和翟家剪纸为代表,其艺术特征主要表现为"口袋戏"(刀工粗糙,人物呆板,像个口袋)和"五大色"(点色简陋,配搭不匀,只有红、黄、青、黑、白五色)。20 世纪 30 年代是蔚县剪纸的成熟时期,以王老赏的剪纸艺术为代表。王老赏改造和润色了传统窗花戏曲人物和花卉图案,在造型、构图和色彩方面都有长足进步,最终发展成了以阴刻为主,阳刻为辅,着色点彩的具有鲜明地域特色的蔚县点彩剪纸。20世纪40年代至1979年,是蔚县剪纸的发展时期,这时期专业美术工作者和民间艺人相结合,对原有的剪纸艺术进行了大胆革新,并突破原有题材的局限,改进了传统戏曲人物,开发了戏曲脸谱,独幅的古装人物等,出现了反映社会现实生活的作品。自改革开放以来,蔚县剪纸艺术更是逐步走向繁荣,剪纸艺人们在保持传统的同时,与现代艺术相结合,出现了诸如"新写实主义剪纸"等不同的剪纸风格,并逐步形成剪纸产业。从蔚县剪纸的传承、发展、演变的历史轨迹来看,该非遗资源的艺术形式、技艺特征、美学效果、内容题材等方面在不同时间阶段都体现出或丰富或消减,或固守或创新等时代特点,形成了自己独特的发展演变的时间序列。

对于一个地区来说,其自身的许多非物质文化遗产资源也大多有着一定的历史脉络与时间序列。如河南省历史悠久,文化积淀深厚,元代以前是中国历史的核心区域,民间传说类非物质文化遗产资源尤为丰富,如上古时期有洛神传说、河图洛书传说、先蚕氏嫘祖传说、神农传说、许由传说、黄帝传说、帝舜传说、大禹神话传说、葛天氏传说、愚公移山传说;夏末商初有伊尹传说,周代有姜太公传说、杞人忧天传说;春秋时期有老子传说、范蠡传说、赵氏孤儿传

表5-1 河南省历代著名民间传说资源一览表

产生时代	资源名称
上古时期	洛神传说、河图洛书传说、先蚕氏嫘祖传说、神农传说、许由传说、黄帝传说、帝舜传说、大禹神话传说、葛天氏传说、愚公移山传说
夏商周时期	伊尹传说、姜太公传说、杞人忧天传说
春秋战国时期	老子传说、范蠡传说、赵氏孤儿传说、列子传说
秦汉时期	张良传说、王莽撵刘秀传说;丁兰刻木传说、陈实传说、董永与七仙女传说
魏晋南北朝时期	花木兰传说、竹林七贤传说、梁山伯与祝英台传说、王祥卧冰传说、潘安传说;牛郎织女传说、妙善观音传说;钟馗传说
唐代	柳毅传说、韩湘子传说、玄奘传说、韩愈传说、吴道子传说
宋代	白蛇闹许仙传说
明代	马文升传说

注:本表为本书课题组根据对河南省历代著名民间传说资源研究结果编制。

说;战国时期有列子传说;西汉时期有张良传说、王莽撵刘秀传说;东汉时期有丁兰刻木传说、陈实传说、董永与七仙女传说;魏晋南北朝时期有花木兰传说、竹林七贤传说、梁山伯与祝英台传说、王祥卧冰传说、潘安传说、牛郎织女传说、妙善观音传说、钟馗传说;唐代有柳毅传说、韩湘子传说、玄奘传说、韩愈传说、吴道子传说;南宋有白蛇闹许仙传说;明代有马文升传说,等等。

2. 非遗传承人的时间序列

非遗传承人的时间序列指的是指通过一代又一代非遗传承人的传承行为所构成的时间序列结构,在这种时间结构中,可以体现出各代传承人之间清晰可辨的代际关系与谱系关系。非物质文化遗产资源以人为载体,是依靠人的传播传承发展下去的。我国学者指出:"当个体的身体和生命维系着一个民族的文化遗产的传承使命时,个体的数量和代际关系的维系,成为活遗产的关键。"①非遗传承人是非遗资源历史发展和演变的必要载体和重要推动力量,因此,在考察非遗资源的时间结构问题时,必须把非遗传承人作为重要的研究对象。非遗传承人的代际关系或传承谱系在非物质文化遗产图谱中可以以可视化的形式体现出来,反映出非遗资源传承人的时间序列。

这里需要强调指出的是,在非遗传承人的传承历史过程中,有时往往并不是以单一的,或者单线性的形式出现的,而是呈现了较为复杂的情况。例如,有时非遗资源的传承人并不是以某个单一的人为主体,而是以一个团体、群体为主体,这就是所谓的团体(群体)传承;另外,有时非遗资源的传承模式也往往并非单一的、单线的状态,而是呈现出多线条的、错综复杂的态势。我国学者徐赣丽在谈到当代民俗传承途径变迁的问题问题时指出:"民俗从传统的家庭、社区自发传承,转为有意识的政府、学校、媒体、商人等有目的的行为。""当代民俗传承呈现新的特点:传承主体不再局限于以往的民俗主体;呈跨越时空的传承;传承过程有多种选择。"②基于非遗资源传承方式的多样化特征,传承人的代际关系也会呈现出复杂性、时代性的特点。

以民间传说类的非物质文化遗产资源为例。从传承方式上来看,民间传说主要是以集体传承为主,其最主要的传承主体就是该传说发生地的民众。

---

① 向云驹:《论非物质文化遗产的身体性——关于非物质文化遗产的若干哲学问题之三》,《中央民族大学学报》2010年第4期。

② 徐赣丽:《当代民俗传承途径的变迁及相关问题》,《民俗研究》2015年第3期。

除了集体传承以外，民间传说也有一部分以家族，或者个人身份出现的传承人，如一些讲述传说的民间艺人，或者民间传说的搜集整理者等。比如镇江市丹徒区流传的董永传说，其中一条传承脉络就在丹徒上党槐荫村傅氏家族内部。槐荫村为传说中的董永故里，有大槐树、董永亭、七仙桥等相关纪念物，董永传说在淮荫村的村民间世代流传，尤以村中大姓傅氏为主。传说类非遗项目的传承人，往往与传说的纪念物、遗址或文物等有一定关系。比如上述董永传说的传承脉络之一就位于被视为董永故里的槐荫村。又如陕西省张骞传说在城固县博望镇的一条传承脉络就始于为张骞守墓的黎姓守墓人与何姓守墓人，守墓人家族世代传承，张骞的传说也在守墓人家族中世代相传。民间传说在传承方式上很少以家族或者师徒关系的方式而得以维系。由于民间传说主要是以某一地域（村、镇）内民众中善讲者为代表，传说的传承往往就在日常生活的接触中完成，因此其传承方式并非其他非遗形式中常见的家族传承或师徒传承，而只是一种社会传承。传说的传承大都靠日常生活中的口耳相传，因此实际上就是一种社会传承的方式。河南省民间传说类非物质文化遗产的传承方式主要以群体传承为主，也有一部分为家族传承。如吴道子传说的代表性传承人，有吴道子五十一代后裔吴光明、吴庚寅、吴政平；五十二代后裔吴娜；五十三代后裔吴铁中，等等。

事实上，绝大部分非遗传承人在具体的传承过程中都往往具有复杂性、多样性的特点，传承人群体往往是通过各种传承方式，在多样的文化空间内实现非遗传承代际关系的建构。

3. 非遗资源生态环境的时间序列

非遗资源必须依托一定的自然、社会、文化生态环境才能得以产生和发展，它们具体包括非遗资源发源地与传播地的地理位置、自然环境、资源条件、生产方式，居民结构，以及当地民众的生活方式、文化习俗、宗教信仰、审美特点等因素。值得注意的是，随着历史的发展与社会的变迁，非遗资源所依托的这些自然、社会、文化生态环境因素也会发生相应的变化，如村落的兴衰、居民的迁徙、生产方式的变更、自然环境的改变等，这些变化因素都会对非遗资源产生深刻影响，并导致非遗资源发生相应的变化。这种在一定的历史发展过程中所产生的，对非遗资源的发展变化具有重要影响的非遗资源生态环境的发展演变内容，构成了非遗资源时间结构上的另一种序列——非遗资源生态环境的时间序列。

古村落是中国传统非遗资源所依存的最为重要的生态环境之一,大量的中国传统非遗资源,都是在古村落的环境中生成、发展起来的。传统古村落中那种自给自足的生产方式、缓慢舒徐的生活节奏、宗亲血缘的人伦关系、浓重强烈的宗教精神、土俗热烈的审美情趣等,都会对当地的非遗事象产生重要的影响,从而形成诸如鞭春牛、赶庙会、扭秧歌、跑旱船、花灯舞等与传统的乡村文化相适应的非遗事象形式。但是近代以后,我国乡村社会的结构受到商品经济的强烈冲击,快速发生变化,以致造成许多古村落变成了城镇,并在此基础上逐渐形成了一些不同于传统乡村民俗的市镇民俗文化形态。到了现当代时期,尤其是 20 世纪 80 年代以后,随着社会经济的发展,我国广大的村落社会在现代化、城镇化的时代背景下更是出现了快速变化的趋势,大量的传统村落被改造成了城镇,农田的消失致使过去依托于稻作农业基础上的田山歌、秧田号子等一大批传统非遗资源失去了生存的基础,而一些具有城市文化特色的通俗歌曲、流行音乐、街舞等形式逐渐成为当地居民喜闻乐见的新型文化形式。村落社会各个时期的发展变化,构成了一种非遗资源生态环境方面的时间序列,为非遗资源内容与形式的发展变化奠定了重要的基础。

我国大量存在的传统非遗资源,都是在一定的生产方式基础上产生的,因此,在对非遗资源的时间结构进行考察时,也必须要关注其生产方式的时间序列问题。随着历史的推进与经济的发展,我国的经济生产方式基本上呈现了一个由农业型——工业型——工商(农商)结合型——综合型发展演变的时间序列,这一演变序列对于非遗资源的影响十分重大。例如号子本是一种出自农耕生产的民间歌谣形式,其主要的形式有建筑号子、车水号子、耘田号子、打麦号子、牵砻号子、拉船号子等;到了工业经济时代,上海等沿海城市出现了码头号子、搬运号子等一些与工业生产劳动相适应的民歌形式;而到了当代,随着码头搬运劳动逐渐远离人们的生活,码头号子逐渐被搬上了表演舞台,成了一种专门供人欣赏的舞台艺术。由此可见,生产方式对于非遗形式变化的影响十分重要,随着生产方式的变化,非遗形式也会发生相应的变化。

三、非遗资源时间演变的原因分析

非遗资源事象及其相关的传承人与生态环境之所以在不同的历史阶段中发生各种变化,是由多方面的因素所导致的。

1. 社会因素

社会变迁是影响非遗事象及其传承主体与生态环境变化发展的一个极为重要的因素,其中又以朝代变更、民族迁徙等社会因素对非遗事象及其传承主体与生态环境的影响最为显著。以服饰为例,汉代时期,统治阶级提倡儒家传统与礼仪礼节,所以当时的服装大多以宽袍大袖、飘逸自如为主,具有了"汉服"的典型特色。到了唐代时期,统治阶级提倡民族的融合,广泛吸收异域的文化与思想,因此当时的服装大多仿效胡服,以紧身缩袖、便于骑马为主,具有了"唐装"的风格。清代时期是满族统治时代,当时的统治者大力推行"满族旗服",男人的马褂、女人的旗袍,正是这一时代的产物。如今,这些服饰都成了典型的非遗形式,鲜明地体现了我国服饰文化发展演变的脉络。又如在中国历史上,曾经发生过大规模的频繁的人群迁徙活动。以占中国绝大部分的汉民族为例,汉文化作为中华文明的主体民族文化,在东北地区"闯关东",西北地区"走西口"和"丝绸之路",西南地区"唐蕃古道"和"湖广入川",东南地区"北客南移"和"跨江下海"。通过战乱、征服、屯垦、移民、传播、教化等方式实现辐射。①在族群的移动过程中,非物质文化遗产也伴随发生着扩布、融合、变异等现象。

由此可见,朝代更替、民族迁徙等因素,是影响与导致非物质文化遗产发生变化的一个重要原因,正是由于各种社会因素的推动,使非遗事象的外部条件与内在机制发生了重要的变化,从而也导致了非遗资源本身内容及其形态的变化。

2. 经济因素

经济是推动社会历史发展的重要力量,也是影响非遗资源发展演变的核心因素。中国自古以来以农业经济为主要支柱产业,从而也催生了大量的具有农业文明特点的非遗资源形态的形成与发展。以江南地区为例。该地处于江河密布、气候温湿、土地肥沃的水乡生态环境,其传统的经济生产方式,主要以稻作蚕桑为主,因此,这一带的非遗资源也大都带有稻作蚕桑文明的色彩,诸如稻作栽培技艺、田山歌、烧田蚕、蚕花节、手工棉纺织技艺等非遗事象,都具有相当的代表性。江南地区的稻作栽培技艺很早就处于发达程度,在全国具有领先地位,尤其是在育种、栽秧、施肥、耘草、灌溉等方面,积累了大量的经验。如今,这些有关稻作生产的技艺与经验大多已经被列入非遗资源保护的

---

① 梁福兴、吴忠军:《民俗旅游学概论》,中国林业出版社,2009年,第99—102页。

行列,受到了重点的保护。田山歌是顺应着稻作生产需求而产生的一种民间歌谣形式,以前江南地区的农民们通过这种山歌的演唱,来驱除暑热与疲劳,提振精神,提高劳动效率。如今,田山歌这种山歌形式也被列为我国重要的非遗保护项目。烧田蚕是一种由稻作蚕桑农业演化出来的民间信仰活动,施行时间大都是在元宵节期间。元宵节的晚上,当地各个村庄的民众都要手持火把,在自己的田头巡游奔跑,其意是祈求神灵保佑田蚕农事顺利。值得注意的是,随着时代的发展以及生产方式的改变,江南地区许多传统的具有稻作经济特色的非遗资源已经发生了很大的改变,有的甚至逐渐退出了历史舞台。例如田山歌以前主要是在田间地头演唱的,但是现在随着耘稻、锄草等农业劳动方式的日益减少,曾经十分兴旺的田山歌也已经风光不再,其中仅有少数一部分被逐渐从田间地头搬上舞台,成为一种观赏性的文艺表演形式。又如以前蚕桑经济十分兴旺,因此蚕花节等与蚕桑经济相关的民俗信仰活动十分盛行,但是如今随着蚕桑农业数量的逐渐减少,诸如蚕花节之类的民俗信仰活动的内涵也发生了很大的改变,其中蚕神信仰、蚕神崇拜的成分日益减少,而民间歌舞、戏曲、音乐等艺术表演的成分则日益增加。由此可见,经济生产方式是影响非遗资源形式形成与发展的重要因素,大量的非遗资源的时间发展序列,正是由一定的经济生产方式来决定的。

3. 文化因素

文化因素也是影响非遗资源时间序列发生改变的重要因素之一。现今社会轰轰烈烈的非物质文化遗产保护运动,即是一场大规模的、自上而下的、全民参与的文化运动,让很多濒临灭绝的、不为人知的,或者以往不为人们所重视的非遗资源重新回归人们的生活,这是非遗资源面临的重大契机,影响到非遗资源发展变化的时间序列。事实上,在我国历史上也曾经发生过多次影响人类文明进程的文化运动,如清末民初的"庙产兴学"运动,让许多民间信仰类非遗资源惨遭毁灭,而后,在"文革"时期的"破四旧"中,民间信仰又被斥为"封建迷信"而被强行废止。这些对非遗资源发生巨大影响的文化因素都曾经使非遗资源的时间序列发生了中断,从而影响到非遗资源的时间结构。改革开放以后,随着思想解放运动的持续推进以及对于民间信仰问题的重新评价,许多民间信仰又重新获得了立足生存的空间,有的还被列入非遗保护的名录体系之中,例如妈祖信俗、妙峰山庙会、龙华庙会,等等。这些事实充分说明,文化观念、文化思潮等各种属于"上层建筑"领域的社会意识形态,对于非遗资源的形成、发展、变化的作用也是十分重要的,它们像许多社会因素、经济因素一样也会在一定程度上制约和影响非遗资源的发展进程,重构非遗资源发展演变的时间序列。

第三节　非遗资源的时空交互结构

一、非遗资源时空交互结构的基本内涵

以上我们从空间结构与时间结构两个维度上考察了非物质文化遗产图谱内容的结构特点,但是这还并不是非物质文化遗产图谱内容的时空结构问题的全部内涵。因为在许多非遗资源的形成、发展与传播过程中,空间与时间这两个因素往往是结合在一起的,它们在这些非遗资源形成发展的过程中,往往互相依存,互为因果,由此而构成了一种非遗资源在时空领域中较为复杂的交互性关系。因此,我们在对某些非遗资源进行考察时,并不能够仅仅从空间或者时间这一个坐标上去思考问题,而必须把空间与时间两个因素结合起来,从其空间因素与时间因素的相互影响以及互动关系上来建立非遗资源的时空结构体系,揭示非遗资源在空间与时间上的某些规律。正如我国学者所指出:"民俗文化在时间向度上的传承性和空间向度的扩布性,决定了我们要用时空整体观来审视非遗。"[1]只有将时间和空间两个要素结合起来对非遗资源进行整体观照,在考察非遗资源的空间关系时同时研究它们的时间性因素,在考察非遗资源的时间关系时同时研究它们的空间性因素,才能更为全面、科学地揭示非遗资源在时空关系上的重要特点与基本规律,更好地体现出非遗资源内容结构研究的合理性与有效性。

具体而言,非遗资源的这种较为复杂的时空交互结构主要表现在以下几个方面:(1)随着时间的增长,非遗资源的推广、传承地域范围逐渐扩大。有些非遗资源事象原本只是在一个较小的空间范围中流传,但是随着时间的推移,它们被逐渐推广、扩展到其他许多地区,并在这些新的地区中获得了生存发展的空间,从而形成了一种新的非遗资源时空格局。(2)随着传承空间的扩大,同一项非遗资源会在不同地域的时间跨度上产生越来越大的差异。一般来说,出自本源地的非遗资源,在时间跨度上肯定要超过传承地的非遗资源,而

---

[1]　赖彦斌、董晓萍:《数字故事民俗地图志》,学苑出版社,2012年,第253页。

传承地的非遗资源其传承发展的时间跨度则要晚于本源地的非遗资源。但是有时也有特殊的情况。例如有些本源地的非遗资源由于某些原因在本源地逐渐式微,甚至失传了,但是在传承地的非遗资源倒反而发展、传承得很好,这样就有可能会产生传承地的非遗资源在存在、发展的时间跨度上超过本源地非遗资源的现象。(3)某些非遗资源可能在同一个时间阶段中具有几个发源地,它们各有各的推广、传承地域,各有各的时间发展序列,这样就构成了一种非遗资源时空关系上的"多头并进"式的结构。它们的存在,使我国的非遗资源在时空关系上表现出了更多的复杂性与多元性,同时也更值得我们去对它作深入细致的考察与研究。

把非遗资源的时空关系放置到同一个坐标体系中去进行研究,实际上也是一种对非遗资源进行动态性研究的方式,它的理论逻辑基点就是:非遗资源不论在地域空间上还是在时间延续上都是动态的和变化的,它并不仅仅静止地停留在某个地区或者某个时间阶段中,而是不断地处于一种动态的和变化的状态,从这种意义上我们也可以说,有关非遗资源时空交互结构的理论思想,实际上是体现了一种科学的、发展的历史观与文化观。

在有关非遗资源时空交互理论的考察与研究中,我们可以较多地参考西方历史地理学派以及日本民俗学中的"周圈论"等一些相关的理论与方法。西方的历史地理学派于19世纪末20世纪初兴起于芬兰,其创立者是语文学家兼民俗学家科隆父子(J.Krohn,1835—1888 和 K.Krohn,1863—1932)。另外还有民间文艺学家 A.阿尔奈(Antt Aarne,1867—1925)、W.安德松(Walter Anderson,1885—1962)等人,也是这一学派的重要代表。这一学派的理论基础是达尔文进化论和斯宾塞的实证论。科隆父子认为,民间文化(主要是民间文艺作品)有一个朴素简陋向繁复精美的演变过程。每一个重要题材,都有它的原始形态,也都有一个发生的时间和原始的发祥地。他们的研究是要通过对不同地区的相关民间文化异文的比较,对题材模式的迁徙和流变状况进行探索,力图确定其形成时间和流布的地理范围,从而尽可能地追寻这种题材模式的最初形态和发源地。历史地理学派强调以地理和年代对民间故事进行排列与分类,认为只有这样的分类才能区分出哪些是原初的成分,哪些是后来补加的东西。西方历史地理研究的这种视角,对于我们探究非遗资源的时空交互结构有很大的启示,可以综合考量非遗资源传承与扩布的时空动态过程和规律,从而通过图谱绘制的技术手段来加以视觉化的呈现。由历史地理学派的理论出发我们可以认识到所谓非遗资源时空交互结构就是指在一定的时空变化因素中所形成的非遗资源的发展变化状况及其所形成的序列。由于时间和空间两个因素的相互交融与影响，推动了非遗资源在某些区域中发生演变，或逐渐丰富，或逐渐消解，或发生根本改变，从而构成了一种具有时空互变性特点的结构序列。

日本民俗学领域中的"周圈论"是由具有"日本民俗学之父"称号的柳田国男提出的一种分析与研究某些民俗现象的理论方法，最早运用于对于某些地方方言的研究方面。1927 年，柳田国男发表了《蜗牛考》一文，对"蜗牛"这一词语的方言称谓进行了详细考证。他在文章中搜集了日本各个地区有关"蜗牛"一词的不同的方言称谓，如"纳美库吉""此不里""卡大此不里""玛依玛依""德德姆西"，等等，并把它们按照不同称谓的地区画成地图。他发现把"蜗牛"称作"纳美库吉"的人主要分布在日本列岛的最外侧，主要是日本北端的东北地区以及日本南端的九州地区，稍稍内侧一点的人则说"此不里"，再内侧一点的人说"卡大此不里"，而最接近日本列岛中心的京畿地区的人则把蜗牛称为"德德姆西"。通过这张地图，柳田国男得出的结论是，越是距离日本中心地远的地方，对于"蜗牛"一词的称谓越古老，而越是距离日本中心近的地方，对于"蜗牛"一词的称谓越现代，由此可以看出日本的方言是随着留存地域的远近与留存时间的远近而逐渐变化的，并可以画出一个方言演变的层递式周圈，这就是有名的"方言周圈论"。后来，柳田国男也把这种理论运用于民俗学的领域，研究了男子入赘等民俗学问题。[①]通过上述事实我们可以看出，日本柳田国男等人提出的"周圈论"，实际上也是在历史地理学的时空交互理论的基础上推导形成的，这种理论的核心观点就是：文化是随着一定的时间与空间的变化而变化的，在一定的条件下，由于时间与空间的交互作用，产生了新的文化表现形式，而通过新老文化形式的比较研究，又可以追寻这种时空交互作用的踪迹，探析文化形式发展演变的深层原因。很显然，这种理论与方法对于我们开展有关非遗资源的时空交互关系问题的研究也有着一定的参考作用。

在中国非遗资源库存中，能够体现出这种时空交互特点的项目与资源为数甚多。例如民间传说类的非遗项目——烂柯山传说，表现的主要内容是晋朝樵夫王质上山看棋烂柯的故事，其最早的文字记载是晋朝中期虞喜的《志

---

① ［日］福田阿鸠：《日本民俗学讲演录》，白庚胜，译，成都时代出版社，2008 年，第 43—50 页。

林》。而后,在北魏孝文帝时郦道元的《水经注》、南朝梁武帝时任昉的《述异记》等诸多史料中也都有记载。故事主要描述晋朝中期有个樵夫名叫王质,家住衢城太白井旁,家有老母和一个年幼的弟弟。王质常年以砍柴为生,他经常到衢城东南一山中砍柴,此山林深茂密,山中有一座巨大的石梁,形同石室而得名石室山。有一天,王质到石室山中砍柴,在石梁下遇两童子(实为仙童)下棋,王质在一旁看了一盘棋,砍柴的斧头柄已腐烂,时间也过去数百年,回家后,家人已不复存在,王质重归石室山而得道成仙,烂柯山因此而得名。从故事内容中所反映的主人公"家住衢城太白井旁""经常到衢城东南一山中砍柴"等描述来看,这一故事最先起源于浙江的衢州地区,后来随着历史的发展,逐渐推广传播到山西、四川、广东、福建、河南、陕西、山东等地。目前,在我国的山西武乡、广东高要、陕西洛川、河南新安、四川西昌、福建南平、江苏虞县、浙江淳安、山东莱芜等地区,都有关于烂柯山传说的流传,甚至在邻国日本,也有烂柯山传说的记述。烂柯山传说目前所存在的地域空间分布特点是在历史发展过程中逐步形成的,通过对"烂柯山传说分布图""烂柯山传说历史演进图"的编制,可以看出该非遗项目的"集中地""扩布地"等空间分布信息及其时间维度上的发展变化过程,并从中总结出该非遗资源项目的时空交互规律。

我国手工技艺类的非物质文化遗产项目——"乌泥泾手工棉纺织技艺"也同样呈现出显著的时空交互特征。南宋末年,松江地区开始引进种植棉花,当时的棉纺织技术十分落后。元代初年,黄道婆回到家乡乌泥泾,改进了捍、弹、纺、织之具,推广了"错纱配色,综线挈花"等棉纺织技术。明代中叶,松江地区成为全国最大的棉纺织中心,获得了"衣被天下"的美誉,棉纺织业也成为松江地区重要的支柱型产业。鸦片战争后,松江地区先后受洋纱、洋布的冲击,手工棉纺织业逐渐走向衰落,但仍有一定的市场。中华人民共和国成立后,上海地区农村手工棉纺织仍然存在,但多为自织自用,现代棉纺织成为城市重要的支柱型产业。在该项非遗资源的历史演进过程中,其空间分布区域也在发生着改变,在我们制作的"乌泥泾手工棉纺织技艺区域流布图"中,明确了这项非遗资源从上海的华泾镇逐步扩散到江苏的启东市、海门市、南通市、太仓市、昆山市、常州市,以及浙江的嘉善县、平湖市、乍浦县、桐乡市、慈溪市、余姚市等地区的过程,清晰地展现了这一非遗项目随着历史的发展而逐渐向多个地区传播流布的情况。

二、非遗资源时空交互结构的类型

根据历史地理学的相关理论,非遗资源的时空交互结构表达了同一非遗资源在其历史流传的纵向脉络中会在不同空间出现的状态,同时也表达了同一非遗资源在其传播区域的横向脉络中会体现出先后不同的时间序列,这是非遗资源的空间结构和时间结构共同作用的结果,揭示了非遗资源的时空演化轨迹。据此,我们大体上可以将非遗资源的时空交互结构分为两大类型:第一,以时间维度为本位的非遗资源时空交互结构;第二,以空间维度为本位的非遗资源时空交互结构。

1. 以时间为本位的非遗资源时空交互结构

从历史的角度看,所有的非遗资源都有一定的时间序列,在每一个时间阶段,非遗资源的空间分布都会呈现出一定的状态,时间和空间两相交织,便会形成一个个时空交汇点,串联起来便构成了非遗资源的时空交互结构。某一非遗资源在同一时间阶段下的空间分布状况,便是以时间维度为本位的非遗资源时空交互结构。

这种类型的时空交互结构几乎大部分非遗资源都会涉及。比如江南特色面食小笼制作技艺,其历史可追溯至北宋时期,总体特点是皮薄汁足、鲜香美味,发展到清同治年间,形成了遍地开花的繁荣局面,现今仍有不少百年老店传承至今。江南的上海、无锡、常州、南京、杭州、芜湖等地,都有着悠久的小笼包烹饪历史。源于北宋时期的"山洞梅花包"和"灌汤包子",靖康之变后,北宋皇室南迁时将其制作技艺带入江南,后演化为当代的样式。每个地区的小笼制作技艺各具特色、风格各异,如常州小笼包具有"皮薄透明、蟹香扑鼻、汁水浓郁、肉馅鲜嫩"的特点,辅以香醋、嫩姜,风味更佳。加蟹小笼包是常州小笼的特色,在每年中秋节前后上市,又分随号(不加蟹油的)、对镶(一笼包子有六只是加蟹油的,另外六只是不加蟹油的)、加蟹(全部加蟹油的)三种。无锡的小笼包已有上百年的历史,选料精细,具有"夹起不破皮,翻身不漏底,一吮满口卤,味鲜不油腻"的特色。上海的南翔小笼包诞生于清末同治十年(1871),有一百多年历史,由当时日华轩点心店的老板黄明贤所创,当年的小笼店仍在豫园老城隍庙传承至今。南翔小笼包会根据不同的季节采用时令食材,比如蟹粉、春竹、虾仁等和入肉馅,每只包子的折褶在14褶以上,一两面粉制作10只,形如荸荠。北方地区的小笼包也有一定的独特之处,如天津的狗不理包子、开封小笼包等。小笼包这项传统饮食制作技艺,在其时间序列中,在各地区的传播和传承中,经过了一定程度的演化,从现阶段的情形看,各地的小笼包呈现出凸显地方特色的文化个性,有的更是已成为当地的地域文化品牌。

2. 以空间为本位的非遗资源时空交互结构

再以地理的角度,即非遗资源的空间分布为依据,来审视非遗资源的时空交互特点。每项非遗资源在其发展过程中,都有一定的传播区域,以非遗资源的分布空间为依据,分析该范围内同一非遗资源的时间序列,由此可观照以空间为本位的非遗资源时空交互结构。

例如清明节是海内外华人的重要节日,迄今已有两千多年的历史。清明节的核心民俗是祭祀祖先,表达民众慎终追远、敦亲睦族、忠孝仁义的情感和情怀。清明节在全国大多数汉族地区和部分少数民族地区均有广泛分布,但在同一时间序列中,各地清明节的发展阶段又各有不同。在山西一带,有的地区还沿袭着寒食节的传统,保留着清明节较为原初的状态。这是因为寒食节源于春秋时期晋文公悼念介子推"割股充饥"的故事,而山西介休绵山正是这一事件的发生地。清明节传播到全国各地后,发生了很大的演变,有的地区或许与寒食节保留着一定的关联,更多地区则是进行了不同程度的发展和创新。比如在当代,很多地区在清明节期间会进行祭祀人文始祖、名人乡贤,或是民族英雄的公祭活动,与清明节的私人祭祀结合起来,构成了现阶段的清明节俗状态。还有的地区则一改传统的烧纸等祭祀方式,进行了网上虚拟的"绿色祭扫"方式,这是清明节在当代社会态势的一个方面。由此看来,同一项非遗资源在其传播区域内,也有不同的时间序列呈现。也就是说,非遗资源不同的时间发展阶段会在其地域空间内发生"混同"的现象。

在非遗资源的地理分布空间范围内,与某一空间呈现的时间发展序列结合起来,形成了一个个时空交汇点,串联起来,便构成了非遗资源的时空交互结构。这就是以空间为本位的非遗资源时空交互结构。

三、非遗资源时空交互结构形成的原因

导致非物质文化遗产资源呈现出时空交互格局的原因是复杂而多样的,它们充分反映了中国社会在政治、经济、文化等各个方面的特点,深刻体现了中国社会本身所具有的极为丰富与复杂的社政治、经济、人文状况。

1. 政治原因

非物质文化遗产与政治因素休戚相关,并且也深受许多政治因素的影响,因此,我们在对非遗资源的时空交互结构进行考察时,必须要分析其背后所蕴

含的政治因素。上文已经指出,非遗资源的地域分布情况,会根据不同的时代而有所变化的(或扩大或缩小)。同一非遗资源形式,在不同的地域中变化速率有快有慢,由此而构成了同一非遗资源在不同地区的不同时间序列。而在这样的一种时空变化结构中,政治因素往往起到了重要的作用。

例如太昊伏羲信仰本是我国古代中原地区的一种祖先崇拜形式,主要流传于甘肃、河南等地区。传说甘肃天水是人类文明始祖、中华民族文明创始人伏羲的诞生地。这里的伏羲祭祀活动自明成化十九年(1483)开始,一直延续至今,影响极为巨大。明代统治者对太昊伏羲极为信奉,每年都要由朝廷颁发太昊伏羲祭文,采用太牢规格,一年两祭,一祭三日,隆重而神圣。自此以后,太昊伏羲信仰逐渐在全国的许多地区得到流传,社会影响日益扩大。到了民国时期,随着破除迷信、去除繁文缛节等运动的推行,太昊伏羲信仰开始逐渐式微,其在全国的影响力也开始有所减小。这一情况一直到了中华人民共和国成立初期依然延续。尤其是20世纪六七十年代,由于"破四旧、立四新"等政治运动,所有传统文化被扫除殆尽,太昊伏羲之类的信仰与祭祀活动当然也被完全禁止,全国几乎没有一个地方再有太昊伏羲的祭祀活动。但是到了20世纪80年代以后,随着国家改革开放政策的推行以及思想解放运动的掀起,民间信仰在我国又得到了光复振兴的机会,全国对于太昊伏羲之类的祖先祭祀活动又开始逐渐风行。在甘肃天水地区,20世纪80年代以后恢复了太昊伏羲祭祀活动,祭典仪式包括民祭和公祭。民间祭祀活动包括会首商议、请神、领牲、献抢热血、初献、亚献、三献、送神等,其核心是大力弘扬龙文化和伏羲文化。80年代以后,天水的太昊伏羲祭典还逐渐成为海内外中国同胞寻根问祖的朝圣地,建构了民族国家认同的象征符号,也成为国际交流的重要载体。由此可见,太昊伏羲祭典的形成发展和地域传播,主要是源于一种国家政治力量的推动,与国家政治的主导思想有着密切关系。

2. 社会原因

非遗资源是在一定的社会背景下形成的,因此,各种社会背景方面的因素,例如社会制度的更替、社会重大事件的产生、社会人口的流动与迁徙等,都会促使非遗资源形态在传播时间以及传播地域上发生一定的变化,并且形成一些独特的时空发展序列结构。

例如妈祖信仰在长期的历史发展以及跨地域传播时,主要是通过移民这一重要的社会条件来进行推动的。自南宋以后,福建地区有大量的移民迁徙到广东、浙江、江苏、上海等地谋生,于是,妈祖信仰也随之而被带到了这些地方,并与当地的民间信仰逐渐产生融合。也正是由于这一特点,有些学者把妈祖信仰这种随着移民而传播的现象成为"口袋信仰"。有关学者所指出:"(妈祖信仰)作为故土神祇或航海保护神,总是被福建人群体随身携带。""当福建人群体到达一个新的地方后,便将妈祖信仰从'口袋'中倒出,在当地建妈祖庙(通常是以会馆妈祖庙的形式)进行祭祀,并且成为当地妈祖信众的主体。"[①]

以妈祖信仰在上海的传播为例。上海妈祖信仰的传入和兴盛,与上海福建人群体息息相关。上海是福建人的开拓地之一,经研究发现,闽商在上海的踪迹,最早可追溯到宋代以前。直到上海开埠前后,福建人在上海都是一个较为庞大的移民群体。据有关学者考证,上海第一座有确切史料记载的妈祖庙就是由宋时福州人陈晰倡建的,这座庙后来发展成为上海地区历史最悠久、香火最旺盛的妈祖庙。其次,福建人一直都是上海天后宫的主体信众,在虔诚祀奉妈祖的上海海商群体中,闽商占有重要比重。此外,福建移民在上海建立了大量的会馆妈祖庙,对上海妈祖信仰的兴盛起了重要作用。例如上海的"泉漳会馆""三山会馆""建汀会馆""兴安公所(后改名为兴安会馆)"等,都是由福建人所建,其中都设有妈祖庙。在三山会馆和泉漳会馆内,还设有戏台,每逢天后圣诞,就要演戏酬神,热闹非凡。后来,随着福建人的离去,上海的妈祖信仰也开始逐渐走向了衰落。[②]由此可见,社会变革、社会人口流动等社会性因素,是造成许多非遗资源发生时空变化的一个重要原因,许多非遗资源正是随着社会变革、社会移民等各种社会因素的变化而在时间发展以及地域传播上发生一定的变化,从而构成具有自身特点的时空发展序列结构。

3. 经济原因

经济是形成非遗资源时空交互结构的又一重要因素。在我国的非遗资源库存中,有相当一部分资源正是由于某些经济因素的推动而逐渐进行推广发展和地域传播的,对于这些非遗资源而言,经济因素是导致它们产生历史发展以及地域传播的最为重要的动力。这一点最为明显的是表现在我国的一些手工技艺类的非遗资源形式中,几乎所有的手工技艺类非遗资源,都是在一定的经济生产方式的基础上产生的,它们与经济生产水平保持着密切的关系,并伴随着经济生产水平的发展而发展,伴随着经济生产的推广普及而推广普及。

[①][②] 吴丽丽:《上海地区妈祖信仰研究》,华东师范大学硕士研究生学位论文,2010年5月。

正是从这种意义上我们可以说,一定形式的经济生产方式,是构成这些非遗资源时空发展的最为重要的动力。

众所周知,作为我国手工技艺类的非遗资源形式之一——手工棉纺织技艺,正是由于棉花种植业以及棉花纺织业的发展而逐渐形成、发展起来的。据考证,棉花最早起源于印度河流域,大约在南北朝传入中国。在南北朝到唐、宋时期中,尽管有关棉花和棉布的记载很多,且也经常被人们所称道,但是那时棉布在我国内地居民的衣着材料中不占主要地位,种植棉花的地区也仅仅局限于新疆、云南、广东、广西、福建等地区。后来,棉花逐渐从南北两路向中原传布。南路最早出现棉花的地区是海南和澜沧江流域,之后传到福建、广东、四川等地区。北路始于西北地区,即古籍所谓"西域"。宋元之际,棉花的种植开始迅速向长江中下游和陕西地区传播。当时,南方丝织业有很大发展。蜀地丝织品"号为冠天下"。江浙的丝绸产量高,朝廷用的丝绸,有很多来自江浙。从海南岛兴起的棉织业,至南宋时已发展到东南沿海地区。为便于棉纱的后加工,宋元时有人发明了木棉拨车、木棉床、木棉线架等生产工具。拨车是将各个管纱绕于上,便于接长成绞纱,由4根细竹组成。由于竹有弹性,绞纱易于脱卸。木棉床作用同于拨车,但可同时络6绞纱,效率比拨车大8倍。线架拈线不仅速度快,而且各根纱线的张力与拈度相近,有利于提高质量。现今后纺工序的络纱、并筒、拈线、摇纱等工艺,都是这些古老工具的延续。

元代,上海松江地区出现了一位对我国棉纺织技术方面作出重大贡献的人物,那就是松江府乌泥泾人黄道婆。黄道婆在元朝元贞年间(1295—1296)自崖州(今海南岛)将黎族人的棉纺织技术带回了自己的家乡。经黄道婆推广的"捍(搅车,即扎棉机)、弹(弹棉弓)、纺(纺车)、织(织机)之具",在当时具有极显著的优越性。黄道婆推广了扎棉的搅车之后,功效大为提高。在棉纺织各种工具中,纺车的改进最为值得注意。棉纺车来源于麻纺车,棉纺车在我国的使用应不晚于南宋,但是当时所用的是一锭纺车,后来黄道婆推广了三锭棉纺车,使纺棉效率得以大大提高。到了明清,我国的棉纺业水平又有了更大的发展,技艺高超的松江府纺妇已经能"进为四锭"。清末,在拈麻用"大纺车"的基础上,又创制出多锭纺纱车。三人同操一台40锭双面纺纱车,日产纱10余斤,成为中国手工机器纺纱技术的最高峰。多锭纺纱车的纺纱方法是模拟手工纺纱,先将一引纱头端粘贴棉卷边,引纱尾部通过加拈钩而绕于纱盘上,绳轮带动杯装棉卷旋转,引纱则向上拉,依靠引纱本身的张力和拈度,引纱头端在摩擦力作用下,把棉卷纤维徐徐引出,并加上掂回而成纱。

由此可见,我国手工棉纺织技艺这一非遗资源形式始终是跟随着我国棉花种植业以及棉花纺织业经济的发展步伐而逐渐形成并发展起来的,正是由于我国棉花种植业以及棉花纺织业经济的发展,我国的手工棉纺技艺逐渐构成了一个庞大的时空交互体系,由此而创造了我国光辉灿烂的手工棉纺织非遗文化。

4. 文化原因

我国非遗资源时空交互结构的形成,与宗教、艺术、文学、科技等各种文化形式的传播、推广、普及也有很大的关系。非遗大多是属于下层位的民间文化,它们在长期的历史发展以及地域传播过程中,往往会与上层位的士大夫文化以及统治阶级的官方文化进行碰撞、交融,由此而使非遗资源的时空坐标经常因此而发生改变。

例如我国民间说唱类的非遗资源形式——宣卷,便是在佛教、道教、民间宗教,以及各种市民艺术的影响与促动下形成自己的时空发展体系的。宣卷这种民间说唱艺术形式,最早渊源于佛教的"讲经"。佛教教徒为了更好地宣扬佛教思想,于是便用通俗文学的形式来向广大民众宣讲佛经教义、佛经思想,以及佛祖的修行经历,这些用于讲经的底本,就是所谓的宝卷或者宣卷。由此可见,宝卷或者宣卷从一开始诞生起,就与佛教有着密切的关系,它们基本上都是因佛教宣扬佛家思想的需要而产生的。后来,道教、民间巫教等其他一些宗教门派,也经常利用宣卷来作为一种宣教或者施法的工具,在民间进行大力推广。

从地域传播的范围来看,宝卷最先主要流传于中原地区,后来逐渐推广到江南一带,名字也相应改为"宣卷"。据我国著名的宝卷研究专家车锡伦先生研究,大约在清同治、光绪年间和民国初年,宣卷已经扩展到江南的上海、杭州、苏州、绍兴、宁波等城市为中心的广大地区。宣卷的内容皆与佛教经籍有关,如《目连宝卷》《刘香女宝卷》;也有的与戏曲同目的,如《琵琶记》《西厢记》《循环报》《粉玉镜》等,或来自民间传说故事,如《玉蜻蜓》《珍珠塔》《玉鸳鸯》《碧玉钗》等。宣卷的时间序列和空间分布,是佛教文化、民间故事、说唱艺术等多样文化元素结合的结果。

在江南地区,宣卷的大发展是在清咸丰以后,具体地说是太平天国被清政府镇压之后。这时的清政府在帝国主义入侵面前奴颜婢膝,束手无策,对重整封建社会的秩序却雷厉风行。于是，以倡导劝善为宗旨，在敬神拜佛的活动中演唱的宣卷便大兴起来。为了满足平民、乡绅的信仰、教化需求，宣卷艺人大量改编那些消闲、娱乐的弹词，把政府禁止演唱的弹词书目改编，加上善恶报应的观念，伴随着木鱼声、佛号声演唱。这时许多有民间教团背景的经房、善书局（如杭州和苏州的玛瑙经房、上海的翼化堂善书局等）也大量整理、编刊宝卷，推动了民间宣卷的发展。

值得注意的是，宣卷这种民间说唱形式被逐渐推广到上海、杭州、苏州等一些大城市以后，其原来的宗教性色彩逐渐减弱，而娱乐性、表演性的色彩则逐渐增加，这主要是由于这些城市的市民艺术趣味所造成的。据车锡伦先生研究，当时进入上海的地方宣卷主要来自苏州和宁波地区，被称为"苏州宣卷"和"四明宣卷"。现存清末上海宣卷艺人的手抄本宝卷，其唱念的已分别标出生、旦、净、丑等角色，即"起角色"，说明其演唱形态已弹词化。20世纪二三十年代，上海多家私营电台连续播放苏州宣卷和四明宣卷。这种演播形式，一直延续到50年代初私营电台关闭为止。宣卷在杭州的流行情况也是如此，在20世纪20年代初，杭州市下城区的机坊织绸工人中的业余宣卷人，也开始改革传统木鱼宣卷的演出形式。机坊工人裘逢春等人组织了一个宣卷班"民乐社"。他们吸收维扬大班的唱腔并定名为"扬州调"，丰富了木鱼宣卷的唱腔，增加胡琴、小锣、鼓板伴奏，并分配角色，简单化装演出。开始演堂会，1924年月1月首次在杭州大世界游乐场挂出"武林班"牌子公演，被称为"化妆宣卷"。这种舞台演出的化妆宣卷被称作"高台武林班"；杭嘉湖地区的一些民间宣卷艺人接收武林班的改革，仍以说唱形式演出，被称作"平台武林班"。它们最终都脱离了在民间信仰活动中演出宣卷的传统，并坚持下来。到50年代，分别被定名为"杭剧"和"杭曲"，成为地方性的戏曲和曲艺品种。

1940年以后，由于日本帝国主义侵入江南，战乱频仍，民生凋敝。城乡民众对于祈福禳灾、庙会社赛等活动多从简安排，宣卷班社活动的空间缩小，从业人员大减，宣卷于是便开始逐渐衰微。至中华人民共和国成立初期，宣卷在江南地区更是日益减少，这种情况一直到了21世纪初，由于非遗保护工程的实施以后才得到了一定的改变。①

---

① 以上资料参见车锡伦：《清及近现代吴方言区民间宣卷和宝卷概况》，《温州师范学院学报（哲学社会科学版）》2003年第6期。

第四节 非遗资源的文化结构

一、非遗资源文化结构的基本内涵

非遗资源的文化结构是一种从文化特征、文化内涵的意义上来展开对非物质文化遗产图谱的内容结构关系进行审视与考察的研究方法。由于各种非遗资源在文化背景、文化内容、文化形式、文化功能等方面存在着诸多的差异,因此,非物质文化遗产图谱的内容结构形成了一个具有多元文化内涵以及多重文化层级的体系。首先,非物质文化遗产资源具有不同的文化生态背景,例如有的是产生于农耕文化社会,有的是产生于游牧文化社会,有的是产生于渔猎文化社会,等等。不同的文化社会环境,形成了不同类型与特点的非遗资源。其次,非遗资源作为一种规模庞大、数量众多的文化遗产形态,在其文化内容、文化形式、文化功能等方面也都具有多元化的特点,例如有的反映历史变迁、民族迁移等宏大主题,有的反映儿女情长、男欢女爱等人情世态,有的体现中华民族心灵手巧、机智过人的美学情怀,有的体现工艺匠人精雕细刻、独具匠心的精湛工艺,有的具有宣泄情感、表露心声的娱乐功能,有的具有循循善诱、谆谆教诲的教育价值。总之,我国庞大的非遗资源存在,在文化背景、文化内容、文化形式、文化功能等各个方面,都具有相当丰富的独特性与差异性,从而形成了不同的非遗文化板块与非遗文化类型,而正是这些具有各种独特性意义的非遗文化板块与文化类型,又构成了宏大的中国非遗资源的整个文化结构体系,充分展示了中国非遗资源的丰富性与多样性。

费孝通先生曾经提出过一个关于"中华民族的多元一体格局"的论述,让我们可以很好地理解与分析非遗资源文化结构的内涵。[①]费孝通认为,中华民族既有统一的华夏民族的文化心理认同,又有多向性的多民族文化心理传统,由此而形成了由古代中原民族发展起来的以汉民族为主体的多民族统一的整体中华民族文化体系。中华民族多元一体格局理论是研究非遗资源文化结构的逻辑起点,不仅能把握非遗资源的内在文化特质,更是为理解中国非遗资源的多样性,提高民众的文化自觉性和认同感提供理论基础。一方面,中华民族存在着一些作为国家认同的共同文化内容与形态,如儒道佛思想,民族大一统思想,民族神话传统等;另一方面,我国各个地区、各个民族又存在着大量具有

[①] 费孝通等:《中华民族多元一体格局》,中央民族学院出版社,1989年,第1页。

各自个性与特点的文化内容与文化形式。因此,在对非遗资源的文化结构进行考察时,既要充分重视中华文化的共性,又要深入考察其所具有的极为丰富多样的个性,注重从多种角度、多个方面去审视各种具体的非遗资源形态在其背景、内容、形式、类型、功能等方面的差异,以此更好地了解与把握非遗资源文化结构上的那种丰富性、多样性、多元性特点。

二、非遗资源文化结构的主要类型

由于中国非遗资源文化结构的内涵和外延具有复杂性、多样性的特点,因此,在对其结构的内在成分进行类型划分时也有不同的逻辑和标准。在这里,我们按照地域生态环境与地域经济文化特点相结合的标准,把非遗资源的文化类型分为农业文化类非遗资源、海洋文化类非遗资源、手工艺与商业文化类非遗资源等几种。

1. 农业文化类非遗资源

我国广大的内陆地区,是中华传统农业文明的主要区域,这里长期以稻麦黍菽等农作物作为主要经济支柱,当地民众的生产方式、生活方式,以及文化方式无不与这种农业文明的基因相联系,因此,我国内陆地区的非遗资源也较为鲜明地体现了农业文明的特色,诸如各种农耕生产习俗、蚕桑生产习俗、手工棉纺技艺、庙会、社戏、龙舞,以及神农、药王等神灵祭祀活动等,都是这种农耕文明的产物。以农业节日为例,塔吉克族播种节是塔吉克族的农事节日,节日习俗主要有破冰引水,耕地播种,祭祀禳灾,祈求风调雨顺、庄稼丰收等,同时为庆贺引水成功,还有赛马、叼羊等许多娱乐活动。萨玛节又称"祭萨",是南部侗族现存最古老的传统节日。"萨玛"是整个侗族共同的祖先神灵的化身。侗族认为祖先神威巨大,至高无上,能赋予人们力量去战胜敌人、战胜自然、战胜灾害,赢得村寨安乐、五谷丰登、人畜兴旺,因而对之虔诚崇拜,奉为侗族的社稷神。撒班节(也称"犁头节")是新疆塔塔尔族的传统节日之一,在每年完成春播后举行的群众性庆祝活动,多在田头或野地进行。撒班节中最有特色的内容是对唱,成年人歌唱对丰收的渴望,青年人歌唱友谊与爱情。

2. 海洋文化类非遗资源

我国的东南沿海地区,濒临大海,岛屿众多,当地的经济产业中具有一定的海洋性特点,诸如晒盐、捕鱼、造船等,都是在适应于濒海地区的生态环境中产生的。适应于这种海洋生态环境,沿海地区的非遗资源也带有了一定的海洋文化因素,诸如流行于浙江、福建、上海、江苏、山东等沿海地区的各种开洋节、谢洋节、海洋号子、码头号子,以及妈祖、海神祭祀等各种仪式活动,无不是海洋生态环境中的产物。开洋节是浙江象山渔民的民俗节日，时间一般都在农历三月十五至三月二十三之间，在这期间每天的涨潮时分，象山石浦一带的渔民便要在妈祖娘娘庙等庙宇举行开洋节祭祀仪式。至三月二十三日，渔民们趁良辰吉日，顺风顺水之时，集体上船出海。谢洋节是浙江岱山等地区的渔民在取得渔业丰收后向大海表示感谢的一种祭祀仪式活动，也叫"祭海"，祭期为每年伏季休渔期。其时要举行盛大的祭祀活动与民间文娱活动，以表对海洋与海神的感恩之情。谢洋节展示了东海渔民独特的海洋信仰与传统仪礼文化，对海洋渔业的保护与发展具有重要的意义。渔灯节是山东烟台市沿海渔民的传统民俗节日，主要流传于山后初家、芦洋、八角等十几个渔村。在每年正月十三或十四午后，当地渔民便要从各自家里抬着祭品，先到龙王庙或海神娘娘庙送灯，祭神，祈求鱼虾满舱、平安发财，然后再到渔船上祭船、祭海，最后再到海边放灯，祈求海神娘娘用灯指引渔船平安返航。

大澳端午龙舟游涌节俗起源于19世纪，于每年端午节时在香港大屿山大澳地区举行。当时大澳地区发生瘟疫，当地渔民于是在端午节将各庙宇神像放在小艇上于水道巡游，后来龙舟游涌便成为当地民间每年一度的习俗。现时这项活动由香港大澳三个传统渔业行会，即扒艇行、鲜鱼行和合心堂举办。农历五月初四早上，当地人们便要前往杨侯古庙、新村天后庙、关帝庙、洪圣庙请来神像供奉祭祀，然后于端午节正日将神像放在龙舟上，巡游于大澳内的各水道之中。届时沿岸居民都会焚香拜祭，最后将神像归还各庙宇。大澳端午龙舟游涌于2011年被列为第三批国家级非物质文化遗产。

以上的这些非遗项目，都具有较为鲜明的海洋文化色彩。

3. 手工艺与商业文化类非遗资源

在我国的一些大都市，如北京、天津、西安、上海、广州、重庆等地，由于手工业门类集中，商业经济发达，因此这些地区的非遗资源较为鲜明地体现了手工技艺形式众多、商业文化特性较强的特点。例如上海作为中国的经济、金融中心，很多非遗资源体现出鲜明的手工艺与商业文化特征。上海本地的非遗生产性企业在数百家以上，手工技艺类的有鲁庵印泥制作技艺、鸿翔女装制作技艺、亨生奉帮裁缝缝纫技艺、龙凤旗袍制作技艺、曹素功墨锭、周虎臣毛笔制作技艺、徐行草编制作技艺、海派旗袍制作技艺、中式服装盘扣制作技艺、古陶瓷修复技艺、朵云轩木版水印技艺、培罗蒙奉帮裁缝缝纫技艺、印章艺术雕刻、钩针编织技艺、民族乐器制作技艺、三林刺绣等。传统饮食类有羊肉制作技艺、郁金香酒酿造技艺；钱万隆酱油酿造工艺、米糕制作技艺、本帮菜肴传统烹饪技艺、白斩鸡制作技艺、京帮点心制作技艺、高桥松饼制作技艺、腐乳酿造工艺、神仙酒传统酿造技艺、素食制作技艺、梨膏糖制作技艺、广式月饼制作技艺等。传统美术类有烙画、紫檀雕刻、棕榈叶编织、灯彩、吹塑版画、石雕、玉雕、纸扎、紫砂、竹刻、瓷刻、顾绣、建筑微雕、农民画、剪纸等。传统医药类有敛痔散制作技艺、竿山何氏中医文化、六神丸制作技艺、余天成堂传统中药文化益大中药、饮片炮制技艺等。

同一地域空间内,也存在不同的文化类型。以浙江省为例,浙江文化属于典型的东南文化区,其历史源头是吴越文化,范围包括江浙及其附近地区。早在六七千年前的新石器时代,这里就产生了河姆渡文化和良渚文化。春秋战国时期,吴越地区的文化独具异彩。自唐宋以来,随着我国经济政治中心从黄河流域转向江南,文化中心也随之移向到了江南地区,其间经过了吴越文化与中原文化的三次大融合。近代以来,浙江沿海一带一直受到西方工业文明的熏陶,并形成了本地文化与西方文化的广泛交流,在我国各地域文化区中特色鲜明,独领风骚。因浙江地形特征及其文化生态背景,当地的传统文化表现出兼具中原、吴越及少数民族文化的特色。

福建省位于中国东南沿海,是历史上"海上丝绸之路"的起点,属典型的海洋文化区域,而内地则属农耕文化区域。在原始社会时期福建地区就有人类活动,他们属于古越族的一支,被称为"东越",他们创造了可与仰韶文化、河姆渡文化相媲美的昙石山文化。战国时期,越国为楚国所败,越国的一些王族南逃至福建和浙江南部,其后裔与福建的闽族人融合,成为"闽越人"。三国后,随着战乱南移的中原人民将中原文化带入福建,福建在相对安定的社会环境下手工技艺得到发展。宋元时期,福建对外贸易发达,手工艺品大量外销的同时也引进了一些阿拉伯和欧洲等地区的手工技艺,促进了福建手工技艺的创新发展。历史社会和地理环境双重因素致使福建省的传统手工技艺项目数量最多。福建省早期居民以闽越人为主,汉晋以后,随着中原汉族的不断南迁,汉族逐渐成为主要居民。畲族、回族、满族、高山族等少数民族在福建长期的繁衍生息,保留了独特的民俗,以及在海上贸易时期和近代与海外的交流时期,异域风俗文化的到来,使得福建省的民俗呈现多元化特点。[1]

---

[1] 李蕊蕊、赵伟、陈静:《福建省非物质文化遗产结构及地理空间分布特征》,《地域研究与开发》2014年第6期。

云南是我国少数民族集中居住地区,长期以来,各个民族在这里留下了各种不同的历史,从春秋至三国的古滇文化、魏晋至唐中叶的爨文化、宋中叶至元初的南诏大理文化,一直到元明清以来以汉文化为主体的多民族文化,逐步形成了云南地区丰富多彩的纵向文化结构。另一方面,由于云南民族众多,又产生了许多独具一格的民族节日与民族文化形式,如傣族的泼水节、关门节、开门节;彝族的火把节、赛装节、插花节、跳宫节、哑巴节;独龙族的卡雀哇节;傈僳族的刀杆节、阔时节;德昂族的浇花节;白族的三月街、石宝山歌会、二月八节、绕三灵;哈尼族的长街宴;拉祜族的葫芦节;苗族的花山节;景颇族的目瑙纵歌节;壮族的陇端节、女子太阳节;基诺族的特懋克节;怒族的仙女节;阿昌族的阿露窝罗节;纳西族的转山节、三多节等,都是各民族典型的非遗项目,呈现出百花齐放的局面。

黑龙江省有满族、朝鲜族、蒙古族、回族、达斡尔族、鄂伦春族、赫哲族、鄂温克族等少数民族。满族、朝鲜族以农耕为主,赫哲族以捕鱼为生,鄂伦春族以狩猎为生,蒙古族、达斡尔族以牧业为主。该省汇聚了本土的少数民族文化、中原文化及俄罗斯文化等的外来文化,呈现出中西合璧、南北交融的特点。在非遗方面,黑龙江省的鄂伦春族古伦木沓节、鄂温克族瑟宾节、赫哲族乌日贡大会、蒙古族那达慕大会、端午节(五大连池药泉会)、富拉尔基滚冰节、达斡尔族库木勒节、朝鲜族流头节、山神节、瑷珲上元节、满族颁金节等都颇具民族特点,体现了黑龙江地区各个民族不同的文化特色。

三、非遗资源文化类型的形成原因

非遗资源的文化类型反映了非遗资源的文化多样性,其形成原因可归纳为自然生态环境、社会文化功能、非遗自身的表现形式以及民族文化特性等几个方面。

1. 自然生态环境原因

非遗资源文化类型的多样性和复杂性首先是由自然生态环境决定的。我国幅员辽阔,地形复杂,有高原、平原、山区、丘陵、海岛等。不同的自然环境,形成了不同类型的非遗资源类型。例如重庆巫山县的龙骨坡抬工号子,体现了较为典型的山地文化特色。龙骨坡的先民们为了生存要建屋造房、架桥铺路,特别是在搬运大型的石料等材料时,必须要出动众多男性青、壮年,以集体力量担负,于是就形成了抬工群体。在繁重的体力劳动中,为了要在山地的环境能够做到集体步力合一,抬工们便通过吼唱号子来进行轻松协调,慢慢就形成了别具特色的"抬工号子"。

我国的东北平原、华北平原、长江中下游平原、珠三角平原，以及中原地区、成都平原等地区农业生产发达，由此诞生了许多具有鲜明农业生产特点和平原文化特色的非遗资源形式。如荆州地处江汉平原的滨江介湖之地，江河纵横，湖网成片，气候温和，物产富饶，食物品种丰富多彩，素有"饭稻羹鱼"的传统，因此，荆州的基本饮食结构为"以稻米为主，水产禽为副，蔬菜为辅"。其地方性非遗资源如荆州鱼糕等，便颇能凸显江汉平原"鱼米之乡"的特色。荆州鱼糕源于春秋战国时期的楚国地区，以草鱼、猪肉、土鸡蛋为主要原料，其特色是"吃鱼不见鱼，鱼含肉味，肉有鱼香，清香滑嫩，入口即溶"，传承至今已形成"无糕不成席"的情形。

此外，高原、丘陵、海岛等自然环境也会产生许多顺应当地生态条件的非遗资源，在此不另一一例举。

2. 社会文化功能原因

社会文化功能是导致非遗资源文化类型多样性又一大因素，它们具体又可包括信仰文化功能因素、审美文化功能因素、娱乐文化功能因素等几个方面。

（1）由信仰文化功能因素产生的非遗资源形式

由信仰文化功能产生的非遗资源在传统节日中体现得尤为突出。例如藏历新年是藏族人民的传统节日，从藏历元月一日开始，一直到十五日结束，持续十五天。因为全民信仰佛教，故整个节日活动始终洋溢着浓厚的宗教气氛，是一个娱神和娱人，庆祝和祈祷兼具的民族节日。届时要将"切玛"和麦苗供奉在神案正中，祈祷来年五谷丰登。鼓藏节又叫祭鼓节，是苗族属一鼓（即一个支系）的支族祭祀本支族列祖列宗神灵的大典，俗称"吃鼓藏"。"鼓"是祖先神灵的象征，鼓藏节主要是为祭祀创世的蝴蝶妈妈，活动内容主要以跳芦笙舞为主。节日体现了苗族悠久而又神秘的民族文化传统，是苗族祖先信仰的集中体现。仡佬族毛龙节源起于古代仡佬族的"竹王"崇拜和生殖崇拜，主要活动时间是在元宵节期间。其核心内容是龙崇拜，另也包括竹王崇拜、盘瓠崇拜、民间佛道崇拜和原始崇拜等。仡佬族毛龙节是中国龙信仰的独特体现。

（2）由审美文化功能因素产生的非遗资源形式

我国有相当一部分非遗资源是由于广大民众的审美需要而产生的，对于这些非遗资源来说，审美功能是导致其形成发展的最为重要的因素。例如在2001年被联合国教科文组织列入"人类口述与非物质文化遗产代表作"名录体系的昆曲,最早发源于江苏昆山,主要是在迎合了当时的一些文人的审美需求基础上发展起来的。昆曲的唱腔细腻、委婉动人,唱词抒情性强,叙事生动。表演时,能将歌唱与舞蹈结合的巧妙和谐,伴奏乐器有曲笛、笙、箫、唢呐、三弦、琵琶等,带给民众视听和精神的美好感受。因此,昆曲应该是属于一种典型的艺术审美性的非遗事象。我国许多传统舞蹈类的非遗资源也同样十分鲜明地体现了审美文化功能,例如深受广大民众喜爱的各种舞龙舞狮、踩高跷、旱船舞、滚灯、马灯舞等非遗项目,大都是在迎合了广大民众那种喜爱欢快热闹、活泼生动的美学情趣的基础上产生的。

（3）由社交娱乐功能因素产生的非遗资源形式

有些非遗资源是由于人们在社会交往过程中逐渐形成的,例如"阿婆茶"是上海青浦一带沿袭至今的一种民间习俗。青浦当地农村里的阿婆,每天你来我往,聚在一起,几张桌椅围坐在农家客堂里或廊棚里,桌上放有咸菜苋、萝卜干、九酥豆等自制的土特产,边喝茶边聊天,嘴不闲、手不停（做针线活等）,其乐融融。这种以茶为礼、以茶待客,并能交流思想感情、构筑睦邻和谐友情方式的文明道德时尚,久而久之就成为一种"阿婆茶"的风俗礼仪。"阿婆茶"与其说是一种茶俗,不如说是一种交际民俗,人们往往以茶为媒介,进行人际交流,体现了鲜明的社会文化功能。

还有不少非遗资源由于参与性、体验性强,往往带给民众极大的娱乐文化体验,这在游艺类、竞技类、体育类非遗项目中体现得尤为突出,如斗鸡、斗蟋蟀、摔跤、蹴鞠、各类武术,等等。

3. 民族文化特性原因

影响非遗资源产生不同类型与形式的还有民族性方面的因素。我国是一个多民族国家,因此非遗资源的民族性特征非常鲜明突出,不同民族因其生存环境与生活习俗不同,形成相异的文化性征,由此而产生了不同的非物质文化遗产形态。每一个民族都因其所处的自然和社会环境不同而保持着特殊的生产、生活和感情表达方式,因而创造出独特的非物质文化遗产资源。但是另一方面,我国各民族的非遗资源之间也具有一定的杂糅性。随着时代的发展以及漫长的历史演进过程,我国的文化总体形成了以汉民族文化为主体、各民族文化相互渗透融合的华夏文化共同体,并在此基础上逐渐形成了与此相应的各种非遗资源形式。

在我国的东北、西北以及西南地区,居住着许多的少数民族居民,他们有着与汉族居民不同的经济文化方式,因此也相应地形成了许多非常有自己民族特色的非遗资源形式,例如民族史诗(如《格萨尔王传》《江格尔》《玛纳斯》《嘎达梅林》《阿诗玛》《梅葛》等)、民族歌舞(如藏族的弦子舞、锅庄舞、热巴舞,傣族的孔雀舞,维吾尔族的萨玛舞、赛乃姆等)、民族生产习俗(如蒙古族的狍皮制作、马具制作、牛羊肉烹制、驯鹿、养驼技艺,赫哲族的鱼皮制作等);民族节日文化(如蒙古族的那达慕、马奶节、祭敖包,朝鲜族的回甲节、回婚节、老人节,傣族的泼水节,壮族的蚂拐节、陀螺节,满族的颁金节,藏族的雪顿节、望果节,维吾尔族、回族等民族的古尔邦节等)。总之,非遗资源中蕴含了各种丰富多彩的少数民族文化,体现了中华民族多元一体的格局。

综上所述,非遗资源内容本身包含着各种可以进行分析研究的结构要素以及由这些结构要素构成的复杂关系,由此而形成了诸多不同类型的内容结构体系。非遗资源的空间结构是一种主要从空间关系的角度来考察非遗资源各要素的空间分布及其相互关系的理论与方法,它所强调的研究重点,是非遗资源的"在地性",具体来说,也就是在一定的地域关系中考察非遗资源的地域分布特点、分布格局,以及相应地域各种客观因素之间的相互关系。非遗资源的时间结构是一种主要从时间关系的角度来对非遗资源的发展演变规律进行研究的理论与方法,它所强调的研究重点,是非遗资源的"历时性",具体来说,也就是在一定的历史发展关系中考察非遗资源的形成、发展、演变状况,以及导致这种形成、发展、演变状况的诸多原因。非遗资源的时空交互结构,则是一种将非遗资源同时放在空间和时间两个维度上进行综合审视的理论与方法,它所强调的研究重点,就是非遗资源在时间与空间的交互性关系。具体来说,也就是从时间与空间两个坐标相交互的视角上来考察非遗资源因时间发展而引起的地域分布的变化状况,以及在不同的地域中同一非遗资源的不同时间发展序列。非遗资源的文化结构则是一种主要从文化特征、文化类型的角度来对非遗资源进行研究的理论与方法,它所强调的研究重点,是不同非遗资源之间在文化背景、文化内容、文化形式、文化功能等方面的差异性,以及造成这些差异性的各种自然与社会因素。总之,通过对非遗资源内容结构问题的研究,我们可以更好地探究非遗资源的多样性与丰富性特点,更好地把握非遗资源深入复杂的内在规律,这对于当代非遗图谱学体系的建构与研究无疑有着十分重要的意义。

第六章 非物质文化遗产图谱的类型研究

英国学者爱德华·泰勒曾在其名著《原始文化》一书中指出:"研究文化的第一步,应当是把文化分成若干组成部分,并给这些部分分类。"美国学者斯蒂·汤姆森也在其《世界民间故事分类学》一书中阐述了分类对研究的意义:"知识的每一分支,在成为严肃而周密的研究对象之前,对它进行分类是必要的……只有当这种逸事趣闻性的研究阶段让位于系统性分类,它们才走向了真正进步的和方法彻底的研究……"可以说,分类对于任何学科都具有非常重要的意义,分类是一门学科由一般理论研究向特殊对象研究转化的中间桥梁,是一门学科向更系统化研究迈进的基础。

前已说明,图谱是一种按类而著的文献资料,因此,类型研究在图谱资料编制中显得尤为重要。具体到非物质文化遗产图谱的编制而言,在对大量的非遗资源进行图谱化表达时,必须首先要考虑相关的分类方法及其类型体系问题。由于我国的非物质文化遗产数量众多,内容丰富,类型各异,因此,在非物质文化遗产图谱的编制中,必须综合非物质文化遗产资源的各种文化信息及其特点,并结合非物质文化遗产类目间的逻辑性、横向关系和纵向关系等内容,按照图谱编制的内在要求,对大量存在的非遗资源进行深入细化的及不同层级的分类研究,以使非物质文化遗产图谱的编制更具有科学性与规范性。

第一节 非物质文化遗产资源的分类方法

在具体研究非物质文化遗产图谱的类型问题时,首先必须对非遗资源本身的分类有一个清晰的了解。只有通过对非遗资源本身分类问题的深入研究,才能够更为深刻地认识与了解非物质文化遗产的内容与形式,准确、全面地确定非物质文化遗产图谱的分类方法与类型体系。

一、国外有关非物质文化遗产的分类方法

1. 联合国教科文组织对非物质文化遗产的分类方法

联合国教科文组织对非物质文化遗产分类的思想和方法，可从其在20世纪末21世纪初先后颁布的三份规范性文件中看出。第一份文件是1989年在第二十五届巴黎大会上通过的《保护民间创作建议案》，此时"非物质文化遗产"的概念尚未正式提出，因此，"民间创作"一词，实际上也就成为当时联合国教科文组织所运用的一个与"非物质文化遗产"这一概念十分相近的名词。在该文件中，对"民间创作"进行了专门的定义，而且也有了较为具体的分类。文件指出："民间创作（或传统的民间文化）是指来自某一文化社区的全部创作，这些创作以传统为依据，由某一群体或一些个体所表达并被认为是符合社区期望的作为其文化和社会特性的表达形式；其准则和价值通过模仿或其他方式口头相传。"该文件将全世界范围内的民间创作分为语言、文字、音乐、舞蹈、游戏、神话、礼仪、习惯、手工艺、建筑术及其他艺术，共计11类，从而形成联合国教科文组织关于非物质文化遗产分类最早的指导思想。

1998年，联合国教科文组织执委会第155次会议宣布了《人类口头和非物质文化遗产代表作条例》，"民间创作"被改为"人类口头和非物质文化遗产"，对其界定和分类基本上延续了《保护民间创作建议案》中的表述，不过将其表现形式的种类作了修改："口头和非物质遗产是指来自某一文化社区的全部创作，这些创作以传统为依据，由某一群体或一些个体所表达并被认为是符合社区期望的作为其文化和社会特性的表达形式；其准则和价值通过模仿或其他方式口头相传。"该文件还明确将人类口头和非物质文化遗产划分为"民间传统文化表现形式"和"文化空间"两大类。将《建议案》中划分的11个类别归入"民间传统文化表现形式"这一大类之中，提出"文化空间"就是"某种集中举行流行的与传统的文化活动的场所，或一段定期举行的特定活动的时间"。

随着非物质文化遗产保护工作的深入，2003年联合国教科文组织第32届会议上通过了《保护非物质文化遗产公约》，在此《公约》中，对非物质文化遗产的概念以及类型重新进行了确定，在此《公约》中非物质文化遗产定义及其类别被表述为："非物质文化遗产指被各群体、团体、有时为个人视为其文化遗产的各种实践、表演、表现形式、知识和技能及其有关的工具、实物、工艺品和文化场所。包括以下方面：口头传说和表述（包括非物质文化遗产媒介的语言），表演艺术，社会风俗、礼仪、节庆，有关自然界和宇宙的知识和实践，传统手工

艺技能等五个方面。"①自此,这一分类方法成为联合国教科文组织开展非物质文化遗产普查、申报、评定、管理与保护的主要依据,也成为各国制定非物质文化遗产分类方案的重要蓝本。

2. 有关国家对非物质文化遗产的分类方法

在联合国教科文组织的指导下,世界各国以联合国教科文组织推荐的非物质文化遗产分类体系为基础,结合本国非物质文化遗产的特征,制定了本国的非物质文化遗产分类方法。

日本是全球范围内最早提出保护非物质文化遗产的国家,早在2003年联合国教科文组织第32届会议上通过《保护非物质文化遗产公约》之前,日本便建立了自己国家的包括非物质文化遗产在内的文化遗产体系,并将这种非物质文化遗产界定为"无形文化财产"(其对应的英文单词为 intangible cultural heritage)。20世纪50年代初,日本开始倡导保护本国的无形文化遗产,并颁布了《文化财保护法》,其中将本国的无形文化遗产分为演剧、音乐、工艺技术以及其他无形文化的产出品等种类。2003年,联合国教科文组织将人类口头和非物质文化遗产统一改称为"非物质文化遗产"(intangible cultural heritage),于是后来日本也相应地将无形文化遗产改称为非物质文化遗产,与国际上关于遗产的分类进行了科学的衔接,但关于非物质文化遗产的分类体系并没有发生新的变化。

日本邻国韩国也非常重视对本国非物质文化遗产的保护,韩国将非物质文化遗产统称为口头和非物质文化遗产,并将其具体划分为仪式、音乐、歌曲、节庆、舞蹈、文学、喜剧、手工艺和口述史等类别。

在美国,非物质文化遗产主要分为民俗、语言、文学、音乐、舞蹈、游戏、神话、礼仪、习惯、手工艺品、建筑艺术及其他,共12个大类。同时,部分机构和学者也根据非物质文化遗产存续状况将其分为:过去存在,现在通过在原生自然与社会环境中模拟重现的非物质文化遗产;现今仍然活跃着的,在其自身文化空间中传承着的非物质文化遗产,等等。

与美国形成比较鲜明对比的是,澳大利亚对非物质文化遗产分类的划分相对简单,主要分为语言、口头传承、手工技艺和表演艺术四大类。②

国外非物质文化遗产的分类基本遵循了联合国教科文组织的分类思想,以非物质文化遗产的表现形式为分类依据。这种分类方法比较直观,也便于对非

---

① 联合国教科文组织:《保护非物质文化遗产公约》,2003年。
② 以上内容参见周耀林、王咏梅、戴旸:《论我国非物质文化遗产分类方法的重构》,《江汉大学学报(人文科学版)》2012年第4期。

遗资源进行识别,在非物质文化遗产的申报和保护工作中发挥了积极的作用。

国外非物质文化遗产分类及我国《名录》《非遗法》分类详情见下表:

表6-1 联合国及部分国家非遗分类对比表

《条例》范式	韩国	美国	中国《名录》分类	中国《非遗法》分类	澳大利亚	日本	《公约》范式
民间传统文化表现形式	语言	语言	民间文学	传统口头文学以及作为其载体的语言	语言		口头传统和表述
	文学	文学			口头传承		
	神话	神话					
	口述史					演剧	表演艺术
	喜剧		传统戏剧	传统美术、书法、音乐、舞蹈、戏剧、曲艺和杂技	表演艺术	音乐	
	舞蹈	舞蹈	民间舞蹈				
	音乐	音乐	民间音乐				
	歌曲		曲艺				
			民间美术			工艺技术	社会风俗、礼仪、节庆
	游戏	游戏	传统体育、游艺和杂技	传统体育和游艺			
	节庆	民俗	民俗	传统礼仪、节庆等民俗			
	仪式	礼仪					
	习惯	习惯					
	手工艺	手工艺品	传统手工技艺	传统技艺、医药和历法	手工技艺	传统的手工艺技能	
		手工艺	传统医药				
	建筑术及其他艺术	建筑艺术			其他无形文化的产出品	有关自然界和宇宙的知识和实践	传统文化表现形式
	传播与信息的传统形式	其他		其他			
	文化空间					文化空间	

注:表中空白表格表示该国没有对此类非遗进行分类。引自黄永林、王伟杰《数字化传承视域下我国非物质文化遗产分类体系的重构》,《西南民族大学学报(人文社会科学版)》2013年第8期。

二、我国对非物质文化遗产的分类方法

我国对非物质文化遗产的分类是在参考国际上对于非遗的分类方法,并结合我国自身非遗的特点的基础上逐步形成的。"十一五"期间,我国政府开始全面展开了对于非物质文化遗产的保护工作,有关非遗的主题分类、等级分类、地域分类等分类方法也已经逐步形成,并在非物质文化遗产的保护实践中取得了积极的成效。

2005年3月,国务院办公厅颁布的《国家级非物质文化遗产代表作申报评定暂行办法》对非物质文化遗产进行了界定和分类,具体内容为:"非物质文化遗产指各族人民世代相承的、与群众生活密切相关的各种传统文化表现形式(如民俗活动、表演艺术、传统知识和技能,以及与之相关的器具、实物、手工制品等)和文化空间。具体又可以分为两类:一类是传统的文化表现形式,如民俗活动、表演艺术、传统知识和技能;一类是文化空间,即定期举行传统文化活动或集中展现传统文化表现形式的场所,兼具空间性和时间性。它的范围包括:口头传统,包括作为文化载体的语言;传统表演艺术;民俗活动、礼仪、节庆;有关自然界和宇宙的民间传统知识和实践;传统手工艺技能;与以上表现形式相关的文化空间等六个方面。"[1]它将文化空间作为非物质文化遗产的基本类别与传统文化表现形式并列。这一分类方法与联合国教科文组织颁布的《保护非物质文化遗产公约》中的分类方法是基本一致的。

在参照国外非物质文化遗产分类方法的同时,我国也积极探索了适合本国特色的分类方法。2005年5月,由中国艺术研究院中国民族民间文化保护工程国家中心历时一年多编写而成的《中国民族民间文化保护工程普查工作手册》(简称《手册》)[2]正式刊发。《手册》从实际工作的角度出发,结合我国具体实践,将联合国教科文组织对非物质文化遗产的5项分类扩大为16个大类,即民族语言、民间文学、民间美术、民间音乐、民间舞蹈、戏曲、曲艺、民间杂技、民间手工技艺、生产商贸习俗、消费习俗、人生礼俗、岁时节令、民间信仰、民间知识及游艺、传统体育与竞技。为了使普查中的非遗项目获得标准化和序列化的登记、存档、保管,其下又进一步划分出亚类,得出每类的二级分类,并在每类二级分类中均设一个"其他"类作为收容类,比如"游艺、传统体育与竞技"细分为室内游戏、庭院游戏、智能游戏、助兴游戏、博弈游戏、赛力竞技、

---

[1] 国务院办公厅:《关于加强我国非物质文化遗产保护工作的意见》附件,2005年。
[2] 中国民族民间文化保护工程中心编:《中国民族民间文化保护工程普查工作手册》,文化艺术出版社,2006年。

技巧竞赛、杂耍(艺)竞技及其他9类;再如"民间知识"则细分为医药卫生、物候天象、灾害、数理知识、测量、纪事、营造及其他9类。同时,还制定了标准规范的分类代码,有力地指导着我国非物质文化遗产的保护和管理工作。

2006年5月,我国国务院发出了《关于公布第一批国家级非物质文化遗产名录的通知》,批准公布了我国第一批国家级非物质文化遗产名录共计518项。在这份文件中,将我国的非物质文化遗产名划分为10大类,即民间文学,民间音乐,民间舞蹈,传统戏剧,曲艺,杂技与竞技,民间美术,传统手工技艺,传统医药和民俗(简称《名录》)。至2016年时,我国国务院又先后公布了三批《国家级非物质文化遗产名录》,其标准都是按照第一批名录而将参加评审的非遗项目分为10大类。除了国家级非遗项目以外,我国各个省市与区县的非遗项目申报与评审,也同样参照这一划分标准来分类。

2011年2月25日,全国人大常委会正式通过了《中华人民共和国非物质文化遗产法》,该法第二条明确规定非遗包括六种形式,即:传统口头文学以及作为其载体的语言,传统美术、书法、音乐、舞蹈、戏剧、曲艺和杂技,传统技艺、医药和历法,传统礼仪、节庆等民俗,传统体育和游艺,其他非物质文化遗产。

此外,国内一些学者也积极进行着非物质文化遗产分类方法的探讨,其中具有代表性的如王文章在《非物质文化遗产概论》一书中将非物质文化遗产划分为13类,分别为语言(民族语言、方言)、民间文学、传统音乐、传统舞蹈、传统戏剧、曲艺、杂技、传统武术、体育与竞技、传统美术、工艺美术、传统手工技艺及其他工艺技术、传统医学和药学、民俗,以及文化空间。向云驹在《人类口头和非物质遗产》一书中将"人类口头和非物质遗产"分为口头文化、体形文化、综合文化和当下的造型艺术四个大类。四个大类下又细分为:语言、口头文学、声乐、体饰文化、行为文化、口头语言为主的综合艺术(话剧、说唱)、口头与形体并重的综合艺术(民间歌舞为代表)、建筑术与建造物、民间艺人传人的民间美术、艺术家的造型艺术等二级类目。苑利等人在《非物质文化遗产学》一书中借鉴联合国教科文组织非遗分类方法,将非物质文化遗产分为八类,即:民间文学类、表演艺术类、传统工艺技术类、传统生产知识类、传统生活知识与技能类、传统仪式类、传统节日类、文化空间类;但同时又通过合并将其分为表演艺术、传统工艺技术、传统仪式与文化空间四大类。[①]周耀林等人撰写的《论我国非物质文化遗产分类方法的重构》一文,从宏观、中观和微观三个方面

[①] 苑利、顾军:《非物质文化遗产学》,高等教育出版社,2009年,第14—17页。

表 6-2 我国目前非物质文化遗产主要分类方法对比表

类别	六类法	八类法	十类法	十三类法	十六类法
文献依据	《中华人民共和国非遗法》	《非物质文化遗产学》	《国家级非物质文化遗产名录》	《非物质文化遗产概论》	《中国民族民间文化保护工程普查工作手册》
1	传统口头文学以及作为其载体的语言			语言(民族语言、方言)	民族语言
		民间文学类	民间文学	民间文学	民间文学
2	传统美术、书法、音乐、舞蹈、戏剧、曲艺和杂技	表演艺术类	民间音乐	传统音乐	民间音乐
			民间美术	传统美术、工艺美术	民间美术
			民间舞蹈	传统舞蹈	民间舞蹈
			传统戏剧	传统戏剧	戏曲
			曲艺	曲艺	曲艺
3	传统体育和游艺		杂技与竞技(传统体育、游艺与杂技)	杂技	民间杂技
				传统武术、体育与竞技	游艺传统体育与竞技
4	传统技艺、医药和历法	传统工艺技术类	传统手工技艺	传统手工技艺及其他工艺技术	民间手工技艺
			传统医药	传统医学和药学	民间知识
5	传统礼仪、节庆等民俗	传统节日类	民俗	民俗	岁时节令
		传统生产知识类			生产商贸习俗
		传统生活知识与技能类			人生礼俗
					消费习俗
		传统仪式类			民间信仰
6	其他(包含文化空间)	文化空间类		文化空间	

注:表中空白表格表示此种分类方法没有对此类非遗进行分类。引自黄永林、王伟杰《数字化传承视域下我国非物质文化遗产分类体系的重构》,《江汉大学学报(人文科学版)》2012年第4期。

探讨了重构非物质文化遗产分类体系的问题。项目级别属于宏观范畴,用大写的英文字母标识,中观分类则参照《国家非物质文化遗产名录》的分类类目,以拉丁数字符号标识,而微观则是对中观类目中亚类的进一步细分,每分一层用阿拉伯数字标识。

从国内学者对非物质文化遗产的分类探索来看,其与国内外官方分类体系的最大区别是,已经由调查或者申报非物质文化遗产项目的层面转移至研究层面,将调查对象升级为研究对象,在类目的设置上更追寻非物质文化遗产的内涵及本质。

三、现有非物质文化遗产分类方法的不足

国内外的非遗工作实践证实了分类的重要性及其价值,但从现有的分类方法来看,也存在着某些方面的不足,它们主要表现在以下一些方面。

1. 分类标准不统一

目前的非物质文化遗产分类,缺乏一个相对统一的分类标准。如有的是根据非遗的表现形式、展示方式所作的划分,如口头形式、表演艺术、传统手工艺技能等就是根据各自的表现形式、展示方式来界定的;有的则是根据人们社会生活、文化活动的领域的不同所做的划分,如社会风俗、礼仪、节庆以及有关自然界的知识和实践,主要根据非遗现象所存在的领域(是民俗活动还是知识活动)的不同所做的划分[1]。由于分类标准不统一,因此有些非遗的类型中存在着交叉或跨类别的现象。例如,《国家级非物质文化遗产代表作申报评定暂行办法》中将非物质文化遗产划分为"口头传统""传统表演形式""民俗活动、礼仪、节庆""有关自然界和宇宙的民间传统知识和实践"及"传统手工艺技艺"等五个类别,其中"口头传统"和"传统表演形式"两大类之间便存在着界限不明确的问题。有的民间故事、民族史诗、童话等,既是口头文学(民间文学),可以归到"口头传统"之下,但同时也是"传统表演形式",因为它们在民间艺人、传承人那里,通常是一边说一边唱并一边表演着,因而可以说它们既是语言艺术,也是说唱艺术,有时还带歌舞性或戏剧性的表演;而"有关自然界和宇宙的民间传统知识和实践"有时会出现渗透到其他几类"传统文化表现形式"之中的情况。

此外,将"文化空间"归为一大类,实际上也存在问题。文化空间指的是

---

[1] 王文章:《非物质文化遗产概论》,教育科学出版社,2008年,第239页。

"定期举行传统文化活动或集中展现传统文化表现形式的场所,兼具空间性和时间性",把它归为非物质文化遗产的一大类,似有"囫囵吞枣"之嫌。因为,"文化空间"与"民俗活动、礼仪、节庆"中的一些非物质文化遗产项目大多是重复的。

从国外非物质文化遗产分类方法来看,其分类标准主要是着重于非物质文化遗产的具体表现形式。如联合国教科文组织最初将非物质文化遗产分为语言、文字、音乐、舞蹈、游戏、神话、礼仪、习惯、手工艺、建筑术及其他艺术等11类。之后将非遗资源归纳为"民间传统文化表现形式"和"文化空间"两大类,11类被归入"民间传统文化表现形式"这一大类之中,成为其亚类。但随着非物质文化遗产保护工作的深入,联合国教科文组织对非物质文化遗产重新进行了划分,将其具体划分为口头传说和表述(包括非物质文化遗产媒介的语言),表演艺术,社会风俗、礼仪、节庆,有关自然界和宇宙的知识和实践,传统手工艺技能等五大类。可见,非物质文化遗产保护的实践需要相对具体明确,而不能太过抽象的分类方法。其他国外非物质文化遗产的分类基本遵循了联合国教科文组织的分类思想,以非物质文化遗产的表现形式为分类依据,但是各国也非常注重同本国非遗资源的分布及其属性与特征相结合,形成了迥异的分类方法,这种现象导致了分类方法的复杂性,给各国非物质文化遗产分类带来了困难。

2. 分类内涵缺乏整体性

非遗是一种具有综合性、整体性特点的文化现象,其内涵丰富而多元。但是从现有的许多非遗分类方法来看,其所反映的内涵却往往较为单一,从一定程度上割裂了非遗资源内部,以及非遗资源与其他相关事物之间的联系,缺乏对于非遗资源内涵的整体性把握。程齐凯等人指出[1],在非物质文化遗产分类组织方法中,呈现了单线索组织的缺陷,这种单线索组织方法的根本问题在于:它同非遗的本质特性是矛盾的,它对非遗的组织和描述未能充分体现非遗的本质特性。实际上,不同的非遗项目之间存在着关联性,这种关联性或者出自非遗的地域特征,或者出自非遗的表现形式,或者出自非遗的文化空间的相似性。而单线索的组织方式则使这种关联性无法得到体现,从而造成非遗之

---

[1] 程齐凯、周耀林、戴旸:《论基于本体的非物质文化遗产分类组织方法》,《信息资源管理学报》2011年第3期。

间的孤立性。单线索的非遗组织方式同非遗本质含义和特征之间的矛盾，带来了非遗管理与保护工作上的许多不便。

首先是造成了非遗保护与管理上的碎片化现象。在同一的文化空间中，许多非遗表现形式往往是相互关联的，但在实际的保护工作中，这种关联性没有得到认识、体现，或者通过现有的组织方式难以得到挖掘。许多地区在非遗保护工作中挖掘出了大量的非遗项目，但是这些项目大都呈现了各自一体、互不联系的碎片化现象。实际上，许多非遗项目依托的文化空间都具有一定共性，但当然另一方面也存在着一定的差异，然而在单线索的组织方式下，这种文化空间上的共性和差异无法得到真正体现。

其次是造成了非遗项目的查询利用不便。每一个非遗项目都包含着复杂的元素，但是，在单线索的非遗组织方式下，非遗项目的查找只能根据有限的线索进行。虽然很多非遗项目都实现了信息化管理，但是非遗项目背后的要素特征及要素间关系却大多未能得到体现，如此一来，非遗项目描述得越仔细也就越显得繁杂，其造成的直接后果就是，非遗项目描述的信息实际上往往难以发挥其应有的作用。

单线索的分类组织方案之所以效用不足，根源在于它不能很好地描述非遗资源中存在的复杂关系。而简单的复合使用多个单一线索，最终效果只是多个单一线索的线性组合，无法发挥多线索组织方案的理想效用。另外，使用多个线索，也往往会使得分类过于复杂，查找和利用不便。

因此有关专家建议，对非物质文化遗产进行分类，最为关键的就是首先要对作为分类对象的非遗的"本体性"进行一个明确的界定。所谓非遗资源的本体性，是指非遗资源所含一切实在的最终本性，这种本性是实体的、立体的、多元综合的。本体(ontology)最早是一个哲学概念，哲学意义的本体是对客体的解释说明，是对其内在本质的一个抽象。主要的本体研究包括概念和分类体系、本体描述语言、本体工程、本体推理等。在文化遗产研究领域，本体也得到了较多的重视。如传统节日的本体建构、基于地理本体的文物信息模型构建等。

同已有的单线索分类方法不同，本体性的分类思路可以有效地组织非遗资源的表现形式、文化空间以及个体间的语义关系。本体用于非遗的组织，其要义在于实现对非遗的语义化表示，基本思想是：使用本体表述非遗项目，建立非遗项目之间及项目元素间的语义联系，从而实现对非遗项目管理的有序化。实际上,非遗本体的建构过程也是组织非遗的过程,这是由本体自身的描述功能和推理功能决定的。建构本体涉及主题提取、关系提取、分类、规则建构等多项内容,而对具体的非遗项目实现本体描述,还需要进行主题识别、关系识别、一致性监测等多项工作。一旦本体建构完成,其本身便构成了一个多线索的资源组织方案。①通过本体性的组织介入,可以较为真实客观地还原非遗资源的完整本性。完整描述非物质文化遗产的语义层次内容是非常有必要的。由于非遗是文化表现形式和文化空间的有机结合,因此,文化表现形式和文化空间都有必要反映在非遗本体的概念体系中。从存在形式来看,非遗本体又主要涉及静态概念、动态概念、空间概念三个部分:动态概念主要指行为方式,静态概念包括行为主体、具体行为、信息载体等,空间概念则包括地理区位、时间区域等。从描述非遗资源,尤其非遗资源之间复杂关系的方面来看,基于非遗本体论的分类具有很好的优势。但如何利用本体方法构建非遗本体,以便为非遗管理、保护、研究服务,仍然是学界需要加强研究的一个方面。②

第二节 建立非物质文化遗产图谱类型体系的基本构想

非物质文化遗产图谱类型体系的建立,对于非物质文化遗产图谱的编制具有十分重要的意义,通过建立非物质文化遗产图谱类型体系,可以使非物质文化遗产图谱的编制更加具有系统化、规范化的意义,更加全面、系统地呈现出我国非遗资源的基本面貌与本质特征。

在本书中,我们拟就参考以上的一些国内外的非遗资源分类方法以及相关见解,提出一个较为符合我国现有非物质文化遗产资源特点与保护工作的非物质文化遗产图谱类型体系框架,以供相关研究者与实践者参考。

一、建构类型体系的原则

我们对建构我国非物质文化遗产图谱类型体系提出的原则主要有两个方面,一是一般性原则,二是针对性原则。

首先是一般性原则。与其他分类学研究一样,非物质文化遗产图谱类型体系的建构必须遵循一般的分类原则。具体而言,主要包括以下三个方面:

---

①② 程齐凯、周耀林、戴旸:《论基于本体的非物质文化遗产分类组织方法》,《信息资源管理学报》2011年第3期。

(1)分类必须相应相称;(2)每一种分类必须根据同一个标准;(3)分类必须按照一定的层次逐级进行。[1]

其次是针对性原则。非物质文化遗产作为一种综合性的人类文化遗产形式,具有自身的特点,包括无形性、活态性、传承性、流变性、脆弱性、综合性、民族性及地域性等,这些特点决定了在对非物质文化遗产图谱进行类型体系建构的时候,必须应当遵守一些针对性的原则。它们具体包括:(1)人性化原则。非物质文化遗产是人创造的,也是由人传承的活态文化传统,对非物质文化遗产的分类实际上就是对人们所创造与传承的活态文化传统的分类,所以,"人的因素和人性化的研究价值观是其分类必不可少的原则"[2]。(2)目的性原则。在对非物质文化遗产图谱的类型体系进行建构时,应当明确分类的目的是为了更好地保护和传承非物质文化遗产,更好地进行分类保护。如果将可以采用类似的保护或传承方法或手段的非物质文化遗产归为一类,势必会更有利于非物质文化遗产的保护和传承。(3)开放性原则。在对非物质文化遗产图谱的类型体系进行建构时,应当充分考虑其分类体系的开放性与扩充性因素,也就是说随着人们认识水平的提高、理论研究的不断深入及保护实践的不断发展,一些现在尚未被人认识,或者说将来可能出现的非物质文化遗产项目,也可较为容易地纳入其类别体系之中。

二、建构类型体系的标准

在非物质文化遗产图谱类型体系的建构中,确定一定的类型划分标准是极为重要的,根据每一种分类必须是同一个标准的原则,非物质文化遗产图谱类型体系的建立也必须首先确立统一的标准,这是奠定非物质文化遗产图谱类型体系具有科学性、规范性的基础。

前已说明,联合国教科文组织、国外许多国家都曾经对非物质文化遗产的内容作过各种分类,这些分类大都以非物质文化遗产的表现形式、表现内容为标准,以此来划分非物质文化遗产的基本类型,这些分类标准对于目前我国非物质文化遗产图谱类型体系的建构具有很大的参考意义。但是另一方面,在这些分类标准中,也往往存在着较为单一化,及其缺乏整体性的倾向,尤其是较少顾及非遗的表现形式、表现内容与其相关的文化背景、文化空间、文化功

---

[1] 刘茂才、张伟民:《科学学辞典》,四川省社会科学院出版社,1985年,第21页。
[2] 乔晓光:《作为非物质文化遗产的民间美术分类》,《天津大学学报(社会科学版)》第8卷第2期,2006年3月。

能等因素之间的密切联系。鉴于上述事实，我们在对非物质文化遗产图谱类型体系标准进行设定时，一方面参考国内外对于非遗进行分类的有关标准，另一方面又根据非遗资源的本体性特点，建立了一个具有多重层级的非物质文化遗产图谱类型划分标准体系。之所以要在非物质文化遗产图谱类型划分标准设定中引入非遗资源本体性的理念，并按照这一理念对非物质文化遗产图谱类型的划分标准进行综合性的考量，主要是出于以下的原因：非遗资源的本体性是一个系统完整的概念，囊括了非遗资源的各种属性，这一概念具有较强的开放性特点，可以根据我们研究的需要而设定不同的分类标准。另外，非遗资源的本体性概念也具有很大的兼容性，它不但体现了可以将不同的事物属性归属于同一本体的特点，同时也可以更为清楚地梳理解释各种事物属性之间的关系与联系。因此，在非物质文化遗产图谱类型体系标准的设定中，引入非遗资源本体性的观念，并运用这一观念实现对非物质文化遗产图谱编制工作中所涉及的各种非遗资源类型进行具体划分，具有十分重要的意义。

具体而言，这一多重层级的非物质文化遗产图谱类型标准体系主要包括以下几种标准划分方法：

一是以表现形式为标准而设定的非物质文化遗产图谱类型划分方法。

所谓以表现形式为标准而设定的非物质文化遗产图谱类型划分方法，是指以非物质文化遗产的表现方式特征为依据，对所要编制的非物质文化遗产图谱内容进行类型划分的方法，这是目前联合国教科文组织和我国官方对非物质文化遗产进行分类的主要方法。该方法比较适合非物质文化遗产的申报工作，当然也是开展非物质文化遗产保护与研究的重要基础。这种分类方法最为直接地反映出非物质文化遗产的核心特征，也是其作为非物质文化遗产项目的基本前提。前已说明，我国现有的非遗保护项目的10大类的分类标准，是在2006年5月由国务院发布的正式官方文件中提出的一个较具权威性的分类标准。在这一文件中，根据我国的非物质文化遗产不同的表现形式与内容将其划分为民间文学、民间音乐、民间舞蹈、传统戏剧、曲艺、杂技与竞技、民间美术、传统手工技艺、传统医药、民俗等10大类别。这一分类标准基本上反映了我国非遗资源的特点、内容与形式，具有一定的权威性与代表性。更为重要的是，从2005年至今的10多年中，我国所有的非遗代表性项目的申报、评审、保护、推广，都是按照这一标准来进行的，也就是说，我国现有的，主要根据非物质文化遗产的表现形式与内容进行划分的10大类非遗项目分类标准，已经经过了10多年的非遗保护工作实践的检验,也是至今为止被社会各界乃至广大民众所认同的分类方式。因此,在本书有关非物质文化遗产图谱类型体系建构的设想中,也是以这一基本的标准来作为对各种非物质文化遗产图谱类型进行划分的一个重要标准。

二是以保护级别为标准而设定的非物质文化遗产图谱类型划分方法。

所谓以保护级别为标准而设定的非物质文化遗产图谱类型划分方法,是指以非物质文化遗产在保护名录体系中的不同级别为依据,对所要编制的非物质文化遗产图谱内容进行类型划分的方法。非物质文化遗产的保护级别分类是从我国非遗保护项目审批与认定机构的行政级别角度出发而划分的一种类别体系。目前,我国已建立了"国家+省+市+县"的四级保护体系,对于不同质量和价值的非物质文化遗产项目进行分级管理。此外,还有部分价值更高的非物质文化遗产项目被联合国教科文组织收录在《人类口头与非物质文化遗产代表作》名录之中。在本书中,我们根据我国现有的不同非遗保护项目的层级,将我国的非物质文化遗产共划分为五个层级,即世界级非物质文化遗产、国家级非物质文化遗产、省级(包括省、自治区、直辖市)非物质文化遗产、市级(包括副省级、地厅级市、自治州、盟)非物质文化遗产、县级(包括区、县级市、县、旗)非物质文化遗产。如果用英文大写字母来表示,可以表现为:A.世界级非物质文化遗产,B.国家级非物质文化遗产,C.省级(包括省、自治区、直辖市)非物质文化遗产,D.市级(包括副省级、地厅级市、自治州、盟)非物质文化遗产,E.县级(包括区、县级市、县、旗)非物质文化遗产。根据这些不同的级别,可以制定不同的非遗项目与资源图谱类别体系,如:A.世界级非物质文化遗产图谱,B.我国国家级非物质文化遗产图谱,C.我国省级(包括省、自治区、直辖市)非物质文化遗产图谱,D.我国市级(包括副省级、地厅级市、自治州、盟)非物质文化遗产图谱,E.我国县级(包括区、县级市、县、旗)非物质文化遗产图谱。

该分类方法现在我国非物质文化遗产保护工作的实践中已经获得比较广泛的运用。在非物质文化遗产图谱的类型划分中,同样十分需要这一重要的分类方法。如通过这种分类方法,可以编制出我国各个保护级别的非遗资源统计图谱,从而明晰地展示不同级别的非遗项目与资源的数量以及所占比例等情况,有助于从总体上把握国家级、省市级以及区县级非遗资源的生存与保护情况。

三是以地域分布为标准而设定的非物质文化遗产图谱类型划分方法。

所谓以地域分布为标准而设定的非物质文化遗产图谱类型划分方法，是指以非物质文化遗产存在的区域范围为依据，对所要编制的非物质文化遗产图谱内容进行类型划分的方法。按照这一标准，可以将非物质文化遗产项目分为全国性非物质文化遗产项目、省市区域性非物质文化遗产项目、县城村落性非物质文化遗产项目，以及跨区域性非物质文化遗产项目，等等。这一分类方法对我们研究非物质文化遗产及其图谱编制同样具有非常重要的意义。如通过对全国某一传统节日项目分布图的编制，可以为人们展示某一节日在全国的分布与活动情况，以此明显体现出这一节日在全国的流布与承续情况。通过对××省市某一传统节日项目分布图的编制，可以为人们展示在××省市内某一节日的分布与活动情况，以此明显体现出这些节日的地域文化特征（如通过对于开洋节、谢洋节等非遗形式的空间分布图的编制，就可以掌握开洋节、谢洋节等非遗形式主要分布于渤海与东海之间的海岸线地区的信息等）。该分类标准目前在我国的部分省市中已经得到一定的运用，如"××省非物质文化遗产资源与项目分布图""××区非物质文化遗产资源与项目分布图"等。但是在全国层面上，这种以非遗项目的地域分布为标准而编制的图谱与地图形式还较为少见。

以上三种非物质文化遗产图谱类型划分的标准，是本书所设定的最为基本的非物质文化遗产图谱类型划分方法，它们主要从我国非遗资源的形式与内容、我国非遗资源空间特点与生态环境，以及我国非遗资源的保护状况等三个维度上对我国非遗资源的整体情况进行了图谱化的表达与描述，较为清晰地展现了我国现有非遗资源的生存现状与保护现状，这对于当前我国非遗资源的搜集、整理、研究，以及有效管理都是颇为有益的。

值得注意的是，以上所涉及的几种非物质文化遗产图谱类型划分标准，在实际的非物质文化遗产图谱编制工作中既可以分别使用，又可以综合使用。例如我们既可以从单一的标准出发，按照非遗资源与项目的表现形式编制出"我国民间文学类非物质文化遗产图谱""我国民间音乐类非物质文化遗产图谱""我国民间舞蹈类非物质文化遗产图谱""我国传统戏剧、曲艺类非物质文化遗产图谱""我国杂技与竞技类非物质文化遗产图谱"，或者按照非遗资源与项目的地域分布编制出"全国民间文学非物质文化遗产图谱""××省民间文学非物质文化遗产图谱""××市民间文学非物质文化遗产图谱""××区民间文学非物质文化遗产图谱",或者按照非遗资源与项目的保护状况编制出"我国国家级非物质文化遗产资源与项目图谱""我国省市级非物质文化遗产资源与项目图谱""我国区县级非物质文化遗产资源与项目图谱";也可以将这几个标准综合起来,编制成各种具有多重标准层级的非遗资源与项目图谱形式。如我们设计的一些具体的非遗资源与项目图谱样本,先是按照我国非遗资源与项目的表现形式将图谱类型归为"民间传说非物质文化遗产图谱""传统节日非物质文化遗产图谱""手工纺织技艺非物质文化遗产图谱""民间剪纸非物质文化遗产图谱"等不同类别进行编制,然后再对这些图谱中的内容按照地域分布的标准进行编制,形成"全国性民间传说非物质文化遗产图谱""××省民间传说非物质文化遗产图谱""××县民间传说非物质文化遗产图谱"的形式,然后再按照它们的保护级别进行图谱编制,形成"全国(或××省、××市)国家级民间传说非物质文化遗产图谱""全国(或××省、××市)省市级民间传说非物质文化遗产图谱""全国(或××省、××市)区县级民间传说非物质文化遗产图谱"等形式(详见后文中有关非资源图谱样本的阐述)。通过这种交叉组合式的图谱编制方式,可以从更为全面、整体的视角上去把握我国非遗资源的特点以及保护的相关情况,避免产生非遗图谱类型划分中单一性的弊病。

除了以上三种较为基本的非物质文化遗产图谱类型划分标准及其方法以外,我们还设定了一些其他的非物质文化遗产图谱类型划分的标准及其方法,包括以文化功能为标准的非物质文化遗产图谱类型划分方法、以族群属性为标准的非物质文化遗产图谱类型划分方法、以典型特征为标准的非物质文化遗产图谱类型划分方法、以技艺特色为标准的非物质文化遗产图谱类型划分方法等。

所谓以文化功能为标准的非物质文化遗产图谱类型划分方法,是指以非物质文化遗产在现实生活中产生的各种功能,如审美功能、祭祀功能、娱乐功能、教育功能、生活实用功能等为依据对非物质文化遗产图谱的内容所进行的类型划分方法。这一方法对我们认识非物质文化遗产的产生、演变以及未来的发展也具有十分重要的参考作用。例如剪纸这一非遗形式,最早是在适应了民众驱邪纳福的心理需要基础上而形成的,具有较强的宗教信仰功能,后来,剪纸技艺被广泛运用于刺绣、陶瓷、雕刻、扎灯等艺术形态中,其功能属性也逐渐由宗教信仰向艺术审美转化。明清是我国的民间剪纸走向全面鼎盛的时代,无论婚丧嫁娶、生辰寿诞,还是节庆祈福、鬼神祭祀,抑或日用装饰、休闲玩赏等各种场合，都少不了剪纸这一民间艺术形式，于是其文化功能中又增加了较多的社会礼仪与日常生活色彩，由此而构成了剪纸所具备的宗教祭祀、艺术审美、社会礼仪等不同的文化功能类型。同此，其他种类的许多非物质文化遗产形式也都具有不同的功能，如节日类的非物质文化遗产大都具有祭祀功能、娱乐功能、消费功能等多种功能。依据这种功能标准来对非遗项目进行类别的划分以及编制非物质文化遗产图谱，可以为我们充分利用非遗资源提供有效的途径。

所谓以族群属性为标准的非物质文化遗产图谱类型划分方法，是指按照非物质文化遗产的创造者与传承者的民族属性，或其他特定族群属性的不同而对非物质文化遗产图谱的内容进行的类型划分方法。同样以剪纸项目为例。目前，我国的民族剪纸中以汉族剪纸流传最广，其次为满族、蒙古族、苗族和傣族剪纸等。至2012年时，满族、蒙古族、苗族和傣族剪纸分别拥有6个、3个、2个、1个国家级的非物质文化遗产项目，另外还有鄂伦春族、赫哲族、彝族等少数民族拥有自治区或省级剪纸类非物质文化遗产项目。另如青藏、新疆地区的少数民族剪纸也颇具特色，如哈密维吾尔族民间剪纸、拉卜楞藏族剪纸、西藏面具剪纸等，都形成了不同风格的民族剪纸特色。再如在传统手工技艺中，土家族织锦技艺、壮族织锦技艺、苗族织锦技艺、傣族织锦技艺、维吾尔族印花布织染技艺、白族扎染技艺等，也都是属于比较典型的族群型非物质文化遗产项目。依据这种族群属性标准来对非遗项目进行类别的划分以及编制非物质文化遗产图谱，可以使我们更好地关注与研究我国非物质文化遗产的民族性特点，并在非遗保护工作中采取不同的保护方式。

所谓以典型特征为标准的非物质文化遗产图谱类型划分方法，是指以非物质文化遗产的内容与形式中那些最具有典型性、标志性特征的要素为标准对非物质文化遗产图谱进行类型划分的方法。如白蛇传传说，其故事情节的代表性特征有"盗仙草""水漫金山""合钵"等，对于大多数人来说，一幅水漫金山的图画就足以说明这代表白蛇传的故事。再如端午节就可以通过粽子或划龙舟的图片来反映，中秋节可以月饼或嫦娥奔月图来反映，手工纺织制造技艺可由纺车、织机或染色工艺来反映，等等。以典型特征为标准的分类方法对于非物质文化遗产图谱的编制非常重要，利用这种方法进行有关非物质文化遗产标识图谱的编制，可以最简洁的方式反映非物质文化遗产项目的特征，并揭示不同非物质文化遗产项目之间的逻辑关系以及不同历史时期的发展演变。

所谓以技艺特色为标准的非物质文化遗产图谱类型划分方法，主要是针对那些手工技艺类非物质文化遗产而提出的，这种类型划分方法强调以手工技艺为依据，对某些非物质文化遗产进行图谱类型的划分与编制。如针对丝纺织技艺类的非物质文化遗产，可以按照不同的纺织技艺特色分为织绢、织罗、缂丝、织绸、织锦、丝毯、丝绒等不同的类型。以技艺特色为标准的分类方法可以直接突出其核心技艺，反映出该非物质文化遗产项目的重点特征。由于手工技艺类非物质文化遗产项目在整个非遗资源中占有重要的比例，其本身的技艺类特征又比较能体现非物质文化遗产的特点，因此很有必要设立这一分类方法。运用这种分类方法编制的技艺特色图谱，一方面可以反映手工技艺的多样性，另一方面也可将具有同类技艺特色的非物质文化遗产项目建立起一定的联系，为不同非物质文化遗产项目的逻辑关系以及发展演变提供合理的解释。

从当前非遗保护工作的角度来看，后面所举的几种资源图谱类型划分标准相对而言在整体性意义上可能稍弱一些，不如表现形式、保护级别、地域分布等几个较为基本的类型划分标准那样具有更大的涵盖力与系统性。例如有些标准主要是针对某一类的非遗资源类型所设定的（如典型特征的标准主要是针对民间文学类的非遗资源而设定的，技艺特色的标准主要是针对手工技艺类的非遗资源而设定的），但是它们同样也是从某一个方面、某一个角度反映了我国非遗资源的特点，揭示了我国非遗资源在某些方面的本质。因此，从这些标准出发确定我国非物质文化遗产图谱类型划分的依据，并在此基础上对所要进行制作的非遗图谱资源进行分类依然具有十分重要的意义。尤其值得一提的是，在非物质文化遗产图谱类型划分的具体实践中，它们经常可以与表现形式、保护级别、地域分布等几个较为基本的类型划分标准结合在一起，以使非遗资源的综合性、兼容性、本体性特色在非物质文化遗产图谱的编制中得到更好的体现。

三、建构类型体系的层级

根据每种分类必须按照一定的层次逐级进行的原则，我们对非物质文化遗产图谱类型体系的层级也作了具体的设定，这种层级又可以分为内容层级与保护级别层级两种。

1. 非物质文化遗产图谱类型体系的内容层级

非物质文化遗产的内容十分丰富复杂，在某一个较大的类别中，往往又可以细分为几个不同的内容层级，根据这种内容层级，我们可以编制出许多不同的非物质文化遗产图谱类型，如：

第一层级：非遗资源10大类别图谱。即根据目前我国文化部制定的《非物质文化遗产代表性项目申报书》中运用的10大类别方式，将非物质文化遗产图谱类型划分为民间文学类非物质文化遗产图谱、民间音乐类非物质文化遗产图谱、民间舞蹈类非物质文化遗产图谱、传统戏剧类非物质文化遗产图谱、传统曲艺类非物质文化遗产图谱、杂技与竞技类非物质文化遗产图谱、民间美术类非物质文化遗产图谱、传统手工技艺类非物质文化遗产图谱、传统医药类非物质文化遗产图谱、民俗类非物质文化遗产图谱等10种类型。

第二层级：非遗资源细分类别图谱。即根据10大类别下各个类别中的小类别进行第二层级的划分，如"民间文学类非物质文化遗产图谱"可分为神话、传说、故事、歌谣、史诗、长诗、谚语等各个小类图谱，"曲艺类非物质文化遗产图谱"可分为说书、唱曲、谐谑等几个小类图谱。

第三层级：非遗资源再细分类别图谱。即根据非遗项目基本类别10大类别下各个类别中的小类别再进行第三层级的划分。如民间文学类非物质文化遗产图谱中的"民间传说图谱"又可分为"人物传说图谱""史事传说图谱""风物传说图谱""风俗传说图谱"等不同类别。其中人物传说图谱是指围绕特定人物所形成传诵的传说而编制的图谱形式。根据传说中相关人物特点的不同，人物传说图谱又可以进一步分为"历史人物传说图谱""领袖人物传说图谱""生产技术人物传说图谱""文艺人物传说图谱""文化人物传说图谱""神仙人物传说图谱"等更低一层次的图谱类别。史事传说图谱是指围绕民族发展、政治事件、民众生活以及阶级斗争过程中发生的事件所形成的传说而编制的图谱形式。根据事件性质的不同，史事传说图谱又可进一步被分为"历史事件传说图谱""农民起义传说图谱""生产生活传说图谱""奇闻轶事传说图谱"等更低一层次的图谱类别。风物传说图谱是指围绕人们生存的外部空间、自然环境及相关事物所形成的传说图谱形式。依据外部环境的不同，风物传说图谱又可进一步被分为"自然环境传说图谱""动植物传说图谱""名胜古迹传说图谱"等更低一层次的图谱类别。风俗传说图谱是指围绕人们日常生活中风俗习惯所形成的传说图谱形式，依据风俗习惯内容的不同，风俗传说图谱又可进一步被分为"衣食住行传说图谱""婚丧嫁娶传说图谱""人生礼仪传说图谱""喜庆节日传说图谱""宗教信仰传说图谱"等更低一层次的图谱类别……

基于以上的论述，传说类的非物质文化遗产图谱可以形成如下的内容层级分类体系：

B	我国国家级非物质文化遗产图谱
B-Ⅰ	民间文学类非物质文化遗产图谱
B-Ⅰ-1	神话图谱
B-Ⅰ-2	传说图谱
B-Ⅰ-2-1	人物传说图谱
B-Ⅰ-2-1-1	历史人物传说图谱
B-Ⅰ-2-1-2	领袖人物传说图谱
B-Ⅰ-2-1-3	生产技术人物传说图谱
B-Ⅰ-2-1-4	文艺人物传说图谱
B-Ⅰ-2-1-5	文化人物传说图谱
B-Ⅰ-2-1-6	神仙人物传说图谱
B-Ⅰ-2-2	史事传说图谱
B-Ⅰ-2-2-1	历史事件传说图谱
B-Ⅰ-2-2-2	农民起义传说图谱
B-Ⅰ-2-2-3	生产生活传说图谱
B-Ⅰ-2-2-4	奇闻轶事传说图谱
B-Ⅰ-2-3	风物传说图谱
B-Ⅰ-2-3-1	自然环境传说图谱
B-Ⅰ-2-3-2	动植物传说图谱
B-Ⅰ-2-3-3	名胜古迹传说图谱
B-Ⅰ-2-4	风俗传说图谱
B-Ⅰ-2-4-1	衣食住行传说图谱
B-Ⅰ-2-4-2	婚丧嫁娶传说图谱
B-Ⅰ-2-4-3	人生礼仪传说图谱
B-Ⅰ-2-4-4	喜庆节日传说图谱
B-Ⅰ-2-4-5	宗教信仰传说图谱

又如民间美术是指由群众为美化环境、丰富民间风俗活动而创造的，并在日常生活中广泛流行的美术形式，具体包括绘画、书法、雕刻、建筑、工艺等种类。根据这些不同的类型，可以编制出不同的民间美术类非遗图谱形式，如

"绘画图谱""书法图谱""雕刻图谱""建筑图谱""工艺图谱",等等。这些不同的民间美术图谱门类中又可以再分成许多更小的门类,如雕刻是借助各种可塑材料或是可雕、可刻的硬质材料,创造出具有一定空间的艺术形象,以反映生产生活,传达美学思想和审美感受的表现形式,因此,在编制雕刻类的非物质文化遗产项目与资源图谱时,可以根据其不同的创制方式将其再细分为"雕"类图谱(如"石雕图谱""砖雕图谱""木雕图谱""玉雕图谱""核雕图谱""锡雕图谱""象牙雕图谱""葫芦雕图谱")、"刻"类图谱(如"金石刻图谱""竹刻图谱")、"塑"类图谱(如"泥塑图谱""砖塑图谱""灰塑图谱""糖塑图谱")等小类,由此而构成雕刻类的非物质文化遗产内容层级分类体系如下:

B	我国国家级非物质文化遗产图谱
B-Ⅶ	民间美术类非物质文化遗产图谱
B-Ⅶ-1	绘画图谱
B-Ⅶ-2	书法图谱
B-Ⅶ-3	雕刻图谱
B-Ⅶ-3-1	雕类图谱
B-Ⅶ-3-1-1	石雕图谱
B-Ⅶ-3-1-2	砖雕图谱
B-Ⅶ-3-1-3	木雕图谱
B-Ⅶ-3-1-4	玉雕图谱
B-Ⅶ-3-1-5	核雕图谱
B-Ⅶ-3-1-6	锡雕图谱
B-Ⅶ-3-1-7	象牙雕图谱
B-Ⅶ-3-1-8	葫芦雕图谱
B-Ⅶ-3-2	刻类图谱
B-Ⅶ-3-2-1	金石刻图谱
B-Ⅶ-3-2-2	竹刻图谱
B-Ⅶ-3-3	塑类图谱
B-Ⅶ-3-3-1	泥塑图谱
B-Ⅶ-3-3-2	砖塑图谱
B-Ⅶ-3-3-3	灰塑图谱
B-Ⅶ-3-3-4	糖塑图谱

……
通过上述的例证可知,非物质文化遗产图谱类型体系的建构,可以根据非遗项目内容层级的不同而进行划分出不同的层次,由此而形成一个庞大的,并可以运用图谱的方式进行表达与描述的非遗资源类型图谱体系。它们反映了非遗资源内容本身所具有的丰富性与复杂性特点,同时也彰显了非物质文化遗产图谱在表达方式上的那种依类而著、逐层推进的体裁风格。

2. 非物质文化遗产图谱类型体系的保护级别层级

有关非物质文化遗产图谱类型体系的保护级别层级问题,我们在前面已经做了介绍,此处不再赘述。

综上所述,非物质文化遗产图谱类型体系的建构是一个不断完善、不断细化的过程。在本书中,我们从非物质文化遗产图谱类型体系建构的原则、标准、层级等角度,阐述了建立一个多重复合的非物质文化遗产图谱类型体系的必要性与可能性,这不仅有利于更好地保护我国整个的非物质文化遗产资源体系,实现对非物质文化遗产资源体系的全面认识、把握与管理,而且也有利于非物质文化遗产图谱类别体系的建构,使非遗资源那种丰富复杂的内容与形态特点在图谱的形式中得到较为明晰与系统的呈现。

第三节 非物质文化遗产图谱类型体系案例分析

一、民间传说类非物质文化遗产图谱类型体系分析

我们知道,民间传说是一种由民众口头创作和传播,与特定历史人物、历史事件、地方风物、社会习俗有关的传奇故事。作为整个非物质文化遗产资源中的一个小类,在各级非物质文化遗产名录中所占的比例并不低。根据前三批国家级非物质文化遗产名录的统计,传说类项目共有 50 项,占总量(1 219 项)的 4.1%。此外,其口头创作与传播的方式也更体现了非物质文化遗产的特点,故在此以民间传说类的非物质文化遗产图谱分类体系为例详作分析。

民间传说尽管是由口头创作与传播,但作为一类非物质文化遗产,已发展演变为一种综合性的文化现象,其表现方式也具有了多样化的特点。对于传说类非物质文化遗产图谱的类型设定,可根据本书所制定"表现形式""地域分布""保护级别""文化功能""族群属性""标志特征""技艺特色"等一些标准进行划分。

以表现形式为标准,我们大致上可以把民间传说类的非物质文化遗产图谱分为人物传说图谱、史事传说图谱、地方风物传说图谱、社会风俗传说图谱、动植物传说图谱、鬼精怪神兽传说图谱和综合传说图谱等不同类别。其中人物传说图谱又可细分为始祖传说、爱国将领及英雄传说、帝王将相传说、先贤传说、文人传说、清官传说、名医传说、能工巧匠传说、商贾传说、神仙道佛传说、名女传说、爱情传说、孝子孝妇传说、趣味人物传说、无产阶级革命家传说等多个小类型的图谱;史事传说图谱可分为农民起义传说、反抗外来侵略者传说、历史战争与革命战争传说、民族起源传说、氏族礼仪传说多个小类型的图谱;地方风物传说图谱可分为山川传说、名胜古迹传说、乡土特产传说、地名传说、地方灵异传说等多个小类型的图谱;社会风俗传说图谱可分为岁时节日传说、宗教性习俗传说、娱乐活动传说、日常习俗传说等多个小类型的图谱;动植物传说图谱可分为动物传说和植物传说图谱;鬼精怪神兽传说图谱可分为鬼传说、精怪传说、神兽传说图谱,等等。根据非物质文化遗产分类的本体性及层级性,我们还可以就其小类再作进一步细分的图谱。

以地域分布为标准,我们大致上可以把民间传说类的非物质文化遗产图谱分为全国性民间传说类非物质文化遗产图谱、各省市民间传说类非物质文化遗产图谱、各区县民间传说类非物质文化遗产图谱等不同类别。就全国性民间传说图谱来说,它们的资源往往都是跨省市分布的。如孟姜女传说流传的范围极广。据顾颉刚20世纪20年代的研究统计,该传说流传的省区包括北京、河北、辽宁、山东、山西、河南、陕西、江苏、上海、安徽、浙江、湖北、湖南、福建、广东、广西、云南、四川、甘肃。全国范围内有孟姜女相关遗迹的地方也很多,如河北山海关的姜女祠庙、姜女坟,辽宁绥中县姜女祠,河南杞县孟姜女庙,陕西哭泉及孟姜女庙,上海万喜良石像,山东博山姜女泉(4处)等。相比全国性民间传说图谱,各省市的民间传说图谱的资源则大多流传于本省地区,如上林湖传说是以秀美的上林湖自然景观与越窑制作技艺为主要传承地,该传说从位于浙东沿海的上林湖地区,辐射至浙东三北一带。自产生之日起,世代口耳相传至今,一直成为启迪人们智慧,激励人们向往美好生活的教材。

以保护级别为标准,我们大致上可以把民间传说类的非物质文化遗产图谱分为国家级民间传说类非物质文化遗产图谱、省市级民间传说类非物质文化遗产图谱、区县级民间传说类非物质文化遗产图谱等不同类别,它们主要是根据保护的需要而设立的国家级、省市级、区县级传说类非物质文化遗产项目而划分的。当然,为了申报与保护的需要,或者为了进行相关的研究,我们也可进一步对这些不同的民间传说设立更为细分级别的图谱形式。

以文化功能为标准,我们大致上可以把民间传说类的非物质文化遗产图谱分为传承记录类民间传说图谱、教化类民间传说图谱、解释类民间传说图谱、娱乐类民间传说图谱、讽刺类民间传说图谱、褒扬类民间传说图谱等不同类型,它们大多在文化功能上具有一些不同的特点。如传承记录类民间传说图谱的资源主要来自那些用以记录民众所获知的各种知识、经验和所创造的各种文化的传说;教化类民间传说图谱的资源主要来自那些以教育和模塑民众为主要功能的传说;解释类民间传说图谱的资源主要来自那些对实物实事的名称、特征的由来做出解释的传说,反映了民众的世界观、人生观、思想情绪、社会道德和民众理想等;娱乐类民间传说图谱的资源主要来自那些满足民众精神生活需要的传说,大都内容轻松,能起到调节精神的作用;讽刺类民间传说图谱的资源主要来自那些以揭露矛盾的手法否定假恶丑的一类传说,讽刺的矛头不仅限于个人,还可以是群体和集团等;褒扬类民间传说图谱的资源主要来自那些肯定、赞扬和赞颂为主要内容的一类传说。当然,许多民间传说往往是数种功能兼而有之的,一个民间传说可能既有解释的功能,也有传承记录的功能。因此,我们从文化功能角度对传说资源进行分类,要首先经过对其各种文化功能的评估,最后以其主要文化功能作为分类标准。

以族群属性为标准,我们大致上可以把民间传说类的非物质文化遗产图谱分为汉族民间传说图谱、苗族民间传说图谱、壮族民间传说图谱、彝族民间传说图谱、傣族民间传说图谱、土家族民间传说图谱等不同类型。也有一些民间传说图谱则是根据其影响和流传区域而形成了多民族的传说形式,如妈祖传说就是一个覆盖多区域、多民族的传说形式。据统计,该传说流传于我国东南沿海地区以及部分江河湖泊地区,因地域辽阔,涉及汉族及其他多个少数民族。

以内容情节特征为标准,我们大致上又可以把民间传说类非物质文化遗产图谱划分为各种典型情节的资源图谱类型。如可以将白蛇传传说中情节划分为的"游湖借伞""保和堂开店""端午惊变""盗仙草""水漫金山""合钵""镇塔"等图谱形式。

总之,因民间传说具有口头性强、传播范围广泛、变异性多等特征,所以可能会产生多种文化样式,同时,也由于传说在次微观层面的不平衡性,如人物传说占传说总量的50%以上这样的分布特点，因此会产生非等量化的分类体系等。这些都需要通过特定的图谱进行反映，才能准确揭示该类非物质文化遗产资源的内在发展逻辑。

二、传统节日类非物质文化遗产图谱类型体系分析

节日是人们根据生产、生活的需要而共同创造的，具有周期性、群众性、地域性和相对稳定活动内容的特殊日子。我国传统节日形式多样，内容丰富。据有关统计，我国56个民族从古到今约有1700多个节日，其中少数民族民间节日有1200多个，汉族节日约500个左右。根据前三批国家级非物质文化遗产名录的统计，入选国家级非物质文化遗产名录的节日类项目共有106项，占所有名录项目总量(1219项)的8.7%。传统节日是非物质文化遗产资源中最具综合性的项目，作为囊括生产生活需要而进行的活动时空，其涵盖了各种丰富多彩的文化样式，特别是作为一种活态的文化遗产，更具非物质文化遗产的现实意义。下面就以本书所设定的一些标准对传统节日类非物质文化遗产图谱分类体系作一分析。

以表现形式为标准，我们大致上可以把传统节日类非遗资源划分为生产性节日、祭祀性节日、纪念性节日、岁时性节日、社群性节日、社交娱乐性节日、综合型节日等不同类型。其中生产性节日又可细分为农事节日、渔事节日、手工业节日、商贸节日等；祭祀性节日又可细分为神灵祭祀节日、祖先祭祀节日、先贤祭祀节日、鬼灵祭祀节日等；纪念性节日又可分细为地域性纪念节日、民族性纪念节日、人物性纪念节日等；岁时性节日又可细分为清明节、端午节、中秋节、重阳节等；社群性节日又可细分为女性节日、老人节日、儿童节日等；社交娱乐性节日又可细分为体育竞技节日、文艺表演节日、游戏娱乐节日等。通过这些不同的节日以及这些节日中的仪式、音乐、舞蹈、手工技艺等各种活动形式，可以编制各种不同的节日图谱类型体系，以达到对于我国节日形式的全面把握。

以地域分布为标准，我们大致上可以把传统节日划分为全国性节日、各省市节日、各地区节日等不同类型。其中春节、元宵、清明、端午、七夕、中秋、重阳等一些传统节日，基本覆盖到全国，不同地区不同民族基本都在相同的时间举行相似的节庆活动，因此，对于这些节日，可以编制出一些具有全国性范围的节日图谱形式，如我国春节习俗图谱、我国清明节习俗图谱、我国端午节习俗图谱等。而对于一些具有较强地方性特色的节日类非遗资源，如蒙古族的

那达慕大会、傣族的泼水节、彝族的火把节等，因主要局限于各少数民族聚居的地区，则可编制出各种具有一定地域性特点的节日图谱形式，如蒙古族那达慕大会习俗图谱、傣族泼水节习俗图谱、彝族火把节习俗图谱等。从不同层级的节日项目来看，层级低的节日项目其覆盖的空间范围相对较小，如区县级的节日一般仅流行于所申报的地区，而层级高的节日项目则覆盖的空间较大。当然，还有许多跨区域的节日，如开洋节、谢洋节等，主要分布于东南沿海地区；三月三节俗则流行于江南地区和西南部分地区。节日的跨民族、跨地区的特征，是历史上民族节日风俗互相交流、融合的结果，也是各地区经济、文化交流的反映。根据这些不同的地域性节日，都可以以地域分布为标准进行图谱编制，以适应各种不同的地域文化保护需求。

以文化功能为标准，我们大致上可以把传统节日划分为祭祀性节日、竞技性节日、娱乐性节日、社交性节日等类型。祭祀是中国传统节日中非常重要的功能，包括祭祖和祭神。祭祖是中国人的大事，已上升为祖先崇拜的高度，在传统时代，祭祖有严格的要求，需要全家全族的人一起祭拜，这也为合族睦亲提供了路径，当今社会随着家庭结构的改变以及文化的变迁，祭祖功能更主要体现为家人团聚，共享人伦之乐；祭神则细分为各种不同的天神、地神、山神、水神以及佛道教中的各路神灵，各种祭祖祭神活动，后来都发展成为一些固定的节日，如白族的绕三灵、瑶族的盘王节、汉族的各种庙会，等等。在传统汉族以及其他少数民族中，也有许多节日是为了娱乐、社交、竞技等目的而举行的，如那达慕、傣族泼水节、三月三歌会。其中还有一些节日，则更是具有一定的恋爱婚姻方面的意义，如少数民族的歌会，以及汉族的七夕节、元宵节。对于这些不同功能的节日，我们都可以进行不同的功能类别划分，并编制出相应的节日类非资源图谱形式。

以族群属性为标准，我们大致上可以把传统节日划分为汉族节日、满族节日、朝鲜族节日、黎族节日、纳西族节日、侗族节日等。我国是一个由56个民族组成的大一统国家，除了像春节、元宵、清明、端午、中秋等全国性的节日，各少数民族如满族、朝鲜族、黎族、纳西族、侗族、毛南族、达斡尔族、拉祜族、锡伯族、白族等少数民族都有自己族群的节日，因其民族文化的多样性，其传统节日也异彩纷呈。因此，运用族群分类的标准与方法对我国节日类的非遗资源进行类型划分，并编制出相应的不同民族的节日资源图谱，可以简洁明了地展现各民族的文化特征，具体描绘中华民族文化的丰富性与多元性，有效促进各民族之间的文化交流与文化认同。

以标志特征为标准,我们可以把传统节日类非物质文化遗产图谱划分为一些颇有典型意义的图谱类型。如春节可以按照"年夜饭""放鞭炮""贴春联""拜新年"等标志特征来建构编制图谱,元宵节可以按照"赏花灯""猜灯谜""吃元宵"等标志特征来建构编制图谱,清明节可以按照"扫墓祭祖""吃青团""踏青""荡秋千"等标志特征来建构编制图谱,端午节可以按照"划龙舟""包粽子""饮雄黄酒""踏百草""插艾草""挂香袋""除五毒"等标志特征来建构编制图谱,中秋节可以按照"祭月""赏月""拜月"等标志特征来建构编制图谱,等等。就标志特征标准而言,对于传统节日这样综合性的非物质文化遗产项目还需深入探究其核心内容及其当下的价值,即从丰富多彩的节日活动中将其较为稳定的、体现其中心思想的内容作为标志内容,在此基础上方可建立其标识图谱。

对于节日类非物质文化遗产图谱,也可以按照保护级别标准来进行分类,即根据我国因保护的需要设立的国家级、省级、市级、区县级等不同保护级别的节日类非遗项目来划分类型。如根据前三批国家级非物质文化遗产项目名录,浙江省的国家级节日项目有 8 项,省级节日项目有 33 项。这种级别标准的设立也显示其文化价值与保护的投入程度。

在传统节日的内容中,特色性的手工技艺往往具有很大的成分,因此这些特色技艺也可以成为传统节日类非物质文化遗产图谱的类型划分标准。根据这一标准,可以将传统节日类非物质文化遗产图谱的类型划分为"××节灯彩扎艺图谱""××节糕团制作图谱""××节服饰制作图谱""××节乐器制作图谱"等不同的图谱类型。例如在浙江石塘小人节中,有一种专门制作纸亭的技艺,该项技艺的传承人骆业生 25 岁时师从民间扎制艺人学习扎制纸亭技艺,此后一直以扎制为生。2008 年 6 月,骆业生被温岭市人民政府认定为纸亭制作的代表性传承人,2009 年 9 月,又被浙江省认定为省级非物质文化遗产项目——小人节的代表性传承人。对于这类传统节日的特色手工技艺,可以编制各种专门的节日手工技艺图谱类型,以更好地呈现我国节日手工技艺的多样性与丰富性。

传统节日最大的一个特点就是综合性强,在节日活动中,往往存在着许多交叉或者混合的现象,所以在建构节日类非物质文化遗产图谱的类别划分体系时,多种分类标准的综合运用往往较为适合。例如春节这一传统节日中既有岁时的特征,同时也包含了祭祀、信仰、亲情伦理、人际交往、娱乐、饮食等多种文化意义,因此在有关春节的非遗图谱类型设定中,就应当综合考虑多种文化因素与内涵的特点,任何一种单一性的标准都难以对春节这样的节日进行有效的图谱化表达与描述。

三、手工纺织技艺类非物质文化遗产图谱分类体系分析

手工纺织技艺类的非物质文化遗产是我国生产技艺类非物质文化遗产的重要组成部分,由人民群众所创造、所共享。我国传统纺织技艺在元明达到鼎盛,到了晚清以后,由于机器生产的快速发展,土纱土布逐渐被洋纱洋布所取代,蕴含其中的手工纺织技艺也日渐式微。至20世纪末时,手工纺织技艺更是大部分处于濒危状态。至2012年底,被列入国家级非物质文化遗产名录的手工纺织技艺项目共有27项,省市级传统手工纺织技艺项目142项。随着人们对传统纺织技艺保护的日益重视,作为以手工技艺为主要特征的纺织技艺类非物质文化遗产成为传承文化、保存文化、实践文化的重要非物质文化遗产,其独特的文化样式有助于我们全面了解非物质文化遗产的认识。下面就其非物质文化遗产图谱分类体系作一分析。

以表现形式为标准,我们可以对手工纺织技艺类的非遗资源按照织物形态进行分类,具体分出棉织物、丝织物、毛织物等不同的织物类型。在这些大类下,又可分出若干各小类。如在棉织物类型中,可分为白布、条纹布、方格布、图案布、印花布等不同小类;在丝织物类型中,可分为绢、绫、罗、绸、缎、绒、毯、锦等不同小类。其中绢、绫、罗、绸、缎等一些丝织物,还可分出十分丰富的次小类。例如"绢"这一类型有耿绢、矾绢、素绢、画绢、帐绢、拷绢等不同的小类;"缎"这一类型有花软、素软、织锦、古香等不同的小类。"锦"则是一个涵盖了多种纺织材料、品种繁多的织物类型,我国较为著名的织锦,主要有云锦、宋锦、蜀锦、壮锦、黎锦、鲁锦等一些类别。其他如毛料、麻布等,其类型也十分丰富。根据这些丰富多彩的纺织技艺类型,可以编制出多种相应的手工纺织技艺类的织物图谱体系,如"棉织物图谱"(包括白布、条纹布、方格布、图案布、印花布等)、"丝织物图谱"(包括绢、绫、罗、绸、缎、绒、毯、锦等)、"毛织物图谱"(包括毯、巾、垫等),等等。

以地域分布为标准,我们也可以对手工纺织技艺类非物质文化遗产资源进行具体的分类。从我国整体版图来看,一方面是几乎每个省份、每个区域、每个民族都具有自己的纺织技艺特色与纺织文化传统,呈现了鲜明的地方个

性;另一方面是在相近的省份、区域与民族之间,又构成了一些范围更为广大的地域板块特色,呈现了鲜明的地域板块共性。例如,在我国的东南地区,主要盛产丝绸与棉布,尤其是湖州、嘉兴、苏州、松江一带,是我国丝织品与棉织品的故乡。在我国的西北地区,主要盛产羊毛,具有悠久古老的毛织文明历史,诸如新疆、西藏、甘肃等地区,现已成为我国传统毛纺织技艺的重要传承地。在我国的西南地区,除了具有棉纺、织锦等一些传统纺织技艺外,最为值得重视的是其印染技艺。在云南、贵州、四川等西南地区,至今还保留着蜡染、扎染、灰染(蓝印)、彩印、拼染、植物染色等许多古老的印染技艺方式。手工纺织技艺类非物质文化遗产资源的空间分布,客观地反映了当地社会的生产方式与生活方式。由此可见,我国的手工纺织技艺类非遗资源,具有相当鲜明的地域性特点,以这种地域性特点为基础,可以实现对我国手工纺织类非遗资源的有序分类。如按照单一行政区划的类型划分标准,我们可以编制出"××省手工纺织类非物质文化遗产图谱""××市手工纺织类非物质文化遗产图谱""××县手工纺织类非物质文化遗产图谱"等各种图谱形式;按照跨省市、跨区域的类型划分标准,我们又可以编制出"我国东南地区手工纺织类非物质文化遗产图谱""我国西北地区手工纺织类非物质文化遗产图谱""我国西南地区手工纺织类非物质文化遗产图谱""我国华南地区手工纺织类非物质文化遗产图谱"等各种图谱形式。

　　族群一般总与地域分布具有一定的联系。正如在前文关于地域分布标准分类所言,每个省份、每个区域、每个民族都有自己的纺织技艺,若以族群标准划分,同样可以描绘出一些不同族群的纺织技艺类非物质文化遗产资源地图。如在江南汉族地区,主要盛产丝绸与棉布,因此丝织品与棉织品以汉族为著名;西北地区主要盛产羊毛,毛纺织制品以西北民族为著名,其中诸如邦典、卡垫和帕拉孜等一些具有民族特色的毛织物及其生产技艺,在我国手工纺织技艺类非物质文化遗产门类中独树一帜,颇有影响。西南地区的印染技艺最为值得重视与称道,在云南、贵州、四川等西南地区,至今还保留着蜡染、扎染、灰染(蓝印)、彩印、拼染、植物染色等许多古老的印染技艺方式,其中贵州省丹寨县蜡染技艺所属族群主要为苗族,具有很强的地方性,由于不同的地域材料,因此形成不同的地域类别体系。根据这些不同民族在手工纺织技艺方面的特点,可以编制出不同类型的手工纺织技艺图谱形式,如"贵州苗族织锦技艺图谱""新疆维吾尔族地毯织造技艺图谱""四川彝族毛纺织及擀制技艺图谱""贵州苗族蜡染制作技艺图谱""新疆维吾尔族帕拉孜纺织技艺图谱""西藏藏族邦典、卡垫制作技艺图谱",等等。

根据手工纺织技艺的工艺流程,也可以编制相应的手工纺织技艺图谱类型体系。在我国,几乎每一种纺织技艺门类都涉及几十道甚至上百道工序与流程,几乎每一件纺织技艺产品都有着令人叹为观止的技艺技巧与绝技绝活。它们是我国纺织文明发达兴旺的重要标志,也反映了我国古代人民在纺织文化上的伟大创造。例如南京云锦采用"挑花结本"织造工艺,织造时,机楼上拽花工提升经线,楼下织手根据提起的经线妆金敷彩。它既要求工艺高超精细,又要求内容富有创造性,其主要特点是通经断纬,挖花妆彩。所谓"通经断纬",即经线是完整的,而纬线是由不定数色段拼接而成。"挖花盘织"又称"过管挖花",即用彩线或金线、银线、孔雀羽线分段局部挖织,它可以根据需要在纬向同一梭内配织丰富多彩的彩纬,一般织七八种色,多的可达十几甚至几十种颜色。整匹的妆花织物中几十朵主花,甚至可以配织成完全不同的色彩。根据这些不同的工艺流程,可以编制出一系列具体的南京云锦工艺流程图谱形式。

按照保护级别标准,也可以对传统手工技艺类的非物质文化遗产进行有序的分类。根据前三批国家级非物质文化遗产项目名录,全国国家级手工纺织技艺项目总量为27项,占国家级非物质文化遗产项目总量(1 219项)2.22%。在省级项目中,浙江、贵州、新疆各自拥有10个以上的手工纺织技艺项目,江苏、河北、云南、江西、四川、甘肃、海南、陕西各自拥有5个以上项目,其余各省市各自拥有1个以上的项目。根据这样的一种保护结构形态,同样可以对传统手工技艺类的非遗资源进行分类,并建构出相应的传统手工技艺类非物质文化遗产图谱体系。

四、民间剪纸类非物质文化遗产图谱类型体系分析

剪纸作为中国传统民间艺术中的一个代表门类,充分反映了广大民众的文化理想和审美情趣,在我国民间生活和民俗活动中具有相当广泛的影响。早在原始社会,与剪纸相关的剪、刻技艺就已被华夏先祖运用于日常生活当中。西周初期,周成王将桐叶削为圭形,赐予其弟叔虞的典故,即"桐叶封弟",这是我国古代剪刻艺术最早见诸史册的记载。东汉时,蔡伦发明纸张,真正意义上的剪纸也应运而生。魏晋南北朝,剪纸逐渐在民间节庆、俗信活动中占有一席之地。至隋唐五代,剪纸承袭"晋风",流传于市井、乡间,为文人骚客多所吟咏。两宋时期，随着造纸业的发展和商品经济的兴起，剪纸在民间已成普及之势，它不仅同百姓日用、民俗生活密切交融，更是汴京、临安等城市手工艺市场中的重要交易物品，其技艺手法还被广泛运用于刺绣、陶瓷、雕刻、扎灯等艺术形态中。有元一代，文人剪纸兴起，俗信类剪纸也得到不断发展。明清以来，民间剪纸走向鼎盛。大江南北，无论婚丧嫁娶、生辰寿诞，还是节庆祈福、鬼神祭祀，抑或日用装饰、休闲玩赏，大抵少不了剪纸这一民间艺术形式。

作为一种非遗事象类型，民间剪纸也可根据本书所设定的"表现形式""地域分布""保护级别""文化功能""族群属性""标志特征""技艺特色"等标准进行划分，并在此基础上编制出各种不同类型的图谱文本。

以表现形式为标准，我们可以将民间剪纸类的非物质文化遗产资源分为动植物类剪纸、人物类剪纸、景物类剪纸、艺文类剪纸、风俗类剪纸等不同类别。其中动植物类剪纸又可细分为花鸟鱼虫剪纸、飞禽走兽剪纸、瓜果菜蔬剪纸等小类；人物类剪纸可分为戏曲人物剪纸、神仙佛道剪纸、英雄人物剪纸等小类；景物类剪纸可分为风景名胜剪纸、家什器皿剪纸等小类；艺文类剪纸可分为神仙传说剪纸、历史故事剪纸、戏文故事剪纸、吉祥图案剪纸等小类；风俗类剪纸可分为人生礼仪剪纸、宗教信仰剪纸、日常生活剪纸等小类。根据这样的分类特点，可以编制出一个较为完整的民间剪纸类非物质文化遗产图谱类型体系，包括"中国动植物类剪纸图谱""中国人物类剪纸图谱""中国景物类剪纸图谱""中国艺文类剪纸图谱""中国风俗类剪纸图谱"等。在这些图谱形式中，还可以分出一些更小的类别，如在"中国动植物类剪纸图谱"中又可分成"花鸟鱼虫剪纸图谱""飞禽走兽剪纸图谱""瓜果菜蔬剪纸图谱"等一些类别；在"中国人物类剪纸图谱"中又可分为"戏曲人物剪纸图谱""神仙佛道剪纸图谱""英雄人物剪纸图谱"等一些类别；在"中国艺文类剪纸图谱"中又可分为"神仙传说剪纸图谱""历史故事剪纸图谱""戏文故事剪纸图谱""吉祥图案剪纸图谱"。

以地域分布为标准，民间剪纸类的非物质文化遗产资源首先可分为北派剪纸与南派剪纸两大类别。其中，北派剪纸又可分为华北剪纸、西北剪纸、东北剪纸等，而南派剪纸亦有江南、岭南、荆楚、西南等地区之别。剪纸的地域分野是剪纸分类中很重要的一种。在现实语境中，我国的民间剪纸艺术就是以地域流派的方式存在并传承、发展的，而民间剪纸的非遗资源化和项目化同样以其地域属性为依据。根据这样的地域分布特点，我们也可以编制出一套较为完整的民间剪纸类非物质文化遗产图谱类型体系,如"华北地区民间剪纸图谱""西北地区民间剪纸图谱""东北地区民间剪纸图谱""江南地区民间剪纸图谱""岭南地区民间剪纸图谱""荆楚地区民间剪纸图谱""西南地区民间剪纸图谱"等。当然也可以按照更加具体的地域划分出一些更加细分的地域性民间剪纸图谱体系,如"乐清细纹刻纸""金坛刻纸""医巫闾山满族剪纸""安塞剪纸"等。

以文化功能为标准,民间剪纸类的非物质文化遗产资源大致可分为美化环境类剪纸、礼仪喜庆类剪纸、刺绣底样类剪纸、祭祀俗信类剪纸等不同类型。用于美化环境的剪纸主要有窗花、门笺、墙花、顶棚花;用于礼仪喜庆场合的剪纸主要有礼花、灯花、供花、灯彩花;用于刺绣底样类的剪纸主要有鞋花、帽花、肚兜花、腰带花;用于祭祀俗信活动的剪纸主要有纸马、纸钱、祈福娃娃,等等。当然,有时一种剪纸往往会具有多种功能,一件剪纸作品可以既有美化环境的功能,也有礼仪喜庆的作用,有的或许还可以用作刺绣底样。

不同功能的民间剪纸,往往与一定的地域特征有着密切的联系。如地处北方地区的陕西、山西、河北和山东地区的剪纸多以窗花形式出现,而地处江浙、广东和福建等地的剪纸则多以刺绣花样的形式出现。剪纸绵延旺盛的生命力,就在于它深深地扎根于民众生活和民俗活动中,借生活中常见的事物,通过谐音、象征等手法,构成寓意性的艺术画面,反映了人们对生活的感受、企盼、寄托和对生命理想的追求。

按照这种不同功能的分类,可以编制出不同的民间剪纸类非物质文化遗产图谱系列。如按照美化环境类的剪纸,可以编制出"窗花图谱""门笺图谱""墙花图谱""顶棚花图谱"的系列,按照礼仪喜庆场合类的剪纸,可以编制出"礼花图谱""灯花图谱""供花图谱""灯彩花图谱"的系列,按照刺绣底样类的剪纸,可以编制出"鞋花图谱""帽花图谱""肚兜花图谱""腰带花图谱"的系列,按照祭祀俗信活动类的剪纸,可以编制出"纸马纸钱图谱""祈福娃娃图谱"的系列。

以族群属性为标准,民间剪纸类的非物质文化遗产资源大致可分为汉族剪纸以及满族、蒙古族、回族、苗族、傣族、多民族剪纸等不同的类别。其中汉族剪纸流传最广,其次为满族剪纸、蒙古族剪纸、苗族剪纸和傣族剪纸等。至2012年时,在45个民间剪纸类国家级非遗项目中,满族、蒙古族、苗族和傣族剪纸分别为6项、3项、2项、1项,其他如鄂伦春族、赫哲族、彝族剪纸等,均为省（自治区、直辖市）级项目。青藏、新疆地区的少数民族剪纸也颇具特色，如哈密维吾尔族民间剪纸、拉卜楞藏族剪纸、西藏面具剪纸等。对于这些不同民族的剪纸类型，我们都可以将其组合在一起，编制成一个按照民族属性划分的剪纸图谱体系，以展现我国民族剪纸的整体面貌以及各自特色。

如果以某些典型标志特征为标准，我们也可以编制出一些颇有特色的民间剪纸类非物质文化遗产图谱的类型体系。我国作为一个多民族的历史悠久的文化大国，在剪纸技艺和文化方面积淀丰厚、博大精深，在长期的发展过程中，各个地区、各个民族的剪纸都发展形成了一些自己的具有标志性意义的个性特色。例如，乐清细纹刻纸迄今已有七百多年的历史，其刀法精细健拔，所刻图案以纹样纤细如丝著称，却不流于琐碎繁杂，令人百看不腻，神韵十足；"斗香花"刻纸是南京剪纸的独特类型，七彩的斗形刻纸饰于香火之上，给人以斑斓夺目的视觉效果，堪称中国剪纸大观园中的一朵奇葩；旬邑彩贴剪纸是在旬邑单色剪纸的基础上产生，通过剪、贴、衬三道工序将多色彩纸拼贴而成，其题材内容传统而多样，常与民间歌谣相为呼应，造型夸张、色彩明艳、风格富丽、情韵浪漫，既烙刻着原始图腾文化的印记，又能生动反映当下、当地民众的思想观念和日常生活，具有重要的民俗学、人类学价值。还有广灵染色剪纸、踏虎凿花、仙桃雕花剪纸等，也都极具自己的标志性特征。因此，只要我们能抓住这些标志性特色，就可以编制出具有各种不同艺术风格的剪纸图谱形式。这种剪纸图谱形式也可以称为"标识性剪纸图谱"或者"不同风格特色的剪纸图谱"。

依照当前我国非物质文化遗产的保护级别，也可以建构民间剪纸类非物质文化遗产图谱的类型体系。截至2012年底，我国已有乐清细纹刻纸、金坛刻纸、医巫闾山满族剪纸、安塞剪纸等45项剪纸项目被列为国家级民间剪纸类非遗项目，平阳太平钿剪纸、宜兴刻纸、樟树剪纸、瓦房店东岗剪纸等151项剪纸项目被列为省（自治区、直辖市）级民间剪纸类非遗项目。除此以外，许多市和区县也设立了自己的市和区县级别的剪纸项目。从国家级剪纸项目，到省级剪纸项目，再到各种市和区县级的剪纸项目，构成了一个庞大的剪纸项目体系，充分反映了我国剪纸这一非遗资源形式的普及性与丰富性。按照这种不同的保护级别，可以建构具有分级特点的剪纸类型图谱形式，这对于更好地展现我国剪纸的那种普及性与丰富性特点，有效促进我国非遗保护工作的开展无疑具有十分重要的作用。

依照技艺特色的标准,我国的民间剪纸则可分为剪、刻、镂、雕、剔、拼、折、扎、撕、烧等不同形式,其中剪、刻又有阴、阳二法及其他手艺方面的讲究;从用色上看,剪纸大致可分为单色、多色(主要有点染、填彩、衬彩、套色)、分色等;从用料上看,剪纸所用的材料不仅有普通纸、麻纸、宣纸,还经常会用到金、银、铜、锡等一些特殊材料。另外,从技法上看,每件剪纸作品都具有多种不同的技法,有的还兼具拼、凿、撕等多种辅助手段。如佛山剪纸利用本地特产的铜箔银箔,用剪、刻、凿等技法,套衬各种色纸和绘印上各种图案,形成色彩强烈、富丽辉煌的剪纸风格。根据这种不同的剪纸技艺特色,可以编制出不同的剪纸技艺图谱类型,充分体现出我国剪纸技艺的丰富性与多样性。

总之,由于我国的民间剪纸艺术内容丰富、功能多元、风格不一、流布广泛,因此在进行民间剪纸的图谱编制及其类型划分时,必须要从其表现形式、文化功能、族群特征、地域特色、保护级别等方面去进行综合的考量,并编制出相应的民间剪纸图谱文本形式,只有这样,才能更好地反映该类非物质文化遗产资源的基本特点与形态面貌,更好地揭示该类非物质文化遗产资源的存在状况与发展规律。

第七章 非物质文化遗产图谱的功能价值

第一节 非物质文化遗产图谱的功能

图谱是一种人类观察事物与认识事物的独特方法系统,通过"图"与"谱"的编制,可以把任何事物转变成为具有直观形象以及概括完整特点的形态,这是图谱这种文化表现形式区别于其他文化表现形式的最为重要的功能特点。

这里,我们结合非物质文化遗产图谱编制的实际情况,对图谱的功能作出以下几点具体归纳。

一、造型性功能

图谱(包括非物质文化遗产图谱)的第一个基本功能,就是具有一定的"造型性",它可以通过造型成像的方式,将各种具体的或者抽象的事物直观形象地表现出来,从而使人可以清晰明了、直观概括地把握这些事物的整体面貌。正如有关学者所说:"图像具有形象性特点,无论再抽象玄虚的语言,一经图像的示意,也能尽快地掌握其中的诀窍,因此,在看不到现场书写情况下,通过图的记载和描述,可以了解其主要动态变化。"[①]在造型成像的方面,图谱的功能可谓是极为强大的,无论是自然景观、物种生态,还是人情世故、社会风俗,都可以通过图谱造型的方式予以表现。尤其是在对于一些虚无的,或者难以用语言表达的事物方面,图谱的这种造型性功能往往具有其他表现方式所不可替代的优势。例如在民间信仰类的非遗项目中存在着许多神灵、神仙的形象,它们只是人们思想观念中幻想、想象的产物,在现实生活中是不存在的。但是通过图谱的形式,却可以将它们的形象栩栩如生地表现出来,使人如闻其声,如见其人,仿佛看到了真的神灵,这就是图谱所能产生的强大的造型功能,而这种功能是其他一些表现方式,如文字、照相等所无法替代的。再如非遗资源

---

① 尹志贤:《古代图谱类书法文献的源流与分类》,吉林大学硕士学位论文,2009年。

中有许多是属于工程技术类的事象,如晒盐、酿酒、纺织、房屋营造等,这些工程技术程序复杂,动作性强,用文字形式往往很难表达清楚,但是通过几幅图的形式,便可将其整个的工序与关键性动作清晰地表现出来,使人一目了然地了解这些工序动作的全貌。

值得进一步指出的是,通过图谱造型的方法所获得的图像作品并不是如同照相一样只是对事物本体作出一种机械的拷贝与复制,而是可以根据作者的主观意图进行一定的创作,使其作品具有一种融客观事物与作者主观意图为一体的"意境",这就是图谱在造型方式上不同于照相的一个重要特点。我国学者指出:"画的最高境界则不在于纤毫不漏地摹绘客体的物质特征,而是以'写神'作为终极追求。魏晋六朝以降的画学以'气韵生动'为艺术成就的最高标准,在诸如笔墨、骨法、气韵、师法古人、诗画同源等议题上建立起一个边界严整的艺术传统,图绘超越了拘泥于模拟外在形象的技艺层次,与天地造化的生机相互参证,成为'道'的化现。"[1]这种造型性特点使得图谱中的图像往往能够在对于事物的表现上具有更大的张力与想象空间,可以超越事物本身去表现更多的作者希望表达的东西,这就是我国古人所谓的"神似""气韵""意境"。

二、说明性功能

图谱(包括非物质文化遗产图谱)的第二个基本功能,就是能够通过各种构图造型的手段对客观事物进行解析与说明。在现实生活中,人们需要对各种客观事物的对象,如其形状、特点、功用、道理、规律等等有所了解与认识,这些事物对象有些较为简单、清晰、明了,比较容易把握,但也有许多事物对象则较为复杂、模糊、隐晦,必须要经过一定的解析与说明才能被人所理解。而图谱正是这样一种可以通过一定的解析与说明手段,帮助人们理解这些较为复杂、模糊、隐晦事物对象的表现形式。通过图谱的绘制与编撰,可以把各种复杂、模糊、隐晦的事物对象简单、清晰、明了地表现出来,尤其是对于一些较难用语言或者文字形式表达的事物对象,例如某些道理、规律等,运用图谱的形式便可以明白直接地说明清楚,起到了语言或文字表达所难以起到的作用,这就是图谱所具有的重要的说明性功能。

郑樵在《通志》一书中,对于这一问题多有论述。他指出:"古之学者,为学

---

[1] 安琪:《图像》,《民族艺术》2014年第4期。

有要：置图于左，置书于右，索象于图，索理于书；故人亦易学，学亦易为功。""离图即书，尚辞务说，故人亦难为学，学亦难为功。""图，至约也；书，至博也。即图而求易，即书而求难。"①在这里，郑樵十分明确地点明了图谱（即"图"）在说明事物时不同于文书（即"书"）的一些功能特点，那就是"索象""至约""易学""为功"。他认为，图谱这种文体最为基本的功能特征，就是能够形象地描绘与表现事物（即"象"），这与以文字表达为主的"书"主要是通过"说理"来表现各种事物的方式有很大不同。他又认为，图谱具有概括简约（即"至约"）的功能特点，能够把事物简单概括地表达清楚，这与以文字表达为主的"书"主要是通过广博的阐述来表现事物的方式也有很大不同。正因为具有形象、简括的功能特点，所以图谱就比较容易学（即"易学"），并能够产生实际效果（即"有功"），而不像那些主要以说理为主的文书那样，虽然说得很多，但是既没有具体形象，又繁琐难懂，因此就不会产生什么实际效果。出于对图谱功能的这种高度肯定，郑樵又进一步把这一问题与人生事业以及治国理政思想联系起来，指出了图谱之学在人生事业与治国理政思想方面的重要功能价值："天下之事，不务行而务说，不用图可也。若欲成天下之事业，未有无图谱而行于世者。""秦人虽弃儒学，亦未尝弃图书，诚以为国之具不可以一日无也。"明白无误地阐述了图谱之学是"治国平天下"所必不可少的学问。

除了郑樵以外，有关图像在说明事物方面的重要功能在中外学术界的许多学者那里也有相关的阐述，例如英国《图像证史》一书的作者彼德·伯克在本书中曾经引用了库尔特·塔科尔斯基的一句名言："一幅画所说的话何止千言万语。"②指出了图像在表现事物、说明事物方面的强大功能。章学诚在论述方志编写体例中图的重要作用时也指出：图作为方志的组成部分，所系甚重，没有图，则书亦从而废置，在方志中若不慎重其图，则后人观志亦不知所向往矣。在《永清县志·建置图第二》中他说："《周官》象魏之法，不可考矣。后世《三辅黄图》及洛阳宫殿之图，则都邑宫室之所由仿也。建章宫千门万户，张华遂能历举其名，郑樵以为观图之效，而非读书之效，是则建制之图，所系岂不重欤？朱子尝著《仪礼释宫》，以为不得其制，则仪节度数，无所附著，盖古今宫室异宜，学者求于文辞，而不得其解，则图缺而书亦从而废置矣。后之视今，亦犹

---

① ［南宋］郑樵：《通志·图谱略·索象》。
② 蓝勇：《中国古代图像史料运用的实践与理论建构》，《人文杂志》2014 年第 7 期。

今之视古。城邑衙廨,坛壝祠庙,典章制度,社稷民人所由重也。不为慎著其图,则后人观志,亦不知所向往矣。"①我国当代学者蓝勇因此总结说:"实际上在中国古代某些领域图像表达的内容比文字更直观、准确,古人的认知一直相沿不变,如地图表现的地理方位、图画和照片表达的人像、器物和景观,远比文字更适合……应该说在许多时候图像有文字所没有表达过的空间和领域,也有在同一空间内比文字隐含更多信息量的地方,才更应该是我们重视图像史料的出发点。"②

近年来,我国一些学者还根据图像类作品在对于客观事物表现上的独特说明性功能基础上提出了"图志学"这一新颖的学科理论思想。"图志学"虽然主要是针对图像而不是针对图谱提出的一个学术命题,但是却对图谱的功能阐释同样具有重要的意义。杨义在《文学的文化学和图志学问题》一文中对"图志学"的解释是:"图志学就是用图来讲文学史,把图看成是用构图、线条、色彩、情调来构成的一种没有文字的特殊的语言,一种重要的原始材料或特殊的'文本',来跟文献资料互相参照,形成一个新的解释系统。"③在图志学的领域中,"图"是一个独立的解释系统,它有着不同于文字的独特功能,并与文字相辅相成,成为人类认识世界与把握世界的两种重要的工具形式。"图"与文字这两种功能的并用,便是图志学中提出的所谓的"互文性(intertextuality)"。

也有一些学者则是从更高的层次上阐释了图像功能的重要地位。他们认为,图像功能要比文字功能具有更大更多的包容力,图像完全可以超越文字,成为一种具有整体性特点的人类认识方法体系。"相对于文字书写以来的历史,图像传统可算是真正意义上的大传统,有着更久远的历史,传世文献构成的文字传统则应当是小传统。'以图证史'的思路是用大传统来对小传统进行'证伪'或'证明',这在根本上就是本末倒置。文本研究的偏失只有在充分考虑到图像生产全过程的情况下才能够被超越,因为图像不仅仅是以物态形式存在的文化产品,也是囊括了观念、动机、行为、作品效果和心理反馈等因素在内的一套过程性的实践模式,那些催生图像的信仰、民俗、特定人群的身份认同和区域社会历史的变迁等诸多能动性的因素,可以被理解为对图像符号表

---

① 章学诚:《章学诚遗书》,文物出版社,1985年,第439—451页。
② 蓝勇:《中国古代图像史料运用的实践与理论建构》,《人文杂志》2014年第7期。
③ 杨义:《文学的文化学和图志学问题》,《西南民族大学学报(人文社科版)》2007年第1期。

意起到重要作用的一类'伴随文本'。"①在作者看来,图像是一个包含了丰富文化内涵的信息系统,它们不但包含了图像所要反映与表现的事物的本身,而且也包含了许多与所要反映与表现的事物相关的其他各种信息成分,例如观念、动机、行为、作品效果和心理反馈,以及信仰、民俗、特定人群的身份认同和区域社会历史的变迁等诸多能动性的因素,因此有着更多的超越文字表达的信息表达功能。这种见解,正好与我们在编制非物质文化遗产图谱时强调相关信息图谱编制的意图不谋而合。

但是较为遗憾的是,长期以来,图谱所具有的这种重要的说明性功能经常被人们所忽视,而文字则往往成为人们赖以认识世界与把握事物对象的主要方式。"一般认为在历史学研究中史料形式,可分成文字、图像、实物、口述四大类,其中实物可转变为图像,而口述可转变为文字。不过长期以来,历史学研究的主要史料都是以文字史料为主体,实物、口述史料往往作为旁证的,而图像史料的运用往往是边缘的、不自主的。对此,英国人彼德·伯克(Peter BurKe)在《图像证史》中就谈到使用摄影档案的历史学家人数相当少,相反绝大多数历史学家依然依赖档案库里的手抄本和打印文件。历史学的专业杂志很少刊登图片,即使杂志同意刊登图片,愿意利用这一机会的也仅仅是将它们视为插图,不加说明地复制于书中。"②

三、整理性功能

图谱(包括非物质文化遗产图谱)的另一个重要功能,就是把相关的事物整合集聚在一起,使其成为一个个具有一定内在逻辑关系的"类次",以此起到对于各种事物进行整理与辨析的作用。图谱不仅仅是一种"图像",而且也是一种"谱系",它可以将各种事物系统化、条理化。正如元代郑构指出:"古字存于世者无几,后生晚学,生于千百载之下,得以观感而兴起者,实赖前人编摩之力也。是故极古今之制,存乎图;系时地之出者,存乎谱。"③在这些言论中,明确强调了图谱中的"谱系"具有重要的归类、编次,以及使事物系统化、条理化的整理性功能,这一功能是一般的图像作品所不能替代的。也正是因为如此,在中国古代社会中,图谱经常被运用于文献学("类书")的领域,用以对我国大量的古籍文献进行整理归类,分清系统。我国古代的许多谱类文献资料,也正

---

① 安琪:《图像》,《民族艺术》2014 年第 4 期。
② 蓝勇:《中国古代图像史料运用的实践与理论建构》,《人文杂志》2014 年第 7 期。
③ [元]郑构:《衍极》,《历代书法论文选》,上海书画出版社,1996 年,第 439 页。

是在这样的基础上编订成文的。它们大多按类而编,"各从其类次而谱之。有条不紊,既精且博"①。

时至今日,图谱的这种整理性功能更是得到了充分的运用与拓展,例如现今具有强大的资料整合与信息集聚功能的知识图谱,便正是在这种图谱的系统化、集聚化功能基础上产生的。知识图谱是一种将数据挖掘和知识发现的有关方法和模式移植到文献信息之间的共引、共现关系上,并采用关联、序列、聚类、分类等方法进行深层次分析的系统整理方法,在知识图谱中,需要对现有的资料与数据进行充分的挖掘与整理,其主要模式有聚类、关联规则、序列模式、分类等。聚类是把一组个体按照相似属性归成若干类别,其目的是使得属于同一类别的个体之间的距离尽可能小,而不同类别的个体间的距离尽可能大;序列模式主要是分析数据间的前后序列关系;分类要解决的问题是为一个事件或对象归类。②由此可见,知识图谱的各种功能作用,实际上都可以用"资料与信息整理"这个关键词概括,在这一基本功能上,现代知识图谱与传统的手工绘制图谱完全是一致的。

非物质文化遗产图谱作为一种主要以非遗资源为表现对象,重点反映非遗资源历史源流、分布地域、内容形式、传承脉络、社会影响等内容的专门性图谱形式,在基本的功能特点上,体现了与一般图谱较为相同的一致性,只是在其所表现的对象范畴上更加具有一定的专门性而已。例如非物质文化遗产图谱的造型性功能,主要是体现在它对于一些传统民间故事中的情节内容、人物形象,或者一些传统节日中的习俗活动形式等的绘制与表现方面;非物质文化遗产图谱的说明性功能,主要是体现在它对于一些民间生产技艺中的工艺流程、绝技绝活,或者非遗代表性项目中一些较为丰富多样的样式、层级与类型的绘制与表现方面;非物质文化遗产图谱的整理性功能,主要是体现在对于非遗代表性项目中一些较为复杂的历史发展流变线索,或者某些代表性传承人的脉络关系的梳理方面。总之,非物质文化遗产图谱的功能,主要是在非遗资源项目对象这一独特的语境与范畴中实现的,在内容对象与表现范畴上,它具有一定的专门性与独特性,然而在基本的功能特点上,却又是与一般的图谱较为一致的。

---

① [宋]苏易简:《文房四谱·序》,文渊阁《四库全书》本。
② 秦长江、侯汉清:《知识图谱 信息管理与知识管理的新领域》,《大学图书馆学报》2009年第1期。

第二节　非物质文化遗产图谱的价值

所谓价值,是指一定的客观事物对于人类生存发展或者精神需求方面所具有的意义与作用,它与事物本身所具有的功能有着一定程度的关联性。从逻辑关系上来看,事物本身所具有的功能是能够使其对于人类的生存发展或者精神需求产生价值的重要前提,必须是具有某些功能,然后才能产生某些价值,它们之间体现了一种逻辑上的条件关系。当然,这并不等于说任何事物所具有的功能都会对人类产生价值。事物本身的功能与对于人类的价值这对关系也并不是一成不变的。一般来说,随着事物本身功能的扩大、拓展与延伸,它们对于人类的价值也会相应地扩大、拓展与延伸,但是有时候也会出现相反的情况,即随着事物本身功能的扩大、拓展与延伸,它们对于人类的价值却会相应地缩小与减少。

非物质文化遗产图谱作为一种主要以非遗资源与项目为表现对象的图谱形式,对于当代人类社会的发展进步以及文化保护事业的顺利开展具有极为重要的意义。随着非遗保护理念的日益深入以及非遗图谱本身所具有的许多不可替代的功能与优势的逐渐呈现,这种独特的文化表现方式在当今社会的各个领域中正在越来越体现出自身的价值,并受到越来越多的人群的关注与重视。

具体而言,这些价值主要体现在如下一些方面。

一、记录保存价值

图谱作为一种主要以可视化、形象化、系统化方式对于事物进行表现的文体形式,其最为重要,同时也是最为基本的一种价值,就是可以对各种在一定的历史过程或者现实生活中所出现的事物、人物等客观事象进行真实的记录与保存,以使人们可以通过它们来更好地认识、了解这些客观事象的真实面貌,加强人们对于某些客观事象的准确把握。尤其值得注意的是,由于图谱本身所具有的那种可视化、形象化、系统化的特点,可以直观地表现事物本身所具有的形象、状态、特点,因此使得图谱这种文体在对于各种客观事象的记录与保存方面具有比文字等其他文体形式更为明确、直观、概括的优势,更容易被人们所认识,所了解。

图谱这种对于客观事象的重要的记录与保存价值,在我国古代的学术理论思想中已经有过很多的阐述,其中阐述得最为透彻的就是南宋时期的目录学大家郑樵。他在《通志》一书中曾经用大量的例证来说明图谱在记录保存方面的作用。他说:"张华,晋人也。汉之宫室千门万户,其应如响。时人服其博物。张华固博物矣,此非博物之效也,见《汉宫室图》焉。武平一,唐人也。问以鲁三桓、郑七穆春秋族系,无有遗者。时人服其明春秋。平一固熟于春秋矣,此非明春秋之效也,见《春秋世族谱》焉。使华不见图,虽读尽汉人之书,亦莫知前代宫室之出处。使平一不见谱,虽诵《春秋》如建瓴水,亦莫知古人氏族之始终。"①他认为,为什么晋人张华会对"汉之宫室千门万户"了如指掌呢?这并非是因为他"其博物",而是因为他见到了《汉宫室图》。为什么唐人武平一会"问以鲁三桓、郑七穆,春秋族系,无有遗者"呢?这并非是因为他对春秋的历史掌握得特别多,而是因为他看到了《春秋世族谱》。如果他事先没有看到过这些记载着历史事象的图与谱,情况就大不一样了。若"使华不见其图,虽读尽汉人之书,亦莫知前代宫室之出处。使平一不见谱,虽诵《春秋》如建瓴水,亦莫知古人氏族之始终"。通过这种正反两方面的论证,郑樵最后得出的结论就是:"益知图谱之学,学术之大者。"更为可贵的是,郑樵在《通志》一书中,还专门列出了十六类他认为应该值得记录保存的具体的图谱内容对象:"古今之学术,而条其所以为图谱之用者十有六。一曰天文,二曰地理,三曰宫室,四曰器用,五曰车旗,六曰衣裳,七曰坛兆,八曰都邑,九曰城筑,十曰田里,十一曰会计,十二曰法制,十三曰班爵,十四曰古今,十五曰名物,十六曰书。凡此十六类。有书无图。不可用也。"②认为这些内容对象都是应该通过图谱的形式来进行记录与保存的。可以说,郑樵的这些有关图谱价值的理论思想,对于我国图谱学的发展具有极为重要的意义。最为可贵的是,他已经看到了图谱与文字具有同等重要的地位,甚至认为图谱的价值在一定程度上还要超过文字,这在当时乃至后来相当长的一个历史过程中人们普遍存有"重文字轻图像"的思想倾向与风气的情况下是十分了不起的,同时也是具有很强的超越性意义的。

作为以非遗事象为内容对象的非物质文化遗产图谱,其记录保存的价值更是十分重要。非遗事象与非遗资源是民众创造并传承的优秀传统文化,它

---

① [南宋]郑樵:《通志·图谱略·原学》。
② [南宋]郑樵:《通志·图谱略·明用》。

历经时间的洗礼、空间的流播，表现出历史悠久、传播广泛、形态各异的多样性和变异性特点。但是长期以来，我国对于非遗资源的价值却相对认识不足。在历史上，很多统治者与士大夫阶层对于文人雅士创作的诗词歌赋推崇有加，然而对于那些主要由民众创造的非遗事象却时常漠不关心，甚至嗤之以鼻。这一事实所导致的结果就是使得大量的非遗资源从人们的生活中流失与消亡。另一方面，由于非遗资源大多是通过口头传承的，缺乏文献的记载与保存，因此更是容易随着时光的流逝而散失消亡。例如我国的一些珍贵的手工纺织技艺形式——蜡染、扎染、印染等，原来本是一些少数民族地区的人们赖以生存的基本生活方式与生产技艺活动，主要依靠一代代人的身传言教得以传承延续。这些手工纺织技艺体现了我国古代劳动人民的生活智慧，也蕴含着我国古代劳动人民独特的审美情趣。如今，随着社会的发展，这些技艺形式已经从当地人们的生活方式与生产方式中逐渐退出，而相关的历史记载又十分之少，因此，如果不对这些非遗事象进行有效的记录与保存，就很可能会使这些非遗事象流失殆尽，甚至完全从人们的文化记忆中消亡。又如居住于海南岛的黎族女性以前善于编制黎锦，黎锦技艺主要为家族式的传承，以母女相传最为普遍。当地女孩从懂事起，就要开始学习这种独特的纺染织绣技艺。但如今，母女相传的黎锦技艺传承方式受到了现代教育方式的影响，当地女孩到了学龄阶段便要去学校读书，已无暇花很长的时间随母亲在家学习传统技艺，或用几个月时间来为自己织一条筒裙。由于黎锦花纹图案完全是以口传心授的方式传承，并没有现成的图谱保存，随着老艺人去世，这种技艺也正在快速地消失。

　　面对当代社会所面临的种种有关非遗资源的散落、失传乃至被遗忘的问题，图谱是可以大有作为的。用图谱的形式对于大量主要以口传心授方式传承延续的非遗事象与非遗资源进行真实、形象的记录，可以使这些非遗事象与非遗资源得到有效的保存，为后人留下宝贵的非遗事象历史印迹。如今，我们可以通过编制非物质文化遗产图谱的方式，将历史上曾经出现的大量的珍贵的非遗资源系统地记录、保存下来，使当代的人们能够如愿以偿地看到它们的真实面貌，从而更为充分地认识与了解中华民族光辉灿烂的民族文化与生活智慧。如今，我们也可以通过非物质文化遗产图谱编制的方式，将大量的珍贵非遗资源完整、系统地保存下来，使中国传统社会所留下来的各种优良的习俗与技艺在当今社会中更好地发扬光大，世代相传。尤其是在传承民族精神价值,保护民族文化之根,倡导文化多元性方面发挥积极作用。

事实上,在我国民间社会中,有相当一部分的非遗事象与非遗资源,例如刺绣的花样图案、建筑的形状与工序、扎染印染的流程、舞蹈戏曲的表现程式、手工技艺的绝技绝活、百工行当的门类等,正是通过一些艺人或匠人的手绘图画画出其具体的形象,才得到了较好的保护与传承。

例如文身是一种世界性的古老而又普遍的文化现象,古代曾遍及五大洲的许多族群之中。傣族是中国文身习俗传承时间最为长久,也最具代表性的民族之一。从人类文身历史来看,多数民族文身元素与图案的记录和传承,均是依靠人体活态及文身师头脑记忆和口耳相传的方式来实现的,但傣族还有除人体之外的物化标本和载体——绘制在纸张之上的文身图谱使用和传承。这是傣族文身的独特性之一,也是有别于其他民族文身最显著的特征。文身图谱是指在傣族传统文身历史上,由文身师绘制、传承、参考使用的,将文刺于人体之上的那些由傣文、巴利文或缅文构成的纯文字类符咒,纯动物、植物、工具类图案,以及由文字与几何图案、动物图案、植物图案、工具图案、宗教象征物图案、宗教建筑图案等相结合的符咒系统化了的传世谱书。其产生的时间应该在佛教传入傣族地区和傣文创制使用之后,即公元十二三世纪以后。早期可能是以贝叶经的形式出现,到十六七世纪开始出现纸质的文身图谱。直到 20 世纪四五十年代,它在傣族社会中的使用和传承仍十分普遍。[1]可以想见,如果不是通过图谱的形式对长期在傣族民众中传承的文身花样进行真实的记录与保存,傣族古老悠久的文身文化遗产就很有可能会逐渐走样,甚至完全失传。由此可以充分说明,非物质文化遗产图谱在对于非遗事象的记录保存方面,作用是十分显著的,价值也是十分突出的。

又如我国传统小商贩行业技艺历史渊源深厚,表现形式众多,与广大的民众生活紧密联系在一起。但是由于时日久远,许多小商贩行业在当代社会中都已经逐渐式微,人们也很难再能看到它们的真实面貌。但是通过图谱绘制的形式,便可以生动形象地将它们一一表现出来,使人看后深得其中的真谛。

当然,采用文字、声音等形式也可以对大量存在的非遗资源进行记录保存。但正如上述所言,以文字为代表的传统记录方式一方面难以准确表达非

---

[1] 冯秋菊:《傣族文身图谱学术价值初探》,《云南民族大学学报(哲学社会科学版)》2013 年第 11 期。

遗资源信息，另一方面其庞大的数量也往往会将研究者淹没于资料读取的过程之中，从而缺乏对其中关键问题的精准把握。而通过非物质文化遗产图谱的编制，则可以较好地避免这一情况。非物质文化遗产图谱可以通过标示图、地图、图表和网络图等各种独特的表现手段，对非遗资源进行直观、清晰、简练的表达，具有超越文字表述那种繁冗隐晦，甚至存在一定偏误性的优势，大大节约研究者读取资料的时间，提高研究资料的准确性和效率性。另外，通过非物质文化遗产图谱的编制，还可将大量的非遗信息放置于一个整体的生态环境之中进行表现，使研究者可以在一个整体的非遗谱系中系统地把握非遗资源情况，形成"见一叶而知秋"的感知效果。

二、认识教育价值

通过图谱可以认识各种事物的过程、特点、规律、原理等，这也是体现非物质文化遗产图谱价值的一个重要方面。图谱的认识价值较为主要的是表现在对于一些历史过程、社会事迹、民俗风情等事物的真实反映方面。

历史是一个动态的发展过程，通过图谱的绘制，可以将这些历史过程清晰明了地表现出来，反映出各个历史时期的社会、政治、文化现象。通过图谱的描述与绘制，可以帮助人们去认识不同时期中大量的历史事迹，了解不同时代的各种社会面貌，如建筑工程、农具、家具、饮食风貌、服饰、民俗风情等内容。尤其是那些具有一定规模的图谱资料系统，还可以成为人们认识与掌握某些方面专业知识的资料库。例如，由郑振铎先生编纂的《中国历史参考图谱》，以时代先后为序，从上古、殷商到明清共有24辑之多。这是一部中国历史图谱的资料库，包括有仰韶、小屯文化，安阳甲骨，商周铜器，西陲汉简，乐浪漆画，武梁刻石，北魏造像，正仓唐器，敦煌壁画，宋元书影名画，明代刊本瓷皿，清朝画像墨迹以及各时代有关生活文化、工艺美术、建筑设计、衣食住行之器物的照片图像。书中共计收录3 000多幅图片。又如，通过对于民俗资料图谱体系的编纂，可以形成一个具有一定规模的民俗学料库系统，对人们日常生活相关的各种民俗文化内容，如婚俗、葬俗、祭礼等风土人情具有整体性的体现，使人们通过对于这些图谱资料的阅读与了解，系统掌握有关婚俗、葬俗、祭礼的全面情况。

通过图谱的形式，也可以对于一些事物的原理或者某种精神思想进行说明与解析，有利于后人更好地学习和掌握。在现实社会中，有些事物是较为复杂的，它们或是蕴含着较为抽象的道理，或是具有较为繁杂的程序，或是包含着较为多重的结构,往往难以用文字来表现清楚。对于这些方面的事物,通过绘制图谱的形式便可以得到解决。我国古人有所谓的"格物求理"的说法,亦即通过研究事物而获得知识和道理,这种说法完全适用于图谱这种认识工具。依靠了图谱中各种图、谱、表、格、世系、样、式等具体样式的综合运用,可以较为清晰地阐释事物中所蕴藏的较为深厚的知识和道理,从而使人得到精神层面以及审美层面上的某些感悟与体会。例如我国宋代著名的图谱——《洛阳牡丹谱》,实际上是反映出了宋代理学家们追求诚意、正心、修身、齐家、治国的思想境界,体现了他们对于儒家价值观的肯定、追求与崇尚。这些思想如果仅仅是采用一些文字的形式来进行表述,往往是难以产生有效的作用的。

在非遗的领域中,也有相当一部分的内容对象是较难仅仅用文字的形式表达清楚的,例如各种瓷器、陶器的制作方式,棉纺、丝纺的生产流程,海盐、井盐的晒制方式等。由于这些技艺制作过程较为复杂,动态性又较强,如果仅仅运用文字表达往往难以完整描绘,甚至可能还会存在一定的表述上的误差,对手工技艺的保护与传承带来误导。而通过绘制手工技艺流程图谱的方式,就可以将手工技艺的整个过程进行视觉图像的转化,使人们更容易直观地了解这些技艺的具体实施过程。例如上海的国家级非遗项目"乌泥泾手工棉纺织技艺",其技艺过程分别包括捍、弹、纺、织、染等许多繁复的工序流程,在每道工序中,还包含了许多具体的小工序。如果单纯以文字作为记录形式,很难让人知晓明白。但是如果以图谱为主要表达形式,并辅以相应的文字解释,则可大大提高对该手工技艺的认识效果。例如我们可以通过"非遗资源标识图"的形式,着重展示其核心技艺和特色技艺,用直观、简洁、精炼的图像语言,将难以用语言表述的技艺过程直观地展现于众,达到醒目、直接的视觉效果,便于受众对手工技艺制作过程有一个形象的接受和了解。[1]

图谱的认识价值还较为明显地体现在对于后人的教育与教化方面。我国长期以来在文化思想方面一直遵循儒家崇文重教的传统,通过图谱的形式来宣传儒家崇文重教思想,规范人们的行为方式,为人们塑造行为规范上的模板与样本,这在中国传统社会中是十分多见的。例如我国在汉代以后,对于礼仪制度多有弘扬,并通过大量以绘图制表的形式来解释古代礼仪制度,从而达到

---

[1] 黄江平:《非物质文化遗产图谱编制的原则、特点与方法——以〈中国手工纺织技艺图谱〉编制实践为例》,《吕梁学院学报》2015年第1期。

对人们进行礼仪教育的目的。这些作品就表现形式而言主要可以分为绘图与列表两类，就内容而言则主要可以分为礼器礼服图、宫室图、方位图、丧服表，等等。千余年间，这类以图谱的形式来表现古代礼制礼俗的情况十分多见。例如五代时人聂崇义所作的《三礼图集注》二十卷，凡图三百八十余幅，文字约十余万言，内容主要是考绘行礼所须的车服、礼器等。北宋陈祥道作《礼书》一百五十卷，内附示图近八百幅，图后有文，依据前人著述引用儒家经典对上古礼制进行考核订正，内容完备，条理清楚，纠偏补缺，多有独到之处。它们的主要作用，就是教育后人如何遵循礼制，约束自己的行为。尤其是在南宋，当时经学繁荣，其学者亦更加深刻地意识到图谱在学术研究中的作用，并通过一些图谱的形式来教育人们学礼知礼。如南宋杨复所作《仪礼图》十七卷，并著《仪礼旁通图》一卷。他在《自序》中称："复，曩从先师朱文公读《仪礼》，求其辞而不可得，则拟为图以象之，图成而义显。凡位之先后秩序，物之轻重权衡，礼之恭逊文明，仁之忠厚恳至，义之时措合宜，智之文理密察，精粗、本末，昭然可见……严陵赵彦肃，尝作《特牲》《少牢》二礼图。质诸先师，喜曰：'更得冠、婚图，及堂室制度并考之，乃为佳尔。'盖《仪礼》，原未有图，故先师欲与学者，考订以成之也，复今所图者，则高堂生十七篇之书也。"①

在当代社会中，非物质文化遗产图谱在对于广大民众，尤其是青少年的教育方面依然有着重要的作用。在当代编制的许多非物质文化遗产图谱中，往往包含了不同民族、不同地区的人文历史、民歌民谣、民俗民风等内容，它们是编制学习教材的重要资料。利用这些非物质文化遗产图谱编制成各具特色的校本教材，可以激发学生对家乡的热爱及对学习、生活的热情，使其更好地传承本土文化。

尤其是在一些多民族集聚地区，合理有效地利用非物质文化遗产图谱，通过开设课程、举行展览、举办活动等形式，可以起到很好的教育作用。许多传统体育、游艺与杂技类非物质文化遗产项目，可以成为高校的特色体育课程，不仅可以拓展学生体能，而且也有利于这些非物质文化遗产的传承与发展。而对于艺术设计类高校，将非物质文化遗产图谱应用于设计专业应用型人才的培养，将民间艺术引入高校教育，不仅可以使地方非遗文化得到有效传承，同时也能促进高校围绕地方经济社会的需要而实现高效的发展。

---

① 买靳：《中国古代〈仪礼〉图谱学综述研究》，《吉林工程技术师范学院学报》2011年第10期。

三、科学研究价值

非物质文化遗产图谱不但在对于非遗资源的记录保存、认识教育方面具有重要的价值,而且在对于非遗资源的整理、分析、考证等方面也具有重要的价值。

非物质文化遗产图谱首先是一种重要的非遗资源整理工具,通过对于非物质文化遗产图谱的编制,可以把各种原来散见在民间的非遗事象与非遗信息集聚整合到一个系统的框架之中,然后进行一定的综合、归纳与提炼,使其逐渐达到一种系统研究的高度。

具体而言,非物质文化遗产图谱的这种对于非遗资源的整理性作用主要表现在如下几个方面。

1. 将零碎变为系统

非遗资源作为一种主要产生与传承于民间生活之中,与各个社区、各个族群的生活方式密切相关的文化资源形式,其初始的生存状态往往显得十分的零碎与分散,这就使得对于非遗资源的整理与研究工作往往会显得极为不易。例如,由于非遗资源的生存状态十分零碎与分散,使得我们很难对其进行全面的汇总与计量,以此看出非遗资源的总体情况与共性特征。同样地,也正是由于非遗资源的生存状态十分零碎与分散,使得我们很难在对于一些个别非遗资源事象研究的基础上进行系统的推理与抽象,从而总结出我国非遗的整体性特点、内涵与规律。总之,对于大量存在但是又较为零碎分散的非遗资源与事象而言,仅仅依靠一些个别的,或者是单一性的对象研究是远远不够的,只有通过一些较为有效的和科学的方法对其进行系统化的整理,通过对于大量非遗资源的汇总、归纳与综合,使其变得更加具有系统性、条理性与全面性,才能更好地揭示非遗资源的内在规律与共性特征,从而形成对于非遗资源保护的更多的理性自觉。而非物质文化遗产图谱的编制,正是这样一种可以对于非遗资源进行系统性、综合性整理的有效方法。通过具有强大的系统化功能特点的非物质文化遗产图谱的编制,可将大量的非遗资源信息放置于一个整体的生态环境之中进行表现,使研究者可以在一个整体的非遗谱系中系统地把握非遗资源情况,更好地探索非遗资源的特点与规律。

以我国传统纺织手工技艺类非遗项目的图谱编制为例。我国传统纺织手工技艺种类繁多、地域分布较广,往往显得千头万绪,难以梳理。但是,通过纺织手工技艺图谱的编制,便可以清晰地建构出一个充满地域特色的纺织手工技艺类非遗资源网络体系,既反映出各种非遗资源类型自身的地域性特点,又反映出建立在各种非遗资源类型基础上所构成的区域文化圈特点,及其该文化圈内部的各种文化、经济的流动状况。如我国传统纺织手工技艺主要包括丝、麻、棉、毛等不同类型,通过手工纺织技艺项目分布地图的制作与标识,可以看到丝绸纺织类项目主要集中在浙江、江苏、广东、四川等地区;毛纺织类项目主要集中在新疆、西藏、内蒙古、青海等地区;夏麻布纺织类项目则主要集中在江西、重庆、海南、河南、安徽等地区。棉纺织类技艺项目分布区域最广,遍及全国大多数省市,其中又以上海、浙江、江苏、河北、山东、山西、河南、湖北、四川、海南、云南、贵州、陕西等省市最为丰富。纺织技艺分布区域的资源图谱,向我们呈现了集中生产丝绸、棉麻、毛等不同类型的生产区域特征,有助于研究者进行分类别的专项研究和综合性的整体研究。

2. 将单一变为整体

就某种具体的非遗资源来说,它一方面是个别的,单一的,但是另一方面又是整个非遗系统中的一个组成部分,与其他的非遗资源形式与类型,以及相关的生态环境、人文背景都有着一定的联系。因此,我们在对非遗资源进行考察时,往往不能仅仅局限于某些非遗资源本身,而是要把它扩展到与其他非遗资源以及某些生态环境、人文背景的广泛联系的方面。对于非遗资源之间这种信息交错、相互依存的整体性特征,传统的表达形式往往难以十分清晰明了地呈现,而通过对非遗类型之间的关系谱系的图谱编制,则可以有效弥补许多传统表达形式的不足,有助于接受者在一个整体生态环境中把握非遗资源的复杂情况。例如我们可以在一个民间剪纸类的图谱谱系序列中,同时列出"乐清剪纸""扬州剪纸""安塞剪纸""中阳剪纸""蔚县剪纸""佛山剪纸"等一些不同风格的剪纸形式,通过这种方式,一方面可以看出我国各种民间剪纸的个性特征,另一方面又可以看出我国民间剪纸的总体特色与总体风格。又如我们可以将"蔚县剪纸"这一非遗形式以及与这一非遗形式相关的各种信息,如蔚县剪纸作品、蔚县剪纸代表性传承人、蔚县剪纸保护单位、蔚县剪纸经营商店等一起制作成一个"蔚县剪纸相关信息"的图谱谱系,这样便可清晰地反映蔚县剪纸与其他各种信息之间的关系状态,彰显出有关蔚县剪纸这一非遗样式的整体性意义。由于汇聚了某类非遗事象的不同要素,便于整体、综合地,但也不乏精细地对其进行研究性的考察,因此在此图谱中也可以进行不同地域、不同历史时期的比较。一些衍生的文化现象如果在不同地域存在,也可为我们对其现象产生的必然性以及它们与非遗事象的本体关系提供研究的空间。诸如此类的问题在非物质文化遗产图谱中都可以进行一定的提炼与挖掘,并通过一定的综合、归纳与提炼,不断提升非遗系统研究的高度。

3. 将含糊变为清晰

通过非物质文化遗产图谱的编制,还可以对许多具体非遗资源事象的真伪、是非,或者含糊不清之处进行考证与辨析,从而使我们对于许多具体非遗资源事象的研究变得更加清晰完整与真实可信。例如众所周知白蛇传传说主要流传于浙江杭州、江苏镇江等地区,与其相关的许多历史遗迹也主要出现在这些地区。但是经过对于《白蛇传历史遗址类相关信息分布图》的编制,课题组研究者发现原来在河南省的鹤壁市、四川省的峨眉山市等地区,也有大量与白蛇传传说相关的历史遗址存在,如鹤壁市的白蛇塔、许仙塔、白蛇洞,黑水;峨眉山市的白龙洞、黑水、白水、斗龙坝,等等。这些历史遗址的存在充分证明,白蛇传传说可能有着多个传说中心地,而并不仅限于浙江的杭州与江苏的镇江这两个地区。由此可见,通过非物质文化遗产图谱的编制,可以对原来某些非遗资源的认识进行考证、辨析与重新认识,从而得出更为准确的结论。

非物质文化遗产图谱不仅是一种重要的非遗资源整理工具,同时也是一种重要的非遗资源分析工具。通过非物质文化遗产图谱中各种内容的排列组合,可以具体分析非遗资源在历史渊源、分布地域、生态背景、类型类别、地域风格、传承脉络、社会影响等各个方面的情况与特点,系统掌握非遗资源发生发展的规律与取向,有效推动非遗保护的学科理论建构。

非遗资源往往有着悠久的演变史,表现出漫长的历史文化积累和演化过程。非遗研究者在接触一个非遗对象并试图开展相关研究工作时,首先需要对非遗资源的缘起、发展和变迁进行文献爬梳,也就是系统考察非遗对象的历史演变范式,任何对于非遗对象的研究方向,都必须建立在对非遗对象历史过程的梳理基础上,唯有如此,研究者才能真正了解非遗资源所生存的生态环境、所具有的历史文化内涵以及变迁过程,才能探讨保护与传承的方式和内涵。但是,由于非遗资源的形成、演变过程往往十分复杂,因此仅仅依靠阅读文献资料的方式来研究非遗资源历史发展状况是不够的,而且,某些文字的表述有时也会造成研究者的误解,而通过对反映非遗历史线索内容的图谱制作,可以使研究者更加方便厘清非遗资源的演化发展情况,避免对文献的重复阅读和大量信息的反复遴选,提高研究工作的有效性。

非物质文化遗产图谱的编制，也可以起到具体分析各种非遗资源之间相互关系的作用。我们知道，在各种非遗资源事象之间，往往存在着许多方面的关系，它们是非遗资源之间相互影响以及融合演化的重要基础，也是非遗研究中重点考察的内容对象。通过非物质文化遗产图谱的编制，可以把大量的非物质文化资源列入一种"谱系化"的体系中进行考量，使各种非遗资源之间反映出的多种逻辑关系，诸如承接关系、递进关系、推衍关系、交互关系等得到较为简洁、清晰的表达，这也是一般的文字表述所难以企及的。例如，我们可以将"乌泥泾手工棉纺织技艺"这一上海的国家级非遗项目的内容按照历史发展的线索划分为古代、近代、现代、当代等几个不同的阶段，然后绘制成多幅反映这些不同阶段中乌泥泾手工棉纺织技艺发展演变情况的历史发展演进图谱。在这种图谱形式中，乌泥泾手工棉纺织技艺在各个不同历史发展阶段中的技艺形态主要是以一种时间递进的关系而得以呈现。又如我们可以将"乌泥泾手工棉纺织技艺"这一项目按照一定的工序流程分为脱籽、弹花、搓条、纺纱、经纱、染色、织布、提花等一系列过程，然后手绘线描成图像，并将其组合成为多幅乌泥泾手工棉纺织技艺工序流程图谱。在这种图谱中，乌泥泾手工棉纺织技艺的各个具体环节主要是以一种工艺流程顺序的关系而得以呈现的。再如我们可以将"乌泥泾手工棉纺织技艺"这一项目按照其传承人的代际关系分为第一代传承人、第二代传承人、第三代传承人、第四代传承人，然后制作成一定的图像，并组合成为一幅或多幅乌泥泾手工棉纺织技艺传承图谱形式。在这种图谱形式中，各代传承人之间主要是以承接层递的关系而得以呈现的。总之，非物质文化遗产图谱可以将非遗资源的各种事象之间的关系得到鲜明的呈现，为人们分析考察非遗资源的内在规律提供方法途径。

另外，非物质文化遗产图谱也是一种重要的非遗资源考证工具，通过对非物质文化遗产图谱中各种内容深入考证与研究，可以深入辨析非遗资源以及相关信息的真伪，系统梳理非遗资源之间以及非遗资源与各种相关信息之间的关系，使有关非遗的研究更加科学、真实、可靠。由此可见，非物质文化遗产图谱实际上是一种有关非遗资源的重要研究工具，通过对于非物质文化遗产图谱的编制，不仅可以全面了解非遗资源的基本状况与主要特点，而且也可以深刻把握非遗资源的内在规律与各种关系，从而更为深入地揭示非遗资源的内在本质。

在谈到有关非物质文化遗产图谱的科学研究价值方面，引用一些德国、日本学术界有关民俗地图编制方面的理论是颇具借鉴意义的。德国是世界上最早将民俗与地理学进行结合起来研究的国家,并且在此基础上创立了"民俗地图"这种独特的研究方法。德国学者威廉·派斯勒在《民俗学中的地理学方法》一文中指出:"比较不同民俗现象最终可以总结出,有哪些地区是存在某民俗现象的区域,有哪些则是不存在该现象的。多个具有相同民俗和文化特征的区域合起来就可以统称为一个文化区。另外,我们还认识到,不同地区的人们在其行为上与普遍的文化潮流之间存在着各种各样的差异。赫尔曼·奥宾(Hermann Aubin)谈道:'只要有足够的研究材料,通过比较某地区不同文化现象中的人类行为,便能很好地认识和理解不同的文化区域。'运用这种方式,我们即可成功认识、了解到人类和文化之间的相互关系。"[1]他又说:"在民俗学中使用地图的另一优点就是可以通过民俗现象的区域对比来揭示其中的因果关系,并且通过测绘使这些民族性的东西可以与同样在地面传播的其他类型的现象相比较。这样一来,就可以揭示纯粹的民俗现象以及在总的环境条件下的同样的民俗现象二者各自的因果关系。"[2]在这些阐述中,作者重点强调了民俗地图在民俗地域差异比较以及相互关系研究方面的作用,直接点出了民俗地图这种研究方式在文化类型研究方面的重要价值。

　　日本是继德国之后在民俗地图研究方面成果颇丰的国家,并且较为自觉地将民俗地图看作是一种民俗学研究方面的有效方法,这些方法主要被用于对于民俗的调查、整理、比较、分析等领域。在日本民俗学界,民俗地图标示法被定位于民俗学研究辅助方法之一,具体属于民俗资料整理方法类。民俗地图标示法首先作为客观显示民俗分布,表示民俗存在、变迁、移动的记述性手段出现于民俗调查报告或民俗现象记录中。旅日学者何彬曾经多次撰文指出:"当民俗研究者把它作为揭示某种民俗规律、阐述民俗理论的方法,在论文里用它标示自己的某种思维或某种民俗研究结果时,民俗地图标示则从记录、整理民俗资料的记述性手段升华、转变为研究性手段。""民俗事项被标示于地图,可以向人们展示某个空间范围内民俗事项的地域相关性即民俗事项的横向关联。强调民俗事项具有的较强的历史连贯性,则可以在地图上展示某个

---

[1] [德]赫尔曼·奥宾:《历史地理学方法论》(新版科技与青少年教育年刊单行本,莱比锡,1929年),第32页。
[2] E.格罗斯:《民族与文化》(W.施密特和 W.考伯斯的《民族和文化》一书的评论,《人类》第20册,圣加布里尔·梅特林,1925),第678页。

时间段范围内民俗事项的历史相关性即民俗事项的纵向关联。利用地图的平面可视性和广域可显示性等特性，可以观察、分析民俗传承的地理分布，认识民俗现象在空间与时间上的存在表象。把握民俗的地域特性，进而分析、认识民俗的本质，从分析中抽取民俗事项的深层特性或某种规律性、象征性等，最终达到通过民俗图示读解出民俗文化本质规律的终极目的。这是民俗地图具有的重要作用。"①她又进一步指出："作者把民俗文化资料数据化、符号化之后标志于地图，读者通过读解民俗地图的各种符号，可以实现还原民俗现象、把握民俗的地域特征的作用。经过分析信息符号，可从中抽取民俗事项的深层特征或某种规律性、象征性，达到抽取某项民俗或某地区或某社区民俗文化规律的终极目的。"②

德国、日本的民俗地图理论对于我国非物质文化遗产图谱理论体系的建构具有很大的参考价值，而这些理论中所论述的有关民俗地图的学术研究价值问题，同样也对我们非物质文化遗产图谱的价值研究具有一定的借鉴意义。

四、艺术审美价值

非物质文化遗产图谱不但具有记录保存、认识教育、整理研究等各种实用价值，而且还具有一定的艺术审美价值。图谱类文献是一种具有很强的形象性、造型性特点的表现形式，它在较为真实、客观、准确地反映事物的形象、状态与原理的同时，也往往体现出了一定的艺术美感，可以使人在充分地了解事物实际面貌与本质真相的同时，领略到通过各种图像、图形所呈现的艺术美感。"因为图也是一种特殊的'语言'，一种以其构图、线条、色彩、情调及所表达的文化情境呈现的'超语言'。这种'超语言'的特点是它的直观性、暗示性和进行阐释的丰富的可能性。"③我国学者沈克在《中国文化的图像传承——试析古代科技图谱》一文中指出："有中国古代科学技术百科全书之誉的《天工开物》，伟大的药学著作《本草纲目》，中国军事百科《武经总要》和世界上最早、最全面的建筑大全《营造法式》，不愧为世界上最早的四大插图本百科全书。这些巨著正是因为其中大量的科技插图才为世界所瞩目。可以想象得到，这些巨著去掉那些丰富多彩、刻画逼真的插图，它们的价值将会有多大的损失。需

---

① 何彬:《传承文化独树一帜的日本民俗地图》,《中国测绘》2005 年第 3 期。
② 何彬:《日本民俗地图研究法综述》,中国民俗学网,2008 年 9 月 19 日。
③ 杨义、[日]中井政喜、张中良:《中国现代文学图志》,生活·读书·新知三联书店,2009 年,第 8—9 页。

要指出的是,这些插图无论从科学还是艺术的角度上看都是上乘之作,作者和刻工的认真执着已到了为之献身的境界。同时,一些名家的作品风格通过版刻得到了新的表现力,中国绘画丰富的线条美经过杰出刻工的再创造,甚至超过了画稿。我们可以把以上图谱和其他传统绘画比较一下就会发现:那种线条的峻峭爽利是无法用毛笔表现出来的。""从古代科技图谱的几种类型中,我们不难发现,古代科技图谱有很强的附着性,它对原作起着画龙点睛的作用,同时又有独立性,作品包含着插图画家的独到见解。作品通过插图增强了感染力,使作品的内容更能直观形象地向读者反映与传递,所起的作用是文字远远不能代替的,这是我国传统文化遗产的重要组成部分。"①作者在这些文字中,多次强调了科技插图(即图谱)的"线条美""再创造""感染力",充分说明了作为具有很强科学性、客观性的科技工程类图谱图像作品,同样可以具有艺术美感的事实。

以非遗资源为对象的非物质文化遗产图谱,在表现形式上更是可以体现出艺术美感的价值。例如在非遗资源中,有相当一部分本来就是出于对于美的需求而创作的民间艺术品,诸如精美细腻的刺绣,灵动多彩的剪纸,恬静淡雅的蓝印花布,栩栩如生的泥塑、陶塑,土俗淳朴的灶画、年画等,它们在现实生活中本来就是一些人们为了美化生活,追求美感而创作的艺术作品。当这些作品经过一定的加工、提炼、组合,并被绘制成各种形式的非物质文化遗产图谱以后,其艺术的美感仍然会较为完整地保留在这些图谱文献中,甚至要比这些非遗资源本身更能体现出艺术美感的效果(由于经过精心的选择编排,以及各种先进制图与印刷技术的运用等)。在非遗资源中,也有相当一部分是具有较强的动感的表现形式,例如戏剧、曲艺表演,节日、仪式活动场面,民间舞蹈、竞技动作等,当这些表现形式被绘制成资源图谱以后,其本身所具有的那种鲜明的动态感、形象感同样也会充分地表现出来,使人如见其人,如闻其声,表现出一种图像艺术特有的魅力。

在非物质文化遗产图谱中,除了可以充分地展现内容对象本身所具有的形象美感以外,还可以通过一些独特的绘画手段与形式,例如线条、形状、颜色、平视与透视,以及各种绘画技术的组合等来呈现内容对象的美感。尤其是由于计算机制图技术的运用,使非物质文化遗产图谱可以在对于视觉美感的

---

① 沈克:《中国文化的图像传承——试析古代科技图谱》,《南京艺术学院学报》2003年第3期。

追求上达到很高的程度,远远超出传统图像。例如在非物质文化遗产图谱的编制过程中,可以利用计算机制图的方法使所要表现的内容对象从平面逐渐转向立体,在二维平面上展示三维立体的图画,用不同的投影方法,如平行投影法、中心投影法(透视投影法)、轴侧投影法等使得图画更加直观形象,丰富多彩,呈现出更为理想与鲜明的美学效果。

五、保护管理价值

自 2005 年我国政府提出非物质文化遗产保护工程以来,我国对于非遗保护的理念日益增强,非遗保护体系日益完善,对于非遗资源与项目的挖掘、调查、采录、保存、立项等工作也得到了很大的推进。对于在近 10 年中被大量挖掘与整理出来的非遗资源与非遗项目,我国目前所面临的一项重要任务便是要制定相应的非遗资源的保护与管理规划,借以更好地实现对我国非遗资源的系统化、科学化、规范化管理,其具体内容主要包括非遗资源数据库建设、非遗资源文献资料库建设、非物质文化遗产图谱资料库建设、非遗资源音像资料库建设、非遗资源信息管理平台体系建设,等等。其中非物质文化遗产图谱资料库建设是我国非遗资源管理体系中的一个重要组成部分。通过非物质文化遗产图谱资料库的建立,一方面可以对我国现有的非遗资源进行系统的记录、整理、分析、归纳,将大量的非遗资源系统化、集聚化、可视化,有效提高非遗保护工作的效率;另一方面也可以使我国政府以及各个相关的非遗管理工作部门在非遗保护工作中更好地制定各种更有针对性的政策、法规与计划,实现对于非遗资源的系统化保护、引导与管理。例如我国传统节日类的非遗资源形态众多,分布地域广泛而分散,很难掌握它的整体情况。而通过编制非物质文化遗产图谱的方式,便可以把大量的节日类非遗资源集中体现在一张或者几张图中,这样就有利于管理者十分清楚地了解这些非遗资源的整体情况,借以制定相应的保护与管理的政策、法规及计划。

需要指出的是,直至目前为止,我国在有关非物质文化遗产图谱资料库建设的方面还处于较为初始的状态,远没有达到与非遗保护需要相适应的程度。目前虽然已经有部分地区开始尝试有关非遗图谱编制的实践,但是大多是从本地区,或者本部门出发,缺乏整体性、宏观性的思考,也未能制订较为具体可行的对当地的非遗资源进行图谱化记录、保存的计划。因此,当前非常需要在非物质文化遗产图谱编制的领域中引入宏观的国家文化管理意识,从国家文化管理的高度对非物质文化遗产图谱的编制工作进行整体规划与顶层设计,形成系统、规范、科学的非物质文化遗产图谱资料库体系,从而使非物质文化遗产图谱的编制能够更为有效地为我国的非遗资源保护与管理工作服务。

通过非遗图谱的编制,还可以更好地发现非遗管理工作上的一些不足与问题。如非遗项目的不平衡、非遗保护工作的某些欠缺与不足,等等。就近10年来全国的整体情况而言,由于受诸多因素的影响,各地方行政单位对非物质文化遗产的保护和管理水平相差较大。下图显示了2012年底以前全国省级传说类非物质文化遗产的数量对比情况。

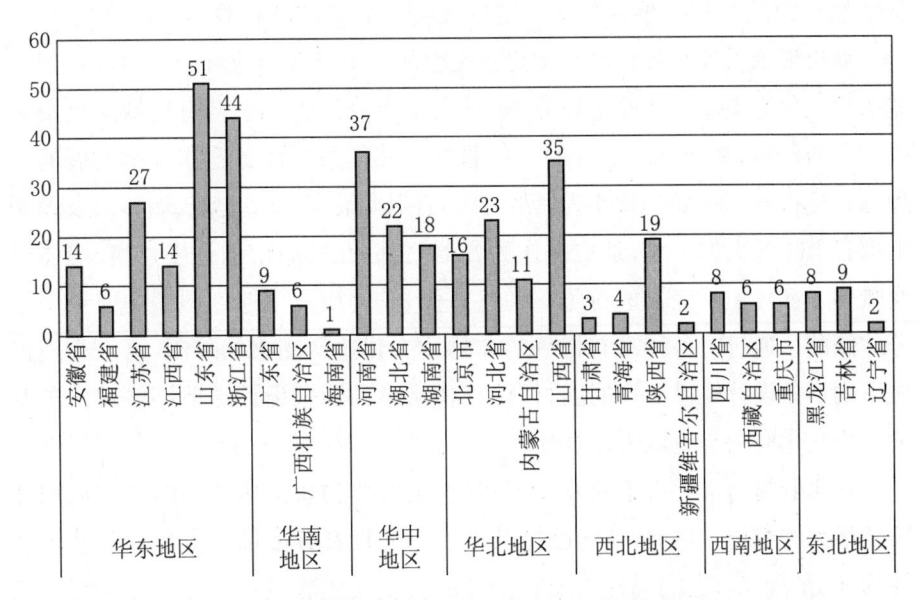

图7-1 全国省级民间传说类非遗项目数量对比图

注:本图为本书课题组根据对全国省级民间传说类非遗项目数量的统计结果编制。

从上图可以明显看出,华东地区、华中地区和华北地区的传说类非物质文化遗产的数量较多,而华南地区、西南地区和东北地区的传说类非物质文化遗产的数量较少。各地区传说类非遗名录的多少,可能与本地区文化历史和文化资源的特色有一定关系,但就客观数量上来看,这些地方无疑就是"洼地"。这种"洼地"现象是如何造成的(如是否由于某些地区对这些资源的调查、挖掘工作不够细致、深入等)?对整体的传说类非遗的保护将会造成怎样的影响?是否可以改变这种部分地区的"洼地"现象?这些都是可以通过非遗图谱数据库直接呈现出来的问题。对这些问题的思考,实际上就是站在整体的和宏观的视野上思考非遗保护的问题。

六、社会应用价值

图谱在反映客观事物方面的那种强大的造型成像、系统归纳、解析说明的功能,使其在社会应用方面具有很大的潜力。具体到非物质文化遗产图谱而言,其中凡涉及非遗资源历史发展源流、故事情节内容、典型人物形象、工艺生产流程、工艺产品特点等方面的内容,都可以被广泛地运用于当代社会中的城市形象设计、商品广告设计、工艺美术产品设计、文化创意品牌设计、展览展示项目开发、文化旅游项目开发、网络文化产品开发等诸多领域,从而为这些领域中的产品与项目带来一定的社会影响与经济利益。

城市形象设计是当代城市文化建设中的一个重要组成部分。目前中国一些历史文化底蕴较为深厚的地方城市,大多十分注重对于自身地域文化资源的挖掘与利用,并把自己特有的一些非物质文化遗产资源看作城市发展的一种标志性符号。例如苏州作为丝绸之都,在其城市的许多建筑、墙体以及雕塑上都打上了丝绸的符号;景德镇作为瓷器之都,在其城市的许多建筑、墙体以及雕塑上都打上了瓷器的符号。在这方面,非物质文化遗产图谱的前景是十分广阔的。通过对各种富有特色的非物质文化遗产图谱的编制,可以为现代城市的形象设计提供更多的素材,使现代城市的形象设计更能够体现出丰厚的历史文化底蕴与地域文化个性。

文化老街与文化古镇的开发与建设,也为非物质文化遗产图谱的运用开辟了很大的市场。目前,中国已经开发了一大批富有浓郁地方色彩与地域个性的老街与古镇,它们同样需要有深厚的历史文化底蕴作支撑。几乎每条老街、每个古镇都有自己的历史故事和民俗文化遗产,因此,深入挖掘这些文化老街与文化古镇的历史底蕴与非遗资源,并用图谱的形式将其绘制成图,展示于这些文化老街与文化古镇的街区、建筑、墙体、宣传栏等各种文化设施与文化空间之中,势必会加深当地民众对于自身地域的认同感,增强当地民众对于自身地域的历史记忆。在文化老街与文化古镇的开发与建设中引入非物质文化遗产图谱的相关内容,势必也会更有利于促进文化旅游事业的发展。外来游客之所以要选择到文化老街与文化古镇去旅游,其主要的目的就是为了寻求这些区域中深厚的历史文化底蕴以及浓郁的民俗风情特色,寻求一种"文化的差异感"。而各种非物质文化遗产图谱的编制,正可以满足游客们这些方面的需求。通过各种具有地方特色的图谱的绘制,可以为游客描述出一个个生动感人的地方故事,展现出一幅幅形象具体的民风民情画卷。

在商品项目开发、商业广告设计等领域中，非物质文化遗产图谱也有着相当重要的作用。其实在我国许多传统商品的包装设计中，有相当一部分就已经运用了一些非遗资源的因素。例如中秋月饼这个商业品牌，实际上就是利用我国古老的嫦娥奔月神话故事而开发出来的。值得注意的是，在传统的月饼盒上，有相当一部分都运用了嫦娥奔月神话故事中的典型情节图像作为广告或者商标，例如上海的杏花楼月饼，其月饼盒上的标志性图像就是"嫦娥奔月图"，有的还配以"玉兔捣药""吴刚伐桂"等其他一些我国有关月亮神话故事中典型情节的标识图像。这是非物质文化遗产图谱在商品项目开发以及商业广告设计方面的一个相当典型的案例。

在现代创意文化产品的开发与设计方面，非物质文化遗产图谱的价值更是显而易见的。例如现在已有一些从事创意服装设计的设计师将我国传统的蜡染、扎染、印染（蓝印花布）、土布织物等纺织技艺中的一些元素提炼出来，创制成各种现代时尚礼服的样式，受到了很多追求时尚的现代人的欢迎。也有一些从事工艺美术设计的设计师已经将我国传统的剪纸、刺绣、雕刻技艺中的一些基本元素提炼出来，设计成各种包袋、挂件、床单、沙发套等生活用品，同样受到了许多追求生活情趣的现代人的青睐。在这些方面，非物质文化遗产图谱同样是可以大有作为的。不管是时尚服饰中对于传统纺织技艺元素的利用，还是各种现代生活用品中对于传统美术成分的吸取，都需要有一种真实可靠"样本"作为依据，只有有了这种真实可靠的"样本"，种种对于传统文化元素的开发、利用与创意行为才是真实可信的，同时也是具有可持续发展意义的。因为在这种经过了无数代人的积累与传承下来的文化元素中，蕴藏着人类共同的历史经验与文化情感，它们是可以在人们的社会生活中长期留存，经久不衰的，而非物质文化遗产图谱便正是这样一种具有对传统的民族技艺与技法特点进行汇总、集聚、提炼，并将其图谱化的"样本"形式。

非物质文化遗产图谱在工艺美术设计方面同样大有作为。现代化的大规模工业化生产，曾使许多依靠传统手工制作的非遗项目遭遇生存困境，而在新时期，许多手工艺品依靠独特的设计而焕发出新的生命力。非物质文化遗产图谱为现代艺术设计提供了丰富而详实的素材，从视觉上说，有众多的图案、色彩、造型等内容；从材质上说，包括木材、石材、金、银、铜、陶瓷、布等传统常用材料；从技术上说，现代艺术设计可以囊括书法、瓷、髹漆、蜡染、扎染、镂空印花、竹编等各种传统工艺，这些元素的精心利用，为艺术设计产品带来了意想不到的效果。

  总之,非物质文化遗产图谱可以为文化旅游开发、城市形象设计、商品广告设计、工艺美术设计等诸多领域提供启发思路与参考样本,在社会应用方面发挥重要作用。然而就目前的实际情况来看,我国在对于非遗资源的利用与开发方面还处于初创阶段,还有许多应用领域有待拓展。未来的道路任重而道远,怎样根据当前生活的需要更好地发挥非物质文化遗产的作用,并用编制非物质文化遗产图谱的方式使其功能在现实社会中得到更好的延伸与拓展,这些问题还需要我们在实践中不断探索。

第八章 非物质文化遗产图谱的编制体系与操作方法

非物质文化遗产图谱编制体系设计与操作方法是有关非物质文化遗产图谱编制工作中具有很强操作性意义的课题,它们将直接决定非物质文化遗产图谱的编制工作是否能够具有较强的有效性。在本书中,我们结合多年来对于这一课题研究的成果,提出了一套较为完整的非物质文化遗产图谱编制体系与操作方法体系,借以作为我国非物质文化遗产图谱编制理论与方法上的参考。①

第一节 非物质文化遗产图谱的编制体系设计

非物质文化遗产图谱编制体系设计是非物质文化遗产保护与研究工作进行到一定阶段后的产物,也是非遗保护事业进入到自觉时代以后的一种必然需要。自 2012 年以来,我们经过多年的理论探索与实践研究,对我国非遗图谱编制体系建构提出了一套较具整体性意义的设计思路,这套体系一方面吸收了前期学术界的相关研究成果,另一方面又有较大的理论创新,尤其是能够从顶层设计的高度,把符合我国非遗资源特点以及与我国非遗保护工作相关的理论思想与实践经验充分纳入于这一非物质文化遗产图谱编制体系之中,以使我国非遗资源的特点以及非遗保护的经验能够在本体系的框架中得到充分的体现。

一、本套编制体系的基本原则

非遗图谱编制体系的制定,首先必须确立编制的基本原则。本套非遗图谱编制体系的基本原则大致可以归纳为:"以图为本,以类为目,逐级推衍,总分结合"。所谓"以图为本",就是以画像、照相、图形、地图、图表等具有可视化

---

① 本书课题组根据非物质文化遗产图谱编制体系与操作方法方面的研究,已经编制了《中国非物质文化遗产项目与资源图谱样本集》(共 4 册),即将由高等教育出版社出版。本章中所论及的非遗图谱编制体系与编制方法,主要以此样本为基础。

特点的图像作为基础,对我国整个的非遗资源项目体系及相关信息进行编制设计,这是图谱文体的一个最为鲜明的特点(即"图化"),也是非遗图谱编制体系中最为基本的工作。所谓"以类为目",就是按照我国非遗资源项目的分类体系来设计编制纲目,并厘清它们之间的逻辑关系,这也是图谱文体一个最为重要的特点(即"谱化")。所谓"逐级推衍",就是根据我国非遗资源项目体系的容量大小与层级高低来进行体系的构架设计,分为"类别图谱""项目图谱"与"相关信息资料图谱"三个层级,由总到分,逐级延伸。所谓"总分结合",就是指总集与分集可以互相印证,在总集中包含了一定的分集中的内容,而各个分集的相关信息则又可为总集中某些图谱对象进行说明与解释。通过这样一套体系的设定,把我国所有非遗资源项目及其相关信息列入编制体系之中,并按照内容分类的方法进行分别编制。

二、本套编制体系的框架结构

在确定了非遗图谱编制体系一些基本原则的基础上,我们对我国非遗图谱编制体系的基本框架结构作了一些更为具体的设想,具体内容为:

1. 先按照我国文化部制定的关于非遗代表性项目名录体系的分类标准将所有非遗图像资源分为10个大类(包括民间文学、民间音乐、民间舞蹈、传统戏剧、曲艺、杂技与竞技、民间美术、传统技艺、传统医药、民俗)。

2. 再按照10个大类中已定的分类将每类非遗图像资源分为各个小门类(如民间文学分为神话、传说、故事、歌谣、史诗、长诗、谚语、谜语;民间音乐类分为民歌、器乐、舞蹈音乐、戏曲音乐、曲艺音乐;民间美术分为绘画、雕塑、剪纸、年画、工艺、建筑……)。

3. 再按照各个小门类中的具体内容与相关信息制作成"类别图谱""项目图谱""相关信息资料图谱"等三种不同层级的图谱成果材料。

(1) 类别图谱。类别图谱主要以非遗类别中某一小门类为编制内容,以这一小门类中入选国家级名录体系的项目与资源为重点表现对象。其具体编制方式是根据这一门类中的非遗项目与资源情况,分别编制"类型图""分布图""标识图""传承图""历史演进图""社会影响图"等几种图谱文本形式,以使这一门类的非遗项目与资源情况得以形象地展现。其具体成果形式如《中国民间剪纸图谱》《中国民间年画图谱》《中国民间传说图谱》等。

(2) 项目图谱。项目图谱主要以非遗某一小门类中的一些具有鲜明地域特色与个性特色的项目为编制内容,以这一小门类中入选国家级与省市级名录体系的项目为重点对象。其具体编制方式是根据非遗项目分别编制"类型图""分布图""标识图""传承图""历史演进图""社会影响图"等几种图谱文本形式,以使各种非遗项目的整体情况通过这些具体的图谱描述形式得以形象地展现。其具体成果形式如《蔚县剪纸图谱》《潍坊风筝图谱》等。

(3) 相关信息资料图谱。相关信息资料图谱主要以与某些非遗类别或非遗项目相关的信息与辅助性材料为主要对象,为某些非遗类别与非遗项目图谱的配套性成果。具体内容主要包括:A.生态环境。如村落、场所、建筑、自然地貌等。此类资料信息主要反映与非遗类别与非遗项目有关的各种自然环境、社会环境方面的辅助性信息,包括非遗项目形成、发展、传播的村落、场所、建筑、自然地貌等。这些信息虽然不是非遗项目与资源的本体,但对非遗资源的形成、发展、传播具有重要影响,是非遗项目与资源形成、发展、传播的基础与条件,因此应该予以重点关注,并把它们纳入整个图谱编制体系之中。B.社会风俗。如歌会、演戏、庙会、竞技等。此类资料信息主要反映与非遗项目与资源有关的各种背景性社会风俗活动,如神灵崇拜、节日庙会、演戏竞技、社交宴饮、游戏娱乐等。在我国传统社会中,大量的非遗事象基本上都与一定的社会风俗相联系,有的更是完全在一定的社会风俗活动中展开的。例如以前我国许多少数民族地区之所以有大量的歌会、对唱等民族文艺表现形式,正是与当地二月二、三月三等节日民俗文化活动有着密切关系。因此,在编制非物质文化遗产图谱时,必须对这些背景性的社会风俗活动资料予以充分重视,并把它们纳入整个图谱编制的体系之中。C.相关器具。如笔墨、乐器、生产工具、制作工具等。器具是非遗项目与资源在完成或实现时所依赖的重要载体,尤其是一些传统生产技艺类的非遗项目,在其生产流程中要用到诸多工具,如传统木作业的锯、刨、凿、锤、尺、墨斗;传统纺织业的轧车、纺车、经车、织机、染缸,等等。因此,在对这些传统生产技艺类的非遗图谱进行研究与表现时,必须重视对于工具信息的整理与研究,以使这些图谱的制作更为准确与科学。D.相关文献。如画册、唱本、剧本等。在我国历史上,有相当一部分非遗项目与资源具有一定的文献资料留存,如民间戏曲方面的各种唱本、剧本;民间医药方面的各种医书、药方;生产工艺方面的各种工程图集;民间风俗方面的各种画册、风俗图,等等。这些文献是当代非遗图谱编制中十分珍贵的参考资料,甚至成为解开当代非遗图谱编制中某些难点的密钥。值得重视的是,在我国历史上,对很多被现代称为非遗项目的历史文化遗产都留下了许多重要的文献资料,如反映植棉、种茶、种水稻等传统农业生产技艺方面的《农书》《棉花图》《茶谱》;反映针灸、草药等传统医药技艺知识的《黄帝明堂灸经》《铜人针灸图经》《证类本草》《本草纲目》;反映传统社会礼仪风俗制度的《礼仪图》《风俗图》《仕女图》等。它们对于清楚地揭示这些非遗项目的特点,实现对这些非遗项目的绘制必将会起到极为重要的参考作用。E.相关传承人。如歌手、故事家、工匠、演艺人等。此类信息主要反映与非遗事象密切相关的传承人的各方面情况,包括传承人的出身经历、年龄性别、兴趣爱好、工作职业,以及社会关系等,尤其是对那些现在已经被列为我国国家级或者省市级代表性传承人名录体系中的传承人群体,更是要充分重视他们各方面的具体情况,如他们在非遗项目传承过程中所形成的方法、窍门、经验,并通过全方位记录的方式把它们收录到相关的信息资料图谱中来。F.相关作品。此类信息主要反映通过一定的非遗技艺形式所取得的相关成果,如各种剪纸作品、年画作品、泥塑作品、棉纺织作品、故事传说作品,等等。它们虽然大都属于"物态"的东西,看得见摸得着,但却是通过一定的非遗技艺手段而得以实现的,因此与非遗技艺本身一样也应该受到非遗图谱编织者的关注与重视。其具体成果形式如《蔚县剪纸信息资料图谱》《杨家埠年画信息资料》等。

三、本套编制体系的具体例证

下面,试以非遗项目"民间剪纸"为例,对本套非物质文化遗产图谱编制体系的整个构架做一个具体的描述:

编制体系总名:中国非物质文化遗产图谱

编制体系分类名:民间美术类·民间剪纸图谱

编制成果(一) 《中国民间剪纸图谱》(类别图谱)

具体成果内容:

1. 中国民间剪纸类型图。本部分主要反映中国民间剪纸类非遗项目与资源的分类情况,如中国民间剪纸内容类型图、中国民间剪纸功能类型图、中国民间剪纸保护级别类型图等。表现形式上先根据一定的分类标准对非遗资源进行具体的分类,然后再用不同颜色与图形对这些不同的类别进行图谱化表现。

2. 中国民间剪纸分布图。本部分主要从空间的视角来进行编制,重点反映中国民间剪纸类非遗项目与资源的空间布局状况,如中国民间剪纸项目分布图、中国民间剪纸资源分布图、中国民间剪纸重要作品分布图等。表现形式上主要是在地图上运用各种颜色与符号对非遗项目及其相关信息的具体位置进行标注,以显示非遗资源的分布格局与地域特点。

3. 中国民间剪纸标识图。本部分主要反映中国民间剪纸类非遗项目与资源的内容特点,如乐清细纹刻纸标识图、医巫闾山满族剪纸标识图、扬州剪纸标识图、安塞剪纸标识图等。表现形式上采用传统图谱制作的写实手法,将非遗项目与资源中的典型内容与重要特点进行特写性的描绘,然后将其按照一定的序列编排成谱。

4. 中国民间剪纸传承图。此类图谱主要反映中国民间剪纸类非遗项目与资源传承人的具体状况(包括姓名、住址等)以及传承关系,如陕西省佳县郭佩珍剪纸传承谱系图、辽宁省庄河市韩月琴剪纸传承谱系图、广东省佛山市陈永才剪纸传承谱系图等。表现形式上主要是通过树形图谱等表达方式,确立传承人在非遗传承中的主要身份,描述各代传承人之间的代际关系。

5. 中国民间剪纸历史演进图。此类图谱主要反映中国民间剪纸类非遗项目与资源在一定的历史过程中演变发展的状况,以及各个时期不同的特点,如明代的中国民间剪纸、清代的中国民间剪纸、民国的中国民间剪纸等。表现形式上主要是采用不同的色块与符号建构具有层递关系的图形谱系,以使中国民间剪纸非遗资源各个时期的特点得以清晰地展现。

6. 中国民间剪纸社会影响图。此类图谱主要反映中国民间剪纸类非遗项目与资源在长期的流传过程中所产生的重要社会影响,如在小说、戏曲、传说、绘画、工艺品、纪念物、节日、习俗等层面的表现方式,构成一种辐射形的图谱形态。表现形式上主要采用以某一剪纸资源为中心,向外拓展辐射到各个社会文化领域。

编制成果(二) 《蔚县剪纸图谱》(项目图谱)

具体成果内容:

1. 蔚县剪纸类型图。本部分主要反映蔚县剪纸的各种类型特点,如花鸟鱼虫类剪纸、十二生肖类剪纸、戏曲人物类剪纸、戏剧脸谱类剪纸等。表现形式上先根据一定的分类标准对蔚县剪纸进行具体的分类,然后再用不同颜色与图形对这些不同的类别进行图谱化表现。

2. 蔚县剪纸分布图。本部分主要从空间的视角来进行编制,重点反映蔚县剪纸的空间布局状况,如蔚县剪纸资源分布图、蔚县剪纸传承人分布图、蔚县剪纸作品分布图等。表现形式上主要是在地图上运用各种颜色与符号对蔚县剪纸及其相关信息的具体位置进行标注,以显示蔚县剪纸的分布格局与地域特点。

3. 蔚县剪纸标识图。本部分主要反映蔚县剪纸中的典型内容与一些关键性工艺流程环节,如画样、拔样、熏样、钉活儿、刻制、染色等。表现形式上采用传统图谱制作的写实手法,将蔚县剪纸的典型内容与关键性工艺流程环节进行特写性的描绘,然后将其按照一定的序列编排成谱。

4. 蔚县剪纸传承图。此类图谱主要反映蔚县剪纸传承人的具体状况(包括姓名、住址等)以及传承关系,如王老赏传承谱系图、段氏传承谱系图、曹氏传承谱系图等。表现形式上主要是通过树形图谱等表达方式,确立这些传承人在剪纸传承中的主要身份,描述各代传承人之间的代际关系。

5. 蔚县剪纸历史演进图。此类图谱主要反映蔚县剪纸在一定的历史过程中演变发展的状况,以及各个时期不同的特点,如 19 世纪中叶的蔚县剪纸、20 世纪初至 20 年代的蔚县剪纸、20 世纪 30 年代的蔚县剪纸、20 世纪 40 年代至改革开放前的蔚县剪纸、改革开放以来的蔚县剪纸等。表现形式上主要是采用不同的色块与符号建构具有层递关系的图形谱系,以使蔚县剪纸各个时期的特点得以清晰地展现。

6. 蔚县剪纸社会影响图。此类图谱主要反映蔚县剪纸在长期的流传过程中所产生的重要社会影响及其具体领域,如小说、戏曲、传说、绘画、工艺品、纪念物等。表现形式上主要采用以蔚县剪纸为中心,向外拓展辐射到各个社会文化领域,构成一种辐射形的图谱形态。

编制成果(三) 《蔚县剪纸相关信息资料图谱》(信息资料图谱)

具体成果内容:

1. 蔚县剪纸生态环境资料图(如村落、遗址、故居、作坊等)。

2. 蔚县剪纸习俗活动资料图(如贴窗花、剪花样、剪红白喜事图样等)。

3. 蔚县剪纸相关器具资料图(如剪刀、刻刀、染料、滑粉等)。

4. 蔚县剪纸相关文献资料图(如《中国民间剪纸集成·蔚县卷》《中国剪纸王——蔚县剪纸艺术史话》等)。

5. 蔚县剪纸相关传承人信息资料图(如王老赏、周瑶、周永明等)。

6. 蔚县剪纸相关作品信息资料图(如李宝峰剪纸作品、周兆明剪纸作品等)。

```
《中国非物质文化遗产图谱·民间美术类·民间剪纸图谱》
├─《中国民间剪纸图谱》（类别图谱）
│   ├─ 中国民间剪纸类型图（如内容类型、功能类型、级别类型）
│   ├─ 中国民间剪纸分布图（如项目分布图、资源分布图、重要作品分布图）
│   ├─ 中国民间剪纸标识图（如乐清细纹刻纸标识图、医巫闾山满族剪纸标识图）
│   ├─ 中国民间剪纸传承图（如陕西省佳县郭佩珍剪纸传承谱系图）
│   ├─ 中国民间剪纸历史演进图（如明代剪纸、清代剪纸、民国剪纸）
│   └─ 中国民间剪纸社会影响图（如传说故事、书籍、工艺品、戏曲、节日）
├─《蔚县剪纸图谱》（项目图谱）
│   ├─ 蔚县剪纸类型图（如花鸟鱼虫类、十二生肖类、戏曲人物类、戏剧脸谱类）
│   ├─ 蔚县剪纸历史演变图（如19世纪中叶，20世纪初至20年代，20世纪30年代）
│   ├─ 蔚县剪纸分布图（如资源分布图、传承人分布图、作品分布图）
│   ├─ 蔚县剪纸标识图（如画样、拔样、熏样、钉活儿、刻制、染色）
│   ├─ 蔚县剪纸传承图（如王老赏传承谱系图、段氏传承谱系图、曹氏传承谱系图）
│   └─ 蔚县剪纸社会影响图（如传说故事、书籍、工艺品、戏曲、节日）
└─《蔚县剪纸信息资料图谱》（信息资料图谱）
    ├─ 蔚县剪纸生态环境图（如村落、遗址、故居、作坊）
    ├─ 蔚县剪纸习俗活动图（如贴窗花、剪花样、剪红白喜事图样）
    ├─ 蔚县剪纸器具图（如剪刀、刻刀、染料、滑粉）
    ├─ 蔚县剪纸文献图（如《中国民间剪纸集成·蔚县卷》《中国剪纸王——蔚县剪纸艺术史话》）
    ├─ 蔚县剪纸传承人图（如王老赏、周瑶、周永明）
    └─ 蔚县剪纸作品图（如李宝峰剪纸作品、周兆明剪纸作品）
```

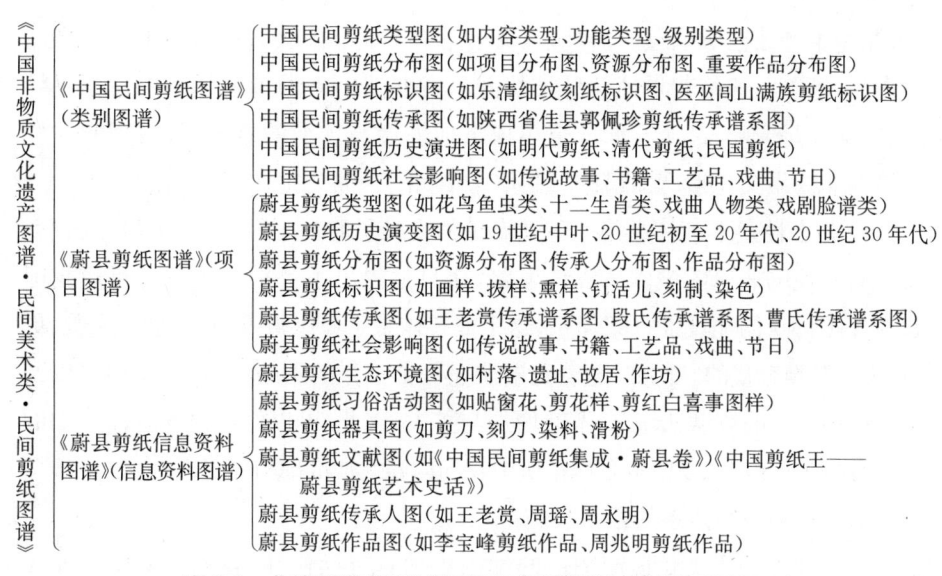

图8-1 非遗图谱类型"中国民间剪纸"图谱编制体系图示

四、本套编制体系的主要特点

1. 宏大性。本套图谱编制体系是根据我国自2005年以来所推动的非遗保护工程而设置的。由于我国非遗项目数量极多，形式又极为多样，因此本套体系的结构设置必须具有一定的宏大性与规模性，必须从顶层设计的高度，提出对于我国非物质文化遗产图谱编制的整体性思路，涵盖与包容我国现存的所有非遗资源与非遗项目内容。在本套体系的实际制定中，我们本着"以图为本，以类为目，逐级推衍，总分结合"的基本原则，确定了一个先分类，再分层（级），再分内容与形式的编制操作框架。通过这一编制框架体系的设计，所有的非遗项目与资源都可以被容纳其中，从而充分显示出这一图谱编制体系的宏大性与规模性特点。

2. 整体性。本套体系在内容设计上具有整体性（也可称为"本体性"）的特点，它将与我国非遗有关的所有文化信息全部纳入编制体系之中，凡举非遗事象的历史起源、内容特征、形式类型、分布区域、表现风格、功能作用、传承脉络、传承人、社会影响、保护状况等相关方面，都被作为非物质文化遗产图谱编制的内容对象纳入编制体系之中。值得指出的是，在本套非物质文化遗产图谱编制体系的设计中，不但较为注重了对于非遗事象本身各种核心要素的考量，而且同时还注重了对于各种与非遗事象相关的其他诸多背景性与辅助性信息的考量，如非遗事象产生的生态环境、非遗传承群体的居住特点、风俗礼仪、非遗生产技艺所依赖的器具，以及运用一定的非遗技艺手段所形成的产品与作品，等等。这些背景性信息虽然并不在非遗事象的价值体系中占据主导地位，但却是影响，甚至支配非遗事象形成发展与传承的重要基础，因此同样应该在非物质文化遗产图谱的编制体系中具有一席之地。

3. 动态性。本套体系是一种动态性的设计思路，它并没有去穷尽，或者涵盖所有其他的非遗图谱体系设计思路，而只是提出了一种较为符合目前我国非遗保护特点的建设性框架体系，这个框架体系是可以被不断地充实、完善、更新、突破乃至替代的。例如，随着我国非遗保护工作的不断深入，非遗项目以及代表性传承人的数量、层级会不断增加与扩大，因此，可以经常对这套体系中的一些数据进行修改，以使本套体系所涉及的内容更加准确与完善。

五、本套编制体系的组织实施

为了使非物质文化遗产图谱的编制更加具有操作性，我们不但要设计与提供切实可行的研究思路与系统方法，而且还要考虑能够实现这套研究思路与系统方法的实施路径与执行对象。直白地说，也就是一套系统的思路与方法出台以后，如何去落实实施？由谁去落实实施？这是一个十分现实的问题。我们认为，非物质文化遗产图谱编制作为一套规模浩大的学术研究体系，首先必须把它当作为一项非遗保护事业上的宏伟工程去做，只有集中全国的人力资源，运用整个国家文化工作系统的力量以及大量的财力支持，才能真正完成非物质文化遗产图谱编制这项宏大的工程任务。否则，如果仅仅依靠某一个地方或者某一个部门的力量，那就只能是小打小闹，挂一漏万。其次，必须对现有的非遗保护与研究的队伍进行整合与规划，找到最适合进行非遗图谱编制的组织形式与现实路径。目前，我国在非遗保护领域已经形成了多方面的力量，其中既有一批以高校与研究机构为代表的专家学者组成的学术研究队伍，也有一批以政府部门的管理人员、业务人员组成的组织实施队伍，还有一批热衷于非遗保护事业，愿意为非遗保护事业出资出力的民间社会保护队伍。如果将这些保护力量有效地组织到非物质文化遗产图谱的编制工作中来，使其各尽所能，各司其职，那么势必能够对非物质文化遗产图谱的编制工作起到很好的推动作用。

根据我国现有非遗保护力量的实际情况，可以采用分层组合的方式来集聚全国各个系统的非遗研究力量，共同投入非物质文化遗产图谱的编制工作。例如，可以委托中国国家非遗保护中心、全国有关高校与研究单位等一些全国范围内非遗专业研究力量较强的部门来承担"非遗类别图谱"这一类的非遗项目与资源图谱编制工作，着重从全国性的视角对各个门类的非遗资源的特点、形态、类型、传承等情况进行集中的汇集、整理、分析与研究，从而编制出具有较具宏观性意义的全国非物质文化遗产类别图谱成果。可以委托各省市的非遗保护中心、非遗保护协会，以及各省市有关高校与研究单位等地方性的非遗保护与研究部门来承担各个具有地方特色的"非遗项目图谱"这一类的非遗项目与资源图谱编制工作，着重从某一地区的特色非遗项目出发来对这些项目的特点、形态、类型等情况进行深入的挖掘、整理与研究，从而逐步建构与完善我国非遗图谱编制的内容体系。由于这些部门立足于地方，对于当地的非遗资源情况以及非遗保护特点深为了解，因此通过对于这些部门的力量的组合，可以充分发挥它们的自身优势，编制出诸多地域个性色彩鲜明、风格内容各异的非物质文化遗产项目图谱成果。可以委托各区县非遗保护中心、各乡镇、社区等基层文化单位来承担"非遗信息资料图谱"这一类非遗图谱的搜集、整理与编撰工作，由于这些部门处于基层，对当地非遗项目与资源的背景情况与相关信息较为熟悉，因此，由这些部门来承担当地的非遗信息资料图谱编制工作相对而言较为合适。总之，通过对于全国各个不同层面的非遗保护与研究力量的组织，可以将各方面的人力资源更好地集聚起来，促进我国非物质文化遗产图谱编制工作的开展以及非物质文化遗产图谱编制体系的建构。

第二节　非物质文化遗产图谱的操作方法

在一套具有宏大规模的非物质文化遗产图谱体系编制工作中，操作方法是十分重要的。只有掌握了规范、有效的操作方法，才能使非物质文化遗产图谱体系的编制工作少走弯路，始终维持在一个较为规范、准确的基础上进行。在本书课题组编制的"图谱样本集"中，我们结合多年来在非物质文化遗产图谱样本编制方面的实践经验，对非物质文化遗产图谱编制的操作方法做出一些具体的探索，以期对我国今后的非物质文化遗产图谱系统化编制工作起到一些示范与参照作用。

一、资料搜集

非物质文化遗产图谱编制的一个最为基础的方法，就是对于大量资料信息的搜集。其具体方法主要有文献资料搜集、实地调查、网络检索、在线访谈等形式。

1. 文献资料搜集

我国传统文献资料浩如烟海，除了国史、方志、家谱三大文献类型之外，古代的甲骨、竹简、泥板、兽皮的文字记录；先秦青铜器及玉石纹饰、汉代的帛画和画像砖、唐宋以后的各种民间绘画；历代文人的文集、野史笔记、游记、戏曲、散文、诗歌、小说等，无一不是非遗图谱编制的重要资料来源。而现代文献资料更是汗牛充栋，不计其数。根据现代文献资料的划分标准，文献资料可大概划分为专著、论文集、期刊、学位论文、报纸、科技报告、专利、技术标准等，这些文献资料为非物质文化遗产图谱编制提供了大量信息。随着信息记录与存取技术的发展，文献载体形式呈现多样化，如音像磁带、缩微胶卷、磁盘光盘等，这些非纸型文献的出现使文献范围进一步扩大，文献生产和传递更加迅速，知识、信息的存储和利用更加便捷，从而也为非遗图谱编制的文献资料搜集提供了更多的途径和更大的范围。

比如我们在编制"中国非物质文化遗产项目与资源图谱——传统节日卷"时，主要是围绕中国传统节日类非遗项目来进行资料搜集。中国传统节日从文献上至少可追溯到春秋战国时期的《夏小正》和《尚书》，之后历朝历代的各类史书对传统节日均有记载，除了全国性的通史、断代史外，一些地方性的府志、州志、县志等文献中对所辖地域的传统节日更有详尽记载，另如一些文人游记、笔记，如著名的《荆楚岁时记》《东京梦华录》和《岁时广记》中，也有许多对节日民俗以及各地风土人情的详细描述。进入近代以后，许多报纸、杂志等新的传播媒介在中国各大城市逐渐出现，而传统节日也成为其报道的重要内容。如在民国出版的《申报》和《大公报》，以及一些民间小报中，都有许多关于传统节日方面的记述内容。

又如我们在编制"中国非物质文化遗产项目与资源图谱"的样本——手工纺织技艺图谱时，所搜集的文献资料则主要包括汉画像砖上的纺织图、明孙艾《木棉图》、清方观承《御制棉花图》及元代《王祯农书》、明徐光启《农政全书》等；还有如清褚华《木棉谱》、张春华《沪城岁时衢歌》中都有关棉花种植的记录。除了历史文献资料之外，今人的研究成果也是研究中国传统手工纺织技艺类非遗项目与资源的重要资料。如中国手工业发展史、中国科学技术史、中国纺织史、民族文化史、民俗史、相关省市地区的非物质文化遗产资料等。总之，只有在充分掌握相关文献材料的基础上，才能形成比较清晰的思路。

2. 实地调查

非遗事象主要来自民间，因此非遗图谱编制所需的绝大多数资料只有通过实地调查才能获得。实地调查的具体方式通常主要有个别访谈、会议调查、实地观察、问卷调查、生活体验等。个别访谈是指通过访谈员和受访人面对面地交谈，认真听取受访人对所调研内容的认识和建议，从而获取相关图谱编制相关资料与信息的研究方法。访谈法运用面较广，能够简单而迅速地搜集多方面的资料，因而在实际调查中得到广泛使用。在非物质文化遗产图谱样本编制的调查中，我们对非物质文化遗产传承人的调查大多采取的是访谈的形式。与座谈会相比，访谈更具有针对性，能够更为深入地了解问题。通过与非遗项目申报单位相关人员以及项目传承人的个别交流，可以挖掘许多原始资料，补充现有资料的不足。比如我们在江苏省南通市调查时，挖掘到了三条有关南通蓝印花布印染技艺项目传承人的重要谱系资料，弥补了以前文献资料记载的不足，具有较高的学术价值。

会议调查是指调查者通过召集一定数量的调查对象参加会议，利用会议形式来搜集资料以及分析和研究调查内容的一种调查方法。会议调查法的优势是在于调查对象集中，信息密集，集约化程度较高，而且在参会者的发言和讨论中可以相互补充和启发，往往会有意想不到的收获。但是，会议调查的方法也有一定的缺陷，那就是大都只能解决一些面上的问题，要想深入地了解情况，还需要采取个别访谈及实地观摩考察。

实地观察是调查者深入到非遗传承地和传承人的工作和生活中进行观察研究的方法。调查者通过与非遗传承人一起参与、体验非遗活动，以及观察非遗传承人的日常生活、非遗项目的展演活动等方式，可以全面、系统地了解和采集非遗项目与非遗资源信息，如其活动过程、场景布置、工艺流程、现场氛围等。如在编制"乌泥泾棉纺织技艺典型图谱"时，我们曾多次赴上海徐汇华泾、奉贤庄行、浦东新场等地进行考察，通过对当地的一些重要传承人进行深度的访谈，以及对当地的许多有关手工棉纺织技艺的博物馆、展示馆、陈列馆、工厂、作坊、传承基地等场所的考察，基本摸清了手工棉纺织技艺的详细工序，这对于编制乌泥泾棉纺织技艺流程图谱这一成果起到了十分有效的作用。

3. 网络检索

网络是当今非遗资源信息传播和记录不可缺少的信息来源。当今社会网络技术的发展，已经为图谱研究资料资料的搜集提供了更加便利的途径，许多图谱研究资料都可以通过网络查询与检索的方式来如愿获取。其中最为主要的是一些由政府部门建立的网站，如各种政府文化主管部门网站、各非物质文化遗产中心网站、各文化馆网站等。除此以外,也可检索大量存在的社会性网站,如有关社团、学校、企业主办的各类网站等,从而可以更为全面地了解全国以及各省、市、县的相关非遗项目的生存、认定、保护、传承情况。这里需要提出注意的是,通过网络检索而获得的资料并不一定十分可靠,因此,在利用这些网络资料时必须非常慎重,要进行比较和鉴别,最后还要与实物资料进行对照。

4. 在线采访

在线访谈是指利用现代通信手段对所要了解的具体情况进行有针对性的远程访谈。在线采访的方式对于因各种原因不能亲临现场调查的情况较为有用。其具体方法一是电话访谈,二是网络访谈。随着移动互联全面进入人们生活,通过短信、微信等途径进行有目的的访谈和文件传输,不仅全面影响到记者工作方式和传媒业的发展,同时也对社会科学工作者开展社会调查提供了方便、快捷、安全、互动性强的社会调查渠道。在进行有关非物质文化遗产图谱编制的调查时,也可以适当地采取此种方法。当然,在线采访只能大致了解一些面上的问题,或对调查中不太清楚的问题进行补充,而不能代替实地考察和调查。

二、分析研究

在获得了大量的非遗资源资料以后,接下来的一个程序便是对这些资料的分析研究。由于我国非遗资源门类众多,内容十分丰富,因此,对其进行深入分析非常重要,它关系到非物质文化遗产图谱能否全面而系统地反映相关非遗资源的总体风貌、区域特色及个性特征。非遗图谱的内容分析具体包括类型分析、历史源流分析、传承关系分析、地域分布分析、交互关系分析、典型特征分析等各种具体方法。

1. 类型分析

类型分析是一门学科迈向系统化研究的基础。面对种类繁多且丰富多样的非物质文化遗产,对其进行科学分类,既是非遗理论研究的需要,更是非遗保护实践的需要。

在有关非物质文化遗产图谱的编制中,我们可以先按照大的类型把非遗资源分为内容类型、功能类型、层级类型等几种类型形式,然后再在这些大的类型中分出一些更小的类型形式。通过这种对于非遗资源的类型分析,可以充分展现非遗资源的丰富性和独特性。①

---

① 详见本书第六章《非物质文化遗产图谱的类型研究》。

我们在编制的"中国非物质文化遗产图谱"样本中，主要采用了《国家级非物质文化遗产名录》中的分类方法，并在此基础上再进行更为细致的分类。具体方法是先在每一个大类下细分出若干小类，然后再对这些小类进行三次细分或四次细分，形成三个层级或四个层级。如"民间文学"为《国家级非物质文化遗产名录》中的 10 个大类之一，将此作为第一层级类型；《国家级非物质文化遗产名录》中将民间文学分为神话、传说、歌谣等，将此作为第二层级类型；再将神话、传说、歌谣等进行分类，就形成第三层级类型的分类，如将"传说"分为人物传说、地方风物、史诗传说等；第四层级类型分类，就是将人物传说、地方风物、史诗传说等类型再次进行分类，如将"人物传说"分为始祖传说、先贤传说、文人传说等（见《民间传说项目内容分类表》）。如上所述，非物质文化遗产的分类标准众多，根据不同的分类标准可以绘制不同体系的非遗图谱。根据实际工作的需要设置分类标准，是非遗资源信息图谱化工作的重要基础。在对非遗资源进行各种图谱的编制时，首先必须对其进行类型分析，并确定整体的分类标准与分类体系，然后才能编制各种不同形式的非遗资源图谱。

除了以非遗资源内容为标准的分类以外，还可以根据非遗资源的特点进行分类，从而加深读者对非遗内涵的理解。比如，从文化功能的角度出发可以将民间传说分为教化类、解释类、讽刺类等。同样，其他种类的非物质文化遗产也都具有不同的功能，如传统节日的祭祀功能、娱乐功能、消费功能等，民间剪纸的审美功能、祭祀功能、娱乐功能、教育功能、生活实用功能等。

2. 历史源流分析

历史源流分析是对非遗项目与资源的历史发展脉络以及时间顺序进行分析研究的方法，具体涉及非遗资源的存在时间跨度、历史发展过程、每个阶段的特点、环境影响因素等方面内容。如孟姜女传说是我国的四大传说之一，其故事情节以及人物形象随着时间的发展有了一个逐渐演变的过程。在《春秋左氏传》中，孟姜女是一位齐国勇士杞梁之妻，是一个知礼的妇女形象。杞梁攻打莒国战死后，齐侯欲在郊外吊丧而遭到杞梁妻的拒绝不得不到杞梁家里吊唁，后来增加杞梁妻"迎其柩于路而哭之哀"的说法。到汉代又派生出哭倒城墙的情节。北齐屡筑长城，徭役繁重，民众把当时现实与秦代筑长城的苦役联系起来，使传说逐渐演变为反徭役的主题。从此，杞梁由齐国战将变成筑城民夫。杞梁妻则成为寻夫认骨、哭倒长城的著名传说人物。明清以来，孟姜女传说在民间有进一步的发展演变。如把孟姜女说成是葫芦所生，由于葫芦（或瓜)牵连到比邻而居的孟姜两家,而称"孟姜女"。秦始皇也成为故事中的重要人物。孟姜女哭倒长城后,秦始皇见孟姜女貌美,欲纳为妃,孟姜女坚决不从,投海而死。此外,尚有秦始皇用赶山鞭驱石填海、砸孟姜女等说法,幻想成分和传奇色彩有所增加。根据孟姜女传说在不同历史时期情节的发展情形和特点,可以编制孟姜女传说的历史源流图谱、核心情节发展图谱、主要人物形象变迁图谱等,从而全面地反映孟姜女传说的特点。

3. 传承关系分析

传承关系分析是对非遗项目与资源的传承脉络与传承关系进行分析研究的方法。传承人是非物质文化遗产的重要承载者和传递者,因此,有关传承人的个人因素和社会因素分析,成为非物质文化遗产图谱编制研究过程中的重要内容。

传承关系分析具体涉及传承人的个人因素(如性别、年龄、生卒年代、出生地)和社会因素(如各传承人之间的辈分、关系、传承线路的延续或变异)等方面的内容。

所谓个人因素分析,主要是指对传承人的各种身份信息,包括性别、年龄、生卒年代、出生地、文化程度等方面因素的分析与研究。其中,对传承人性别分析主要反映的是不同性别传承人在非遗传承中的地位、作用及其分布。比如,有的研究者通过对国家级和省级名录体系的代表性传承人数量、分布和性别比例等统计分析后认为,在具体的非遗保护实践中,女性传承人仍然是被边缘化的群体,因此提出探索符合女性传承人传承行为特征的保护措施和保护路径,是当前非遗传承人保护模式走向多元和深入的迫切要求。①非遗图谱编制对非遗传承人性别因素的反映,无疑更能够帮助大众了解目前非遗传承人的性别分布情况。

对非遗传承人的年龄特点方面的分析或许更能够直接反映非遗项目的存续情况。据有关方面统计,截至 2014 年 11 月,我国公布了四批共 1 986 名国家级代表性非遗传承人,前三批共 1 488 名,第四批为 498 名。通过对各批次传承人年龄统计可知,前三批传承人大多是老一辈大师,他们技艺超群、德高望重,但年龄偏大。而第四批传承人多为五六十岁,相比前三批较为年轻。对

---

① 梁莉莉:《社会性别视野中的非遗传承人保护路径探索——基于回族女性传承人的讨论》,《云南民族大学学报(哲学社会科学版)》2016 年第 6 期。

非遗传承人年龄结构的分析和图谱化展示有助于国家和各级政府有针对性地制定传承人保护政策,促进非遗保护工作健康发展。比如,河南省入选前三批国家级非遗传承人共计66人,至2012年底已有5人去世。[①]湖南省前三批共计76人,至2013年已有8位先后离世,全省的国家级传承人,平均年龄约65岁,最大的80多岁,最小的40多岁。[②]上海市在前三批名录中,共有61名国家级传承人,至2012年底已有11人去世。现有50人,平均年龄74.5岁。[③]到2015年底,全国已有300名国家级传承人去世,在世传承人中70周岁以上的占56%。以上代表性传承人年龄结构的分析,显示开展传承人的抢救性工作已经刻不容缓。而非物质文化遗产图谱通过对传承人年龄结构的客观展示,则可为非遗传承人保护工作提供现实依据。

有关传承人生卒年代、出生地、文化程度等一些因素,也是非物质文化遗产图谱所要表现的基本内容以及分析研究的重要对象。通过对传承人的生卒年代的分析研究,能够反映非遗的历史传承状况,通过对传承人的出生地的分析研究,则能够反映某些非遗资源的分布动向。通过对于传承人文化程度的分析研究,则有助于了解传承人的知识背景及个人条件。比如,从上海市非遗传承人调查情况来看,年龄较大的传承人,由于年轻时接受基础教育的机会不多,受教育程度普遍不高,年轻一代的传承人则大多接受了正规基础教育。这种状况一方面反映了非遗的民间性和口头性以及师徒传承的特点,另一方面也反映了随着时代的进步,年轻的传承人大多拥有较为系统的基础知识,眼界也更为开阔,在客观上具备了更好的传承条件等方面的信息。

所谓社会因素分析,主要包括了对传承人辈分、传承人关系、传承路线等方面因素的分析内容。传承人辈分决定了非遗传承人在非遗代际传承关系中所处的地位,可以从一个侧面反映非遗资源的保护和传承状态。根据我国非遗名录项目申报条件,所申报的项目必须在一定群体中或地域范围内世代传承、活态存在,必须有三代以上的传承谱系,这一条件也是我国各省市和各区县进行非遗名录项目申报时的规定。一般来说,如果代表性传承人辈分较低,

---

① 张体义、邵凯慧:《国家级非物质文化遗产传承人河南18人入选》,中国经济网,2012年12月27日。
② 李国斌:《传承人平均年龄65 非遗面临"人亡艺绝"》,《湖南日报》2013年6月22日。
③ 上海非物质文化遗产项目代表性传承人调查项目组:《上海市非物质文化遗产名录项目代表性传承人基本状况调查报告》,2012年。

处于代际关系末端,说明其传承危机较大,其非遗项目有可能处于亟须抢救的濒危状态;相反,如果代表性传承人辈分较高,处于代际关系的中端以上,则说明该项非遗项目传承有序,后继有人。对于此类问题加以客观反映,将会有助于检验非遗项目保护和传承的真实情况。

传承人之间的关系同样也是非物质文化遗产图谱编制时需要分析研究的重要内容。我国传统的非遗传承方式主要有家族传承、师徒传承、社会传承等不同情况。传承人关系分析就是要厘清传承人代际传承谱系,并对其进行客观反映和描绘。通过对传承人关系的分析,能够大致了解非遗项目的传承方式以及随着时代发展而可能发生的变化。比如,国家级非遗项目乌泥泾棉纺织技艺的代表性传承人康新琴的传承谱系,至少经历了四代,她们分别是祖孙关系、母女关系、师徒关系。其三代以上为家族传承,三代以下为师徒传承,标志了乌泥泾棉纺织技艺项目在传承方式上已经从家族传承走向了社会传承的事实。在这一传承脉络体系中,康新琴辈分较高,处于传承体系的中端,表明该项目传承情况良好。具体见下表:

表 8-1　上海市徐汇区华泾镇东湾村手工棉纺织技艺康新琴传承谱系表

代　别	姓　名	性别	出生年月	传承关系	传承方式	居住地址
第一代	沈阿大	女	1875 年	祖母	家族传承	华泾镇东湾村
第二代	沈富男	女	1908 年	母亲	家族传承	华泾镇东湾村
第三代	康新琴	女	1932 年	本人	家族传承	华泾镇东湾村
第四代	王梅芳	女	1962 年	徒弟	师徒传承	华泾镇东湾村
第四代	沈惠芳	女	1962 年	徒弟	师徒传承	华泾镇东湾村
第四代	林秀梅	女	1952 年	徒弟	师徒传承	华泾镇东湾村

所谓传承路线分析,主要是反映了非遗项目传承人的传承经历以及相关技艺发展变化方面的情况,通过这一方面的分析研究,有助于厘清非遗项目在历史演变过程方面的具体情况。例如张小泉剪刀制作至今已有 340 多年历史。张小泉的父亲张思家自幼在以"三刀"闻名的芜湖学艺,后到黟县城边开了个"张大隆"剪刀铺。清兵入关时父子俩逃到杭州,在吴山脚下的大井巷内,开设了"张大隆"剪刀作坊,悉心研究铸造技艺。他们打破用生铁锻打剪刀的常规,在打制剪刀中运用"嵌钢"工艺,不仅使剪刀光亮照人,而且格外锋利,不

易生锈,因此生意格外兴隆。张小泉子承父业,为了防止别人冒用张大隆招牌,便于清康熙二年(1663)把店招改为自己名字"张小泉"。至宣统元年(1909)传至张祖盈时,其制剪技术在杭州已传八代。张祖盈以"海云浴日"商标到县衙门备案,后又加上"泉近"字样。1957年,"杭州张小泉剪刀厂"成立,现在已发展成为中国最大的剪刀生产企业。2006年5月,张小泉剪刀锻制技艺列入第一批国家级非物质文化遗产名录。2007年6月,施金水、徐祖兴成为该项目的第一批国家级代表性传承人。其传承路线大致可以描述为:明末清初,第一代传承人张思家于安徽芜湖起家,后至黟县城边开业,再至杭州兴业;第二代传承人张小泉子承父业,确立"张小泉"品牌;至第八代传承人张祖盈申请注册商标;1950年左右,施金水、徐祖兴先后进入杭州张小泉制剪生产合作社,并于2007年被列入第一批国家级非遗项目代表性传承人。在充分了解以及系统分析了有关张小泉剪刀锻制技艺传承路线方面的相关信息的基础上,我们可以清晰地描绘出从张思家开始到施金水、徐祖兴的张小泉剪刀锻制技艺的传承路线图。

4. 地域分布分析

地域分布分析是对非遗资源的空间分布状况进行分析研究的方法,具体涉及非遗资源的分布区域范围、流动传播范围、各区域特色非遗资源比较等。

在非遗项目与资源图谱样本编制的过程中,我们发现非遗资源与项目分布大致都有其自身的特点。从全国范围来看,只有极少数非遗项目类型分布比较均匀,绝大多数非遗项目类型的分布都不平衡。我国现已列入各省市非遗保护名录体系的民间传说类的非遗项目,主要是分布在江苏、浙江、河南、陕西、山东、山西等地,而贵州、云南、西藏、宁夏以及上海、天津等地则较少,在有些省市所公布的保护名录中,更是几乎没有传说类非遗项目。同样,我国各地传统节日的项目分布也不均衡。相对而言,云南、贵州、四川、广西、浙江、福建等地拥有较多的传统节日项目,而辽宁、宁夏、河南、安徽等地拥有的传统节日项目就较少,有些省市所公布的保护名录中节日类非遗项目几乎为零。这一分布状况真实反映了非遗资源的地域性和民族性特征。

从流动传播范围来看,我国各种非遗资源也各不相同。由于中国地域辽阔,民族众多,地理环境复杂多样,人文环境差别很大,经济发展极不平衡,商贸、交通情况也各有不同,这些方面的因素,都会影响非遗资源在地域空间的流动与传播方面的程度,从而造成非遗资源流动传播范围上的差异性。有的非遗资源传播范围较广，特别是一些具有重大影响的非遗资源类型，甚至漂洋过海，在东南亚和欧美地区广为流传。如黄道婆开创的乌泥泾棉纺织技艺，宋末元初发源于松江府乌泥泾镇，明清以后，先是在松江本地流传，然后又向大江南北扩展，直至长江北岸的南通（通州）、海门、启东、崇明地区，上海西北边的常州、昆山、太仓、嘉定地区，西南边的平湖、乍浦、嘉善、桐乡地区，以及杭州湾南岸的慈溪、余姚一带。后来，乌泥泾手工棉纺织技术还传播到朝鲜、日本和南洋各国，其生产的棉布远销到英、美、法、荷、瑞、丹、西、意等国，为世界棉纺织业的发展作出了卓越贡献。而有的非遗资源却只是在较小的区域内传播流动。如海南的黎族传统棉纺织染绣技艺已有2000多年的历史，其起源远远早于上海乌泥泾的棉纺织技艺，但是其传播的范围却远比上海乌泥泾的棉纺织技艺小得多。当年，黄道婆流落海南时，曾经向黎族姐妹学习纺织技艺，后来黄道婆回到家乡上海乌泥泾镇后，不仅改造纺织机具，还将从海南黎族姐妹那里学来的织造技术加上自己的实践融会贯通，总结成一套比较先进的"错纱、配色、综线、挚花"等织造技术传授于当地百姓，产生深远影响。乌泥泾棉纺织技艺得以广泛流传，得益于元明清时期江南商品经济的高度发展和便利的交通状况，而海南由于地处天涯海角，交通不便，从而影响了其纺织技艺的革新改造和广泛流传。

区域性也是非遗资源的重要特点之一，同样类型的非遗项目，在不同地区往往会呈现出不同的特点，因此，在非物质文化遗产图谱的编制中，要十分注意各区域特色非遗资源的比较。例如，民间剪纸类非遗项目有着鲜明的地区特色，其中如国家级项目"乐清细纹刻纸"主要以所刻纹样纤细如丝著称于世；"医巫闾山满族剪纸"主要以萨满信仰文化作为其重要民俗符号；"上海剪纸"有着兼容并蓄、创新求变、都市形态突出的海派风格；"高密剪纸"的金石味使其作品独具一格……通过这种不同区域中的非遗项目特色的比较与分析，我们就能够更为深入地了解我国非遗项目丰富多彩的具体情况，加强对我国非遗项目内在特色与规律的整体把握。

5. 交互关系分析

交互关系分析是对各种类型非遗资源及其传承人之间的关系进行分析研究的方法，具体涉及各种非遗资源、传承人的同源关系、演变发展、相互影响等。

非遗资源的同源关系是指不同国家或地区之间同出一源而共同享有的非

遗资源形式。在历史发展过程中,有些非遗资源往往会从最初发源地逐渐流传到其他国家或地区,从而构成一个范围较为广泛的非遗项目跨地域分布状况。例如,蒙古族长调民歌是一种跨境分布的文化,也是中国和蒙古国的同源共享的非遗资源。早在蒙古族形成时期,长调民歌就已存在。蒙古族长调民歌与草原以及蒙古民族游牧生活方式息息相关,承载着蒙古民族的历史,是蒙古民族生产生活和精神性格的标志性展示。中国的内蒙古自治区和蒙古国是蒙古族长调民歌最主要的文化分布区。非遗资源的同源关系在国家级非遗项目中更是较为普遍。例如,在2006年第一批国家级非遗名录中的"梁祝传说"项目,由浙江省宁波市、杭州市、上虞市,江苏省宜兴市,山东省济宁市,河南省汝南县共同申报。"孟姜女传说"项目在第一批国家级非遗名录中虽然只有山东省淄博市独立申报,但在后来的各批次的扩展项目中又相继加入了河北省秦皇岛市和湖南省津市市(2008)、山东省莒县(2011)、山东省莱芜市莱城区(2014)。这说明我国的"梁祝传说"资源广泛分布于浙江、江苏、山东、河南等省,而"孟姜女传说"则主要分布于山东、河北、湖南等省市,它们在一定程度上存在同源共享的关系。通过非遗资源同源关系的分析,能够进一步厘清非遗资源的"源"和"流"的关系,探寻非遗资源的历史发展脉络和传播流动路径。

　　非遗资源的演变发展是指非遗资源在历史发展过程中的发展变化状况。中国具有几千年的文明历史,在历史发展过程中,各类非遗基本都会发生或多或少的变化。比如,民间文学类非遗事象,随着时代发展在题材、主题、内容、人物、情节等方面都发生了适应时代和社会的变化。不少戏曲类的非遗事象更是发生了脱胎换骨的变化。例如京剧、越剧、沪剧等戏剧艺术形式,原先只是民间草根艺术,但在进入大城市之后,在舞台风格、人物扮相、服装设计、曲目选择等方面都发生了极大的变化,并且形成了多种流派。各流派相互影响,不断丰富其内涵。许多传统技艺类的非遗,在实用、审美等方面也一直会努力适应时代发展的变化。如张小泉剪刀锻制技艺,从最初的生铁锻打,到"嵌钢"工艺发明,再到1917年张小泉后人张祖盈进一步提高剪刀加工工艺,增加了剪刀表面的抛光镀镍工艺,更受顾客青睐,1926年获美国费城世博会银奖。由此可见,对于非遗资源演变发展情况的分析与梳理是十分重要的,在进行非物质文化遗产图谱的编制时,加强对于非遗资源演变发展的分析与研究,能够进一步厘清非遗资源的发展脉络,给人以更多的启发。

　　在非遗图谱的编制的过程中,加强对于非遗资源社会影响的分析与研究也是十分重要的。在非遗形成、发展的过程中,自然而然地会与其他的文化形式产生碰撞、交融和影响,并不断丰富着自身的内容。例如我国的一些民间传说类的非遗资源本来都属于独立的文学样式,但在后来的流传过程中,逐渐地与民俗节日相结合。从此,民间传说依托民俗节庆获得了更大的传播空间,家喻户晓,而民俗节庆也借助这些民间传说进一步丰富了其内涵,形成许多独特的节日习俗活动。如地处苏中地区的泰州市口岸镇,由于距白蛇传故事发生地苏州、杭州、镇江较近,在端午习俗中,就有许多与白蛇传传说相关的民俗。其中,首推划龙船。从清末民初至中华人民共和国成立初期,每年端午节午后,口岸镇人总要在镇西的南官河上举行龙舟竞赛。与其他地方龙舟不同的是,当地在进行划龙舟活动时,参赛的龙舟船头上站着一位装扮成法海的男子,船尾站着两位妙龄女子,一位身着白衣,装扮成白素贞,一位身着青衣,扮演小青。其次是演《白蛇传》戏。端午节这天,无论是从前的关帝庙戏台还是后来的口岸影剧院舞台都会上演同一出《白蛇传》的传统戏。再有是吃癞蛤蟆肉。据说吃癞蛤蟆可以败火清凉、夏天不生痱子和疮疖。这一民间预防疾病的医俗相传也与《白蛇传》有关。相传当初白蛇与癞蛤蟆同在杭州望仙桥下修炼,白蛇抢先吃了吕纯阳的汤团成了仙,癞蛤蟆未能抢到,便怀恨在心,后来变为法海和尚,一再与白娘娘作对。因为人们同情白娘子的不幸遭遇,憎恨作恶多端的法海,因此,到了端午节这天,人们便要将癞蛤蟆斩头剥皮,叫孩童吃它的肉。此外是吃"五红"。"五红"是指苋菜、咸鸭蛋、红烧肉、红虾子、黄鱼等五种菜。吃"五红"时,还要饮一点雄黄酒,这与《白蛇传》的传说也有关。《白蛇传》里有个"端午惊变"的情节,传说许仙误信法海谗言,在端午节逼白娘子饮雄黄酒,白娘子酒醉现出原形,吓死了许仙。所以民间更加相信雄黄酒可以解蛇虫百脚"五毒"。[①]又如,民间戏曲类的非遗资源与庙会关系也非常紧密。中国庙会历史久远,随着时代发展,庙会的宗教性不断减弱,而娱乐性不断增强,从而给戏曲表演提供了的舞台。在此情况下,作为民俗类非遗的庙会与戏曲类非遗相互影响和相互促进,构成了丰富多彩的文化空间。

各种非遗事象的交互关系还较多体现在非遗传承人之间的相互影响、相互学习、相互传播等方面。如在传统社会中,民间故事传承人之间的相互影响非常突出。当时人们受教育程度有限,文化水平普遍不高,娱乐休闲活动较

[①] 戚正欣:《〈白蛇传〉故事和口岸端午民俗》,江南时报网,2015年6月18日。

少,于是,讲故事、听故事便成了人们打发闲暇时间、增加乐趣、增长见识的主要方式。长久以来,讲故事在民间非常流行,甚至不少著名文学家就是在祖母的故事中成长起来的。在这种民间土壤上,传承人之间有着天然联系,他们在潜移默化中相互学习、相互影响,把故事一代代传承下去。

6. 典型特征分析

典型特征分析是针对各种类型非遗资源的典型特征进行分析研究的方法,具体涉及非遗资源的情节特征、形象特征、过程特征、表现形式特征等。

情节特征即指最能代表非物质文化遗产资源本质的核心情节内容,它们可以从一定程度上概括地反映出某些非物质文化遗产资源的整体面貌。如《白蛇传》传说,该传说内容丰富,虽然各地流传的异文不尽相同,但核心情节基本不变,对《白蛇传》传说的典型特征可以归纳为"游湖借伞、定盟结亲、保和堂开店、端午惊变、盗仙草、水漫金山、断桥重逢、合钵、镇塔、哭塔、倒塔"等情节,把这些情节内容进行图案化和标识化,就成为白蛇传情节特征的标识图谱。

过程特征是根据非遗制作需要而提炼出来的最有代表性的核心技艺。如在乌泥泾手工棉纺织技艺中,其最为重要的核心技艺是脱籽、弹花、擦条、纺纱(手摇纺车、三锭脚踏纺车)、发纱、染纱、浆纱、摇筒管、经纱、挽经、盘布、穿综、上机、织布等十五六道工序,因此,在编制有关乌泥泾手工棉纺织技艺图谱时,就需要把这些重点环节提炼出来进行具体描述,并分别绘制成图,配以文字说明。在这里,对于这些有关乌泥泾手工棉纺织技艺中核心技艺的分析提炼是十分重要的。

有关非遗资源的表现形式特征的分析与提炼也是十分重要的。通过对于一个或多个非遗资源表现形式核心要素的提炼,可以深刻地反映这些非遗资源的精神内涵和价值观念。如节日民俗标识图谱制作就是要力求反映其重要的表现形式特征。如春节除夕夜放鞭炮、元宵节赏花灯、清明节荡秋千、端午节赛龙舟、七夕节女子祭月乞巧、中秋赏月、重阳节登高、黎族三月三跳竹竿等。在此,其表现形式特征也可称为场景特征。

形象特征是指在非遗资源中呈现出来的,能够代表有关人与事物形象的代表性元素,通过对于这些形象特征与元素的把握,可以达到一叶知秋的目的。如京剧中的整脸、三块瓦脸、十字门脸、碎脸、歪脸、白粉脸、花脸及太监脸等。在这方面,我国的许多剧种都已经积累了丰富的经验,并在此基础上创造出了许多典型的脸谱样式。

整脸　　　　　　　　花元宝脸　　　　　　　三块瓦脸

关羽:《华容道》　　　周仓:《华容道》　　　朱温:《雅观楼》

图 8-2　中国传统京剧中的脸谱

三、数据统计

非遗资源信息数据统计是一种在非遗资源信息分类基础上,对大量的非遗资源信息进数量综合,并形成一系列有关非遗资源数据汇总情况分析统计的方法,这是非物质文化遗产图谱编制的一个重要组成部分,也是一项主要以资料为对象来进行整理、归纳、研究的基础性工作。非遗资源信息的统计方法具体又可以包括非遗代表性项目统计、非遗代表性传承人统计、非遗资源相关信息统计等。

非遗代表性项目统计是一种主要用于对现已被列入我国非遗代表性项目名录体系中项目的数量进行统计的方法,其主要目的是反映与描述我国非遗项目的具体数量情况,分析与考量我国非遗项目名录体系设置的科学、合理的程度,以使更好地指导非遗保护的实践。以我国第一、二、三批国家级非遗项目名录中的传统手工纺织类项目为例,至 2012 年 12 月,进入国家级非物质文化遗产名录的手工纺织技艺项目一共为 37 项,其中进入第一、二、三批的项目为 28 项,进入第一、二批扩展项目的为 9 项。其中拥有国家级手工纺织技艺项目的省级行政区为浙江、新疆各 7 项,贵州 6 项,江苏 5 项,四川 4 项,湖南 3 项,云南 2 项,河北、山东、江西、广东、广西、甘肃、青海、海南、内蒙古、西藏、北京、上海各 1 项。[①]截至 2012 年 12 月,全国除台、港、澳地区以外的 31 个省级行政区中,共有 28 个省级行政区拥有省级以上手工纺织技艺项目,吉林、辽宁和黑龙江东北三省暂时空缺。根据这些数据材料,我们便可以编制"全国国家级传统纺织技艺项目数量与类型图谱汇总表"以及"全国省市级传统纺织技艺

---

① 一个国家级项目可能有多个省级行政区作为保护地,因此各省级行政区的国家级手工纺织技艺类非遗项目总数要大于国家非遗名录中颁布的国家级手工纺织技艺类非遗项目数量。

项目数量与比例汇总表"之类的图谱图表材料。

表8-2 全国国家级传统纺织技艺项目数量与类型图谱汇总表
(含扩展项目,至2012年)

数量批次	全国(国家级)总项目数	传统纺织技艺项目数	占全国(国家级)总项目比例
第一批	518	18	3.47%
第二批	510	18	3.53%
第三批	191	1	0.52%
总计	1 219	37	3.04%

表8-3 全国省市级传统纺织技艺项目数量与比例汇总表
(以华东、华南地区为例,至2012年)

地区及省份	数量及比例	本省市纺织技艺项目数量	占全国省市级项目总量(142项)的比例	占本地区省市级项目总量的比例
华东地区	江苏省	9	6.33%	19.56%
	浙江省	18	12.68%	39.13%
	安徽省	1	0.7%	2.17%
	福建省	2	1.41%	4.34%
	江西省	7	4.92%	15.21%
	山东省	5	3.52%	10.87%
	上海市	4	2.82%	8.7%
	地区总计	46	32.39%	
华南地区	广东省	1	0.7%	14.29%
	广西壮族自治区	2	1.41%	28.57%
	海南省	4	2.82%	57.14%
	地区总计	7	4.92%	

非遗传承人数量统计是一种针对非遗传承人的统计方法,其主要目的是反映与描述我国非遗传承人的具体数量,分析与考量我国非遗传承人的存续状况,以便加强对于我国非遗传承人保护工作的推动。被纳入统计范围的对象,既可以是仅限于已经获得命名的各级非遗项目代表性传承人,也可以是包括那些具有一定社会影响力,但暂未获得命名的其他非遗传承人。以徐州市国家级和市级民间剪纸传承人数量统计为例,至2013年,徐州市共有国家级

与市级民间剪纸非遗传承人 14 人,其中国家级 1 人(第二批),市级 13 人(第一、第二批)。通过这一统计数据,便可以十分清晰地看出该市非遗传承人的认定与保护情况。

表 8-4 徐州市民间剪纸项目代表性传承人数量统计表(至 2013 年)

级别/批次	姓　名	性别	家庭住址	传承基地
国家级（第二批）	王桂英	女	江苏省新沂市合沟镇八杨村	新沂市合沟镇文化站
徐州市（第一批）	孟宪云	女	江苏省徐州市泉山区合群新村	徐州市宣武老年大学(云龙区宣武路 33 号)
徐州市（第二批）	吴国本	男	江苏省徐州市泉山区庞庄办事处	
徐州市（第一批）	张丽君	女	江苏省徐州市泉山区奎园小区新月园	徐州文化馆(徐州市泉山区立达路 6 号)
徐州市（第一批）	陈永年	男	江苏省徐州市泉山区建国西路建工小区	
徐州市（第二批）	王淑兰	女	江苏省徐州市云龙区王陵路办事处	徐州老年大学(徐州市泉山区王陵路 5 号)
徐州市（第二批）	孟庆刚	男	江苏省徐州市鼓楼区堤西村	
徐州市（第二批）	陈海涛	女	江苏省邳州市大榆树街	邳州市文化馆(徐州市邳州市青年西路)
徐州市（第二批）	冯艳	女	江苏省邳州市大榆树街	邳州市文化馆
徐州市（第二批）	黄继婷	女	江苏省邳州市运河办事处青年东路李口村	邳州市文化馆
徐州市（第二批）	杨洪凯	男	江苏省邳州市开发区五杨社	邳州市文化馆
徐州市（第二批）	姚佃侠	男	江苏省新沂市合沟镇杨家村	
徐州市（第二批）	晁友廷	男	江苏省沛县张庄镇白楼村	沛县文化馆
徐州市（第二批）	康雪云	女	江苏省沛县河口镇中心街	沛县文化馆

在一些较为细化的非遗传承人统计材料中,不但具有非遗传承人的人员数量统计数据,而且还有关于非遗传承人的年龄、性别、居住地等统计数据,例如本书研究人员为编制"河北魏县土纺土织技艺主要传承人分布图谱"所做的河北魏县土纺土织技艺主要传承人统计表:

表8-5 魏县土纺土织技艺主要传承人数量统计表(至2013年)

姓 名	年龄	居住地	姓 名	年龄	居住地
段书芳	48	沙口集乡李家口村	张秀芳	76	大辛庄乡前高村
陈秀平	47	沙口集乡李家口村	张珍景	62	大辛庄乡前高村
段书爱	45	沙口集乡李家口村	李喜连	65	大辛庄乡前高村
张桂珍	55	沙口集乡李家口村	靳书梅	65	大辛庄乡前高村
王东芳	51	沙口集乡杜二庄	段玉景	61	大辛庄乡前高村
查海芹	48	沙口集乡南沙口村	张爱英	61	大辛庄乡前高村
张青芳	63	双井镇后文义村	张凤玲	43	大辛庄乡侯高村
王桂芹	50	双井镇后文义村	李慧芹	58	大辛庄乡侯高村
郑秀英	43	双井镇前文义村	李桂书	59	大马村乡大马村
田海凤	41	双井镇前文义村	李桂平	47	大马村乡大马村
郭运巧	51	双井镇前文义村	李青兰	45	大马村乡大马村
常爱芳	53	双井镇前文义村	邬秀凤	43	边马乡张庄
郑金玲	50	双井镇董圈村	赵桂芹	44	边马乡张庄
吕艳玲	49	大辛庄乡卜庄	李二芳	49	边马乡张庄
常素敏	49	大辛庄乡曹辛庄	张献娥	60	边马乡张庄
曹新玉	45	大辛庄乡曹辛庄	王玉平	56	边马乡寺南村
杜慧清	45	大辛庄乡郭村	李西云	56	边马乡寺南村
赵玉芳	70	大辛庄乡郭村	张兰珍	58	边马乡寺里村
赵巧梅	64	大辛庄乡郭村	郭现玲	39	边马乡寺里村
郭现芳	43	大辛庄乡前高村			

从上表可见,河北魏县土纺土织技艺传承人的资源非常丰富,他们广泛分布于河北魏县、大名县、成安县、曲周县以及河南省南乐县等地,充分体现了这一地区在土布纺织方面的人才优势以及市场活力。

非遗资源相关信息统计是一种针对一些与非遗资源的生态环境、保护状况、社会影响、主要工具与作品等相关信息进行统计的方法,其主要目的是反映与描述与非遗资源生存发展背景情况有关的各种信息的具体数量情况,分析与考量我国非遗资源生存发展的条件以及原因与影响,以使我国的非遗资源能够在今后能够获得更为良好的生存发展环境。例如蔚县剪纸的相关信息统计表:

表 8-6　蔚县剪纸相关信息统计表(至 2012 年)

重要遗址	艺人故居	艺人现住宅	著名剪纸街道与商店	保护单位、组织机构	陈列馆、博物馆
横涧古堡、单侯古堡、暖泉西古堡、南张庄堡门	王老赏故居	田永翔居所	南张庄正街	中国蔚县剪纸艺术研究会	王老赏纪念馆
田家坡古戏楼、郑家窑戏楼、北水头堡戏楼、王家咀戏楼、南留庄一面观戏楼、暖泉西古堡戏楼、上苏庄一面观戏楼、李家庄一面观戏楼、大德庄戏楼、北方城戏楼、双井山堡一面观戏楼、草沟堡一面观戏楼、许家营村古戏楼、卜北堡戏楼、李家楼村戏楼、宛庄灯影台、宋家庄穿心戏楼、代王城三面观、水西堡戏楼、牛大人庄戏楼、穆家庄两面观戏楼、曹疃堡戏楼	周瑶故居	李宝峰居所	蔚县剪纸城	中国蔚县剪纸联谊会	蔚县剪纸博物馆
	周孝故居	曹正友居所	中国剪纸第一街	中国蔚县剪纸协会	
	宗大发故居	李凤云居所	蔚县剪纸厂	张家口市民间剪纸研究会	
	周永明故居	周兆明居所			

第三节　非物质文化遗产图谱编制的技术运用方法

非物质文化遗产图谱以图为本,主要运用图表、图像、地图等形式来表现非物质文化遗产的分布、数量、比例及其内在逻辑联系。

一、图表制作

图表是非物质文化遗产项目与资源图谱编制的重要表达系统。现代非质文化遗产图谱的图表制作主要采用计算图表制作功能，如运用计算机 smart ART 功能创建方形、圆形、直线、箭头等各种图形；利用 excel 图表制作软件，制作柱状图、饼图、折线图等，从而准确表达非物质文化遗产项目与资源的数量、种类、比例和传承关系。

1. 计算机 smart ART 功能的利用

利用 word 文档中的 smart ART 选项功能，可以进行有关中国非物质文化遗产图谱的各种图表制作，主要包括链状图、树状图、交互图、辐射图、并列图等。

链状图主要用于表达非物质文化遗产传承人垂直状态的谱系关系，清晰地反映非物质文化遗产的传承脉络，其图形由处在各个代际关系链条中的传承人相串联，形成一条清晰的链状图形。链状图一般适用于传承脉络比较单一的非物质文化遗产传承图的制作，同时还适用于非遗项目与资源的历史源流图的制作。源流图主要展示非物质文化遗产项目与资源的发展源流以及相互之间的关系，呈现的是非物质文化遗产资源的历史发展过程。

链状图制作主要运用计算机 smart ART 图形绘制技术。在具体制作时，先在文档中插入表示演进流程的长方形图形，然后在长方形图形内输入文字并填入颜色，最后用箭头把传承人各种代际关系，或非遗资源的各个历史发展阶段相互连接起来。

树状图，顾名思义其状如树，不仅用于表达非物质文化遗产传承人垂直传承关系，而且同时还可以表达各个代际的平行传承关系。其形状犹如大树，呈现出枝叶繁盛、蓬勃生长的传承状态。此类图形较适用于传承脉络相对比较丰富的非物质文化遗产传承图谱的制作。

交互图主要用于传承关系比较复杂的传承人图谱制作。主要选用 smart ART 中的交互图形，表示非遗传承人相互之间关系，包括纵向和横向间的交叉互动关系等，也可以用来表示非遗资源在社会各个领域中的重要影响情况。

辐射图是从横向角度来展示非物质文化遗产资源空间性辐射的状态，比较适用于非遗资源的社会影响图的制作。辐射图从各个角度对其产生的社会影响进行全方位描述。在具体制图方法上，同样需要先在文档中插入相应形状的块状图形，然后在块状图形方框内输入文字并填入不同的颜色和图像资料，最后根据其相互之间的逻辑关系用相应的连接符把块状图形连接起来，从而形成辐射状的图谱形式。

2. 计算机 excel 软件利用

利用 excel 软件中的各种图表制作方法，主要用来表示非物质文化遗产项目数量及其相互之间的比例关系。在图表制作之前需要预先对数据进行信息化处理，数据是比信息更加抽象化的语言表达形式，主要运用于非遗图谱编制中的定量化描述，如非遗项目的数量，非遗项目中各种类型的数量及比例，非遗项目代表性传承人的数量、男女性别比等。其具体方法一般是先将所有需要表现的非遗资源统计数据输入计算机进行汇总，然后按照一定的标准与要求对这些数据进行组合编排，然后再用一定的图形描述方法予以表现，具体形式有柱状图、饼状图、折线图等。

柱形图，也称条形图，主要用于显示一段时间内的数据变化或各项之间的比较情况。我们在非物质文化遗产项目与资源图谱样本编写中，主要采用了柱形图来分析和呈现全国及部分地区非物质文化遗产项目数量及其各项之间的比例情况。例如，通过全国国家级传统节日项目数量与比例图，可以清晰地看到各批次的全国国家级非遗项目数量与传统节日项目数的比例关系（见下图）。

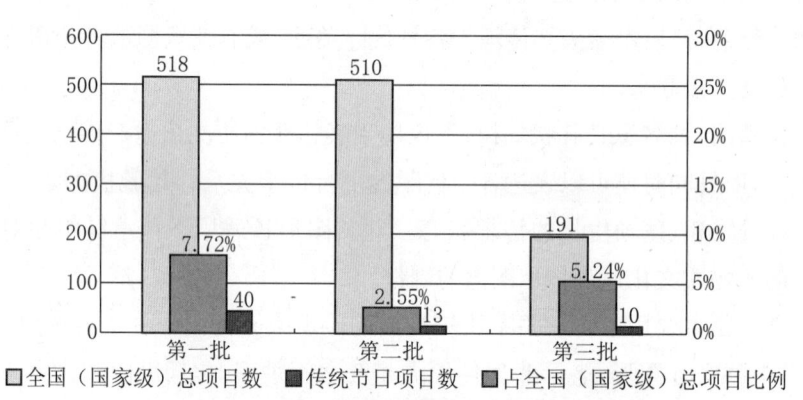

图 8-3　全国国家级传统节日项目数量与比例图（至 2012 年）

注：本图为本书课题组根据对我国国家级传统节日类非遗项目的统计结果编制。

柱形图是数量统计中最常用的图形，在非物质文化遗产图谱制作中，利用柱形图不仅可以清楚地表明各省市相关非遗项目的总数，而且通过柱形上不同颜色的区分，进行比较复杂的数量统计，可以直观地显示出各省市相关非遗项目中各类型项目的数量和比例。

第八章 非物质文化遗产图谱的编制体系与操作方法

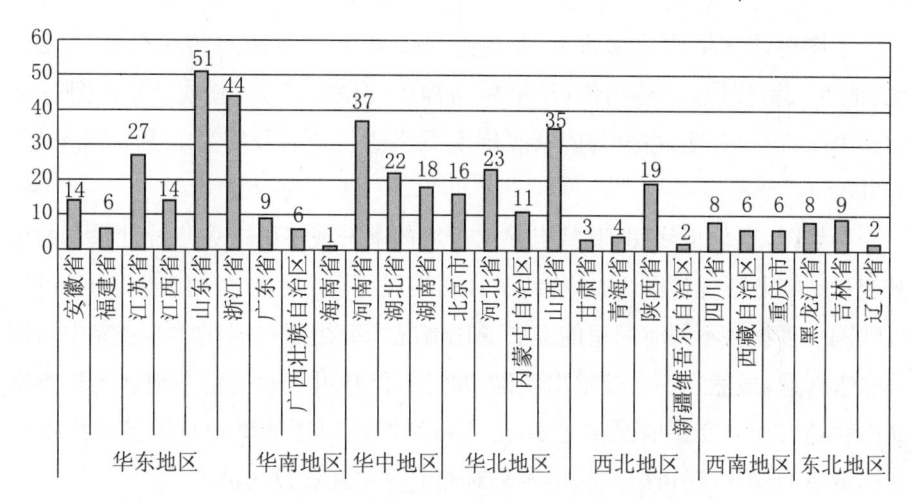

图 8-4　全国省市级民间传说项目中各类型项目数量图（至 2012 年）

注：本图为本书课题组根据对全国省市级民间传说项目中各类型项目数量的统计结果编制。

上图每一根柱形代表着一个省的民间传说类非遗项目数量，但在每一个柱形中又有不同的色块，每个色块代表着民间传说的一种类型，通过这种色块长短的对比，能够清晰地表明各省民间传说的类型分布。

饼状图是以圆饼形代表研究对象的整体，用以圆心为共同顶点的各个不同扇形显示各组成部分在整体中所占的比例。饼状图可以比较直观地反映出非遗项目与资源之间部分与部分、部分与整体之间的数量关系。具体制作时，要注明各扇形所代表的项目的名称（可用图例表示）及其所占百分比（见下图）。

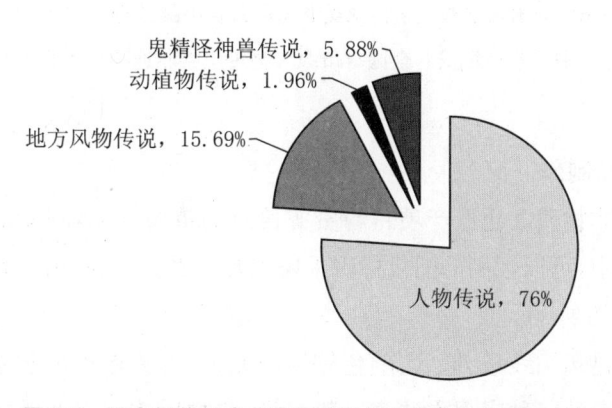

图 8-5　国家级传说类非遗项目数量比例图（至 2012 年）

注：本图为本书课题组根据对国家级传说类非遗项目数量的统计结果编制。

上图将前三批国家级非物质文化遗产名录中的民间传说分为人物传说、地方风物传说、动植物传说、鬼精怪神兽传说共四类,其数量分别拥有39项、8项、1项和3项,占全部国家级传说类非遗名录的分别为76%、15.69%、1.96%和5.88%。

曲线图,也称折线图,其特点是以折线的上升或下降来表示统计数量的增减变化。与条形统计图比较,折线统计图不仅可以表示数量的多少,而且可以反映同一事物在不同时间里的发展变化情况。折线图在现代学术研究中运用得非常普遍,虽然它不直接给出精确的数据,但却可以较为清晰地展示事物发展的轨迹与动态变化情况。比如,运用折线图可以很清晰地反映各个批次的非遗数量的变化,还可以反映历年来对非遗保护经费投入情况等。

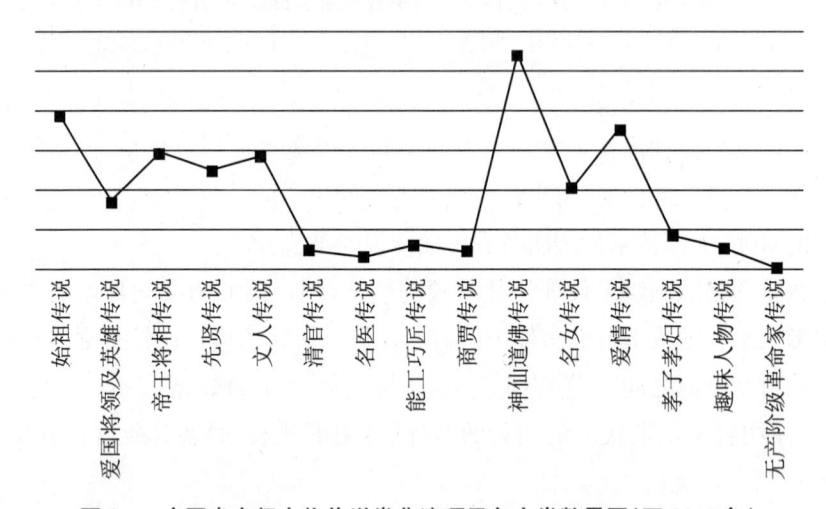

图 8-6　全国省市级人物传说类非遗项目各小类数量图(至 2012 年)

注:本图为本书课题组根据对全国省市级人物传说类非遗项目各小类数量的统计结果编制。

二、图像制作

图像是非物质文化遗产项目与资源信息的重要标识,在非物质文化遗产图谱的编制中,可以运用的图像标识手段主要有手绘图、照相等形式。

1. 手绘图制作

手绘图是运用线条、形状、颜色等绘画元素,形象地再现非遗资源典型特征和具体形态的一种表现方法。一般来说,非物质文化遗产图谱图像的绘制应当尽量忠实于非物质文化遗产项目与资源的本真面貌,并在此基础上进行一定的艺术创造。例如,在对民间传说作品情节进行绘制时,必须以这些民间传说的核心内容为基础,绘画中形象的基本要素亦必须符合口头传说的基本情节要素。但在某些较为细节的方面,如具体人物形象的表现等,作者则可以进行某种程度的艺术创造,以使其更为生动和传神。

非遗手绘图的制作首先要进行图稿设计,具体包括图像画面选择、图像基本内容要素提炼等。画面主要是指画幅上面呈现的形象。非物质文化遗产图谱标识图的画面设计应以客观真实、特色鲜明、生动形象、内涵丰富为目标。所谓客观真实,就是要客观地再现非物质文化遗产项目与资源的历史真实性,符合非物质文化遗产项目与资源的本来面貌。所谓特色鲜明,就是指在设计非物质文化遗产图谱时要注意不同地区、不同类型、不同民族之间的区别,提高其识别度。所谓气韵生动,就是在为其进行画面设计时,要构图合理、线条流畅、虚实结合,达到形神兼备、气韵生动的效果。画面设计还要具有丰富的内涵,在突出主体的同时,注意环境的渲染和烘托,表达出一定历史时代的氛围和人物所处的特殊情境,从而达到对非物质文化遗产项目和典型情节具有的标识性目的。

图像基本内容要素是指非物质文化遗产项目与资源中所包含的一些最为基本的成分,如典型情节、典型人物形象、典型活动样式等。在进行非物质文化遗产图谱绘制时,要选取这些具有一定象征意义和代表性特点的人物、动作、景观、情节等内容要素进行集中表现,尽量做到突出重点,特色鲜明。

非遗手绘图的制作主要采用的是中国传统的工笔白描的绘画方法,具体又可分为三个步骤来完成:一是绘制底稿,二是勾画底稿,三是细节刻画。绘制底稿就是用简练的铅笔线进行构图,构图时将有关人物、环境、道具进行合理分布,组成画面,构图完成后就可以开始勾画底稿。其做法是用画笔勾勒出物体的大致轮廓线,包括人物、道具、背景、环境等。轮廓线画好后,再用画笔细致画出人物的动态、神态及环境、道具的基本形态。这一步骤对线条有很严格的要求,要用笔画出人体或物体的形象,表现出非物质文化遗产项目的内在气质和精神风貌。在勾画时要求笔法流畅,一气呵成。勾画大体完成之后,再要准确地刻画出画面上的每一个细节,用毛笔或钢笔对画稿的每个细节认真勾勒,完成创作最后一个环节。

2. 照相制作

照相在非物质文化遗产图谱编制中具有极其重要的价值。在非遗图谱制作中,经常要用到各种实物照片。其照片的采集一方面来自现有的文献、网络及非遗保护单位,另一方面则需要在田野调查中现场拍摄。现场拍摄有动态拍摄和静态拍摄两种方式。

现代对于非遗事象表现中的动态形象在很大程度上都是利用照相机拍摄技术得以保存的。由于照片的拍摄是在非遗展示或展演的现场来完成的,能够及时地捕捉到当时情境中的人和事物的瞬间形象,因此具有极强的现场感,同时也具有很高的保存价值。以乌泥泾手工棉纺织技艺标识图谱为例。乌泥泾手工棉纺织技艺总共有 10 多道工序,每一道工序的现场照相及其选择,都能将该工序中的一些关键点和实际的制作瞬间进行固定,并通过照片的排序将其一个个瞬间链接起来,并定格为该项技艺流程中的一种典型范式。

照相是一种运用较为先进的成像技术而进行事物表现的方法,因此被拍摄的影像要比画像更具有保真性。这种保真性尤其体现在以静态形式呈现出来的一些非遗事象之中。值得一提的是,在大量的非物质文化遗产图谱图像的编制中,正是由于运用了照相技术的形式,才使非遗资源的原真性得到了最大程度的体现。

三、地图制作

地图是非遗项目与资源信息的重要载体,也是非物质文化遗产图谱采取的主要编制形式之一。通过地图标识的方式,可以清晰地反映非遗资源在空间地域上的分布状况,以及各种非遗资源在空间地域上所呈现的关系。传统的地图主要采用手绘线描的方式来进行各种内容对象的标注,而现代的地图的绘制则大量采用先进的科学技术,尤其是如地理信息系统(GIS)技术等来对各种内容对象进行有效的空间地域展现。当前,利用理信息系统(GIS)技术对非遗资源的各种空间信息进行海量的存储以及准确的标注的做法,已经越来越多见,在具体的操作形式上,它们主要包括制图数据库设计和地图编制这两个程序环节。

1. 制图数据库设计

非遗资源地图编制工作主要基于 ArcGIS 桌面软件中的 ArcMap 及 Arc-Catalog 得以完成。通过将基础地理信息与非遗专题信息集成存储于 ArcGIS 的地理数据库(GeoDatabase)的方式,实现专题地图快速生成以及数据的动态更新。

非遗地图数据库的主要内容包括:基础地理信息数据、非遗专题数据、地

图注记和关系类数据等。其具体结构如下:

表 8-7 非物质文化遗产地图数据库数据组织结构表

数据库	地理信息数据	行政区划、居民点、交通线、水系要素、DEM,等等
	专题数据	项目基本信息表、传承人表、文化作品表、文化活动表、其他相关信息表,等等
	地图注记	基础地理信息注记类、专题信息注记类
	关系类	专题属性数据之间的关联关系、专题属性与空间数据间的关联关系

基础地理信息数据主要包括三部分内容:(1)测绘科学数据共享网公开发布的 1:500 万中国基础地理要素数据,包括地形、河流、湖泊、植被等自然地理要素,及城市、交通、行政区与境界线、重要标志地物等社会经济要素;(2)地理空间数据云网站提供的 30 米分辨率数字地形数据;(3)根据公开出版的部分地区较大比例尺区域地图数字化生产的数据。

非遗专题数据主要指非遗资源地图样本数据集,如传统节日项目专题数据集、民间传说项目专题数据集等。每个非遗类型中均包含项目信息、申报地、传承人、文化作品、文化活动和其他相关信息等属性数据。

地图注记即是对基础地理信息数据和非遗专题数据内容的注记。关系类数据可以根据制图主题的不同进行动态更新和扩充。

2. 地图编制

在地图编制之前,首先要对相关要素及其属性进行有效的筛选。例如,在要素属性的信息筛选方面,可以根据要素的类型和等级等属性信息,从全国范围的空间要素中选择河流、交通、行政区等不同类型、不同级别的基础地理要素;可以根据非遗项目的类型、传承人的级别等专题属性筛选相关专题制图信息。在空间范围的要素筛选方面,可以根据行政区多边形、要素的分布范围或自由定义区域范围等方式,并结合要素相关属性从数据库中提取数据子集(选择集)。

在编制不同主题、不同区域范围的专题地图时,可以利用属性查询和空间查询的方法,将筛选的各类基础地理要素制作成图层,并作为全国范围、省级范围和县市范围等不同空间尺度的地区制图的底图数据。

(1) 制图数据的添加、筛选与图层的生成

用 ArcMap 中的 Catalog View 窗口访问非物质文化遗产系列图谱数据

库,分别从数据库中的基础地理信息数据集和手工纺织项目数据集中选择行政区要素类和手工纺织项目要素类,添加到一个新文档的数据框中;利用属性查询方法,根据项目级别属性字段,从属性表中选择国家级手工纺织项目类型,将选择的结果生成国家级手工纺织项目分布图层。

(2) 数据的专题化表达(图层符号渲染)

为增强地图的可视化效果和易读性,需要对地图上的基础地理要素和专题要素进一步渲染和符号化设计。例如,可以利用分级符号化方法对河流进行渲染,以不同宽度的线条样式展现不同等级的河流要素;可以采用单一值渲染方法,对行政区要素进行分省区颜色渲染,直观展示各个省区的区域边界和空间范围。专题要素的符号化渲染与行政区要素图层类似,可以根据不同制图目的和属性数据的不同特征,选择采用单一值分类、分级符号、分级颜色等方法进行专题渲染。

(3) 地图标注与注记的生成

地图上的注记对于帮助读图者理解地图内容具有重要意义。基于 GIS 的地图设计过程中,可以将数据库存储的要素属性信息动态标注到地图上。例如,非物质文化遗产系列图谱数据库中基础地理要素数据集的河流、交通、行政区等都拥有名称等属性字段,可以通过动态标注方式将要素名称标注在地图上。当专题属性数据通过关联方式链接到空间要素时,非遗项目的名称、分类代码、保护批次,传承人的名称、称号等相关属性内容,也可以实现动态标注。

在非遗地图的样本中,许多基础地理要素往往可以使用相同的渲染风格和标注方式,因此,将动态标注转换为注记后,再进一步优化设计注记分布格局和样式风格,形成标准化的标注模式,可以重复应用于多个相关地图中。同理,非物质文化专题信息标注也可以按照同样的方法转换成注记形式存储在地理数据库的注记数据集中,以实现不同地图中的重复应用。

(4) 地图版面设计与地图输出

地图的基本内容和表达方式确定之后,接下来的工作就是需要进行地图的版面设计,以满足地图成果打印输出或制版印刷的需要。地图版面设计需要切换到版面视图窗口。在版面视图下,首先锁定视图比例为地图成果的比例尺,根据该比例尺下的地图范围大小确定页面大小和版式;然后,将地图数据框调整到合适的页面位置,并进一步设置页面和地图框的其他相关参数。

如南海诸岛采用插图方式的全国范围非遗专题地图一般选择横向版面模式。

版面设计完成后,需要为地图添加图名、图例、比例尺、指北针、坐标网等一系列辅助要素。例如,在对全国手工纺织技艺国家级项目分布图设计好版面后,可以进一步增加图例、比例尺和指北针三个附属要素,这样全国手工纺织技艺国家级项目分布图便基本制作完成。

由此可见,非遗资源地图的制作,是一个十分复杂的过程,涉及许多有关计算机制图的专业知识。在非遗资源地图的实际工作中,我们需要有文化专业工作者、计算机软件设计工作者,以及各种熟悉计算机操作程序的人员的共同努力,才能使非遗资源地图编制这项具有很强开拓性意义的工作最终得以顺利完成。

第九章　信息技术与非物质文化遗产图谱

第一节　非物质文化遗产图谱与知识图谱绘制技术[①]

随着信息技术的发展以及互联网的不断延伸，人们越来越多地借助网络获得知识，而且人们在网络上的表达更多地呈现简短的块状化，趋向于利用图谱来认识和了解事物，并使获取知识的途径变得更加便捷。目前，学术界利用信息技术已经开始运用信息图谱、知识图谱，及其相关的各种技术手段来实现信息的图谱化，进而实现知识的图谱化。

非物质文化遗产图谱的编制正是在这样一种时代背景下形成的。在当今社会的环境下，非物质文化遗产的传承与发展离不开信息技术的支撑，非物质文化遗产的整理、研究与系统化也同样离不开信息技术的支撑。随着社会的发展，传统的技术手段已经不能满足人们对非物质文化遗产认识的需要，而信息技术的日益高速发展则成为当下非遗资源传承非常重要的基础。通过当代信息技术的运用，可以使非遗资源的采集、传播、存储、加工以及表达变得更加快速、准确与高效，同时也可使非遗资源图谱的编制变得更加科学、全面与具有系统性。

所谓信息技术是指应用计算机硬件和软件等科学方法，获取文、图、声、像等各种信息，并对其进行加工、存储、使用和传输的方法。学术界一直在探讨如何将信息技术应用到非物质文化遗产的保护与传承上，如何利用信息技术手段将非遗资源予以图谱式的呈现。而以信息技术为支撑的图谱绘制技术正是非物质文化遗产图谱能得以很好呈现的重要契机。以下，我们有必要首先对现代信息技术在图谱学上的广泛运用问题作些具体介绍。

[①] 本部分参考了学者赵健的《知识图谱绘制技法实用指南》，辽宁大学出版社，2013年。

一、现代信息技术在图谱学上的实际运用——知识图谱

知识图谱是一种融合多学科的研究方法,借助数学、图形学、信息可视化技术等学科的理论和方法,知识图谱结合计量学中的分析工具与社会网络分析法,将学科领域的核心结构、发展历史、前沿领域以及知识框架用可视化的图谱形象地展示出来。

与知识图谱紧密相关的要素包括两个部分:信息可视化技术与知识管理。信息可视化技术是构成知识图谱的基础和关键技术。所谓信息可视化技术,是指利用计算机技术将抽象的数据利用交互的模式展现出来,以增强人们对那些抽象信息的认识,将非空间的信息空间化,使其更符合人们的视觉习惯,从而在此基础上实现对作者、引文、期刊、关键词、学科内容,以及信息检索过程的可视化表达,最终达到信息检索结果的可视化。

信息可视化是建立在数据可视化基础上的,而知识可视化又是以信息可视化为基础的。这三者相互区别又相互联系。首先,信息可视化是以抽象的信息为主要对象,任务在于搜索和发现信息之间的关系和信息中隐藏的模式;其核心问题是寻找表示信息的可视化结构,并理解其支持的分析任务;信息可视化能够将复杂抽象的语义关系以直观的图形方式呈现给用户。知识图谱与信息检索过程可视化、信息检索结果可视化均属于信息可视化。其次,知识可视化是借助数据挖掘和知识发现等方法所获得的知识和规律,尤其是知识的构成和知识之间的逻辑关系,并运用可视化的方法表现出来,使得知识容易理解。

知识管理是知识图谱方法的目标,它是通过一定的科学技术和管理理论与方法,实现知识价值的最大化。知识管理的概念分为广义和狭义,狭义的知识管理是指对知识本身的管理;广义的知识管理是除了对知识本身的管理,还包括对与知识有关的各种资料和知识产权的管理。因此,知识图谱方法实际上就是这样一种有效的形式:它能够在知识管理中挖掘数据和发现知识,发现数据之间隐含的联系和价值及其之间的规则,由此探索知识的价值内涵。在这些方面,知识图谱具有其他方法无可比拟的优越性和独到之处。

相对于传统的知识表述、管理、储存等表现方法,知识图谱的优越性是显而易见的,具体而言,知识图谱的原理和方法主要包括引文分析、共被引分析、多元统计分析、共词分析、社会网络分析等一些方面。

第一,引文分析就是利用统计学的方法和归纳、概括等逻辑方法,对期刊论文、硕博士论文、著作等分析对象的引用和被引用的情况进行分析,揭示其数量特征和内在规律的一种文献计量分析法。在这一方法中,引文率是最基本的测度。该理论可以用来测定学科的影响和重要性,评价学术期刊等。

第二,共被引分析是研究学科演进与变化的理论,认为当两篇文献同时被第三篇文献引用时,就称为这两篇作品存在共被引关系;文献共被引的次数越多,它们之间的关系就越密切,相关性也就越高。通过这样的分析,就可以将学科之间的共被引的网状关系简化为数目较清晰的若干群类之间的关系并直观地表示出来。共被引分析又可以分为文献共被引分析、期刊共被引分析、作者共被引分析、学科共被引分析等。共被引分析是一种重要的信息计量方法,旨在统计两两分析对象之间的被引用的强度,分析对象之间复杂的关系以及学科的结构特点和发展趋势。

第三,多元统计分析关注的是若干相关随机变量的分析,运用维度降低技术,亦即将高维度空间的目标投影到低维空间,一般是指二维空间。其中包括因子分析、多维尺度分析和聚类分析。

第四,共词分析法也被形象地称为词共现分析法,是对文献内容特征进行分析的方法,通过对一组词在同一篇文献中出现的频率的统计,进行聚类分析,反映词与词之间的疏密关系,进而发现学科的热点以及领域内的动态发展和静态的结构。

第五,社会网络分析法是一种跨学科的交叉科学分析方法,强调行动者之间的关系是研究的第一要素,旨在将复杂的学术网络通过分析可视化。

上述这些理论和方法是知识图谱得以实现的理论基础和指导。由于信息可视化技术的迅猛发展,为绘制知识图谱提供了坚实的技术支撑,具体表现为知识图谱绘制工具软件相继诞生及其技术手段的日趋成熟。目前可选择的知识图谱制作工具,约有20多种,如引文分析软件(Bibexcel、CiteSpace)、词频分析软件(HistCite、WordStat)、多元统计分析软件(SPSS)、社会网络软件(Pajek与Ucinet,Netminer)、地理信息系统(GIS)软件包括谷歌地图(Google Maps)、雅虎地图(Yahoo Maps)等。

引文分析软件包括由瑞典科学家佩尔松(Olle Presson)开发的专门文献计量软件Bibexcel,用于帮助用户分析文献数据或者文本类型格式的数据,有着强大的分析功能,包括引文、共引、聚类分析、科学知识图谱的绘制等。不过,该工具的可视化功能较弱,主要被用于前期的数据预处理过程中。而由美国陈超美博士开发的可视化知识分析工具 CiteSpace，可以读取几乎所有常见格式的文献数据，通过该软件，用户可以可视化地发现文献中随时间变化的特征与变化趋势。该系统还能够利用可视化显示技术在知识域中帮助用户进行突发趋势分析。另如由 James A. Wise 等人提出的 Themespace，是一种解决大型文档集合之间关系的重要工具，对不同的主题以三维立体的形式和不同的高度进行显示，该方法避免了语言处理并减少用户的脑力工作，对于检索信息和挖掘知识比较有用。

词频分析软件包括 HistCite、WordStat 等。HistCite 是由加菲尔德(E. Garfield)博士等人开发的一种引文历史可视化分析工具，能够用图示的方式展示某一领域不同文献之间的关系，帮助研究者快速绘制出一个领域的发展历史，定位该领域最重要和最新的文献。WordStat 则可以使用基于方法的词典进行文本的统计内容分析和文本挖掘，是非常先进的专门用于分析文本信息和处理大量的非结构化信息的内容分析工具。

多元统计分析软件如 SPSS(Statistical Product and Service Solutions)等，即统计产品和服务解决方案。该软件具有完整的数据输入、编辑、统计分析、报表、图形制作等功能。其突出特点在于操作界面极为友好，输出结果美观漂亮。

社会网络软件包括 Pajek、Ucinet 和 Etminer。Pajek 软件是专门为处理大型数据集而设计。它不同于一般的社会网络分析软件，不仅具有强大的数据分析功能，还具有较强的绘图功能，绘图窗口给用户很多选项来处理图表，使其拥有强大的图像处理系统。Ucinet 则是目前较为流行的社会网络分析集成软件，其中包含三维分析软件。

地理信息系统(GIS)软件包括 ArcGIS、Geomedia(Open GIS)、MapInfo、MapGIS GeoStar、Supermap、Google Maps、Yahoo Maps。其中谷歌地图(Google Maps)是谷歌公司向全球提供电子地图服务的在线平台，使用者可以此搜索目标物，也可以建立自己的地图，与其他分享者分享相关的地理信息等。

综上可见，在信息技术高速发展的今天，知识图谱绘制技术为非遗传承和保护提供了崭新而强有力的工具，而运用这种信息技术制作出来的非遗图谱，则更可以为当今社会非遗资源的保护传承提供强有力的技术支持。

二、使用知识图谱绘制技术的目的和意义

通过以上阐述可以看出，知识图谱的绘制理应成为各个专业的努力方向，

正如陈超美博士所言说的那样,绘制一张自己领域的知识图谱,会发现图谱生成的过程充满乐趣,而且这将改变绘制者认识世界和解读世界的方式。具体到非遗图谱而言,将知识图谱绘制技术应用于非遗图谱的绘制主要具有如下几方面的意义。

1. 可以使非遗资源的相关信息得到更为清晰的梳理

定量分析法是一种对目标物的数量特征、数量关系与数量变化进行系统分析的有效方法。通过定量的科学标识方法,可以使非遗资源的许多相关信息得到更为清晰的梳理,使其体现出更为严谨的逻辑性。比如通过定量分析法,可以具体说明非遗资源发展过程中的数量特征、关系以及变化,清楚了解全国乃至全世界非遗资源的数量和分布情况。通过定量分析法,也可以对非遗事象进行有效的层级设计,包括关键词的确定、索引的设置等,从而彻底改变非遗原来杂乱无章的现状。通过定量的科学标识方法,还可以使非遗图谱更具有逻辑性、条理性。

例如有关非遗资源的传播和演变过程一直以来都是学术界所关注的难点,有的非遗资源状况的复杂程度甚至难以用简单的文字能够表述清楚。但是随着知识图谱绘制技术的发展,这一问题便往往可以得以迎刃而解。例如通过对某些非遗资源在每一个地区每个时间段中流变情况的图谱的绘制,可以清楚了解这些非遗资源的渊源、传播路线以及演变过程,而且其中的一些深层次的问题,如传播与扩散的内在机制等,也会通过这种知识图谱的方式得以清晰地显现。

2. 可以使非遗资源的相关信息得到更为广泛的传播

通过非遗知识图谱绘制技术的运用,可以将有关非遗的一些抽象概念具体化,借以更好地实现对于非遗资源的保护与传播。我国学者宋俊华认为:数字化技术进入非遗保护,不只是非遗的一种存储、展示、宣传和教育的外在手段,而且具有内化为非遗自身方式的合法性和可能性。这种存储观念的变化,将会逐渐地改变非遗的传承和传播模式,使得传播的地域范围更加广泛,传承的人群更加多样化。[1]

例如运用知识图谱的绘制技术,可以将我国重要的非遗项目——二十四节气绘制成历史传承图,展示其历史发展演变谱系。也可将关于二十四节气

---

[1] 宋俊华:《关于非物质文化遗产数字化保护的几点思考》,《文化遗产》2015年第2期。

的传说、节气歌等文学传承模式按照地理分布、内容特征等绘制图谱，使得原本较为散乱的二十四节气知识更加体系化、系统化，从而使一般读者能够更为便捷地理解、认识和熟悉二十四节气的文化形态。

3. 可以使非遗资源的可视化效果得到有效提高

引入信息技术与影像技术，以及通过影像增强技术与知识图谱混合使用的方法，可以将许多以前必须通过实景与真人呈现的内容完美地呈现出来，使这些内容变得更加富有艺术的与整体性的魅力。

引入信息技术与影像技术以后，也可以使许多非遗资源的可视化效果超越时间和空间的限制，形成非遗资源表达上的跨时空对接。例如可以利用现代信息技术的手段，将不同历史时期的非物质文化遗产形式放置在一个时空体系之中进行表现，在一张画面或者图谱上显示其历史发展脉络和趋势。这样就跨越了时空的界限，将立体化的时间和空间模式平面化，摆脱了时空对人们的现实限制。如非物质文化遗产项目中的皮影戏，从时间和空间来看，皮影戏的发展变化过程及因素是相当复杂而且烦琐的，而借助非物质文化遗产图谱，就可使得皮影戏的历史演变过程以及某一个时代的状况图谱化、历时化与共时化并存，这样皮影戏的演变就变得直观化、平面化、简单化，更多的学者和读者将能进一步认识和了解皮影戏这一非物质文化遗产。

4. 可以使非遗资源的存储方式得到强大拓展

传统的非遗储存方式，主要是文本储存以及实物保存，然而在当今互联网+的时代，采用数字化的保存方式则往往使其存储对象更具有长期性和稳定性。通过知识图谱绘制技术的运用，能够对非遗资源的采集、整理等方面进行全方位的掌控，使得非遗项目的存储更为强大与有效。

例如我们借助信息技术与知识图谱的形式，将妈祖信俗这一典型非遗项目中的各种相关信息，如语言叙事（神话、传说、故事、碑刻、经文等）、物象叙事（庙宇宫观、妈祖塑像及其相关的文化景观等）、仪式叙事（妈祖祭祀仪式等）设置为关键词，建立起相关的数据库，并绘制成系统的妈祖信俗资源图谱，便可使妈祖信俗这一非遗资源的相关信息得到全方位的保存，大大拓展妈祖信俗的资料存储空间。又如我们运用信息技术与知识图谱的形式，将剪纸这一非遗项目的相关资料与信息，诸如剪纸的历史渊源、发展演变、表现形态、传承脉络、传承人数量与分布，以及剪纸图案的南北方个性化特征等确定为信息要素，并在此基础上建立剪纸数据库，绘制剪纸资源图谱，便可以使与剪纸有关的各种资料信息得到有效保存,大大拓展剪纸资料存储的功能与空间。

由此可见,在日益繁忙的现代社会,技术快速发展,经济全球化、文化多元化的今天,传统方式下的知识积累模式已经难以满足当下的学术发展需求。在这方面,现代信息技术与知识图谱绘制技术的运用,为此提供了重要的支撑。它们不仅可以使非遗资源的相关信息得到更为清晰的梳理与更为广泛的传播,而且也可以使非遗资源的可视化效果得到有效的提高,存储方式得到强大的拓展。总之,知识图谱绘制技术不仅能够全方位的呈现非物质文化遗产的各种资源形态,使得非遗资源获得进一步的保护与传承,而且还给予了非遗资源以另一种生命存在的方式。

第二节 非物质文化遗产图谱与地理信息系统(GIS)

一、地理信息系统(GIS)的概念、发展史和应用领域

1. 地理信息系统(GIS)的概念、构成和功能

地理信息系统(Geographic Information Systems)是在计算机软硬件支持下,以采集、存储、管理、检索、分析和描述空间物体的定位分布及与之相关的属性数据,并且回答用户问题等为主要任务的计算机系统。[1]简言之,GIS 就是用于采集、模拟、处理、检索、分析和表达地理空间数据的计算机信息系统。[2]

地理信息系统(GIS)主要由四个部分构成,即:计算机硬件系统、计算机软件系统(包括计算机系统软件、GIS 软件和应用分析软件)、地理空间数据和系统开发、管理和使用人员。其中,计算机软件系统包括计算机系统软件、GIS 软件和应用分析软件三个部分;GIS 软件又包含五类基本模块:数据输入和校验、数据存储和管理、数据变换、数据显示和输出、用户接口。地理空间数据是地理信息系统(GIS)的操作对象,是指以地理表面空间位置为参照,描述自然、社会和人文经济景观的数据,主要包括数字、文字、图形、图像和表格等。[3]

---

[1] 吴信才等:《地理信息系统原理与方法》,电子工业出版社,2002年,第3—4页。关于GIS的定义,目前国内外仍旧没有一个统一且被普遍接受的定义。陈述彭主编:《地理信息系统导论》(科学出版社,1999年,第14页)对GIS定义为:"是由计算机硬软件、地理数据和用户组成的,通过对地理数据的集成、存储、检索、操作和分析,生成并输出各种地理数据,从而为土地利用、资源管理、环境监测、交通运输、经济建设、城市规划及政府各部门行政管理提供新的知识,工程设计和规划、管理决策服务"。

[2] 陈述彭主编:《地理信息系统导论》,科学出版社,1999年,第3页。

[3] 吴信才等:《地理信息系统原理与方法》,电子工业出版社,2002年,第9—11页。

地理信息系统(GIS)包含以下 5 项基本功能：数据采集与输入、数据编辑与更新、数据存储与管理、空间查询与分析、数据显示与输出。[①]也有学者认为有 6 项基本功能，即：数据采集与编辑、数据存储与管理、数据处理和变换、空间分析和统计、产品制作与显示、二次开发与编程。[②]不过，综合看来，空间分析（亦包括对空间数据的查询、统计和空间模型等的分析）始终是地理信息系统(GIS)的核心和最重要的功能。

2. 地理信息系统(GIS)产生和发展的历史

地理信息系统(GIS)作为一门边缘学科，是传统科学和现代技术相结合的产物，体现出多学科基础理论融合的特征，这些学科主要包括地理学、地图学、测量学、数学、统计学、计算机科学以及一切与获取、处理和分析空间数据有关的学科和技术。从 20 世纪 60 年开始，GIS 兴起并逐步发展至今，大致分为五个阶段，即：开拓期(60 年代)、巩固发展期(70 年代)、大发展时期(80 年代)、用户时代(90 年代)、开放交互的网络化时代(21 世纪初至今)。

1963 年，加拿大测量学家 P.F.Tomlinson 首次提出了"地理信息系统"这一术语，并建立了世界上第一个实用的地理信息系统——加拿大地理信息系统(CGIS)，主要用于自然资源的管理和规划。接着，出现了一些基于栅格系统的软件包，比如 SYMAP、MANS、GRID、MLMIS 系统软件等，着重空间数据的地学处理，体现出 GIS 的机助制图色彩。同时，在这一时期，很多运用地理信息系统(GIS)的组织和机构纷纷建立，比如 1966 年美国成立的城市和区域信息系统协会(URISA)，1968 年国际地理联合会(IGU)成立的地理数据收集委员会(CGDSP)，1969 年美国又成立州信息系统全国协会(NASIS)，这些组织和机构的先后建立为传播和发展地理信息系统(GIS)的知识技术起了重要的指导作用。

随着资源开发利用和环境保护等问题而产生急切的技术需要、数据处理速度加快和内存容量增大等技术的进步，以及专业化人才的不断增加，都促使了地理信息系统(GIS)的迅速发展。处理空间数据的许多软件系统也逐渐建立了统一和完善的标准，以有利于空间地理信息的管理。在这一阶段中，地理信息系统受到了政府、学校和商业公司的普遍重视。美国、加拿大、英国、德

---

① 吴信才等：《地理信息系统原理与方法》，电子工业出版社，2002 年，第 11—13 页。
② 黄杏元、马劲松编著：《地理信息系统概论》，高等教育出版社，2008 年，第 14—17 页。

国、瑞典和日本等国政府对地理信息系统的研究均投入了大量的人力、物力、财力,研究不同专题、不同规模、不同类型的各具特色的地理信息系统。许多大学培养了这方面的人才,创建了地理信息系统实验室(比如纽约州立大学布法罗校区创建的 GIS 实验室),关于地理信息系统的学术讨论也多次召开(比如在联邦德国的达姆斯塔特工业大学召开的第一次讨论会)。一些商业化公司也开始从事地理信息系统的工作,比如美国环境系统研究所(ERSI)在 1969 年建立。

20 世纪 80 年代,随着新一代计算机的迅速发展和普及应用,以及许多地理信息系统的基础软件(比如 ARC/INFO、GENAMAP 等)的出现,使得该系统走向大发展时期。这一时期,商业化的实用地理信息系统软件陆续进入市场,使得地理信息系统更加注重于空间决策支持分析,并在资源管理、环境规划、商业服务等领域得到广泛应用。同时,许多国家制定了本国地理信息系统的发展规划,启动了若干科研项目,建立了一些政府性、学术性机构。我国于 1985 年成立了资源与环境信息系统国家重点实验室,美国于 1987 年成立国家地理信息与分析中心(NCGIA),英国于同年成立地理信息协会。

20 世纪 90 年代,计算机的软硬件均得到飞速发展,网络开始进入千家万户,地理信息系统逐渐地成为人们生产、生活和学习中必不可少的一种重要工具,其应用范围也不断扩大与深化。在此时期中,地理信息系统已逐渐成为许多机构必备的工作系统,政府决策部门也在一定程度上受地理信息系统影响,改变了现有机构的运行方式和设置;社会对地理信息系统的认识普遍提高,需求大幅度增加。比如美国将地理信息系统列入"信息高速公路"计划中,前副总统戈尔提出的"数字地球"战略也包括地理信息系统;我国的"21 世纪议程"和"三金工程"(金桥、金关、金卡)中也包含地理信息系统的建设。

从 21 世纪初至今这一段时期,地理信息系统开始逐渐沿着集成化、产业化和开放交互的网络化方向发展。首先,地理信息系统已经成为一门综合性的信息技术。它不但与全球定位系统(GPS)、遥感(RS)相结合,构成 3S 集成系统,而且与计算机辅助设计(Computer Aided Design,简称 CAD)、多媒体、通信、因特网、办公自动化、虚拟现实等技术相结合,其自身系统功能和支持功能在不断完善,从而为数字地球的建设和广泛应用提供了可靠的技术保证。其次,地理信息系统产业化的发展势头愈来愈强劲。这种发展势头已经受到各国的普遍关注。这一新兴产业市场前景广阔,产值以千亿计算,而且增量惊人；特别是地理信息系统软件产品的开发，从功能处理模块到组件式地理信息系统(ComGIS)和网络式地理信息系统(WebGIS)，成为中外众多商业公司开发和竞争的方向。第三，传统的地理信息系统的封闭性导致的信息无法共享和交流，对其新的发展形成严重的障碍，同时互联网的兴起和广泛应用对该系统也提出社会化、大众化的客观需求。基于这两方面因素的相互影响，地理信息系统迅速地走向了开放交互式的发展道路，在互联网的基础上形成的网络式地理信息系统，催化了一个开放、交互且网络化的新的平台(比如Cloud GIS)蓬勃兴起，极大地拓展了地理信息系统的功能，也使其愈来愈社会化、大众化、智能化，对地理信息系统发展具有极其广阔深远的影响。特别是网络式地理信息系统中的移动系统(Mobile GIS)的设置，更是给大众的智能化生活带来越来越多的便利。当然，从可视化的角度来看，正因为有了上述新平台，由虚拟现实技术(Virtual Reality)和地理信息系统相结合而发展出的三维立体图像(three-dimensional)与四维立体图像(four-dimensional)地理信息系统也成为这一时期一个充满发展潜力的分支，而且其应用范围也正在稳步扩大。正因为地理信息系统在这一时期的发展，包括理论研究的丰富和技术实践的深厚，使其不再被看成是一门技术，而是已逐渐被发展和确认为一门科学，即地理信息科学或GIS(Geographic Information Science)。

在我国，地理信息系统的发展状况大致可以分为四个发展阶段。第一阶段，从1978年到1980年为准备阶段，主要进行舆论准备，正式提出倡议，开始组建队伍、组织个别实验研究。第二阶段，从1980年到1985年为起步阶段。这一阶段主要是对地理信息系统进行理论探索和区域性实验研究，并在此基础上制定国家地理信息系统规范。从1984年开始，国家测绘局测绘科学研究所着手组建中国国土基础信息系统；1985国家资源与环境信息系统实验室成立。第三阶段，从1985年到1995年为发展阶段。GIS研究作为政府行为被列入国家攻关计划，并开始展开有计划、有组织、有目标的科学研究。如"七五"国家攻关项目"三北防护林遥感调查""黄土高原遥感调查"等都开展了地理信息系统在资源管理方面的研究。"八五"期间国家攻关项目包括"重大自然灾害监测与评估系统""重点产粮区主要农作物估产""国家基础地理信息系统建设"。第四阶段，1995年至今为我国地理信息系统产业化、社会化和大众化的发展阶段。地理信息系统产业在北京、上海和武汉等地兴起并稳健和强劲地发展，许多相关国产软件纷纷占领市场，同时国家也从政策规划和具体措施方面鼓励和扶植这一产值惊人的新兴产业,使得大众的工作、生活与地理信息系统的广泛应用之间的联系愈来愈紧密。

3. 地理信息系统的应用领域

地理信息系统的应用领域非常广泛,具体表现在资源管理、国土检测、环境保护、生物保护、城乡规划、城市管理、宏微观决策、精细农业、虚拟外交(边界谈判)、作战指挥、教育科研、商业活动等许多方面。从行业服务分类来看,涉及国土、地质矿产、水利地灾、气象、农林、电力、测绘、市政(包括园林绿化)、公共安全、通信、广电、邮政、财税、统计、房地产、环保、教育、军事、外交等方面。特别是从教育科研来看,地理信息系统的应用已经从自然科学研究(比如地理科学等)向人文社会科学(比如文化地理学、民俗学等)快速扩张。

在资源管理方面,有关资源的清查、管理和分析是地理信息系统应用最广泛的领域,也是目前趋于成熟的主要应用领域,具体包括森林和矿产资源的管理、野生动植物的保护、土地资源潜力的评价和土地利用规划,以及水资源的时空特征研究等。将地理信息系统的方法和多时相的遥感数据相结合,可以有效地用于森林火灾的预测预报(比如大兴安岭地区)、洪水的灾情监测和淹没损伤估算(比如黄河三角洲地区),土地利用动态变化分析等领域。土地利用动态变化分析是以土地调查情况为基础的。土地调查包括土地的登记、统计、使用和评价,而土地调查的数据涉及土地的位置、名称、面积、类型、等级、权属、质量、地价、税收等要素。利用地理信息系统强大的数据管理和分析功能,就可以高效地掌握土地利用的现状,为土地利用动态分析提供极其重要的依据。

在环境保护方面,随着经济的飞速发展,带来大量的环境污染、环境质量下降等问题,而环境保护的管理却相当落后,这严重制约了经济可持续发展。借助于地理信息系统,建立覆盖全国的环境管理信息系统,可以大大提高环境保护管理效率和力度,为经济建设健康持续发展创造绿色的生态环境。

在城乡规划方面,城乡规划具有高度的综合性,牵涉资源、环境、人口、交通、经济、教育、文化和金融等要素,利用地理信息系统强大的数据处理与分析功能,可以为规划的科学化提供重要的保证。

在城市管理方面,利用地理信息系统,可以为城市管网的规划和建设的管理提供强有力的工具。再比如交通系统管理、社区管理、城区治安管理(包括预防和打击罪犯)、天气预报等,装备地理信息系统可以使其智能化水平得到很大的提升。现在许多省市,依靠和广泛应用该系统于市政管理,积极建设"智慧城市",对市民日常生活朝安全便利化方向发展产生了广泛而深刻的影响。

在作战指挥方面,利用3S集成系统(GPS、GIS、RS)可以为军事决策提供全天候的实时信息服务,使战略部署、兵力快速集结和打击目标的动态定位提供强有力的保障。比如美国之所以能在海湾战争中成功地对伊拉克萨达姆政府武装进行精准的军事打击,与其借助地理信息系统的强大功能有密切关系。

在宏观决策方面,利用地理信息系统自身所形成的丰富的数据库,通过一系列决策模型的构建和比较分析,可以为国家或地方的宏观决策提供多方面的依据。比如通过该系统,对三峡水库建设前后环境的变化及趋势进行模型分析,为三峡水电工程的宏观决策提供科学依据。

在商业决策方面,可以利用地理信息系统拥有的数据库系统和互联网传输技术,通过对与商业活动有关的大量地理数据进行空间可视化分析,为企业寻找商机提供最佳决策支持系统和威力强大的商战武器。

在人文科学研究方面,运用地理信息系统对相关内容进行研究也愈来愈成为一种新趋势。比如文化地理学中的物质文化景观和非物质文化景观的研究等。较为具体的案例有关于历史文化遗址的空间分布研究、传统聚落的景观模式研究、蔚县剪纸空间分布(特别是传承人的时空分布)研究、三官信仰地域分布研究[①]、手工纺织技艺、木版年画、少数民族音乐、书法地理的地域空间研究、三大史诗(《江格尔》《格萨尔王传》《玛纳斯》)、民间体育项目的地域分布研究等。以上这些研究成果,都是地理信息系统的方法在人文科学研究方面的具体例证。

二、地理信息系统在非物质文化遗产可视化领域的具体运用

1. 以文化载体为基础的表达——非物质文化遗产资源信息图谱

所谓地理信息系统在非物质文化遗产可视化领域的具体运用,实际上就

[①] 三官信仰是指自东汉以来形成的以天地水自然崇拜为核心的信仰模式,在自然崇拜与祖先崇拜等背景下,中国古代民众逐渐把尧舜禹三官、唐宏葛雍周武三官、陈子椿与龙女的三个儿子三官等神话传说人物作为崇拜对象进行供奉,在这一过程中,形成了丰富的传说与故事,至今形成天地水、尧舜禹、唐宏葛雍周武、女三官、陈子椿三个儿子三官信仰形式并存的状态。

是指应用地理信息系统对非物质文化景观或非物质文化遗产研究的内容进行可视化表达,借以建构以文化载体为基础的时空思维体系,最终形成非物质文化景观或非物质文化遗产相关内容的信息图谱的文本成果。比如对非物质文化遗产资源信息的表达,通过建构以非物质文化遗产资源载体为基础的时空思维体系,最终形成非物质文化遗产资源信息图谱(以下简称非物质文化遗产图谱),借以深入展示非物质文化遗产资源的时空分布、相互关系以及时空演化的过程和机制。其表达思路之一有:文化景观→文化载体→空间数据库→载体联合→非物质文化遗产图谱。①这个思路设计的关键是要将与非物质文化遗产资源相关的人、物、事,按照合适的时空尺度解析为文化载体,并建构载体时空数据库。然后,在时空数据库的基础上完成非物质文化遗产图谱的整体设计和绘制。

综上可知,借助地理信息系统,能够将非物质文化遗产中一些复杂的现象通过地图的形式表现出来,并通过这一表现更加有利于人们认识现状以及掌握其中的相关信息。

2. 概念解析:文化景观、文化载体

(1)文化景观的概念和分类。文化景观是任何特定时期内形成的构成某些地域特征的自然与人文因素综合体,它随着人类活动作用而不断变化,并能反映一个地区的地理特征。文化景观分为物质文化景观和非物质文化景观,物质文化景观如位于上海松江的广福林遗址公园、奉贤的青村古镇,新疆吐鲁番的交河古城等,非物质文化景观正如前文所述是在物质载体的基础上所表现出来的技艺形式,如书法、国画需要借助纸和墨才能呈现出来。

(2)文化载体的概念和类型。文化载体是指以各种物化的和精神的形式承载、传播文化的媒介体和传播工具,它是文化得以形成与扩散的重要途径与手段。文化载体必须承载特定价值和情感内涵,丰富的文化载体在空间中相互融合形成文化景观。

文化载体按照其是否具有实体形态的标准,可以划分为实载体和虚拟载体。非物质文化遗产传承人(艺人)、作坊与工厂、作品、文化受众、商铺与市场,这些都可以作为实载体;文化主题网站、文化专题的博客、话题,以及网络

---

① 此处及以下的一些理论阐述参考李仁杰:《非遗资源地图谱与GIS制图技术》和《非物质文化空间数据库与地图表达方法》等论文。

店铺等,这些则可以作为虚拟载体。这里需要强调的是,艺人和文化受众作为特殊文化载体是非物质文化传播、传承的内在动力源。

同一文化载体并非仅适合表达一种景观视角,有时会对两种,甚至多种景观建构具有贡献。进一步看,同类或不同类的文化载体也可以联合起来,从而形成一种载体联合,从而表达一种或多种景观。载体联合具有两层含义:一是同类载体间的联合,如艺人分布构建的文化区,如历史上三官庙与其他宫观庙宇共同形成的庙宇文化群;二是不同类载体间的联合,如艺人、作品等载体联合用于表征文化传承;艺人、作坊与工厂、商铺与市场、文化受众等载体联合用于表征文化传播与认知景观,等等。相关研究已有同类载体联合的案例,如采用神庙、教堂、宗教团体等载体研究民间信仰与宗教文化景观及其时空演变;利用剧团时空分布研究戏剧文化时空演变;以镇江的法海寺、杭州的雷峰塔为基础,分析白蛇传传说的演变等。

3. 非物质文化遗产地学图谱设计的关键点

在非物质文化遗产地学图谱设计的过程中,有三个方面的关键点,包括载体空间化、空间尺度和时间尺度。

(1) 载体空间化

载体空间化是根据各类文化载体的空间属性,将景观元素定位于地理空间,进而能够通过多时空尺度描述非物质文化景观。非物质文化遗产的空间化,实质是非物质文化载体的空间化,是将非物质文化遗产要素依据其相应文化载体的空间特征定位于地理基础之上。相同文化不同载体的空间化、同一文化载体不同空间特征的空间化均有助于从不同角度研究非物质文化资源特征。例如传承人或受众载体的空间化可以表征文化中心和传播格局,商铺或市场载体的空间化可以表征文化的商业化趋势;与传承人相关的空间属性有很多,其中出生地或生长地的空间化能说明当地文化气息、习俗等对传承人的陶冶和文化风格塑造,现居地或工作地的空间化则是传承人活动范围的体现,反映了传承人对文化的传播和促进作用。

(2) 空间尺度

非物质文化遗产的空间尺度体现为文化载体的空间尺度。在图谱设计的过程中,要根据制图目的选择载体定位的合适空间尺度。不同载体空间化与抽象表达必须考虑适宜的空间尺度,减少尺度推断错误。可以将非遗图谱的空间尺度简单划分为大空间尺度、中空间尺度、小空间尺度、微观尺度以及动态尺度(跳跃、转化和组合)等几种不同的形式。

在大空间尺度下,通过非物质文化载体的多种空间属性表征文化的宏观区域格局,可以从多元化视角整合解读文化景观。大空间尺度可以从一个国家或自然社会区域单元扩展至洲际(或其他文化与政治区)甚至全球等。例如,非物质文化产品的店铺与市场等,可以反映文化商业转向中形成的大尺度区位格局;代表性艺人(或传承人)的艺术创作和行为空间域往往比较广阔,可以涉及国家的许多区域,甚至扩展到世界各地;财神信仰的全国乃至全世界的空间分布,可以反映财神信仰的传播与流变,以及人们对商业信仰的认识等。另外,多载体综合表达的大尺度景观,可以描述文化传播与扩散、文化认知和文化融合等,例如三官庙宇与商帮会馆等的全国以及东南亚的空间分布,能够表达三官文化传播地与受众的关系,表达当地人对于三官文化的拒绝或接纳。

在中空间尺度下,文化载体表征的文化边界会更清晰,文化地方性特色较为凸显。许多非物质文化遗产都贴上了地方标签。例如,中国木版年画中的朱仙镇、杨柳青、桃花坞、山东潍坊、武强年画等。中空间尺度比较适宜展示文化格局中的文化层级,也能表征文化流派间的艺术渊源、文化竞争与文化融合。如由于空间邻近性和交通便利性等原因,北方剪纸流派中的山西广灵剪纸与河北蔚县剪纸具有较长的历史文化渊源,并有文化相互融合现象。再如历史上称为江南的上海、浙江、江苏等地,在人口的流动中,三官信仰的传播与流变即是江南地区历史发展、文化认同的表现;另外仅就上海而言,在当下各个区域形成的三官文化,也有着不同的内涵,一是崇拜对象有不同,如浦东以天地水三官为中心,青浦以尧舜禹三官为中心,嘉定则形成了以唐宏葛雍周武三官为中心;二是三官诞辰日期有不同,浦东是以农历正月七月十月十五为中心,嘉定是以农历正月七月十月二十七日为中心,而青浦则形成了以农历正月七月十月二十七日为中心,也有以农历三月十三为中心的(农历三月十三日是当地地方神女三官的生日,当地人认为都是神一起过生日是没有问题的)。这些都表现了文化的地方性与多样性,也体现了在不同的区域内具有不同但却有些相近的文化模式。

在小空间尺度下,文化解读视角将趋于丰富和多元化,并能够实现与大中空间尺度的衔接对话。该尺度下的载体空间位置往往更具体精准,可以具体反映某文化流派景观的内部区域差异;文化核心的形成过程开始显现,文化与自然环境和社会经济要素之间的互动关系也逐渐清晰。比如以河北蔚县剪纸为例，按照艺人籍贯地进行载体空间化，可以清晰建构蔚县剪纸的文化景观图。再如以上海三官庙宇的分布为例，由于历史上行政区划的变化，致使地理位置的标识不清，必须通过不同时期的地图比对、行政区划界域的不同状况，来确定某个村镇三官庙的具体分布地点。只有这样才能进一步理清三官庙宇分布的演变与人口迁移、农业发展等之间的关系。

在微观尺度下，文化景观表征的视角从文化外围扩展到文化内部，使研究者有机会关注福柯强调的"空间、权力和文化的关系问题"。空间能够强化文化，而权力则是透过强势文化群体的空间垄断以及将其他弱势群体排斥到其他空间而表现出来的。店铺和市场的区位等级在小空间尺度景观下已经明显，而通过微观尺度的分析，则更可以阐明其演化背后的权力争夺。如地方话语在构建中往往受到权力话语的影响，上海青浦区某村在恢复当地女三官信仰的过程中，通过建构乾隆造庙的神话，将尧舜禹三官引入当地，建造供奉尧舜禹三官的红庙，致使原本该村并不存在的尧舜禹三官文化在当地生根发芽成长起来，其背后正是在微观尺度下，空间、权力和文化的关系的体现。

然而，对于上述四种尺度的选择，应该持以动态的观点。因为文化景观研究的空间尺度随着景观审视视角和文化演变的空间性而不断变化。进一步看，为了实现文化景观的多元解读，必要时还需要有尺度之间的跳跃、转换，甚至有多尺度的组合。这种尺度，就是动态尺度。采取动态尺度将会更有利于研究者灵活地选择和运用。

（3）时间尺度

文化景观表达也需要考虑载体的时间属性。因此，时间尺度划分以文化景观研究视角为依据，既要考虑景观过程经历的平均时间，也要结合载体的时间属性，更要适宜在该视角下开展工作。特别是，载体的选择会引起时间尺度的变化。不论是单文化载体的时间尺度、多文化载体的时间尺度，以及全载体文化景观时间尺度，在使用时都要使时间尺度划分既要保持相对统一，方便研究中的时序对比，同时也要考虑到不同载体的属性差异，实行必要的尺度调整，甚至可以采用动态的时间尺度。

4. 具体设计与表达：非遗资源时空数据库的建设

非遗资源时空数据库的建设应采用建库与图谱生成一体化的思想。这样做,其实质就是建立一套完整的非遗资源时空数据库,并基于地理信息系统(GIS)的图谱表达功能,实现图谱要素的符号化,快速且准确地生成所需的各种非物质文化遗产图谱。这样做的结果是不仅可以减少数据冗余,提高数据利用率,而且可以在数据不断更新过程中,实现图谱实时更新,轻松维护图数的一致性。比如非遗资源时空数据库采用 ArcGIS 软件支持的 Geodatabase 数据模型。

具体来看,非遗资源时空数据库的建设需要由四个数据集组成,即基础地理要素数据集、非物质文化专题数据集、注记数据集和关系数据集。首先,基础地理要素数据集的存储、管理以及与非遗资源相关的基础地理数据,是展现各类非物质文化载体空间分布格局和特征的空间框架,用以反映非物质文化遗产的空间性特点。如在上海三官文化数据库建立的基础上,搜集全国以及东南亚各国的三官文化的资料,建立全国乃至于东南亚的三官文化数据库;以及与三官文化演变相关的数据库,如盐业、棉布业、商帮、人口迁徙数据库等。其次,各类文化载体相关信息及其相互关系构成了非物质文化遗产专题数据集的主要内容。为了有效存储、管理和利用非物质文化遗产专题数据,须按照科学性、简洁性和可扩展性统一的规则对非物质文化遗产资源设计资源编码。资源编码内含了对非物质文化遗产类型、等级等关键信息的表达,是连接各文化载体专题信息的桥梁和关键。这一部分中资源编码是其中最为重要的环节之一,也是较为困难的环节之一。第三,非物质文化遗产图谱中的注记,主要用以说明图上表现的非遗项目申报地、类型、等级或文化载体的名称、级别等。可分为两大类注记:基础地理信息注记和非物质文化遗产专题注记。基础地理信息注记包括非遗资源的空间分布、类型、等级等内容;非物质文化遗产专题注记则包括文化载体名称、文化特征、相关影响因素等。因此,要采用空间尺度和要素分类相结合的方式对注记进行分类设计,并建立专门的地图注记集。此外,根据多专题类型图谱内容动态更新的需求,非遗资源时空数据库中还定义存储了专题数据与空间数据,以及专题数据之间的常用动态关联关系,这些动态关联关系所形成的数据集就是关系数据集。当动态关联关系数据随专题数据集发生变化时,非物质文化遗产图谱的主题内容便能够及时动态更新。当数据库建立起来之后,只要根据数据的变动进行输入,就可以维持数据库数据的新鲜度,便于研究者掌握实时信息资料。

5. 基于时空数据库的非物质文化遗产图谱制作

非遗资源时空数据库不仅能有效、快捷地存储、管理和维护非遗资源信息，而且也为基于地理信息系统(GIS)的非遗资源信息可视化图谱的制作奠定了基础。数据库中存储的基础地理信息和非遗资源信息，包括不同时空尺度、不同类型、不同专题的内容集成及一体化管理。因此，制图过程中不仅要根据图谱主题、用途和制图范围确定坐标系统、比例尺、图面配置、符号表达等共性问题，还必须考虑编制图谱要素的筛选原则与方法，最终确定图谱中基础地理要素和非遗资源要素的数量、类型和概括程度。

筛选的原则与方法具体可以分为基础地理要素的筛选原则、非遗资源信息的筛选原则、基于数据库的常用要素筛选方法以及非遗制图中的图面配置，等等。基础地理要素筛选主要是根据地图用途、比例尺和区域特征，协调图谱制作要素的数量、概括程度与空间尺度、图面载负量的关系，合理取舍基础地理要素，恰到好处地反映非遗资源的时空格局与特征。基础地理要素的筛选有通用原则，即在版面承载量允许的情况下，地形、水系、居民点、政区界线等是基础底图的重要构成要素。在通用原则基础上，基础地理要素取舍还应服从非遗资源内容的需要。非遗资源信息的筛选主要依据制图目的而定。根据制图目的确定图上的专题要素类型和等级。基于数据库的常用要素筛选方法主要有三：①根据要素的类型和等级属性进行筛选；②通过定义要素的显示规则实现不同比例尺地图的自动要素筛选；③通过选择集（子集）生成特定显示内容的专题图层。图面配置的目的是合理安排主图、图名、图例等元素的位置和大小，尽量做到主题突出、结构合理、图面负载均衡。在图面配置中，整体结构处理和要素布局也有一些特殊方法。在非遗资源地图制作过程中，对其整体结构的设计就可采用移图、放大图等方法。

概言之，非遗时空资源数据库的建设不仅满足了制图需求，也为未来的地图服务奠定了基础，方便公众参与管理和保护。将来，成熟的非物质遗产文化时空数据可以通过网络服务方式进行发布，实现数据资源的共享。包括社会公众在内的各类用户，都可以参与到非遗资源保护与管理工作中。用户可以基于地图查看、浏览非遗资源的时空特征，也可以将自己了解的非遗资源信息添加到图谱上，从而成为非遗时空数据的生产者。未来的非物质文化遗产地学图谱最终将成为内容实时更新、用户自由定义、地图动态生成的全新产品，为非遗资源的开发保护提供重要支持。

6. 非物质文化遗产地学图谱实例

在非遗资源时空数据库支撑下,目前依托地理信息系统(GIS)软件已设计出了一系列非物质文化遗产地学图谱,主要包括资源要素分布图、资源分类图、专题分级图等几大类型。同时,对于资源分布广泛的文化项目还制作出了"多空间尺度系列图";对于历史发展过程较长、资料保存完整的文化项目制作出了多时间尺度系列图、文化资源分布地图、文化保护级别地图、各类文化载体分布地图等。根据制图区域的空间尺度不同,具体又可以划分为全国图、省级图、县级图或特定文化区图等。另外,根据文化发展的特定时间系列,还有多时间尺度的非物质文化发展演化地图。现选择一些重点类型,详述如下。

(1) 资源要素分布图:资源要素分布图主要用来描述与非物质文化资源相关的文化载体、地理要素、保护管理单位等资源要素的空间分布状态与特征。例如,根据非遗资源时空数据库中存储的各种非物质文化载体的空间属性,可以制作文化传承人分布图、文化作品分布图、文化产品作坊或店铺分布图等各类文化载体分布地图;根据非遗项目申报地,可以制作某类非遗项目的申报地分布图;根据非物质文化保护单位的坐落,可以生成文化保护单位分布图等。民间信俗类非遗的资源要素分布图是学者进一步研究的基础,可以制作各种民间信俗的空间分布图,从国家级到省市级再到县镇级,由此而构成一个民间信俗的地域层级序列。通过这样的方式,就能全面了解某个信俗的整体状况,以及所有信俗的全部情况。

(2) 资源分类图:资源分类图主要用于描述某个区域空间中的非物质文化类型结构及其相互关系,包括一般性总分类图、具有相互联系的几种类型对比图以及某一大类下的二级分类图等。在我们设计的非遗资源时空数据库中,包括了标准分类体系基础上的资源编码,可以通过数据库查询方式方便地筛选各类非遗资源相关的信息,快速制作资源分类地图。例如,可以按照非遗资源的一级分类,分别制作民间文学、民间美术、民间手工艺等非物质文化的二级资源分类地图;还可以根据某一类别中的不同主题制作资源分类图,例如制作某区域的剪纸主题分类图等。

(3) 专题分级图:专题分级图用于描述非遗资源的保护等级,或与非遗资源相关的要素数量等级的空间分布状态。国务院发布的《关于加强文化遗产保护的通知》中,针对非遗资源制定了"国家—省—市—县"四级保护体系。每个保护级别的文化名录又可以根据申报时间划分不同保护批次。文化传承人作为非物质文化的核心载体,也被划分为国家级、省级等不同级别。非遗资源时空数据库通过资源编码记录了非遗项目和传承人的保护级别信息,可以根据数据库查询,快速生成非遗项目保护级别图、非遗传承人等级图。此外,各类资源或项目的空间分布不均,借助数据库统计查询,可以得到资源相关要素的数量,生成数量分级地图。

(4) 多时空尺度系列图:多时空尺度系列图主要包括多空间尺度、多时间尺度以及时空尺度结合的系列图等,主要用于描述某种或系列文化现象在时空上的层次结构及其发展演化过程。

多空间尺度系列图是针对某一非物质文化现象而绘制的图谱形式,在一系列不同空间尺度下,该图谱将系统展现相关的要素和事象的空间分布特征,反映不同尺度下文化与自然社会环境的相互关系,或突出表现特定地域在整个文化系统中的地位。例如,可以根据剪纸文化资源信息制作"全国—河北省—蔚县—南张庄"四个不同空间尺度下的剪纸文化要素分布系列图。全国图主要表现国家级的重要剪纸项目分布,河北省图主要表现河北省内各剪纸项目的分布情况;蔚县图加载众多的剪纸艺人分布信息,主要反映剪纸文化与自然和社会经济要素的联系;南张庄图则主要反映剪纸文化第一村南张庄的现代转型。蔚县剪纸系列图以特殊的表现方式,强化了南张庄在中国剪纸文化中的特殊地位。多时间尺度系列图则重点描述非物质文化的时空演化过程。非遗资源相关的文化载体、保护项目、文化事件等均有时间属性。基于特定的时间划分方式,可以将非遗资源相关信息进行逻辑分组,并分别制作不同阶段的资源分布图、分类图或专题分级图等,最终形成时间系列地图。特定情况下,还可以将时空尺度一起考虑,形成更为丰富的时空系列的图谱。

为了深入理解信息技术与地理信息系统在非物质文化遗产领域的运用,在此以三官神话为例作进一步的阐述。三官神话是道教历史上重要的神话之一,以天地水为中心,逐渐衍生出尧舜禹、唐宏葛雍周武、陈子椿与龙女的三个儿子三官等多种神话形象。元朝传入上海后,明代进一步发展,至清朝达到顶峰,在上海的乡村几乎村村都有三官庙,形成了以天地水、尧舜禹、唐宏葛雍周武为核心内容的三官神话系统。迄今为止,通过文献与实地调查在上海各个区县共收集三官神话约 15 个(见图 9-1)。

图 9-1　上海三官神话分布图

注：五星表示明朝的三官神话，四角表示清朝的三官神话，三角表示民国时期的三官神话，心形表示现代的神话。

图片来源：本图根据雷伟平《上海三官神话与信仰研究》（中国言实出版社，2016 年）的研究结果编制。

根据图 9-1，很清楚地可以看到三官神话在地图上的空间分布与时间分布情况。根据图示，明朝上海有 4 个关于三官的神话，主要分布在嘉定、颛桥、朱家角、漕泾一带，清朝上海有 8 个三官神话，主要分布在罗店、外岗、金泽、闵行、颛桥、塘湾一带，民国时期上海有 2 个三官神话，主要分布在石湖荡、祝桥一带，现代上海有 1 个三官神话，主要分布在金泽、朱家角一带。

通过信息技术与地理信息系统，也可以深入分析某些非遗资源与当地经济发展之间的联系（见图 9-2）。

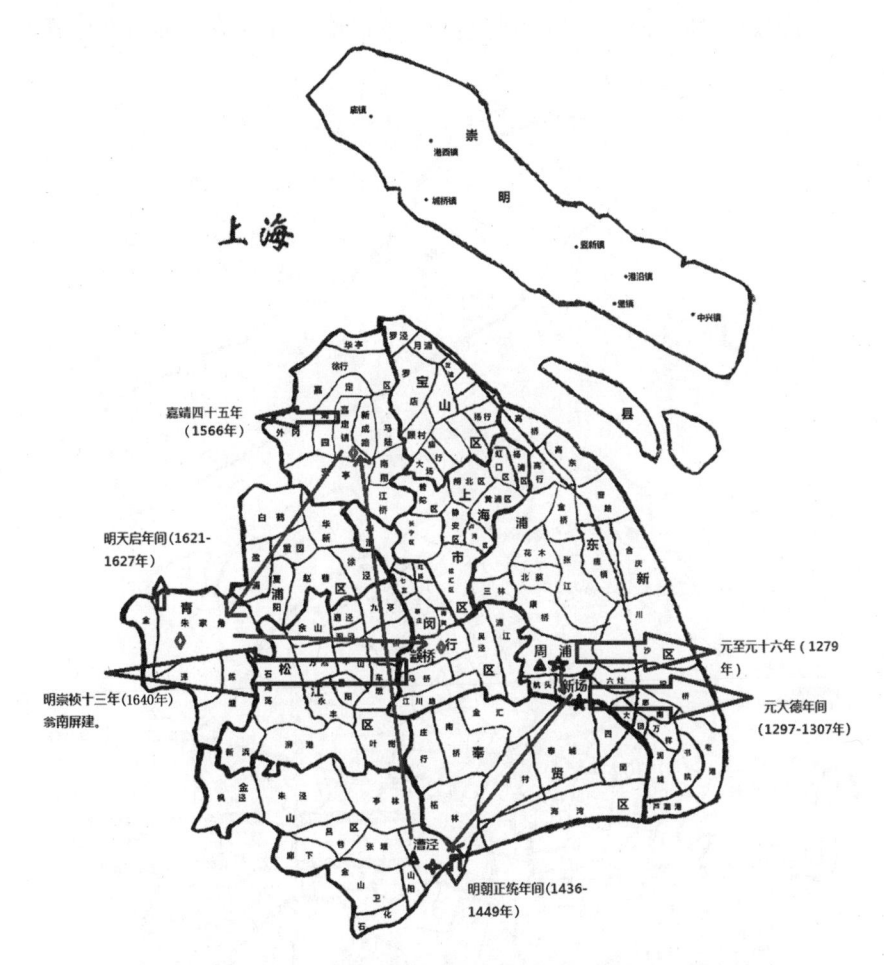

图 9-2 明朝上海三官神话与盐业、棉业经济对应关系分布图

注:五星表示元朝,四角表示明朝;三角表示盐业,四边表示棉业,箭头表示时间顺序。
图片来源:本图根据雷伟平《上海三官神话与信仰研究》(中国言实出版社,2016年)的研究结果编制。

通过上图的展示可以看到,明4个三官神话的诞生与明朝中后期盐业与棉布业的发展有着密切的关系。盐场的转场,经济重心转向以棉布业生产的市镇,而三官神话也于这个时期在相应的棉布业的市镇开始产生,这充分说明经济发展与民间信仰之间有着正相关性。在图中,清楚地标识出了三官神话的分布、盐业的分布、棉布业的分布,即漕泾镇的盐业与三官神话,颛桥镇、嘉定镇、朱家角镇的棉布业与三官神话之间的关系,单箭头表示神话先后出现的时间顺序,可见,通过地图,信仰分布与经济发展的相关性一目了然。

再看清朝时期上海三官神话与盐业、棉业经济对应关系的分布情况(见图 9-3)。

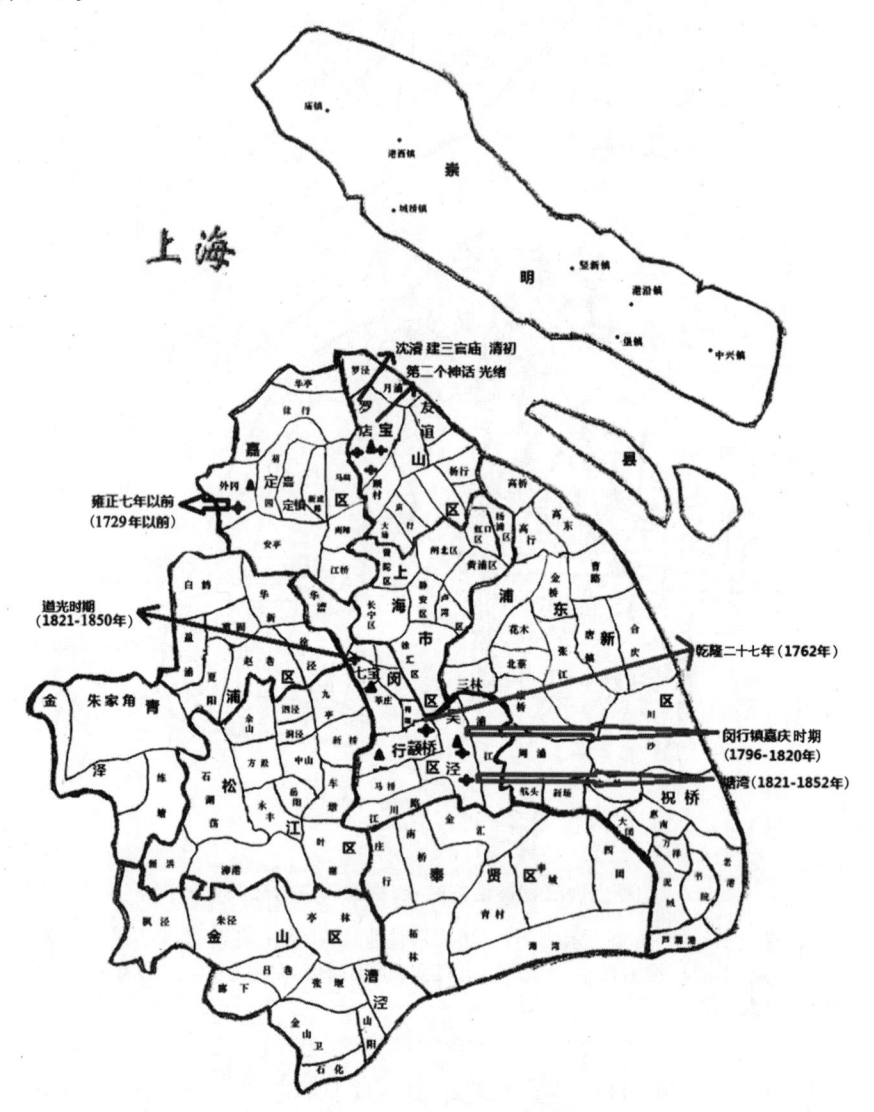

图 9-3 清朝上海三官神话与盐业、棉业经济对应关系分布图

注:四角表示三官神话,三角表示棉、布产地或集散地。

图片来源:本图根据雷伟平《上海三官神话与信仰研究》(中国言实出版社,2016 年)的研究结果编制。

根据图 9-3,清朝在文献中发现的三官神话约有 8 个,分别分布在宝山的罗店 3 个,嘉定的外冈 1 个,青浦的金泽 1 个,闵行的颛桥 1 个、闵行镇 1 个、塘湾 1 个、七宝 1 个,这些分布跟当时的棉布业的生产中心以及集散中心有着密切的关系。

由于资料的限制,目前还无法就三官神话的整体谱系展开阐述,但是可以确定的是,由于上海与浙江、江苏、江西、安徽等地相接,因此这些地方的三官神话势必会影响上海的三官神话,而且那些地方的神话类型也会随着三官的传播而流传。再往大的方面说,南宋政治、经济、文化中心的北移,北方富豪大姓的南迁,势必会对上海带来影响,至明朝时随着文化融合与认同的进一步发展,上海的三官神话逐渐增多,这也与当时的政治、经济、文化存在着一定的相关性。这些问题,只有将全国的资料查清楚之后才有可能理清楚。

第三节　非物质文化遗产图谱的数字化

一、数字化及非物质文化遗产图谱数字化的过程

当今时代,信息数字化不仅为研究人员所重视,也在各行业以及人们的生活中得到广泛的应用和发展。早在 20 世纪 40 年代,克劳德·香农就证明了采样定理,即在一定条件下,一个信号(时间或空间上的连续函数)可以转换成一个数值序列(时间或空间上的离散函数)。就实质而言,采样定理是信息论,特别是通信与信号处理学科中的一个重要基本结论。奈奎斯特等科学家也都为其作出过贡献。在采样定理的基础上,数字化理论和技术得到了发展。

数字化(digitalization)是一个专有名词,它主要是指以计算机为工具,并以二进制代码 0 和 1 为载体的信息表达与传播方式。数字化的基本过程是将许多复杂多变的信息转变为可以度量的数字、数据,再以这些数字、数据建立起适当的数字化模型,并把它们转变为一系列二进制代码,[1]然后引入计算机内部,进行统一处理。数字化发展经历了五个阶段,它们分别是:英文符号和数字表达阶段,文字处理阶段,多媒体阶段,互联网阶段,虚拟化阶段。

作为数字化的第一阶段——英文符号和数字表达阶段,发生于 20 世纪四五十年代。这一阶段的主要技术是 ASCII(American Standard Codefor Infor-

---

[1]　二进制代码就是用 0 和 1 表示,满 2 进 1 的代码语言,这是一种可以将两种架构的本地代码存放在同一个包装的格式。为了区别于其他进制代码,二进制代码的书写通常在数的右下方注上基数 2,或在后面加 B 表示。

mation Interchange)码，也就是用于信息交换的美国标准代码。美国标准代码规定用 8 个"比特"来表示包括数字、大小写英文字符、标点符号和其他常用符号在内的所有符号，表达 256 种不同的信息。而此阶段的标志性事件就是美国第一台电子计算机的制造成功。在此时期，数字化还仅仅存在于科技领域，科学家和工程技术人员用计算机进行大型的数字计算，以此来为发射导弹、预测天气等服务。电子计算机诞生后不久，美国心理学家理克立德(J.C.R.Licklider)发表了一篇题为《人—计算机共生》的论文。文章认为：计算机应该与人合作共事。在不久的将来，人脑和电脑将紧密结合为一体，电脑将以人脑的思维方式处理信息。这是对数字化发展最早的预测，为数字化时代的到来揭开了序幕。

数字化的第二阶段是文字处理阶段，发生自 20 世纪六七十年代，主要内容是文字处理机的诞生和发展。60 年代，美国国际商业机器公司（IBM）首先造出了文字处理机，当时是指能将文字存储在磁带上的一种新型电子打印机，具有文字输入、输出、存储和编辑等基本功能。文字处理机的基本类型包括通用文字处理机、专用文字处理机和智能型文字处理机。文字处理机的诞生和发展使计算机的功能从处理数字、符号扩展到文字，计算机由此真正成为大众的新工具。同时，在六七十年代，几个重量级的科学家的出现引导数字化技术迅速发展。比如被誉为数字化先驱的伊万·萨瑟兰(Ivan Edward Sutherland)博士在此时期提出人机图形通信系统，以及用头盔显示装置来观看计算机产生的各种图像等原创性思想，为数字化技术实现提出了基本方案。在 60 年代末，他的研究得到了美国军事组织的赞助，他的人机交互技术被用于宇航员的操作训练。而在 70 年代，被称为"数字之父"的克鲁格博士创造出第一个数字化系统。

数字化的第三阶段是多媒体阶段，出现在 20 世纪八九十年代。当时，计算机技术发展相当快，经常推出新产品和技术。为了展示最新研究成果和产品，著名的 COMDEX 展览会每年举行 1—2 次。1989 年在美国拉斯维加斯的 COMDEX 年会上，苹果公司展出了一台计算机。它代表该公司的总裁向来宾致欢迎辞："我叫 Macintosh，我来自美国 Apple 公司……"这是世界上第一台能向人们发表演讲的计算机，从此计算机脱离了职能进行单向视觉交流的阶段，而进入视听共存的多媒体阶段。在这一阶段，计算机可以直接、生动地传达相关媒体信息。

数字化的第四阶段是互联网阶段。1969年美国国防部的阿帕网（ARPA-NET）运行，计算机广域网开始发展起来。1983年，TCP/IP输控制协议与网际互联协议正式成为阿帕网的协议标准，这促进了网际互联突飞猛进的发展。在ARPANET的基础上发展起来的因特网（Internet）使网络迅猛地发展，至1990年已经连接了3 000多个网络和20万台计算机，到21世纪初，通过互联网连接的用户已经有1亿多个。1991年6月，我国建成了第一条与国际互联网连接的专线，它是从中国科学院高能物理研究所连接到美国斯坦福大学的直线加速器中心。1994年，我国实现了采用TCP/IP协议的国际互联网的全功能连接，可以通过主干网接入因特网。

数字化的第五阶段——虚拟化阶段。虚拟化是表示计算机资源抽象方法。虚拟化可以用与访问抽象方法一样的方法来访问抽象后的资源。这种资源的抽象方法并不受现实、地理位置或底层设置的限制。虚拟化的核心是数字化技术，这时的比特符号几乎可以将所有的社会现实存在物加以虚拟化，并依次出现物性的虚拟，物体的虚拟和人的虚拟等不同发展阶段。

由此我们可以看到，数字化以美国的军事工业需要为开端，并逐渐应用到教育、医疗领域，并以其巨大的商业功能向工业、服务业等全方渗透。由于数字技术的发展，计算机不仅可以处理数字、字符、文字，而且也能够处理声音、颜色、图形和图像，它使得计算机真正进入寻常百姓家，开始影响人们的工作、生活、休闲和娱乐。

数字化技术的重要意义可以体现在如下几个方面：第一，数字化是数字计算机的基础。若没有数字化技术，就没有当今的计算机，因为数字计算机的一切运算和功能都是用数字化技术来完成的。第二，数字化是多媒体技术的基础。数字、文字、图像、语音，包括虚拟现实、可视世界的各种信息等，都可以表示为0和1。因此计算机不仅可以计算，还可以发出声音、打电话、发传真、放录像、放电影等，就是因为0和1可以表示这种多媒体的形象。第三，数字化是软件技术和智能技术的基础。系统软件、工具软件、应用软件、数字滤波、编码、加密、解压缩等都是基于数字化技术才能实现的。第四，数字化是信息社会的技术基础。数字电视、数字广播、数字电影、DVD等各种家用电器设备、信息处理设备都在向数字化方向转变，数字化技术正在引发一场具有广泛影响的产品革命。第五，数字化是信息社会经济发展的技术基础。信息社会的经济常被称为是数字经济，可见数字化对社会的影响有多么重大。①

数字化技术发展和计算机的广泛应用使信息向数字的转化成为必要。非物质文化遗产图谱信息数字化的基本要求就是将各种非物质文化遗产图谱信息变成计算机可以识别的语言,由具体的文字、图像、声音等转变为虚拟的信号,从而进行存储并在网络终端上输出,实现共享。非物质文化遗产图谱信息数字化具有重要意义。简单来说,它提升了非物质文化遗产图谱信息的存储容量,扩大了非物质文化遗产图谱信息的传播范围,改变了非物质文化遗产图谱信息的接收方式。

信息资源数字化过程可以称为数字化流程,它是对数字化工作的整个顺序的描述。这个过程首先要制订完善的数字化流程,探讨分析各个具体环节数字化过程、数字化技术、信息需求及数字化后期处理等问题,这是信息资源数字化的前提与基础。由此可见,数字化流程是一个系统的过程,不仅仅指数字转化单一环节,而且应该涵盖数字化前及数字化后的工作环节。非物质文化遗产图谱信息数字化作为信息资源数字化的一种应用大致包括几个步骤:

第一,非物质文化遗产图谱信息数字化的准备工作。准备工作主要包括合理统筹规划、数字化目标确立、数字化工作环境的设置、软硬件系统的安装调试、人力资源调配等。其中特别要注意珍贵、脆弱的文本、图片和实物等材料的保存和保护。

第二,非物质文化遗产图谱信息再生产工作。主要通过扫描仪、数码相机、数码摄像机等设备和软件技术完成模拟到数字信息的转换,使实物信息以数字形式存储及表现,如获取黑白或彩色图像,文字录入,以及通过视频或音频压缩卡获取的数字视频或音频文件等。

第三,非遗图谱信息数字资源再加工工作。这个过程就是要对转换后的数字资源进行优化处理,比如数据压缩,提高数据质量;比如通过图像切割,改变图像的大小或格式,生成缩略图像;比如提取语音或字幕的文本,从视频影像中抓取具有代表性的图像等。

第四,非遗图谱信息数字资源加工标引。这一步骤是为了方便数字资源的输出,主要是将数字加工后得到的数据文件设置数据置标,并按照表达需求

---

① 张红琼主编:《数字化的人类生存》,安徽美术出版社,2013年,第2页。

在数据索引系统中建立与数据相对应的索引信息,并将它和编制的目录以一个唯一标识符关联起来。

第五,非遗图谱信息数字资源的保存。经过数字资源标引工序以后,依据一定的格式规定与顺序要求,工作人员将数字加工得到的数字信息存储到存储系统(如网络数据库系统)中去,同时也将数据信息包括相关的结构信息和目录进行数据备份到存储系统或其他存储介质(如光盘库等)中作长期备份保存。[1]

二、数据库表与非物质文化遗产图谱数字化

数据是从数量上反映的对现实生活的理性描述。在当代社会,计算机可以处理的图像、声音、文字等都被认为是属于数据的范畴。

数据存储的最终目的是为了共享(当然,共享的范围各有不同)。所以在数据存储时需要将数据保存到大家都能够方便访问的位置,并且需要一种大家都能够理解的格式来存储。如果数据越来越多,则需要寻找一种能够在大量数据中快速、准确地搜索到所需要的信息的方法。随着数据处理要求的不断提高,人们意识到可以使用计算机来帮助人们有效地管理这些数据,这种技术就是数据库技术。数据库技术是计算机软件的一个重要分支,也是软件开发人员必须掌握的技术之一。数据库就是存储数据的空间。一般认为,数据库数据的集合,是存储数据的"仓库"。其中数据是以一定的组织方式存储的相关数据。数据库是独立的,它可以为多个应用程序所适应,达到共享数据的目的。

非遗资源图谱数据库是指存储非物质文化遗产图谱数据的软硬件存储系统,主要包括网络存储设备的选型、安装、调试和使用,数据库管理系统,存取数据的软件平台,不同保存方式的数据存储方案的确定和实施,以及数据存储系统的升级、维护与持续建设的计划和工作需求等。设计与开发非物质文化遗产图谱数据库是利用数字技术进行非物质文化遗产保护的新路径,而其中的数据库表建设是非物质文化遗产图谱数据库中的最重要的对象。可以说,数据库只是一个框架,数据库表才是其实质内容。数据库表是非物质文化遗产图谱数据库数据录入的操作标准。非物质文化遗产图谱数据库是一个搜索

---

[1] 李伟超:《数字保存系统质量保证体系研究》,北京邮电大学出版社,2013年,第59页。

类产品，非遗资源数据是其核心内容。非遗资源数据的内容和质量直接影响用户的最终使用效果。基于此，建立一套合理规范的数据录入标准是非常重要的。作为数据录入标准的数据库表是其他对象的基础。没有数据库表，关键字、主键、索引也就无从谈起。此外，根据非物质文化遗产图谱数据库的设计理念，数据库表还是各地非物质文化遗产图谱数据库进入非物质文化遗产图谱数据总库的接入标准，便于不断扩容数据总库。根据信息的分类情况，一个数据库中可能包含若干个数据库表。通常用到的非物质文化遗产图谱数据库表，主要包含用户表、非遗资源项目表、非遗资源要素表、系统菜单表、地名表、邮件表等（见下表）。

表 9-1 非物质文化遗产图谱数据库常用表

编号	数据表名称	作用
1	Admin（用户表）	存放用户信息，用于用户登录
2	Class1 表（系统菜单表）	非遗图谱数据库系统主菜单
3	R-name 表（地名表）	存放非遗资源所在的省、市、县
4	Article-old 表（项目表）	存放审核通过的非遗资源的一般信息
5	Article 表（项目表）	存放未审核的非遗资源的一般信息
6	E-factor-old 表（要素表）	存放审核通过的非遗资源要素信息
7	E-factor 表（要素表）	存放未审核的非遗资源的要素信息
8	Class 表（系统菜单表）	子系统主菜单
9	Mail 表（邮件表）	存放管理员咨询邮箱

用户表用于管理用户信息以及用户登录信息；系统菜单表用于管理系统操作界面上的所有菜单，如果以网页的形式显示系统，那么每一个菜单就是网页内容跳转的链接点；地名表用于保存各个地名，如省、市、县等，通过地名可以实现非物质文化遗产项目的检索；项目表管理所有非遗资源项目的一般信息，如类型、来源、级别等；要素表管理所有非遗资源的要素信息；邮件表用于管理所有管理员级的用户信息，方便通信。这些各自独立的数据库表通过建立关系被连接起来，成为可以交叉查阅、一目了然的数据库。

项目表与要素表都是直接管理非遗资源信息的数据库表。两种数据库表的区别在于项目表用于管理非遗资源项目的一般信息，主要是文本信息。而要素表则用于管理非遗资源的要素信息，以图像信息为主。按照非物质文化遗产图谱数据库的设计理念，非遗资源项目表的主要内容包括项目名称、项目来源、所属地区、级别、类别等一般文本信息。非遗资源项目表主要字段的属性设置见下表。

表 9-2　非遗资源项目表

属性名	数据类型	说　明
title	text	资源名称
from	text	来源（申报地区或单位）
region	text	所属地区
grade	text	级　别
category	text	十大类别
micr-category	text	小类别

非遗资源要素表的主要数据类型是图像，它是整个图谱数据库系统的核心部分。要素是构成事物的必要因素，是组成事物的基本单元。[①]非遗资源要素是构成非遗资源的必要因素。按照非物质文化遗产图谱数据库的设计理念，非遗资源要素表包括非遗资源的主要内容、历史发展、濒危状况、保护情况、传承情况、生态环境等，这些情况主要以图谱的形式表现出来。非遗资源要素表主要字段的属性设置见下表。

表 9-3　非遗资源要素表

属性名	数据类型	说　明
title	Text	资源名称
contents	Varchar	主要内容
history	Varchar	历　史
region	Varchar	地　域
Inheritance	Varchar	传承人
path	Varchar	传播路径
productions	Varchar	相关器具、制品
status	Varchar	濒危状况
protection	Varchar	保护点、保护中心等
value	Text	价　值
relic	Varchar	相关文物、古迹、风俗等
derivation	Varchar	衍生形式

---

① 参见《现代汉语词典》"要素"条目，商务印书馆，1983 年，1466 页。

非物质文化遗产图谱数据库中的数据以图谱为主,该数据库属于图像数据库,其中的数据大部分都是二进制大对象,即 blob 数据。目前对于 blob 数据的管理大都采用表＋实体的方法,即 blob 数据以文件形式存放于指定的计算机目录下,在数据表中只反映 blob 数据文件的存储路径。表＋实体的方法是 blob 数据存储的一种方法,根据数据库的不同使用和维护的情况,blob 数据也可以存储为 image 数据类型,即直接存储图像数据。对于非物质文化遗产图谱数据库而言,表＋实体的方法更适宜其 bolb 数据的管理。一方面,image 数据类型的大小限制是 2GB,超过 2GB 的图像数据无法以 image 类型存储,而非遗图谱数据库中高清图像以及录像有可能超过 2GB;另一方面,非物质文化遗产图谱数据库的日常维护需要使用远程存储。非物质文化遗产图谱数据库的设计规模是全国性的,也就是说将在各地推广使用该数据库。而各地的图像数据总量庞大,更适合保存于指定的当地目录下面,只将其存储路径存放于数据库表中。

非遗资源要素表是数据库表的核心,有必要对其进行细致的分析。非遗资源要素表中的字段体现了非遗资源的构成要素。这些要素并非随意出现,而是以一定的结构关联在一起。非遗资源要素中最重要的部分就是它的主要内容,本课题称为本体要素。本体要素是指能体现非遗资源本质特征的要素,是非遗资源中最根本和最基本的部分。以传说为例,某项传说资源的本体要素是该传说的母题、情节与异文,它表现了传说的口传性、叙事性等根本特征。本体要素之外的其他要素,均与本体要素有直接关系,以本体要素为中心点,呈放射环状分布。

为了论述的方便,本书中将非遗资源各要素中位于中心点的本体要素称为 A 要素,A 即 autologous(adj.自体同源的,自体固有的)。A 要素是所有非遗资源要素中最重要的一种要素,某项 A 要素的内容能决定该项非遗资源的类别。A 要素之外的其他要素围绕着 A 要素呈放射环状分布。为了论述的方便,本书中将 A 要素以外的其余要素称为 P 要素。P 即 peripheral(adj.外围的,次要的)。考虑到各 P 要素代表的内容不同,可以将这些 P 要素分别命名为 P1 要素、P2 要素、P3 要素、P4 要素……为了研究的方便,可以预先设定各 P 要素所代表的内容。我们的设定如下:P1 代表非遗资源生成发展的历史要素,P2 代表非遗资源生成发展的地域要素,P3 代表非遗资源的传承要素,P4

代表非遗资源的传播要素,P5 代表非遗资源相关的器具、制品等要素,P6 代表非遗资源的濒危状况要素,P7 代表非遗资源的保护点、保护中心等保护要素,P8 代表非遗资源的价值要素,P9 代表非遗资源的相关文物古迹、风俗等生态环境要素,P10 代表非遗资源的衍生形式要素。

表 9-4 比较清晰地显示非遗资源其余要素的具体构成:

表 9-4 非遗资源其余要素代码及其含义

P 要素代码	P 要素各代码的含义
P1 要素	非遗资源生成发展的历史要素
P2 要素	非遗资源生成发展的地域要素
P3 要素	非遗资源的传承要素
P4 要素	非遗资源的传播要素
P5 要素	非遗资源相关的器具、制品等要素
P6 要素	非遗资源的濒危状况要素
P7 要素	非遗资源的保护点、保护中心等保护要素
P8 要素	非遗资源的价值要素
P9 要素	非遗资源的相关文物古迹、风俗等生态环境要素
P10 要素	非遗资源的衍生形式要素

而 A 要素和 P 要素之间的结构关系,如图 9-4 所示:

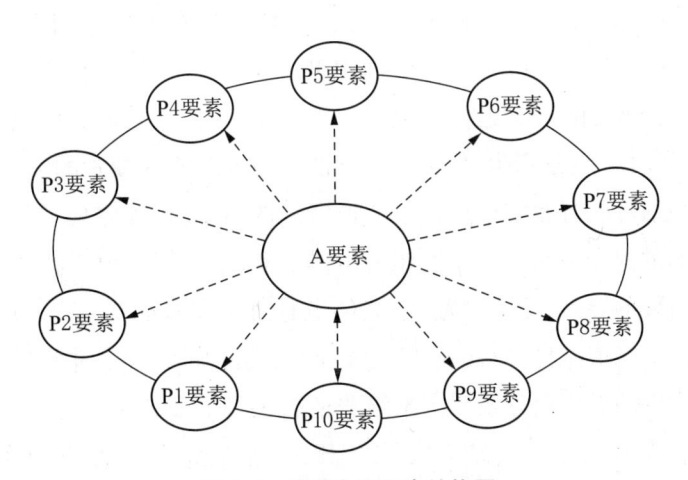

图 9-4 非遗资源要素结构图

注:本图为本书课题组根据对非遗资源要素结构数据库建设的研究结果编制。

A 要素与 P 要素所构成的放射环状结构,是非遗资源项目的共同结构。但具体到每一项非遗资源则可能出现某种 P 要素缺失的情况。如某项分布广泛的传说可能缺乏明确的传承人和清晰的传承脉络,因而缺失 P3 要素;而民间技艺、美术这两类非遗资源一般没有相关的文物古迹、风俗等生态环境要素,因而缺失 P9 要素。A 要素和 P 要素之间是放射关系,也就是说所有的 P 要素都与 A 要素直接相关。但 A 要素与 P 要素的关系有紧密与疏松之别,一部分 P 要素必须紧紧依托于 A 要素才能存在,它们与 A 要素之间的关系异常紧密。P1 到 P8 这八种要素分别展现了非遗资源的历史发展、地理分布、传承脉络和传承人、传播过程、器具和制品、濒危状况、保护状况、保护价值等方面,它们的主体就是非遗资源的主体也就是 A 要素,它们与 A 要素之间的关系相当于句式结构中的谓语与主语之间的结构,谓语无法脱离主语独立表达语意。而另一部分 P 要素则可以独立于 A 要素之外存在,比如 P9 与 P10 要素。它们与 A 要素之间的关系相当于宾语与主语之间的关系,宾语往往不需要主语就能独立表达语意。P9 要素是生态环境、地方风物、古迹、风俗等,这些要素或者因非遗资源的本体而产生,或者被附会与非遗资源的本体相关,但此后均能独立存在。P10 要素是非遗资源的衍生形式要素,比如因白蛇传传说产生的白蛇传戏曲等,这些要素经过长期的发展,可以完全独立存在,它们与非遗资源本体之间的联系甚至已渐不为世人所知。P10 要素与 A 要素之间的关系最为特别。P10 要素是由 A 要素衍生而成,但在不断的发展演变中,P10 要素也对 A 要素产生影响,比如民间文学中的"反哺"现象。"反哺"现象阐述的是民间叙事经典化后,包括经典文本在内的文本成为民间叙事的新源头,借助文本的流传,反过来又成为民间叙事的依据。①也就是说,P10 要素与 A 要素之间是明显的双向关系,P10 要素由 A 要素产生,但 P10 要素的发展也促进 A 要素的发展。

上述放射环状分布结构囊括了非遗资源的诸要素,并体现了各要素与本体要素之间的内在关系。A 要素作为本体要素,是上述放射环状分布结构的中心和最重要的要素,除了因为它与所有其他外围要素都有关联之外,它的重要性还体现在能依靠自身而迅速确定该项非遗资源的分类。非物质文化遗产图谱数据库中的类型划分依照国家级非遗名录的十大类别进行,将所有的非遗资源划分为民间文学、传统音乐、传统舞蹈、传统戏剧、曲艺、传统体育、游艺

---

① 程蔷、董乃斌:《民间叙事论纲》(上),《湛江海洋大学学报》2003 年第 2 期。

与杂技、传统美术、传统技艺、传统医药、民俗等十大类。比如 A 要素显示了情节、母题等特征的就可以归为民间文学类别，A 要素显示了唱念做打等特征的就可以归为传统戏剧类别，A 要素显示了曲式结构、乐句旋律、音乐语言等特征的就可以归为民间音乐类别。十大类下还各自有小类别。比如民间文学门类下还有传说、故事、神话、歌谣、谚语等小类别的区分。而作为外围要素的 P 要素，在非遗资源的小类别划分中就起到重要作用。总的来说，相似度越高的 P 要素，其所在的非遗资源越属于同一小类。

如表 9-4 所示，分类是非遗资源数据库表中项目表的重要内容，A 要素和 P 要素对分类的贡献实际上构成了要素表和项目表之间的内在逻辑关系。项目表显示的是非遗资源的一般信息，要素表显示的是非遗资源的要素信息。两张表共同构成非遗资源的全部信息。它们之间虽然可以通过非遗资源的名称实现互访，但这样的关联只是最浅显的。两者之间的内在联系在于要素表实际上是项目表中"类别"的展开。类别是非物质文化遗产图谱数据库的主要检索方式之一。所有的非遗资源都归属于一定的类别，用户可以通过类别检索得到同一类别下的所有非遗资源，进而了解每一项非遗资源的详细信息，这些详细信息就来自要素表。

P 要素作为外围要素，在数据库的越级展开中负责呈现更复杂多变的搜索结果。P 要素大体可以分为以时间和以空间为线索的两大部分。其中，P1 要素、P3 要素、P6 要素、P10 要素基本以时间发展的先后为线索，而 P2 要素、P4 要素、P5 要素、P7 要素、P9 要素则基本以空间的转移为线索或以空间本身为界限。（当然，这样的划分并不特别准确，比如 P10 要素代表非遗资源的衍生形式，从非遗资源到衍生形式的发展可以看作是一条时间线索，但各衍生形式之间则比较难构成时间线索；又比如 P5 要素代表非遗资源相关的器具、制品等，非遗资源与其器具、制品具有某种空间关系，但器具、制品本身又并非空间范畴。此外，P8 要素即非遗资源的价值要素无法划入以上两大部分。）前面已经论述过，非物质文化遗产图谱数据库是数据库类型中的图像数据库，无论是"图"中的图片、地图、图示、图表，还是由一定关系构成次序而形成的"谱"，都可以归为图像。图像数据库中的数据，除了直观的图片外，大都是要借助图像表达一定的时空关系。而以时间及空间关系展开的 P 要素就是显示这种时空关系的关键。一般来说，以时间为线索的要素可以采用推衍层次结构或平行结构等结构图来展现，而以空间为线索的要素则适合直接用地图或图片来展现。这正是非物质文化遗产图谱数据库中数据采集、制作的大体思路。

以上是对非物质文化遗产图谱数据库表的设计思路的概述,具体制作过程中可能会有变化。总之,数据库表是非物质文化遗产图谱数据库中最重要的内容,它的设计优劣直接关系到数据库用户的最终使用效果,因而值得反复考量。

三、人机交互网页界面与数字化效果的呈现

非物质文化遗产图谱数据库建立的最终目的是为了实现信息资源的共享,从而更好地保护我国的非遗资源。实现资源共享的关键就是数据的读取,也就是非物质文化遗产图谱信息数字化效果的呈现,这一目标是通过人机交互网页界面的设置来实现的。

人机交互网页界面即人机界面。人机界面是指人与计算机系统之间的通信媒体或手段,是人与计算机之间进行的各种符号和动作的信息交换的平台。人机界面按照相互作用的方向分为双向人机界面和混合型人机界面。在双向人机界面中,人或计算机在作用时彼此都能感觉到对方的作用效果。触摸屏就属于典型的双向人机界面;混合型人机界面是由若干个具有单向人机界面的器件完成双向人机界面的功能。计算机键盘和显示器一起就是典型的混合型人机界面。混合型人机界面或双向人机界面是目前常见的人机界面。

具体到本书的研究领域中,人机界面也就是非物质文化遗产图谱数据库所呈现出的面貌,它具体包括两个方面,一是首页和其他页面的关联方式。非物质文化遗产图谱数据库的页面关联是从大类到小类逐级展开的。如民间文学、民间音乐、民间舞蹈、传统戏剧等为第一级;在民间文学下,又平行展开为神话、传说、故事、歌谣、史诗、长诗、谚语、谜语,这是第二级。如有需要,可以继续展开第三级、第四级。比如按照本课题的分类,传说分为如下七类:人物传说、史事传说、地方风物传说、社会风俗传说、动植物传说、鬼精怪神兽传说与综合传说。这属于第三级展开。在传说的七大分类中,又可以将人物传说分为始祖传说、爱国将领及英雄传说、帝王将相传说、先贤传说、文人传说、清官传说、名医传说、能工巧匠传说、商贾传说、神仙道佛传说、名女传说、爱情传说、孝子孝妇传说、趣味人物传说、现代无产阶级革命传说等15类。这属于第四级展开。因为是图谱数据库,所以每一级展开的结果都是以图谱为主,文字为辅的内容。这种层层展开的方式适合于用户在没有目标的前提下进行浏览。图9-5显示了中国非遗资源图谱数据库网站首页的页首部分(效果图)。可以看到用户直接点击十大类非遗资源中的任何一类,就可以通过链接进入

到这一类的第二级。图 9-6 显示了用户点击"民间文学"类非遗下的第二级分类进入下一级目录的动作。图 9-7 显示了在"民间文学"下的目录,用户点击"神话"后显示了按照地区排列的下一级目录。用户可以点击任何一个地区目录进入,查看该地区的神话类非遗资源。也可以点击民间文学类的其他项目,如传说、故事,还可以在页首点击非遗十大类中的其他类别转换到其他子目录下。①

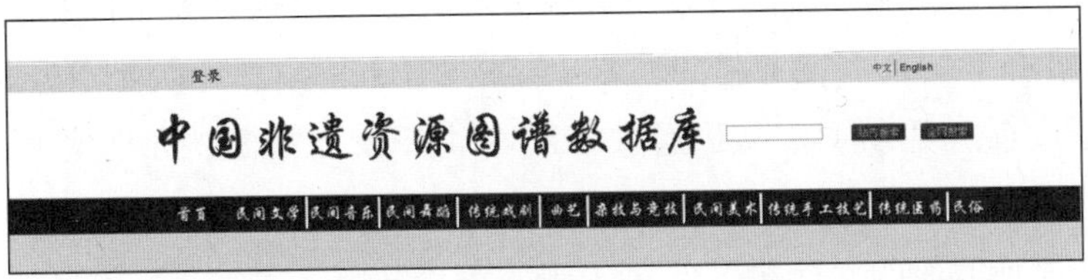

图 9-5　中国非物质文化遗产图谱数据库设计图例 1(效果图)

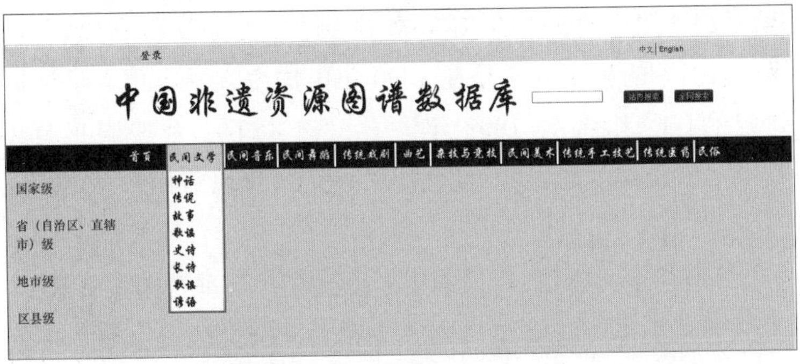

图 9-6　中国非物质文化遗产图谱数据库图例 2(效果图)

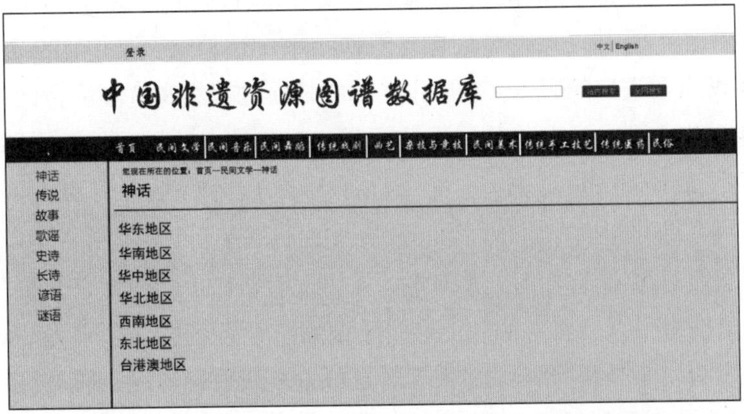

图 9-7　中国非物质文化遗产图谱数据库设计图例 3(效果图)

---

① 图 9-5 至图 9-7 为本书课题组对中国非遗资源数据库建设的研究结果编制。

当然，以上的操作是建立在用户目标不明确随机浏览的前提下。如果用户有目标，则要使用到本课题的第二种人机界面，即搜索引擎。

搜索引擎(Search Engine)是指根据一定的策略、运用特定的计算机程序从互联网上搜集信息，在对信息进行组织和处理后，为用户提供检索服务，将用户检索相关的信息展示给用户的系统。作为帮助人们查询网上信息的服务的工具，搜索引擎通常提供目录检索服务和关键字检索服务两种搜索查询方式。搜索引擎的前身是诞生于 1990 年的 Archie。在万维网(World Wide Web)还没有出现的时候，人们通过 FTP 来共享交流资源。如果从 FTP 上下载文件，必须知道其文件所在的 FTP 主机及目录。Archie 就可以提供专业的服务，确定所寻找的文件在哪个 FTP 服务器中的哪个子目录下。虽然 Archie 搜集的信息资源不是网页(HTMl，文件)，但和搜索引擎的基本工作方式是一样的，那就是自动搜集信息资源、建立索引、提供检索服务。所以，Archie 被公认为现代搜索引擎的鼻祖。它是在 1990 年由加拿大麦吉尔大学计算机学院的师生开发的。受其启发，1993 年左右又诞生了一个搜索工具 Gopher。Gopher 能将 internet 上的文件组织成某种索引，可以将用户从 internet 的一处带到另一处。

搜索引擎包括全文索引、目录索引、元搜索引擎、垂直搜索引擎、集合式搜索引擎、门户搜索引擎与免费链接列表等种类。全文搜索引擎是广泛应用的主流搜索引擎，百度和谷歌等是其代表。它们从互联网提取以网页文字为主的各种信息，建立起数据库。当检索指令发出时，它们能检索与用户查询条件相匹配的记录，并按一定的排列顺序返回结果。目录索引是因特网上最早提供 WWW 资源查询的服务。它的主要功能是通过搜集和整理因特网的资源，根据搜索到网页的内容，将其网址分配到相关分类主题目录的不同层次的类目之下，形成像图书馆目录一样的分类树状结构索引。目录索引无须输入任何文字，只要根据网站提供的主题分类目录，层层单击进入，便可查到所需的网络信息资源，因此也称为分类检索。元搜索引擎在接受用户查询请求后，同时在多个搜索引擎上搜索，并将结果返回给用户。垂直搜索引擎为 2006 年后逐步兴起的一类搜索引擎，它集中于特定搜索领域进行搜索，具有所需硬件成本低、用户需求特定、查询的方式多样等特点。集合式搜索引擎与元搜索引擎相似，但所使用的搜索引擎较少，用户只能从提供的若干搜索引擎中选择。门户搜索引擎可以视作搜索引擎的中介，它自身既没有分类目录也没有网页数据库,其搜索结果完全来自其他搜索引擎。

　　从规模来看,搜索引擎包括大型搜索引擎网站和小型站内搜索引擎两种。前者如百度、谷歌等,后者就是常见的一般出现于网站主页上较为显目地方的站内搜索工具栏。本书中所说的搜索引擎就是小型站内搜索引擎。在上述效果图中,对于任何一个页面的右上角存在一个站内搜索区域,用户都可以通过输入具体的关键词进行检索。关键词的站内检索将为用户列出本站内与关键词有关的任何信息,关键词的站外检索将为用户检索进行全网检索。与前文的关联逐级展开不同,这里的搜索引擎是越级展开。如搜索"萨满",其结果可能出现已经被列入各级名录的萨满文化相关项目以及那些尚未被列入各级非遗名录但被收录数据库的萨满相关资源,如黑龙江省的"满族萨满家祭""杨氏家族萨满鹰神祭""满族萨满神话""满族说部《招抚宁古塔》""满族祭祀音乐""满族萨满神调""达斡尔族萨满舞""山神节""鄂伦春族萨满祭祀",吉林省的"九台满族石氏家族萨满传说""乌拉陈汉军旗香音乐""乌拉满族萨满音乐""乌拉陈汉军单鼓舞""蒙古族安代舞""乌拉满族瓜尔佳氏家祭""乌拉陈汉军续谱习俗""蒙古族萨满祭天仪式""九台满族石氏家族祭祖习俗""伊通满族萨满文化遗存""满族关氏家族祭祖习俗""满族杨氏家族祭祖习俗""郭尔罗斯博舞""满族萨满骨质神偶制作技艺""满族赵氏家族祭祖习俗",辽宁省的"锡伯族喜利妈妈",内蒙古自治区的"博舞""博乐""巴尔虎博服饰与器具""蒙古族安代舞""科尔沁正骨术""祭敖包""拖雷伊金祭奠""十三阿塔天神祭祀""敖瑞因布拉格祭""窝阔台祭奠""成吉思汗哈日苏勒德祭祀""阿拉克苏勒德祭祀""察干苏力德祭祀""成吉思汗祭典""鄂温克萨满服饰与器具""祭神树""达斡尔族萨满斡包祭",等等。

　　需要说明的是,因为是非遗图谱数据库,所以无论是逐级展开的人机界面还是越级展开的人机界面,所展示的内容都是以图为主的。以越级搜索"剪纸"为例。搜索的结果首先是一张中国地图,上面标明了陇东剪纸、陕北剪纸、晋南剪纸、河北蔚县剪纸等不同风格剪纸资源的所在地。在地图侧面,将这些资源一一列出,可以通过点击这些项目进入每一个剪纸项目的图谱。此外,每项非遗资源还可以进行周边搜索,搜索到此项目周边还有哪些非遗项目。如对陇东剪纸进行周边搜索,其结果就出现了陇东地方除剪纸外的其他非遗项目。周边搜索可以以县、乡等行政区划为范围。

第四节　大数据时代对非物质文化遗产图谱信息化的机遇与挑战

按照我们的设计思路，非物质文化遗产图谱数据库的内容将非常庞大，这就涉及数据可能的拓展——云计算数据库结构。

云计算的概念诞生于大量的数据与信息需要处理的背景下，人们对系统的可扩展性和节约成本的需要。云计算概念是首先由谷歌提出的网络应用模型。云计算是传统计算机技术和网络技术进化融合的产物，通过网络把大量成本相对较低的计算实体整合成一个具有强大计算能力的完整系统，并且通过各种先进的商业模式把强大的计算能力分布到终端用户手中。云计算有广义和狭义之分，狭义的云计算是指IT基础设备的交付和使用模式，通过网络可以随时获取所需资源，并且可以无限扩展；广义云计算是指服务的交付和使用模式，这种模式可以任意，如IT和软件。云计算代表网络计算价值的一个新的临界点。它提供更高的效率、巨大的可扩展性和更快、更容易的软件开发。其中心内容为新的编程模型、新的IT基础设施以及实现新的商业模式。云计算数据库各部分以存储设备为核心，通过应用软件来对外提供数据存储和业务访问服务。云存储系统的结构模型如下：

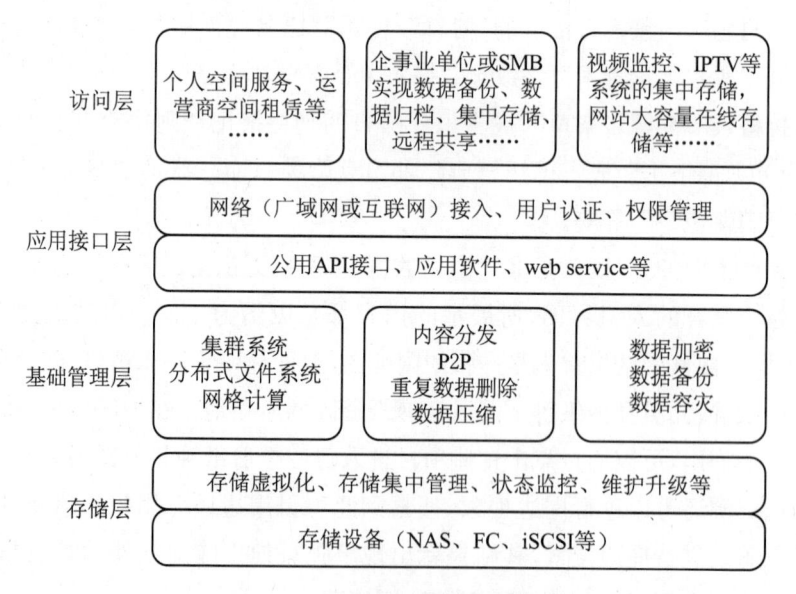

访问层	个人空间服务、运营商空间租赁等……	企事业单位或SMB实现数据备份、数据归档、集中存储、远程共享……	视频监控、IPTV等系统的集中存储，网站大容量在线存储等……
应用接口层	网络（广域网或互联网）接入、用户认证、权限管理 公用API接口、应用软件、web service等		
基础管理层	集群系统 分布式文件系统 网格计算	内容分发 P2P 重复数据删除 数据压缩	数据加密 数据备份 数据容灾
存储层	存储虚拟化、存储集中管理、状态监控、维护升级等 存储设备（NAS、FC、iSCSI等）		

图9-8　云存储系统的结构模型图

注：本图为本书课题组根据对中国非遗资源数据库建设的研究结果编制。

任何一个授权用户都可以通过标准的公用应用接口来登录云存储系统，享受云存储服务。云存储运营单位不同，云存储提供的访问类型和访问手段也不同。其服务器架构图例：

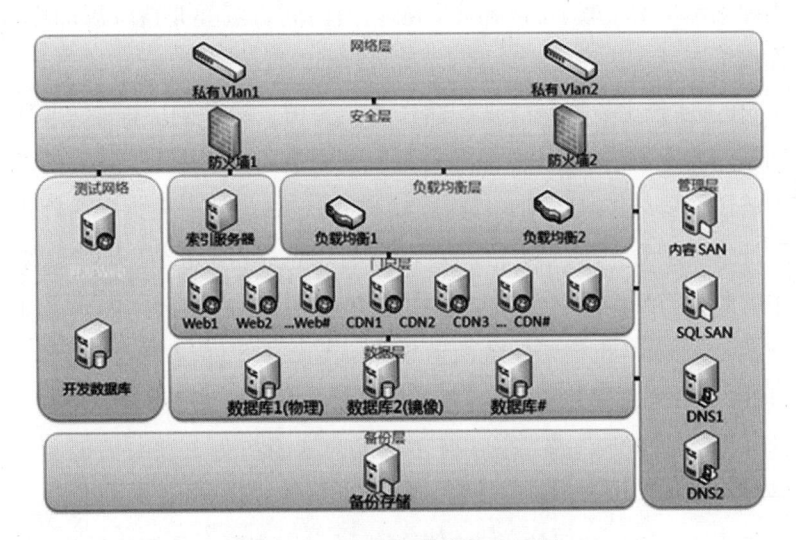

图 9-9　云存储服务器架构图例

注：本图为本书课题组根据对中国非遗资源数据库建设的研究结果编制。

云计算数据库结构是在大数据时代应用而生的。它提示我们要注意在大数据时代，非物质文化遗产图谱信息化所面临的机遇和挑战。

一、大数据时代给非物质文化遗产图谱信息化带来机遇

大数据也就是体量非常大的数据，通常具有数十到数千 TB 的巨大规模，包括各种类型的非结构性数据，仅以几秒到几个小时为单位进行产生——流动——消费（应用）的循环过程。用传统方式很难管理和分析这么庞大的数据集合。广义的大数据包括结构化数据，非结构化数据，数据管理分析人力资源和组织，数据管理分析相关技术等。

大数据时代让越来越多的政府、企业等机构开始意识到数据正在成为组织最重要的资产，数据分析能力正在成为组织的核心竞争力。大数据时代改变了传统的研究思路，也为非遗的研究、保护和开发提供了新的方法和视角。

第一，大数据促进非遗资源的产业化。在大数据时代，用户可以通过网络了解到各种非遗资源的信息，其中既包括未被开发的非遗资源，也包括已经被开发的非遗资源。用户的这些搜索指令并没有消失，而是被存储在网络的某

处,可以作为非遗资源开发分析的根据。当然,用户对非遗资源及其产品的搜索可能还包括进一步的购买行为。比如在中国最大的电商平台——淘宝网上就有不少店铺销售非遗产品。我们以民间美术中的剪纸为例,通过在淘宝网站站内搜索引擎的搜索,可以初步了解我国民间剪纸类非遗资源的产业化情况。在淘宝网站站内搜索栏内输入"民间剪纸",搜索类型为"店铺"后,搜索结果显示,在淘宝网上以民间剪纸作品作为主要销售对象的店铺有 906 家;①在淘宝网站站内搜索栏内输入"民间剪纸",搜索类型为"宝贝",搜索结果显示,出售中的民间剪纸作品达到 10 700 件;②在淘宝网站站内搜索栏内输入"蔚县剪纸",搜索类型为"宝贝",并在分类的省份中选择"河北省",搜索结果显示,出售中的蔚县剪纸作品有 5 241 件;③在淘宝网站站内搜索栏内输入"陕西剪纸",搜索结果显示,出售中的陕西剪纸作品有 3 445 件。④综合以上这些搜索结果,可以分析出这样的结论:河北蔚县剪纸在中国剪纸类非遗资源中得到了较好的开发。如果我们进一步掌握了淘宝网站的相关店铺的销售情况记录,也就是每天卖出多少剪纸作品,哪一类剪纸卖得最好、售价最高等信息,我们对剪纸类非遗产业化情况的了解就更深入了。淘宝网上的销售数据只是冰山一角,其余电商平台上的销售数据也可以作为分析材料,此外可分析的数据还包括在百度、谷歌等大型搜索引擎上以"剪纸""民间剪纸""中国剪纸"等相关词汇作为关键词进行搜索的用户,这些用户是剪纸类非遗产品的消费者或潜在消费者。这些数据被收集到以后,可以进行进一步分析。比如河北蔚县剪纸销量高的原因有哪些,如何对陕西剪纸实施品牌化战略以提高其销量,等等。这些分析都是有的放矢,对问题的分析和解决肯定有助于剪纸产业化水平的提高。

以上是以剪纸类非遗作为例子说明可以通过分析数据来促进非遗资源的产业化。单就我们设计的非遗图谱资源数据库来说,也有此方面的效果。无论是越级搜索还是逐级展开,通过统计每一位用户浏览的遗产资源,可以大致

---

① https://shopsearch.taobao.com/search?app=shopsearch&q=民间剪纸 &js=1&stats_click=search_radio_all%3A1&initiative_id=staobaoz_20160107&ie=utf8.

② https://s.taobao.com/search?initiative_id=staobaoz_20160107&q=民间剪纸.

③ https://s.taobao.com/search?q=蔚县剪纸 &js=1&stats_click=search_radio_all%3A1&initiative_id=staobaoz_20160107&ie=utf8&cps=yes&ppath=122450261%3A52845.

④ https://s.taobao.com/search?q=陕西剪纸 &js=1&stats_click=search_radio_all%3A1&initiative_id=staobaoz_20160107&ie=utf8.

判断出用户最感兴趣或者用户了解最多的遗产资源信息。这些用户最感兴趣的遗产资源往往就是产业化的重点。

第二,非物质文化遗产图谱信息的数据化为进一步普及非遗知识奠定基础,在大数据时代可以成为信息公益化的一部分。前文所探讨的内容可以概括为非遗资源信息的商业化,也就是如何利用非遗资源信息产生利润。但是另一方面,非遗资源信息除了商业化之外,还可以成为信息公益化的一部分。非物质文化遗产是我国各族人民世代相承、与群众生活密切相关的各种传统文化表现形式和文化空间。非物质文化遗产既是历史发展的见证,又具有重要的文化价值。非物质文化遗产蕴含着中华民族特有的精神价值、思维方式、想象力和文化意识,是连结民族情感的纽带和维系国家统一的基础。虽然非物质文化遗产具有如此重要的意义,但非物质文化遗产资源的相关知识在普通民众中还不普及,甚至不少民众对于当地有哪些非遗资源也不清楚。因此,非物质文化遗产图谱信息的数据化在此方面可以大有作为。

非物质文化遗产图谱信息数据库的建立,实际上是为非遗信息的共享建立了一种公共性、开发性、互动性的对话与交流平台。而非物质文化遗产图谱信息数据库的建立可以突破传统网页的形式,以网页为基础,向手机等终端扩展,并利用自媒体向大众广泛发布信息。这样就使非遗资源成为广大受众随时可欣赏和共享的文化财富。

二、大数据时代非物质文化遗产图谱数据库面临的挑战

在大数据时代,非遗图谱数据库也面临诸多挑战,比如信息安全和知识产权保护等。

第一,大数据时代的非物质文化遗产图谱数据库面临的信息安全问题。信息安全在信息社会有着极为重要的意义,信息安全直接关系到国家安全、经济发展、社会稳定和人们的日常生活。如何有效地保护信息的安全是很重要的研究课题。总的来说,信息安全的内涵主要包括两个方面,一方面是保护计算机信息系统中的资源,即信息本身的安全。为此要使计算机硬件、计算机软件、存储介质、网络设备和数据等免受毁坏、替换、盗窃或丢失等。另一方面,信息安全也包括信息系统或网络系统本身的安全。由于因特网所具有的开放性和互联性等特征,使它很容易受计算机病毒、黑客、恶意软件和其他不轨行为的攻击。[1]

---

[1] 胡浩民主编:《计算机应用基础教程》,清华大学出版社,2013年,第21页。

非物质文化遗产图谱数据库中的信息对于国家和地方来说都是非常宝贵的文化财富。信息泄露、破坏信息的完整性、非法使用/非授权访问与计算机病毒等现象，都会对非物质文化遗产图谱数据库中的信息构成威胁。信息泄露，也就是受保护的信息被泄露或透露给某个非授权的实体。其中有两种信息比较容易被泄露，一是相关传承人等的个人隐私，二是秘方、秘技等信息。第二方面关系到非遗资源的文化产权保护问题，将在下面论述到。这里主要讨论个人隐私的泄露问题。隐私权是一项基本人权，具有内在和外在价值。新技术的崛起可能威胁隐私，这是不少人的共同认识。在计算机、手机等终端上无意中输入的信息都可能导致个人隐私的泄露。在非遗资源数据库中，非遗传承人、非遗保护基地负责人、政府非遗管理部门工作人员和负责人等信息都可能出现。因此一方面，在具体数据录入时，要注意住址、电话等信息进行隐藏处理。只有确实需要的个人和集体才可以通过网站工作人员取得这些信息。另一方面，则要注意非遗数据库访问权限的设置。对部分涉及传承人个人隐私的信息，要严格进行数据保密处理。破坏信息的完整性，主要指的是数据因被非授权地进行增删、修改或破坏而受到损失。在非遗资源数据库的建设过程中，要注意对原始数据的录入，而不能随意人为对原始数据进行删改和破坏。非法使用/非授权访问是指某一资源被某个非授权的人，或以非授权的方式使用。在非物质文化遗产图谱数据库中，有一些被隐藏处理的数据信息，需要高级别的访问权才能访问，这部分信息或者与个人隐私有关，或者与具体资源的商业机密有关，只能用于交流和研究，因此要防止这类信息被非法访问。计算机病毒是一种在计算机系统运行过程中能够实现传染和侵害功能的程序。非物质文化遗产图谱数据库与其他网站一样，同样容易受到病毒的攻击，要注意数据的复制和对病毒的防护。

第二，在大数据时代，非遗图谱资源信息面临知识产权如何保护的问题。当非物质文化遗产图谱数据被数字化，成为大数据的一部分的时候，这些非遗资源就处于公开状态，原则上向所有因特网用户开放。其中那些含有商业秘密的非遗资源就可能面临知识产权被侵权问题。在非物质文化遗产中存在很多商业秘密、生产技能会给权利人带来经济利益，因此在业内往往会被采取一定的保密措施。我国有些法律、行政法规、部门规章对非物质文化遗产的保密问题已有规定。例如1997年5月20日国务院颁布的《传统工艺美术保护条例》第十八条规定："制作传统工艺美术产品的企业应当建立、健全传统工艺美术技艺的保护或者保密制度,切实加强对传统工艺美术技艺的管理。从事传统工艺美术产品制作的人员,应当遵守国家有关法律、法规的规定,不得泄露在制作传统工艺美术产品过程中知悉的技术秘密和其他商业秘密。"《国家级非物质文化遗产保护与管理暂行办法》第二十二条也规定:"国家级非物质文化遗产项目含有国家秘密的,应当按照国家保密法律法规的规定确定密级,予以保护;含有商业秘密的,按照国家有关法律法规执行。"

我国具有保密性的非遗资源相当多,如景德镇的瓷器工艺,贵州茅台酒的配方,安徽宣纸的制造技术,福建水仙花的栽培诀窍,以及治疗疑难杂症的中医中药、针刺麻醉术、吸血虫防治技术等,都是具有较高经济价值并在国际国内市场上颇具竞争优势的商业秘密。这些秘密并未进入公有领域,只有极少数人或者少数地区的行业知晓,一旦这些信息进入公共信息网络,就可能失去它的保密性与私有产权意义。另如在有关非遗资料的网上申报方面,也有可能会发生侵犯知识产权的情况。据了解,一些在网络上公开的非遗项目的申报资料中详细描述了该项资源的制作过程和原料,因此只要进行搜索就可以直接得知该项技艺的秘密。即使对那些只有散见的相关材料和报道出现在网络上的非遗资源和项目,也可以通过数据分析而参透它们的秘密,这些都是极其危险的。

由此可见,人类社会进入大数据时代以后,非遗资源的知识产权保护将遭遇到更大的挑战。在建设非物质文化遗产图谱数据库时,要特别注意对涉及制作过程、制作材料等相关信息进行隐藏处理,防止被他人或他国窃取。对于那些重要的核心技术资料要尽量避免在网络上发布,此外还要对访问权进行限制。

参 考 文 献

著作

[宋]郑樵:《通志·图谱略》。

[宋]程大昌:《禹贡山川地理图》,商务印书馆,1936年。

[明]王文衡:《明刻传奇图像十种》,北京工艺美术出版社,2004年。

[清]陈梦雷等:《今古图书集成·明伦汇编·氏族典》,中华书局,1934年。

[清]章学诚:《章学诚遗书》,文物出版社,1985年。

陈正祥:《中国地图学史》,商务印书馆,1979年。

卢良志:《中国地图学史》,测绘出版社,1984年。

费孝通等:《中华民族多元一体格局》,中央民族学院出版社,1989年。

汪前进主编:《中国古代科学技术史纲:地学卷》,辽宁教育出版社,1998年。

陈述彭:《地学信息图谱探索研究》,商务印书馆,2001年。

俞君立、陈树年:《文献分类学》,武汉大学出版社,2001年。

姚名达:《中国目录学史》,上海古籍出版社,2002年。

廖克:《地图学的研究与实践》,测绘出版社,2003年。

郭小川:《西方美术史研究评述》,黑龙江美术出版社,2003年。

向云驹:《人类口头和非物质遗产》,宁夏人民教育出版社,2004年。

王文章:《非物质文化遗产概论》,文化艺术出版社,2006年。

中国艺术研究院、中国非物质文化遗产保护中心编:《中国非物质文化遗产普查手册》,文化艺术出版社,2007年。

黄寿祺、张善文:《周易译注》,上海古籍出版社,2007年。

毛赞猷、朱良、周占鳌、韩雪培:《新编地图学教程》,高等教育出版社,2008年。

尹国均编:《西方建筑的7种图谱》,西南师范大学出版社,2008年。

杨义、[日]中井政喜、张中良:《中国现代文学图志》,生活·读书·新知三联书店,2009年。

孙占铨编：《中国历史图谱》，吉林文史出版社，2010年。

赖彦斌、董晓萍：《数字故事民俗地图志》，学苑出版社，2012年。

胡兆量、韩茂莉、冯健：《图说中国文化地理》，北京大学出版社，2013年。

李伟超：《数字保存系统质量保证体系研究》，北京邮电大学出版社，2013年。

沈大风主编：《电子政务发展前沿》，经济出版社，2013年。

胡浩民主编：《计算机应用基础教程》，清华大学出版社，2013年。

张红琼主编：《数字化的人类生存》，安徽美术出版社，2013年。

曾毅等：《运动控制系统工程》，机械工业出版社，2014年。

罗先文等：《信息技术基础与应用实践教程》，清华大学出版社，2014年。

孙文杰：《中国图书发行史》，武汉大学出版社，2015年。

蔡丰明主编：《中国非物质文化遗产资源图谱研究》，上海社会科学院出版社，2016年。

［日］文化厅编：《日本民俗地图》及《日本民俗地图解说》1册〈序〉，国土地理协会，1969年。

［日］大冢民俗学会编：《民俗学评论》13号，1975年。

［日］福田亚细男、宫田登编：《日本民俗学概论》，吉川弘文馆，1983年。

［日］福田亚细男：《日本民俗学方法序说》，弘文堂，1984年。

［日］福田亚细男：《柳田国男的民俗学》，吉川弘文馆，1992年。

［日］福田亚细男等编：《日本民俗大辞典》，吉川弘文馆，2000年。

［日］天野武监修：《日本都道府县别民俗分布地图集》1—13卷，东洋书林出版社，2000年。

［日］河野真：《德国民俗学与纳粹主义》，创土社，2005年。

［英］德·伯克：《图像证史》，杨豫，译，北京大学出版社，2008年。

［日］人文地理学会编：《人文地理学事典》，丸善出版株式会社，2013年9月。

［日］仓石忠彦：《民俗地图方法论》，岩田书院，2015年。

论文

那世平：《图像资料研究散论》，《图书馆学刊》1994年第3期。

何彬：《日本民俗学地域研究概述》，《中国民俗学年刊2000—2001年合刊》，学苑出版社，2002年。

沈克：《中国文化的图像传承——试析古代科技图谱》，《南京艺术学院学报》2003 年第 3 期。

何彬:《传承文化独树一帜的日本民俗地图》,《中国测绘》2005 年第 3 期。

何彬:《日本民俗学学术史及研究法略述》,《民俗学的历史、理论与方法》,商务印书馆,2006 年。

龙毅、沈婕、周卫:《GIS 空间数据的分析与制图一体化策略》,《测绘科学技术学报》2006 年第 4 期。

杨义:《文学的文化学和图志学问题》,《西南民族大学学报(人文社科版)》,2007 年第 1 期。

杨义:《重绘中国文学史地图的方法论问题》,《学术研究》2007 年第 9 期。

张源:《中国古代绘画中的建筑景观图谱研究》,山西大学硕士论文,2008 年。

高小康:《非物质文化遗产地图:传统文化与当代空间》,《文化遗产》2008 年第 1 期。

秦长江、侯汉清:《知识图谱——信息管理与知识管理的新领域》,《大学图书馆学报》2009 年第 1 期。

薛熙明、朱竑、唐雪琼:《城市宗教景观的空间布局及演化——以 1842 年以来的广州基督教教堂为例》,《人文地理》2009 年第 1 期。

吴康:《戏曲文化的空间扩散及其文化区演变——以国家非物质文化遗产淮剧为例》,《地理研究》2009 年第 5 期。

李凡、司徒尚纪:《民间信仰文化景观的时空演变及对社会文化空间的整合:以明至民国初期佛山神庙为视角》,《地理研究》2009 年第 6 期。

尹志贤:《古代图谱类书法文献的源流与分类》,吉林大学古籍研究所硕士学位论文,2009 年。

王殿坤、王峰:《GIS 建库与地图制图一体化解决方案的设计与实现》,《测绘与空间地理信息》2010 年第 1 期。

何彬:《民俗地图的学科依据——民俗地图与文化传承图体系系列论文之一》,《文化遗产》2010 年第 1 期。

何彬:《民俗地图基本结构与制作——"民俗地图"与"文化传承图"体系系列论文之二》,《民族艺术》2010 年第 2 期。

柴国珍、孙文学:《山西非物质文化遗产的时空分布与重心移动分析》,《文化遗产》2010 年第 2 期。

何彬:《文化传承图体系初探——"民俗地图"与"文化传承图"体系系列论

文之三》,《民族艺术》2010 年第 3 期。

许珺、裴韬、姚永慧:《地学知识图谱的定义、内涵和表达方式的探讨》,《地球信息科学学报》2010 年第 4 期。

向云驹:《论非物质文化遗产的身体性——关于非物质文化遗产的若干哲学问题之三》,《中央民族大学学报》2010 年第 4 期。

张敏:《论非物质文化遗产的分类》,浙江大学硕士学位论文,2010 年。

周耀林、程齐凯:《非物质文化遗产的可视化图谱表示》,《信息资源管理学报》2011 年第 3 期。

胡海迪:《图谱类文献在南宋目录学中的定位及其影响》,《辽宁大学学报(哲学社会科学版)》2011 年第 5 期。

范雨:《论图形的可视性和易读性》,《美术教育研究》2011 年第 5 期。

买靳:《中国古代〈仪礼〉图谱学综述研究》,《吉林工程技术师范学院学报》2011 年第 10 期。

周耀林等:《论我国非物质文化遗产分类方法的重构》,《江汉大学学报(人文科学版)》2012 年第 2 期。

李小苹:《法律视角下的非物质文化遗产分类标准研究》,《青海社会科学》2012 年第 2 期。

田兆元:《亟须创建"非遗"资源图谱》,《中国社会科学报》2012 年 4 月 16 日。

董永梅:《非物质文化遗产资源分类探析》,《图书馆建设》2012 年第 9 期。

史修松:《产业集聚空间图谱的定义、内涵和表达方式探讨》,《测绘与空间地理信息》2012 年第 12 期。

谭章禄、方毅芳、吕明、张长鲁:《信息可视化的理论发展与框架体系构建》,《情报理论与实践》2013 年第 1 期。

赵赣:《关于电泳图谱定义的探讨》,《安徽农业科学》2013 年第 2 期。

李仁杰、傅学庆、张军海:《非物质文化景观研究:载体、空间化与时空尺度》,《地域研究与开发》2013 年第 3 期。

黄永林、王伟杰:《数字化传承视阈下我国非物质文化遗产分类体系的重构》,《西南民族大学学报(人文社会科学版)》2013 年第 8 期。

王新才、丁家友:《大数据知识图谱:概念、特征、应用与影响》,《情报科学》2013 年第 9 期。

王伟杰:《中国传统医药类非物质文化遗产分类研究》,《江西社会科学》2013年第11期。

李仁杰、傅学庆、张军海:《非物质文化空间数据库与地图表达方法——基于蔚县剪纸的实证研究》,《人文地理》2014年第1期。

王晓葵:《数字民俗资料与民俗地图》,《节日研究》2014年第1期。

宋丽华、董涛、李万社:《非物质文化遗产分类的问题解析与体系重构》,《国家图书馆学刊》2014年3月。

安琪:《图像》,《民族艺术》2014年4期。

李蕊蕊、赵伟、陈静:《福建省非物质文化遗产结构及地理空间分布特征》,《地域研究与开发》2014年第6期。

蓝勇:《中国古代图像史料运用的实践与理论建构》,《人文杂志》2014年第7期。

王月月:《曲艺类非物质文化遗产分类体系的探索性构建》,《浙江艺术职业学院学报》2014年11月。

彭瑛、易红:《分类学视角下的非物质文化遗产保护》,《贵州民族研究》2014年第12期。

曾澜:《中国非遗图谱制作中的图像类型及其特点》,《上海文化》2014年第12期。

何屹:《非遗档案特点及创新管理》,《科学管理》2015年第3期。

徐赣丽:《当代民俗传承途径的变迁及相关问题》,《民俗研究》2015年第3期。

龙其林:《从"插图"到"图志"——中国现当代文学史著中的图文互文类型、时空建构及问题》,《文学评论》2015年第4期。

焦晓静、王兰成:《知识图谱的概念辨析与学科定位研究》,《图书情报工作》2015年第15期。

周亦、周明全、王学松、黄友良:《大数据环境下历史人物知识图谱构建与实现》,《系统仿真学报》2016年第10期。

[美]J.T.米歇尔:《图像转向》,范静晔,译,选自陶东风等主编:《先锋学术论丛——文化研究第3辑》,天津社会科学院出版社,2002年。

[瑞士]罗伯特·威尔德哈贝尔:《民俗地图集的制作方法》,《文化遗产》2012年第3期。

后　　记

　　本书是在2012年度国家哲学社会科学重大科研项目——"我国非物质文化遗产名录体系与资源图谱研究"（批号：12&ZD019）基础上完成的一项重要理论研究成果，它的产生与完成，与我国在改革开放以来，尤其是十七届六中全会以来对于中华民族优秀历史文化的充分重视，以及对于文化遗产事业的积极保护有着密切的关系。

　　2012年1月，在大力弘扬民族文化传统、加强文化建设的时代背景下，国家哲学社会科学规划办发布了一批国家社科基金重大课题的招标项目，其中与非物质文化遗产保护研究有关的，就是"我国非物质文化遗产名录体系与资源图谱研究"这一项目。这对我们长期从事非遗研究工作的人来说，无疑是个很大的喜讯。

　　2012年的春节期间，我们投入了紧张的课题申报准备工作之中，经过两个多月的深入研究和精心设计，最后终于如愿以偿，拿下了这项具有十分重要意义的国家重大项目。这对我们整个课题组，乃至整个上海社会科学院来说，都是一种崇高的荣誉。记得我在参加这一项目的申报答辩会上曾经这样向评委们表示："我们是抱着敬畏与感恩的态度来对待当前的非遗保护与研究工作的，我们会把承担这次的项目看作是国家赋予我们的一种崇高使命。如果有幸能够成功，我们一定会全力以赴。"

　　我们是这样说的，也是这样做的。在这一项目具体实施开展以后，我们不敢有丝毫的懈怠与放松。项目立项以后，我立刻组织了一个有中青年科研骨干以及其他高校研究力量参加的课题组团队，并建立了定期会议制度、通信联络制度、专家咨询制度等一套运作体系。为了思考、探索课题的研究路径，我们经常组织讨论、相互交流，甚至大年初一都没有停息。为了深入掌握相关的资料与信息，我们先后赴云南、贵州、浙江、江苏、河北、河南、北京等地调研考察，从各地获得了大量的资料。经过5年多时间的努力，我们终于在大量研究的基础上顺利完成了这一课题,并形成了《非物质文化遗产图谱编制理论与方法》《中国非物质文化遗产项目与资源图谱集》《中国非物质文化遗产项目与资源图谱编制手册》等一系列的研究成果。

《非物质文化遗产图谱编制理论与方法》是本项课题研究中最为核心的成果内容,也是凝聚了作者最多心血的一部著作。本书的主要宗旨,就是要通过对"非遗图谱"这一独特的对象的研究,建立起一套非遗图谱学的理论与方法体系,并运用非遗图谱学的理论与方法体系来开展对于非遗保护实践的总结与研究。我们希望通过这样的研究,为中国目前正在积极推进的非遗保护与研究事业开辟新的思路与方向,即把大量的非遗资源集中组合到一种系统的,并且又可用可视化的形象予以呈现的图谱化框架之中,以使非遗资源本身以及对于它的保护工作的特点、规律能够得到更为清晰的呈现。这对于当前乃至今后非遗保护与研究工作来说无疑是十分需要的。

图谱学本是我国一门传统的学问,早在宋代就有了一些相应的成果,尤其是在宋代郑樵的《通志·图谱略》中,已经把图谱的学术地位提到了相当的高度。但是这门学问随着历史的发展逐渐有了一种被湮没的趋向,尤其是到了当代,大部分人甚至对"图谱"这个词的真正含义也已经不甚明了。在我看来,图谱学对于当代文化研究,包括非遗研究来说具有十分重要的意义,它可以使研究对象更为清晰、简洁、系统地呈现出来,使人能够更为直接地把握研究对象的内涵与本质。从方法特点上看,它更为强调的是实证性的描述,而不是阐发性的论辩。所以我认为,对于非遗图谱学的研究,实际上是一种具有现代"实学"意义的学问,它会对当前的文化研究,包括非遗研究具有很大帮助,甚至也会在一定程度上纠正当代社会中那种只重空发议论、轻视实证的学风。

由于有关非遗图谱方面的研究至今还处于较为初始的状态,因此在目前情况下要想建立一个较为完整的非遗图谱学体系是较为困难的。尤其是因为非遗图谱研究实际上是一门具有很强跨学科性的学问,其中不但涉及历史学、文献学、民俗学、非遗学、艺术学、图像学等这样一些人文学科,而且还涉及地图学、计算机学、信息学等一些自然科学领域,要想全面掌握这些跨学科的知识与学问实属不易。但是通过几年的努力,我们也总算探索出了一套基本上可以站得住脚的非遗图谱理论与方法研究体系,这在全国乃至全世界来看还是具有一定的创新意义的。

这里值得强调的是,我们编撰此书的目的,并不仅仅是为了阐发自己的理论观点，而更在乎其在当前非遗保护实践中的实际运用。正是从这种意义上出发，我们把编撰此书的重点放在"编制"这个关键词上，书中所有的理论与方法，都是从"编制"的取向出发的。我们希望通过本书的阐述，能够对当前的非遗图谱编制工作起到一些指导性作用。也正是从这种意义上说，本书所涉及的理论与方法更多的是具有实践性的意义，而不是一种纯理论的抽象阐述。

此书的出版，应该说是一种天时、地利、人和综合作用的结果。在天时上，国家社会经济的兴旺发展，文化科学事业的繁荣振兴，以及对于传统民族文化精神的弘扬传承，是本书能够顺利完成出版的最为重要的保证。在地利上，上海社会科学院的科研优势，及其在全国的影响力，为本项目研究的顺利进行提供了很好的条件。本项目获得国家社科基金立项以后，同时也得到了上海社会科学院的经费支持。在人和上，本课题的进行主要是依靠了一群热衷于非遗研究事业，并且愿意为其进行孜孜不倦的努力的科研人员的协同作战。没有他们的积极参与与无私奉献，要想较高质量地完成此书是不现实的。当然，本人作为首席专家，在对于本课题的总体设计、组织策划、文稿撰写，以及统稿改稿方面，也尽到了自己的绵薄之力。

本书的出版也得到了许多专家学者与朋友同事们的热情帮助与支持，其中如刘魁立、朝戈金、贺学君、彭兆荣、叶涛、陶思炎、高有朋、杨剑龙、田兆元、林继富、陈连山等一些专家学者与同行挚友在本课题的申报、撰写和修改过程中都提出了许多宝贵的建议。华东师范大学社会发展学院的田兆元教授不但积极参与了整个课题的设计与论证工作，而且还派出了多位博士生、硕士生参加本课题的研究工作，为本课题的顺利完成提供了有力的支持。另外，日本京都大学人文社会系何彬教授、河北师范大学资源与环境科学学院地理信息科学系李仁杰教授参与了本书部分章节的撰写，在此一并表示感谢。

蔡丰明
2019 年 10 月 7 日

图书在版编目(CIP)数据

非物质文化遗产图谱编制理论与方法 / 蔡丰明
主编． — 上海：上海社会科学院出版社，2020
ISBN 978-7-5520-2987-1

Ⅰ．①非… Ⅱ．①蔡… Ⅲ．①非物质文化遗产-图谱-编制-研究-中国 Ⅳ．①G122

中国版本图书馆 CIP 数据核字(2020)第 022121 号

非物质文化遗产图谱编制理论与方法

主　　编：	蔡丰明
责任编辑：	陈如江
封面设计：	周清华
出版发行：	上海社会科学院出版社
	上海顺昌路 622 号　邮编 200025
	电话总机 021-63315947　销售热线 021-53063735
	http://www.sassp.cn　E-mail：sassp@sassp.cn
照　　排：	南京理工出版信息技术有限公司
印　　刷：	江阴金马印刷有限公司
开　　本：	787 毫米×1092 毫米　1/16
印　　张：	24.5
字　　数：	400 千字
版　　次：	2020 年 4 月第 1 版　2020 年 4 月第 1 次印刷

ISBN 978-7-5520-2987-1/G·899　　　　　定价：128.00 元

版权所有　翻印必究